农业地理信息学

侯彦林　等著

中国农业大学出版社
·北京·

内 容 简 介

本书以农业地理标志作物为例，在农业地理学的基础上，基于农学、地理学和信息学等提出农业地理信息学理论，基于大数据挖掘方法建立农业地理信息学研究方法；挖掘气象条件和立地条件的产量提高和品质提升潜力及重大病虫害生态防控方法。研究结果诠释了绿水青山就是金山银山的科学依据，提供了数据就是生产资料的实现途径，为种植业数字化和信息化提供了通过产量提高、品质改善和病虫害防控而实现高效生产的农业资源高效利用的大数据算法和预测模型。研究结论展示了农业地理信息学的前瞻性、创新性和实用性，丰富和深化了农业地理学的研究内容，使农业地理学进入到定量化研究阶段，并形成新的研究分支。

本书包括：农业地理信息学理论和方法，广西典型地标作物农业地理信息特征定性解析，基于气候和气象条件的柑橘黄龙病发病预测方法和模型，基于气象条件的沙田柚柚果可溶性固形物含量年型等级预测模型，基于气象条件的芒果产量大小年年型等级预测模型，基于气象条件的荔枝产量大小年年型等级预测模型，基于气象条件的柑橘产量大小年年型等级预测模型，基于立地条件的容县沙田柚柚果可溶性固形物含量预测模型；农业地理信息数据挖掘案例共性问题对比研究。

本书可供从事园艺学、农学、土壤学、植物营养学、生态学、地理学、农业信息学的科学工作者以及大专院校相关专业教师参考。

图书在版编目(CIP)数据

农业地理信息学/侯彦林等著.--北京：中国农业大学出版社，2022.3

ISBN 978-7-5655-2738-8

Ⅰ.①农…　Ⅱ.①侯…　Ⅲ.①农业地理-地理信息系统　Ⅳ.①F319.9-39

中国版本图书馆 CIP 数据核字(2022)第 037601 号

广西壮族自治区自然资源厅审图号：桂 S(2022)24 号

书　　名　农业地理信息学

作　　者　侯彦林　等著

策划编辑　康昊婷　　**责任编辑**　康昊婷　刘彦龙

封面设计　郑　川

出版发行　中国农业大学出版社

社　　址　北京市海淀区圆明园西路 2 号　　**邮政编码**　100193

电　　话　发行部 010-62733489，1190　　读者服务部 010-62732336

编辑部 010-62732617，2618　　出　版　部 010-62733440

网　　址　http://www.caupress.cn　　**E-mail** cbsszs@cau.edu.cn

经　　销　新华书店

印　　刷　北京溢漾印刷有限公司

版　　次　2022 年 5 月第 1 版　　2022 年 5 月第 1 次印刷

规　　格　185 mm×260 mm　　16 开本　　20.5 印张　　510 千字

定　　价　158.00 元

作者简介

侯彦林：男，1959年12月出生，吉林人，博士，二级研究员，博士生导师，中国科学院“百人计划人才”，广西“八桂学者”。南宁师范大学“广西地标作物大数据工程技术研究中心”主任。主要研究方向：生态平衡施肥、农业大数据和农业地理信息学。著有《生态平衡施肥理论、方法及其应用》《粮食预测理论、方法及其应用》《墒情诊断理论、方法及其验证》和《大田作物生态平衡施肥指标体系研究》。

编 著 者

主要编著者： 侯彦林　侯显达　刘书田　王铄今　贾书刚　潘桂颖

其他编著者： 陈传武　区燕丽　李立梅　朱艳梅　杜　潇　邓占儒

王永壮　王　君　韦启生　韦　洋　韦潇宇　冯建国

冯鑫鑫　刘　林　刘警鉴　李冰荣　李国新　李金梅

杨　辉　吴华球　张尧良　张雪红　陆　伶　陈千付

陈思羽　林珂宇　林奕桐　林家松　赵　戈　卿双平

高　深　唐晓东　诸葛诤　黄　梅　阎　伟　曾少兰

曾浩星　谢贤胜　谢晴晴　蔡彦明　廖　强　黎　妮

潘吟松

前言

Preface

农业地理信息学(agro-geoinformatics)是农业地理学(agricultural geography)在定量化研究方面的新阶段或分支,它为解决种植业生产实际难题提供了通过数据方式表达的创新性理论、方法和数据挖掘技术,是挖掘数据生产资料蕴藏的生产潜力的系统性技术,研究结果能够直接为生产实践提供专业化、数字化、定量化和信息化在线服务平台。

地理标志作物(农产品)产量、品质在不同年际之间有时变化很大。例如,广西百色市芒果和钦州市灵山县荔枝的小年产量只有大年的20%左右;广西容县沙田柚,气候年型好的年份可溶性固形物含量普遍偏高,反之含量偏低;同样是容县沙田柚,有些地块可溶性固形物含量偏高,有些地块可溶性固形物含量一直偏低;黄龙病作为柑橘的头号杀手,高温干旱年发病率偏高。气候条件和立地条件理论上是最适合地标作物生长发育及能形成特定品质、产量的基本自然条件保障,但单就某一年或某些年就未必是最适合的,同样并不是一个区域内所有立地条件都适合。如果能找到影响这些变化的气象条件和立地条件甚至管理模式,就能找到稳产、高产、优质种植的科学钥匙。

本书主要研究对象是地标作物或优势作物。地标作物是当地多种优势自然条件组合的产物,地标作物产业兴衰由社会环境和经济发展所左右,地标作物品种是长时间适应当地环境而成为主导品种,气象条件和立地条件是决定产量、品质和重大病虫害的关键因素,土、肥、水田间调控是人为提高管理水平的有效实现途径。

农业地理信息学针对地标作物或优势作物年际间气象条件差异性或立地条件空间差异性引起的年际间或区域间产量、品质、重大病虫害差异进行大数据分析,通过各种统计分析和建模确定产量、品质、重大病虫害与气象条件、立地条件之间的半定量或定量关系,用历史数据、公开发表的各类资料、实地调查访问以及必要的田间试验验证模型的科学性和实用性,最后建立在线预报服务平台,及时为生产者、管理者和农资企业以及农产品经营者提供可供决策的科学依据。

本书主要特点为系统、创新和实用,具体体现在4个方面:①建立了农业地理信息学理论和研究方法,通过多个典型案例验证了其科学性和实用性,从而奠定了学科基础,诠释了绿水青山就是金山银山的科学依据和数据就是生产资料的实现途径;②构建了系统的研究框架和技术路线，通过定性、半定量和定量数据挖掘，对产量、品质和重大病虫害案例进行解析，获得产量、品质和重大病虫害气象条件图谱和立地条件图谱；③揭示了不同区域同一地标作物气象条件图谱的共性和个性特征；④探索了同一区域地标作物立地条件图谱的基本研究方法。

本书得到广西“八桂学者专项经费”、广西科技重大专项（桂科 AA17204077）、广西科技基地和人才专项（桂科 AD18126012）、广西地标作物大数据工程技术研究中心（2018GCZX0020）、广西一流学科（地理学）等项目经费的资助，在此表示感谢。

由于编者水平所限，书稿中不足之处在所难免，恳请大家批评指正。

侯彦林

2021 年 11 月 24 日

于南宁

目录

Contents

1 农业地理信息学理论和方法

1.1 农业地理学

1.1.1 农业地理学内涵和特点[1]

农业地理学(agricultural geography)具有2000多年的研究历史和近百年的学科历史，是经济地理学的一个分支，也是农业科学的一个研究领域[2]。农业地理学研究农业生产的地域差异特征及其表现形式、形成条件及发展变化规律。农业地理学的任务是研究农业生产及其各个部门、各个环节客观存在的地域差异特征及表现形式；研究农业生产形成的自然的技术和社会经济的原因，并探索其形成过程及变化发展趋向；研究由于农业生产地域分异而形成的各种农业地域类型和农业区的形成、结构和发展。这些研究，可使人们认识和掌握千差万别的农业生产地域特征，因地制宜地规划农业生产，实现农业自然资源的合理利用和农业生产合理布局[2-5]。

农业地理学的特点有4个[2-3]：①地域性，科学地阐明和揭示农业生产的地域分异规律；②综合性，从自然、经济、技术、社会等多方面进行综合分析研究；③边缘性，处于地理科学和农业科学的交汇领域；④实践性，与农业生产密切结合，属于应用基础学科。

1.1.2 农业地理学研究内容和研究方法[1]

农业地理学的主要研究内容包括[2-3]：①自然条件、自然资源及社会经济技术条件的农业评价；②农业历史地理；③农业部门地理；④土地资源利用的方向、方式和途径；⑤农业地域类型；⑥农业区划；⑦农业地图等。

农业地理学的主要研究方法包括[2-3]：①实地调查访问；②搜集分析有关统计资料和文字资料；③编制各种类型的农业地图；④根据资料利用地理比较法、类型-区划法、综合分析法等开展研究；⑤使用各类遥感手段和信息；⑥广泛应用电子计算机；⑦各类数学方法的应用。

1.2 农业地理信息学

1.2.1 农业地理信息学产生的背景

在农产品中，有一类被称为地理标志农产品(地标农作物)，这类农产品少则十几年、多则百年甚至千年，长期在一个特定的区域内种植，这个区域特定的气候条件、立地条件(包括土壤条件)、管理模式和特定品种长期相互作用，形成一定产量下的特定品质特征，长期受到人们喜爱并被市场所接受[6]。随着生活水平的不断提高，人们对地标农产品的需要将越来越大。然而，地标农作物的产量、品质在不同年际之间也是变化的，有时变化很大[7]。例如，广西百色市芒果和钦州市灵山县荔枝，小年产量只有大年的20%左右，且品质较差；广西容县的沙田柚，气候年型好的年份可溶性固形物含量普遍偏高，反之含量偏低；同样是容县沙田柚，有些地块可溶性固形物含量不同年一直偏高，有些地块可溶性固形物含量不同年一直偏低；黄龙病作为柑橘的头号杀手，其发病率有些年普遍偏高，也与高温干燥气候年型高度相关。

提高产量和改善品质一直是决定种植产业效益的第一关[8]。然而，气候条件和立地条件理论上是最适合地标作物生长发育和能形成特定品质、产量的基本自然条件保障，从多年平均看这个区域是最适合的。但是，单就某一年或某些年就未必是最适合的，有时是基本适合的，个别年是不太适合的。这样就产生了产量和品质年际间的变化。如果能找到影响这样变化的气象条件和立地条件甚至管理模式，就能找到稳产、高产、优质种植的科学钥匙。对此，侯彦林等于2017年提出农业地理信息学学科概念，并逐渐建立起学科体系，以提供解决上述难题的理论和方法。

1.2.2 农业地理信息学的内涵

农业地理信息学通过对地标作物或优势作物年际间气象条件差异性或立地条件空间差异性引起的年际间或区域间产量、品质、重大病虫害差异进行数据分析或大数据分析，建模确定产量、品质、重大病虫害与气象条件、立地条件(含土壤条件)之间的半定量或定量关系，为产量提高、品质改善和重大病虫害防控提供气象条件、立地条件改善标准和措施。换言之，农业地理信息学是研究各种农情作为因变量的变化与各种影响因素作为自变量的变化之间关系的科学，即研究两个变化量之间的半定量或定量关系。在时间上，研究历史气象条件对历史产量、品质和重大病虫害年型的影响；在空间上，研究不同立地条件对不同空间单元的产量、品质和重大病虫害等级的影响。即从时间和空间上解析产量、品质和重大病虫害变化的原因，并进行建模、实时预测和指导调控。

1.3 农业地理信息学基本内容

1.3.1 农业地理信息学主要解决的问题

农业地理信息学主要解决的问题是在认定地标作物或优势作物适合特定区域种植的前提下，围绕如何增加效益进一步挖掘生产潜力，即从气象条件时间变化、立地条件空间变化和管理模式三个方面寻找与产量、品质和重大病虫害关系的定量或半定量的各类规律模型，为寻找提高产量、改善品质和降低重大病虫害发生程度的各种实用技术和措施提供科学依据。

1.3.2 农业地理信息学基本研究内容

农业地理信息学主要研究内容是建立地标作物或优势作物产量、品质、重大病虫害与气象条件、立体条件和管理模式的大数据解析模型，利用历史数据、公开发表的各类资料和实地调查访问以及必要的田间试验验证模型的科学性和实用性，最后建立在线预报服务平台，及时为生产者、管理者和农资企业以及农产品经营者提供可供决策的科学依据。

1.4 农业地理信息学理论

1.4.1 地标作物是当地多种优势自然条件组合的产物

任何一个地标作物或优势作物能够长期持续存在首先是自然条件的适应性好，这是基础，如广西容县沙田柚、百色市芒果、钦州市灵山县荔枝等，它们具有其他地区无法比拟的优越自然条件组合和独特的优良品质。

1.4.2 地标作物是绿水青山就是金山银山的佐证

以广西为例，地标作物或优势作物分布广泛，所有广西贫困县或其周边县几乎都可以栽培地标作物或优势作物[9-11]。决定地标作物或优势作物能够长期栽培的第一把钥匙是多年的气候条件，具体到每一年就是气象条件。气象条件首先保证其可以长期生存，每年气象条件不同决定其产量和品质不同，以及重大病虫害是否暴发。而第二把钥匙是以土壤为主的立地条件，如果土壤不太适合，完全可以利用广西绿色植物生长繁茂的特点实现土壤改良。于是，绿水青山地区或不适合发展种植的很多丘陵地貌都可以栽培地标或优势作物，这是将绿水青山转化为金山银山的有效途径。设想一下，当我国西北或北方彻底解决水资源短缺时，在南方种植普通大田作物将收益甚微，南方的地标作物或优势作物的种植价值反而增大。因此，地标作物或优势作物现在和将来都具有气候条件不可替代的特征，因为彻底改变大田条件下的气象条件经济上是不可行的。

1.4.3 地标作物产业兴衰由社会环境和经济发展所左右

社会环境是地标作物或优势作物得以保存和发展的人文环境，如广西南宁市横州市茉莉花产业产值高达 200 亿元，而横州市周边县如能栽培茉莉花也会有很好的产量，但是受产业链和种植者技术普及率的影响，周边县很难发展成茉莉花产业[12]。经济发展左右着地标作物或优势作物的规模和兴衰，如广西桂林市荔浦县荔浦芋最多时栽培面积超过 5 万亩（1 亩＝667 m^2），受近些年沙糖橘经济效益较高的挤压，2019 年荔浦芋的栽培面积只剩 2000 亩左右[13]。

1.4.4 地标作物品种适应性

作物品种适应性是作物品种与自然环境之间长期选择的结果，一个好的品种其产量首先是稳定的，即稳定在一定单产水平上，同时品质也必须是稳定的，稳定在市场愿意接受的程度之上。任何外来品种必须经过试验示范和推广应用两个阶段，理论上需要 10 年以上，跨越一个小的气候周期才能证明是适合的。如泰国红宝石柚在广西多个地方的试种结果表明，虽然它可以全年开花和采摘，但是如果不能保证提供热带地区的微气象条件就难以获得市场可接受的品质。

1.4.5 地标作物气象条件图谱

地标作物或优势作物的产量、品质和重大病虫害随年际间气象条件不同而波动，人们将决定产量、品质和重大病虫害年际间波动的气象条件组合称之为气象条件图谱，用数学方式表示就是模型。当某一年或某一生产季气象条件符合某种特定气象条件图谱时，该地区该地标作物或优势作物的某种产量等级或品质等级或重大病虫害等级出现的概率就非常大，反之就非常小或处于一般状态。

1.4.6 地标作物立地条件图谱

地标作物或优势作物产量、品质和重大病虫害随空间立地条件，特别是土壤条件不同而波动，决定产量、品质和重大病虫害空间波动的立地条件组合被称为立体条件图谱，有时也称为土壤条件图谱，用数学方式表示就是模型。当立地条件或土壤条件符合某特定立地条件或土壤条件图谱时，该立地条件或土壤条件下的该地标作物或优势作物的某种产量等级或品质等级或某重大病虫害等级出现的概率就非常大，反之就非常小或处于一般状态。

1.4.7 地标作物重大病虫害图谱

地标作物常常受到重大病虫害的严重威胁，如柑橘黄龙病、香蕉枯萎病、罗汉果花叶病等，将能确定气象型或土壤型病虫害暴发的数学模式称之为重大病虫害暴发图谱。如柑橘黄龙病在夏季高温干燥气象条件下发病率高，香蕉枯萎病在土壤 pH 低于 5.5 后，pH 越低发病率越高。一旦确定了重大病虫害暴发图谱就等于在防治方面有了调控的方向和标准。

1.4.8 地标作物土、肥、水田间调控

地标作物产量的提高和品质的改善有赖于田间条件下土、肥、水的实时调控，其依据是以高产和优势气象条件图谱和立地条件图谱（土壤条件图谱）为标准，调控目标是缺什么补什么，缺多少补多少，什么多限制什么。

1.5 农业地理信息学研究方法

1.5.1 选题原则

农业地理信息学研究方法是针对研究问题而建立的，但农业地理信息学及其研究方法不能解决所有农业地理信息问题。农业地理信息学首先从种植业生产实际中寻找特定区域的地标作物或优势作物存在的产量、品质和重大病虫害波动问题，这是选题的依据即问题导向。其次，所要研究的问题一定能够收集或采样测定到产量或品质或重大病虫害等级或数据，同时也要能够收集到气象数据或采样测定到土壤肥力指标等，没有数据支撑难以解析生产问题进而形成规律。所以，数据是农业地理信息学研究的基石。

1.5.2 数据类型

农业地理信息学研究所需要的基本数据分两类：一类是产量或品质或重大病虫害等级数据或数量化数据，按年获得某一行政单元或空间单元的数据，或按空间单元获得同一时间段或节点的批量数据，用 Y 表示；另一类是能影响 Y 的气象条件、立地条件（含土壤条件）和管理模式（含各种管理措施或数据，如施肥数据）转化而来的数据用 X 表示。Y 主要来源于政府推广系统的长期多年监测、科研部门的监测、期刊文献发表的数据和研究者调研访问的数据；X 主要来源于气象部门免费或有偿提供的气象数据、推广系统免费或有偿提供的土壤数据、研究者采样测试获得的土壤数据等。其他数据包括下垫面数据，如以数字方式表示的纬度、经度、高程、地形地貌、坡向、坡度和各类遥感数据等。

1.5.3 本书中相关术语的定义或含义

产量年型等级：是对一定区域内某作物历史年经验产量或实际产量的等级划分结果，以此确定研究问题的因变量（Y）的等级，一般根据产量由低到高分为五级到三级，分别对应赋值 1、2、3、4、5 或 1、3、5 数值，据此可以通过统计方法分析其与影响因素自变量（X）的关系或建模，是将历史经验数据数值化的一种表示方法或对具体数字等级化的一种表示方法。定义的年型等级概念在果树行业上可以理解为某年的产量好坏程度，与俗称的小年、平年、大年传统术语含义基本相同。为了提高分析精度，在小年和平年、平年和大年之间定义了偏小年和偏大年。按这样定义的年型等级，通过实地调查，一般经营者和技术人员可以容易地确定近些年某些年特别是最好年和最差年的年份和年型等级，也可将公开收集到的历史产量数据或对产量的描述情况划分为产量年型等级，以便增加统计样本数。

品质年型等级和病虫害发生年型等级的定义方法参照产量年型等级的定义。

多种算法：包括回归分析、聚类分析、主成分分析、判别分析和多种统计方法结合的分析，其中回归分析包括一元线性或非线性回归、多元线性回归分析等。

大数据计算：在确定产量年型等级并赋值（Y）后，针对 Y 筛选影响因素 X。X 的构建方法是：先将每个生长年分成 12 个月，每个月选择 7 个气象指标，即最高温度、平均温度、最低温度、平均相对湿度、最小相对湿度、降水量、日照时数，合计 84 个指标（X），再按旬确定上述 7 个气象指标，合计 252 个指

标;以上 2 项合计 336 个指标。在选择出与 Y 具有显著或极显著相关关系指标的基础上,再按天在选定指标的前面或后面增加或减少天数,每次增加一天或减少一天,最后选择出相关系数最大的按天的气象指标。此外,也可以构造一些其他变量(X),如指标之间的四则运算等如温差、温度/湿度,等等。

1.5.4 数据分析方法

数据分析方法是农业地理信息学的主要研究方法,可分为定性方法、半定量方法和定量方法 3 大类。

(1)定性方法　主要用于确定地标作物或优势作物生境自然条件分析,包括气候和气象条件分析、地形地貌分析、土壤条件分析、水体分析、植被覆盖率分析、土壤品质元素如硒等的分析。通过综合分析,明确该地标作物或优势作物在该地区种植具有周边地区无法比拟的自然条件。这种自然条件组合被称为农业地理信息图谱。按此图谱可以在相近地区或类似地区寻找可开发的地标作物或优势作物区域,如广西南宁市横州市茉莉花、广西玉林市容县沙田柚;也可以判定其他不十分适合的区域种植后的品质或产量特征或差异性,如桂林市阳朔县与容县相比沙田柚风味不同,中国其他茉莉花产地的采花时段短于横州市的等。

(2)半定量方法　主要用于确定地标作物或优势作物产量或品质或重大病虫害等级与气象条件或土壤条件等的半定量关系,此种方法适合历史数据中的产量或品质或重大病虫害只能获得等级数据,无法获得数量化数据的情况。半定量数据分析时要求时间尽可能长,至少包括 10 年左右 1 个小气候周期的历史年数据,或土壤样本至少 30 或 50 个以上,以便符合统计分析方法对样本数量的要求。这是现阶段农业地理信息学数据分析中的多数情况,如本书中的芒果产量大小年、荔枝产量大小年、柑橘产量大小年预测模型都属于半定量模型。

(3)定量方法　主要用于确定地标作物或优势作物产量或品质或重大病虫害数量与气象条件或土壤条件等之间的定量关系,此种方法适合历史数据中的产量或品质或重大病虫害能够获得定量数据的情况。定量数据分析时要求样本具有代表性和典型性,样本数量一般需要在 25～30 个或 30 个以上,如广西平乐县源头农场柑橘黄龙病发病率建模时使用了 29 年 6000 亩的监测数据,样本数为 29,包括了 2 个以上小气候周期的时间。

1.5.5 结果验证方法

结果验证方法有以下几种。

(1)机理分析　通过农业地理信息学研究所获得的数据挖掘结果,是否具有生产意义,需要利用农学等各类涉农学科知识去分析和判定。单纯数据分析所获得的模型和参数属于数学分析结果,必须对这些数学分析结果进行专业性分析甚至更深入的验证后才具有指导生产意义。所以,任何有意义的数据挖掘结果多数情况下必须有专业意义,少数情况可能由于对客观规律认识还不够深入,需要知识的积累才能得到合理的解释和认识。

(2)文献和调查验证　通过公开文献、资料和调查访问获得的结果可以对各类数据挖掘结果进行定性、半定量和定量验证。这里需要强调指出的是,验证数据要一一对应,即用甲地的某时间段的各类数据只能验证甲地某时间段的各种规律,其他地区只具有参考意义。

(3)田间试验验证　在可能的情况下,对所获得的半定量和定量模型可以通过设置田间试验进行验证,这需要一定的时间和人力、财力、物力的支撑。

(4)历史年验证　历史年验证包括建模样本的自回归,通过自回归与实测值误差反映模型的精度,也包括在历史时间段内有观测数据但该数据未参与建模的预测结果的验证。

(5)未来年验证　使用预测模型对当年或近期未来年的预测,这是检验模型的关键。

(6)异地间接验证　使用预测模型对其他区域同一地标作物进行预测,该类预测属于半定量或定性预测,只能给出趋势性的预测结果。

1.5.6 农业地理信息学建模方法和流程

农业地理信息学建模方法和流程见图 1-1。

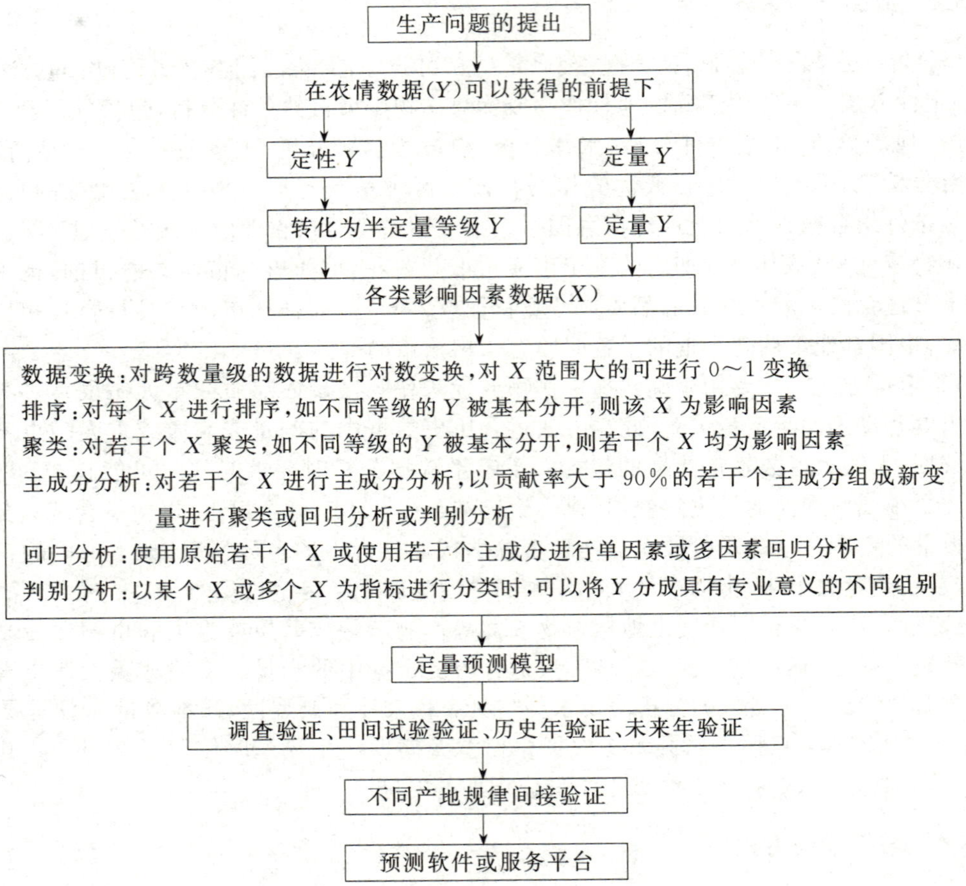

图 1-1 农业地理信息学建模方法和流程

1.6 农业地理信息学与农业地理学的比较

农业地理信息学与农业地理学的比较结果见表 1-1。广泛和深入的研究,可获得更进一步的比较结果。结合图 1-1 可见,农业地理信息学是农业地理学在定量化研究方面的新阶段或分支,它为解决种植业生产实际难题提供了新的研究理论、方法和数据挖掘技术。农业地理信息学与农业地理学的主要区别在于:前者通过定量或半定量数据或大数据建模方法寻找解决生产中的产量提高、品质改善和重大病虫害防控的关键影响因素,通过各种验证后搭建实时预测和信息化服务平台,提供给用户使用。

表 1-1 农业地理信息学与农业地理学的比较

比较内容	农业地理学	农业地理信息学
英文名称	agricultural geography	agro-geoinformatics
依托学科	农学、地理学	农学、地理学、信息学

续表1-1

比较内容	农业地理学	农业地理信息学
研究历史	2000多年	近年
学科历史	百年	近年
隶属学科	经济地理学分支;农业科学研究领域	农业地理学发展新阶段和分支
学科含义	研究农业生产的地域差异特征及其表现形式、形成条件及发展变化规律	研究地标作物产量、品质和重大病虫害区域特征、形成条件和变化规律
学科特点	地域性;综合性;边缘性;实践性	区域性;定量化;交叉性;实践性
研究内容	自然条件、自然资源及社会经济技术条件的农业评价;农业历史地理;农业部门地理;土地资源利用的方向、方式和途径;农业地域类型;农业区划;农业地图等	解析地标作物产量和品质形成的区域气象条件、土壤条件和管理模型;解析地标作物重大病虫害发生的区域气象和土壤条件;研发提高产量、改善品质和防控重大病虫害的实用技术
研究方法	实地调查和访问;搜集各类资料;编制各种类型农业地图;地理比较法、类型-区划法、综合分析法;定量与定性研究相结合,实地调查与文献资料分析相结合,地图表现与文字分析相结合,单项研究与综合研究相结合,宏观研究与微观研究相结合;研究手段利用遥感、计算机、数学	农业地理学研究方法均可采用;增加了以半定量-定量模型研究方法、大数据建模、模型综合验证

1.7　广西地标作物名单

表1-2为截至2020年12月的农业农村部和国家知识产权局认证的广西地标作物名单[9-11],分8类120个地标作物,扣除被包含的5个外合计115个地标作物。其中:果品类61个,5个被包含,实际56个;蔬菜类17个;茶类16个;粮食类16个(其中米类11个);药材类7个;油料类1个;棉麻蚕桑1个;食用菌类1个。种植面积约170万 hm^2,产量约3000万t,产值约1000亿元。

表1-2　广西地标作物名单

序号	分类	品种	数量	地标作物名称	种植面积/hm^2	产量/万t	产值/亿元	属地
1	果品类	百香果	1	北流百香果	10000	20.00	5.33	北流市
2		板栗	1	东兰板栗	21600	2.10	1.20	东兰县
3		甘蔗	3	木格白玉蔗	2000	24.00	0.36	贵港市港南区
4				来宾甘蔗	146740	1200.00	100.00	来宾市
5				临桂五通甘蔗	—	—	—	桂林市临桂区
6		核桃	2	凤山核桃	22000	3.50	5.00	凤山县
7				天峨核桃	11250	0.85	1.00	天峨县
8		红提	1	资源红提	3867	8.12	6.50	资源县
9		红枣	1	灌阳红枣	—	—	—	灌阳县

续表1-2

序号	分类	品种	数量	地标作物名称	种植面积/hm²	产量/万 t	产值/亿元	属地
10	果品类	黄皮	1	浦北黄皮	533	1.50	0.90	浦北县
11		火龙果	1	南宁火龙果	20000	80.00	20.00	南宁市
12		金橘	2	阳朔金橘	12533	30.10	21.20	阳朔县
13				融安金橘	88667	12.60	5.80	融安县
14		橘红	1	陆川橘红	53330	3.20	32.00	陆川县
15		梨	2	灌阳雪梨	2000	3.51	1.10	灌阳县
16				南丹瑶山红梨	667	0.50	0.50	南丹县
17		李子	6	龙滩珍珠李	2500	7.50	3.00	天峨县
18				凌云牛心李	3333	6.00	1.00	凌云县
19				南丹黄腊李	1000	3.00	0.40	南丹县
20				八步三华李	13000	11.02	3.50	贺州市八步区
21				武宣胭脂李	6700	20.00	0.48	武宣县
22				南丹芭谷李	2000	4.00	0.18	南丹县
23		荔枝	7	麻垌荔枝	18000	6.00	1.95	桂平市
24				香山鸡嘴荔枝	4000	3.00	0.60	合浦县
25				藤县江口荔枝	3000	4.00	24.00	藤县
26				北流荔枝	36000	15.00	6.90	北流市
27				钦北荔枝	30000	20.00	2.50	钦州市钦北区
28				灵山荔枝	33300	20.00	6.57	灵山县
29				浦北妃子笑荔枝	13300	7.00	4.90	浦北县
30		龙眼	2	平南石硖龙眼	16000	4.50	20.00	平南县
31				大新龙眼	13000	20.00	32.00	大新县
32		罗汉果	1	桂林罗汉果	13333	10.87	15.00	桂林市
33				永福罗汉果(被包含)	4667	—	—	永福县
34		芒果	1	百色芒果	200000	150.00	37.40	百色市
35				田阳香芒(被包含)	8667	—	—	田阳县
36				田东香芒(被包含)	10200	—	—	田东县
37		梅	1	环江青梅	10000	30.00	0.20	环江毛南族自治县
38		蜜橘	2	柳城蜜橘	8250	12.00	8.00	柳城县
39				兴安蜜橘	6700	20.00	9.20	兴安县
40		椪柑	2	恭城椪柑	6667	17.72	0.60	恭城瑶族自治县
41				南丹椪柑	—	—	1.00	南丹县

续表1-2

序号	分类	品种	数量	地标作物名称	种植面积/hm^2	产量/万 t	产值/亿元	属地
42	果品类	葡萄	2	罗城毛葡萄	6667	7.50	0.63	罗城仫佬族自治县
43				兴安葡萄(被包含)	10070	25.00	0.00	兴安县
44				桂林葡萄	17600	40.00	12.00	桂林市
45		脐橙	1	富川脐橙	22000	22.40	14.33	富川瑶族自治县
46		沙糖橘	4	梧州沙糖橘	23000	52.50	2.00	梧州市
47				荔浦沙糖橘(被包含)	16667	—	—	荔浦市
48				桂林沙糖橘	80000	150.00	80.00	桂林市
49				武鸣沙糖橘	6667	30.00	18.00	南宁市武鸣区
50				象州沙糖橘	21000	45.00	27.00	象州县
51		山楂	2	天峨大果山楂	2000	3.60	0.25	天峨县
52				靖西大果山楂	5333	16.00	1.11	靖西市
53		柿子	2	武宣牛心柿	3000	5.50	2.00	武宣县
54				恭城月柿	213931	—	5.82	恭城瑶族自治县
55		沃柑	1	武鸣沃柑	26667	72.00	100.00	南宁市武鸣区
56		香蕉	2	南宁香蕉	43333	150.00	30.00	南宁市
57				涠洲岛香蕉	967	7.40	0.24	北海市海城区
58		柚子	3	环江红心香柚	6667	50.00	0.50	环江毛南族自治县
59				融水糯米柚	9667	1.80	0.54	融水县
60				容县沙田柚	14000	22.00	30.00	容县
61		余甘果	1	平南余甘果	1200	4.50	1.60	平南县
62	蔬菜类	大头菜	1	英家大头菜	1230	2.76	0.40	钟山县
63		淮山	3	金田淮山	3533	3.85	4.18	桂平市
64				贺街淮山	1000	5.50	2.20	贺州市八步区
65				那楼淮山	1400	5.50	1.20	南宁市邕宁区
66		黄瓜	1	钦州黄瓜皮	10000	35.00	5.00	钦州市
67		空心菜	1	博白空心菜	333	4.00	0.15	博白县
68		辣椒	4	龙脊辣椒	4000	3.00	1.17	龙胜各族自治县
69				南丹长角辣椒	—	—	0.22	南丹县
70				钦州辣椒	10000	38.00	7.00	钦州市
71				天等指天椒	—	—	1.00	天等县
72		莲藕	2	覃塘莲藕	12000	11.00	1.00	贵港市覃塘区
73				都安旱藕	333	—	1.00	都安瑶族自治县

续表1-2

序号	分类	品种	数量	地标作物名称	种植面积/hm²	产量/万 t	产值/亿元	属地
74	蔬菜类	马蹄	2	荔浦马蹄	5360	16.00	5.00	荔浦市
75				芳林马蹄	4878	16.10	2.00	贺州市平桂区
76		蒜	1	玉林香蒜	3333		0.70	玉林市
77		西红柿	2	百色番茄	20000	80.00	25.00	百色市
78				三皇西红柿	—	—	2.00	永福县
79	茶类	茶	1	昭平银杉茶	8000	0.50	37.62	昭平县
80			1	桂平西山茶	867	0.51	3.57	桂平市
81			1	桂林桂花茶	15000	1.80	1.50	桂林市
82			1	开山白毛茶	400	0.05	0.20	贺州市八步区
83			1	平乐石崖茶	800	0.06	1.00	平乐县
84			1	金秀红茶	4000	0.31	1.20	金秀瑶族自治县
85			1	覃塘毛尖茶	4500	0.17	0.60	贵港市覃塘区
86			1	龙脊茶	2000	0.30	1.20	龙胜各族自治县
87			1	百色红茶	23200	1.31	6.02	百色市
88			1	木梓阿婆茶	900	0.08	0.32	贵港市港南区
89			1	古琶茶	1000	0.11	0.50	象州县
90			1	灵山绿茶	10000	2.10	4.27	灵山县
91			1	大新苦丁茶	8400	1.26	0.45	大新县
92			1	凌云白毫茶	4980	0.54	4.51	凌云县
93			1	南山白毛茶	200	0.01	1.93	横州市
94			1	横县茉莉花	7000	8.50	105.00	横州市
95	粮食类	大米	11	象州红米	1680	2.02	3.83	象州县
96				靖西大香糯	48438	4.50	13.50	靖西市
97				上思香糯	3667	1.50	3.00	上思县
98				东兰墨米	2000	0.75	0.68	东兰县
99				环江香粳	16300	6.10	8.24	环江毛南族自治县
100				龙胜红糯	4000	2.10	16.80	龙胜各族自治县
101				凤山粳	1867	0.80	3.20	凤山县
102				钦州赤禾	10000	4.50	27.00	钦州市
103				侧岭米	1333	0.80	0.80	河池市金城江区
104				环江香糯	5000	1.87	1.20	环江毛南族自治县
105				南丹巴平米	2700	2.00	1.20	南丹县

续表1-2

序号	分类	品种	数量	地标作物名称	种植面积/hm^2	产量/万 t	产值/亿元	属地
106	粮食类	红薯	2	东兴红姑娘红薯	1333	—	1.10	东兴市
107				大化白玉薯	6732	12.00	2.88	大化瑶族自治县
108		玉米	1	横县甜玉米	22000	148.00	7.30	横州市
109		芋头	2	刘圩香芋	533	1.20	0.03	南宁市青秀区
110				荔浦芋	3330	7.00	8.00	荔浦市
111	药材类	慈姑	1	平乐慈姑	1000	1.70	0.40	平乐县
112		金银花	1	忻城金银花	—	—	0.54	忻城县
113		灵芝	2	田林灵芝	75000	4.50	1.80	田林县
114				融水灵芝	40000	9.00	4.00	融水苗族自治县
115		石斛	3	白石山铁皮石斛	667	0.50	1.00	桂平市
116				都峤山铁皮石斛	207	0.15	6.00	容县
117				雅长铁皮石斛	67	—	—	乐业县
118	油料类	瓜子	1	信都红瓜子	1830	0.16	0.48	贺州市八步区
119	棉麻蚕桑类	蚕丝	1	南丹瑶蚕平板丝	500	—	—	南丹县
120	食用菌类	蘑菇	1	绍水蘑菇	4516	39.00	25.00	全州县
	合计		115		1724085	3026.45	1073.36	

参考文献

[1]郑度，周成虎，申元村，等.地理区划与规划词典[M]. 北京：中国水利水电出版社，2012.

[2]吴传钧.农业地理学发展述要[J].地理环境研究，1989(01)：10-17.

[3]郭焕成，王云才.我国农业地理学研究的回顾和发展趋势[J].经济地理，1999(06)：1-6.

[4]刘彦随.吴传钧院士对发展中国农业地理学的贡献[J].地理科学，2008(01)：1-5.

[5]刘艳芳. 经济地理学：原理、方法与应用[M].北京：科学出版社，2017.

[6]王志本.我国传统名特优农产品的地理标志保护[J].农业经济问题，2005(04)：54-57，80.

[7]宫建华，高露华.我国地理标志农产品发展现状及研究方向[J].安徽农业科学，2018，46(30)：223-225.

[8]韩连贵，王岩，王其文，等.新时期农业综合开发治理的目标、方略与可行性研究[J].经济研究参考，2018(40)：3-67.

[9]中华人民共和国农产品地理标志登记公示.http://www.moa.gov.cn/govpublic/ncpzlaq/.

[10]全国农产品地理标志信息查询.https://www.anluyun.com:8187/.

[11]地理标志产品检索.https://dlbzsl.hizhuanli.cn:8888/Product/Search.

[12]吴芹瑶，孙朝锋，杨江帆.我国茉莉花茶生产空间变迁特征研究[J].茶叶通讯，2020，47(02)：313-320.

[13]覃自由，叶国春，江发茂.荔浦芋生产现状、问题及发展对策[J].长江蔬菜，2017(16)：23-25.

2 广西典型地标作物农业地理信息特征定性解析

2.1 广西典型地标作物农业地理信息特征

2.1.1 广西6个典型地标作物农业地理信息特征

以下以广西典型地标作物南宁市横州市茉莉花、南宁市武鸣区沃柑、百色市芒果、玉林市容县沙田柚、钦州市灵山县荔枝、桂林市柑橘6个地标作物为例，定性解析各自农业地理信息特征，进一步理解农业地理信息学的含义，也为半定量和定量解析提供依据。

表2-1为广西6个典型地标作物分布区自然条件，图2-1是包括6个典型地标作物产区示意图。6个典型地标作物分布在广西14个地市级中的5个，分别是南宁市、百色市、玉林市、钦州市、桂林市，图2-1中深色部分为6个典型地标作物产区。其中桂林市在北纬23.5°线以北，其余4个市位于北纬23.5°线以南，其中南宁市武鸣区主体位于北纬23.5°线以南。

表2-1 广西6个典型地标作物分布区自然条件

地区	纬度/(°)	经度/(°)	平均海拔/m	年均温/℃	年降水量/mm	年日照时数/h	土壤主要类型/%	主要水体
南宁市	22.2099～24.0363	107.3259～109.6188	192.2	21.3	1588.9	1552.3	黄色铁铝土(47.6)、酸性硫酸盐潜育土(12.9)、石灰性疏松岩性土(12.7)	邕江、左江、右江、八尺江、大王滩、西津水库等
百色市	22.8591～25.1026	104.4480～107.8842	748.5	19.2	1362.0	1502.0	铁质低活性强酸土(31)、石灰性疏松岩性土(22)、黄色铁铝土(18)、松软碱土(12)	右江、澄碧河、福禄河、乐里河、泮水河、磺桑江等
钦州市	21.6069～22.6857	108.1808～109.8655	100.6	21.9	1829.3	1723.6	黄色铁铝土(62.2)、酸性硫酸盐潜育土(21.0)	茅岭江、钦江、大风江
玉林市	21.6308～23.1313	109.5409～110.8952	183.4	21.6	1685.0	1692.3	黄色铁铝土(62.4)、酸性硫酸盐潜育土(23.0)	南流江、郁江
桂林市	24.2611～26.3881	109.6147～111.4891	519.2	17.3	1763.2	1464.0	滞水黑土(31.5)、铁质低活性强酸土(18.8)、石灰性疏松岩性土(15.8)、松软碱土(14.8)	桂江、湘江、浔江、资江、洛清江

注：高程和气象数据来源于国家科技基础条件平台——国家地球系统科学数据中心[1-3]；土壤类型来源于联合国粮农组织(FAO)和维也纳国际应用系统研究所(IIASA)所构建的世界土壤数据库 Harmonized World Soil Database version 1.1 (HWSD)[4]，提取以上栅格数据在各地区内所有栅格值的均值；主要水体数据来自各市的市志[5-9]

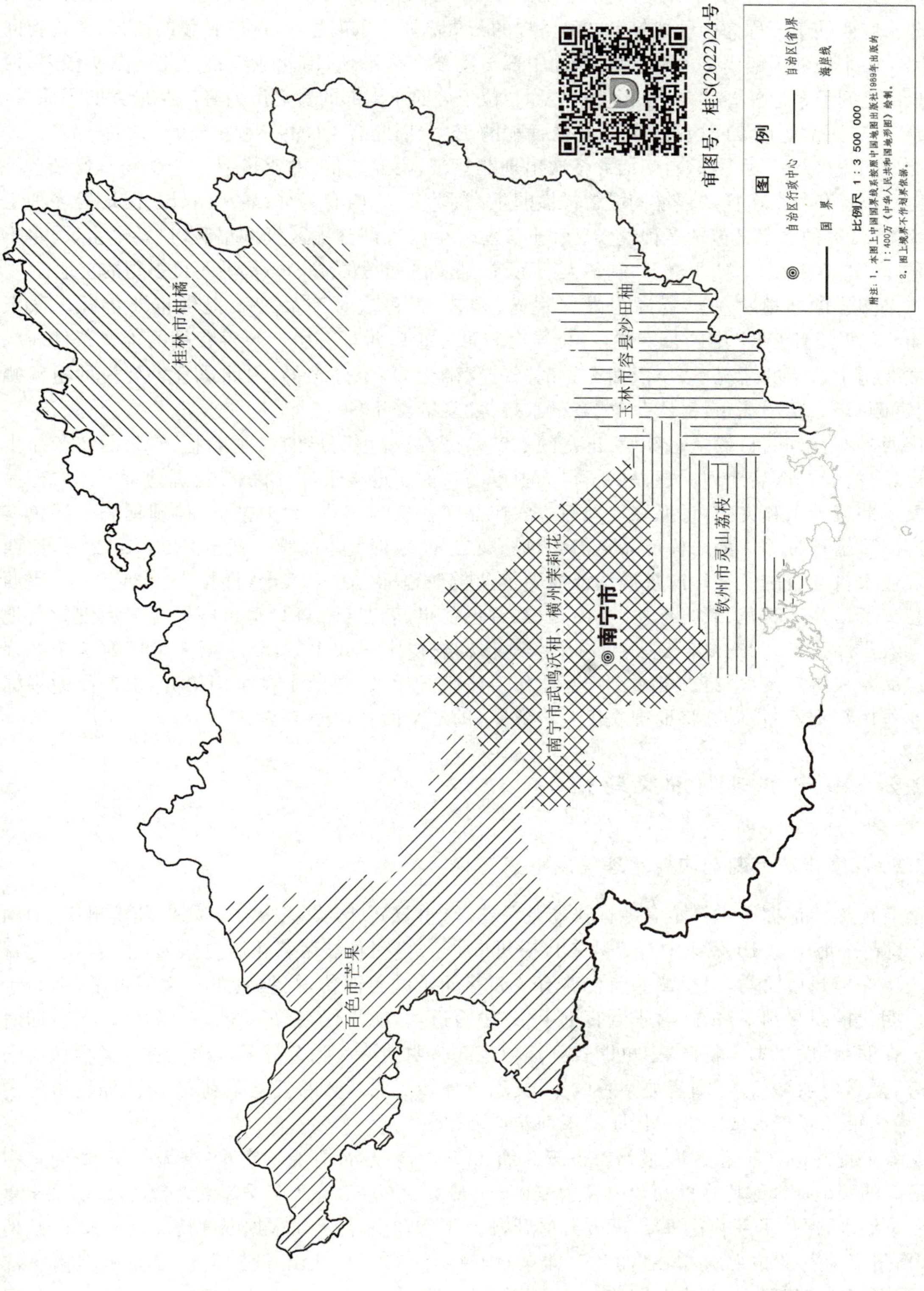

图2-1 广西壮族自治区6个典型地标作物产区示意图

2.1.2 自然条件多样性决定广西地标作物种类繁多、分布广泛

广西地处中国南方沿海，位于东经104°26′～112°04′，北纬20°54′～26°24′之间，北回归线横贯全区中部。广西处于被称为中国地势第二级阶梯的云贵高原的东南边缘，两广丘陵的西部，南边朝向北部湾。整个地势为四周多山地与高原，而中部与南部多为平地，因此地势自西北向东南倾斜，西北与东南之间呈盆地状，素有“广西盆地”之称。位于广西东南部的贵港市拥有广西最大的平原“浔郁平原”。广西山地丘陵面积占全区土地总面积的75%，因此有“八山一水一分田”之称[10]。

北回归线横贯广西中部，自南而北依次出现北热带、南亚热带、中亚热带3个生物气候带。特殊的地理位置和复杂多样的环境构成多样性的生态系统。广西有森林、灌丛、农田、湿地等多种生态系统类型，每种类型又包括多种气候型和土壤型。全区大部分地区气候温暖，热量丰富，雨水丰沛，雨热同季，日照充足，四季花开，越冬大部无雪，是适宜发展农、林、牧、渔业不可多得的宝地。

丰富多样的动植物种类资源为发展观光、园艺、特色农林产品加工提供重要依托。截至2019年，广西拥有29个中国长寿之乡，位居全国第一。广西具有生产长寿食品的珍贵条件。在全国2/3国土缺硒的情况下，广西拥有大范围的富硒土壤，十分难得，因此适宜大规模种植富硒水稻、富硒玉米、富硒花生、富硒蔬菜、富硒水果等“富硒食品”[11]。

广西具有良好的自然生态环境、丰富的农产品资源、特色明显的农业产业、悠久的农产品生产历史，为发展农产品地理标志提供了得天独厚的条件。近年来，广西积极把握地理标志农产品产业发展的着力点和突破口，抓好地理标志农产品保护实施工程，大力推进“地理标志+绿色有机农产品”，推动特色优势地标产品走出去，提升农产品地理标志品牌。截至2020年12月，广西获得农业农村部或国家知识产权局认证的种植业类地理标志共115个(详见表1-2)[12-14]。广西成功打造了横州茉莉花、武鸣沃柑、灵山荔枝、百色芒果、容县沙田柚、富川脐橙等一大批知名地理标志农产品品牌。2021年3月1日，中欧地理标志协定正式生效，其中第一批广西3个地理标志产品列入协定清单，第二批9个产品4年后将正式生效，总数上排全国第九，农产品地理标志产业作用得到不断发挥，将助推农民脱贫致富，助推全面乡村振兴[15]。

2.2 南宁市横州市茉莉花

2.2.1 横州市茉莉花农业地理信息特征

南宁市横州市拥有世界驰名地标作物茉莉花，全世界每10朵花中有6朵来自横州市，中国4大茉莉花产地中每10朵花中有8朵来自横州市[16]。横州种植茉莉花历史悠久，相传有六七百年历史。在横州市民间，祖祖辈辈流传着有关茉莉仙子的美丽传说，但真正有文字可考，则始于明代。明代横州州判王济在《君子堂日询手镜》中写道：“(横州)茉莉花甚广，有以之编篱者，四时常花。”在明版《横州志·物产》中也能找到类似记载。明朝诗人陈奎写了这样一首诗：“异域移来种可夸，爱馨何独鬓云斜；幽斋数朵香时泌，文思诗怀妙变花。”咏的就是茉莉花[17]。经过历史的发展，横州市如今已形成200多亿元的茉莉花产业链。

从农业地理信息学角度看，横州市位于北纬23.5°以南，热量资源丰富，冬季无严寒；华南三省(区)最大的湿地西津水库在横州境内长达100 km，最宽1000 m，一年四季提供大量的水气，稳定夏季和冬季温度，保障了茉莉花每年5—9月盛开，4月下旬和10月上旬根据温度情况也可采花；从地形上，横州市茉莉花主要分布在“两片”，即东片和西片，基本被低山丘陵环抱，夏季阻挡南来热量，冬季阻挡北来寒流；横州市茉莉花分布区整体上土壤以次红壤为主，肥力相对较高；土壤多数富硒。表2-2为横州市茉莉花产区的自然条件，图2-2为横州市茉莉花产区示意图。

审图号：桂S(2022)24号

图2-2 南宁市横州茉莉花产区示意图

表 2-2　横州市茉莉花产区的自然条件

地区	纬度/(°)	经度/(°)	平均海拔/m	年均温/℃	年降水量/mm	年日照时数/h	土壤类型/%	主要水体
横州市	22.4882～23.1360	108.7946～109.6188	116.4	21.5	1640.8	1622.4	黄色铁铝土(55)、酸性硫酸盐潜育土(17)	郁江及其支流、西津水库

注:高程和气象数据根据国家科技基础条件平台——国家地球系统科学数据中心发布的栅格数据统计得到[1-3];土壤类型通过分析联合国粮农组织(FAO)和维也纳国际应用系统研究所(IIASA)所构建的世界土壤数据库 Harmonized World Soil Database version 1.1 (HWSD)得到[4];主要水体数据来自横县县志(2021 年横县改名横州市)[18]

2.2.2　中国 4 个茉莉花产区气候条件比较

表 2-3 为中国 4 个茉莉花产区的气象条件。从表 2-3 中可以看出,各月最低、平均、最高 3 个温度指标都是横州市最高且稳定,各月平均湿度横州市稳定在 80%左右,各月日照时数横州市总体相对较高,各月降水量与热量同步且稳定。总体而言,横州市的气候条件最适合茉莉花生长。

表 2-3　中国 4 个茉莉花产区的气象条件

气象因子	横州	福州	犍为	元江
4 月平均最低温度/℃	19.3	13.8	13.4	13.8
4 月平均温度/℃	22.2	17.1	16.7	20.4
4 月平均最高温度/℃	26.1	22.0	21.3	28.9
4 月平均相对湿度/%	82.2	83.1	76.5	61.8
4 月日照时数/h	83.2	105.6	99.3	211.7
4 月降水量/mm	139.6	165.5	68.9	46.7
5 月平均最低温度/℃	22.5	17.6	17.5	16.9
5 月平均温度/℃	25.6	20.7	20.6	22.4
5 月平均最高温度/℃	29.8	25.2	25.0	29.7
5 月平均相对湿度/%	81.9	83.8	78.4	66.3
5 月日照时数/h	143.3	118.8	108.2	190.5
5 月降水量/mm	228.9	201.7	110.7	125.8
6 月平均最低温度/℃	24.5	21.2	20.3	19.8
6 月平均温度/℃	27.5	24.2	23.1	24.0
6 月平均最高温度/℃	31.5	28.7	27.1	29.9
6 月平均相对湿度/%	82.9	84.9	82.2	73.1
6 月日照时数/h	160.9	143.7	99.5	128.5
6 月降水量/mm	257.2	230.5	153.3	146.2
7 月平均最低温度/℃	25.2	23.1	22.1	20.1
7 月平均温度/℃	28.2	26.6	25.1	23.8
7 月平均最高温度/℃	32.5	31.8	29.3	29.4
7 月平均相对湿度/%	81.7	80.8	84.3	76.9
7 月日照时数/h	199.7	222.9	139.3	143.0
7 月降水量/mm	265.1	117.6	262.8	189.2
8 平均最低温度/℃	24.9	22.8	22.2	18.5

续表2-3

气象因子	横州	福州	犍为	元江
8月平均温度/℃	27.9	26.1	25.1	22.5
8月平均最高温度/℃	32.4	31.2	29.5	28.8
8月平均相对湿度/%	82.3	81.5	82.5	79.1
8月日照时数/h	187.1	198.6	165.9	135.9
8月降水量/mm	253.5	182.8	274.1	196.2
9月平均最低温度/℃	23.2	20.8	18.6	17.6
9月平均温度/℃	26.5	23.9	20.9	21.7
9月平均最高温度/℃	31.2	28.4	24.4	28.1
9月平均相对湿度/%	79.4	80.4	85.3	78.2
9月日照时数/h	192.4	161.0	66.8	133.9
9月降水量/mm	142.2	142.7	153.7	122.9
10月平均最低温度/℃	19.6	17.1	14.9	14.6
10月平均温度/℃	23.1	20.3	16.8	19.0
10月平均最高温度/℃	28.1	24.8	20.0	25.6
10月平均相对湿度/%	75.9	77.0	87.1	77.6
10月日照时数/h	174.8	151.7	44.0	169.2
10月降水量/mm	83.1	47.7	69.9	94.9

注:气象数据根据国家科技基础条件平台——国家地球系统科学数据中心(http://www.geodata.cn)发布的栅格数据统计得到[1-3]

2.3 南宁市武鸣区沃柑

2.3.1 武鸣区沃柑农业地理信息特征

南宁市武鸣区沃柑产值100多亿元,占据广西沃柑产量的首位[19]。表2-4为南宁市武鸣区沃柑产区的自然条件,图2-3为南宁市武鸣区沃柑产区示意图。

从农业地理信息学角度看,南宁市武鸣区整体位于北纬23.5°以南,热量资源丰富,冬季无严寒,北纬23.5°穿过大明山;境内有28条河流,一年四季提供大量的水气,稳定夏季和冬季温度,保障了沃柑对温度和湿度的需求;地形上,沃柑主要分布在平地和丘陵,四面低山丘陵,夏季阻挡南来热量,冬季阻挡北来寒流;武鸣区整体上土壤以次红壤为主,肥力相对较高;土壤多数富硒。

表2-4 南宁市武鸣区沃柑产区的自然条件

地区	纬度/(°)	经度/(°)	平均海拔/m	年均温/℃	年降水量/mm	年日照时数/h	土壤类型/%	主要水体
武鸣区	22.9102～23.5486	107.8182～108.6159	230.6	21.1	1547.4	1513.6	黄色铁铝土(62)、酸性硫酸盐潜育土(15)	武鸣河及其支流

注:高程和气象数据根据国家科技基础条件平台——国家地球系统科学数据中心(http://www.geodata.cn)发布的栅格数据统计得到[1-3];土壤类型通过分析联合国粮农组织(FAO)和维也纳国际应用系统研究所(IIASA)所构建的世界土壤数据库HWSD得到[4];主要水体数据来自武鸣区志[20]

图2-3 南宁市武鸣沃柑产区示意图

2.3.2 广西主要柑橘产区与武鸣区气候条件的比较

表 2-5 为广西主要柑橘产区与武鸣区气候条件的比较。从年最低温度看，除崇左市、贵港市、防城港市、玉林市、钦州市、北海市外，其他 8 个地区（含武鸣区）年最低温度均在 −1.0 ℃以下，适合柑橘栽培；除梧州市外，年日照时数在 1350～1550 h；12 月份温差，桂林市为 6.99 ℃，武鸣区为 7.6 ℃，可见与桂林市相比，武鸣区温差更适合沃柑糖度积累。8 个适合柑橘栽培地区的 12 月份温差在 6.54～8.12 ℃。

图 2-4 为 1 km 栅格的桂林市 2 月份平均最低气温分布示意图，说明桂林市整体虽然适合柑橘栽培，但是北部县由于冬季温度偏低，不特别适合沃柑的栽培。

表 2-5　广西主要柑橘产区与武鸣区气候条件的比较

产区	年均温/℃	年最低温度/℃	年最高温度/℃	年均降水量/mm	年均日照时数/h	9 月温差/℃	10 月温差/℃	11 月温差/℃	12 月温差/℃
武鸣区	21.1	−1.7	38.8	1547.4	1513.6	8.5	9.0	9.0	7.6
桂林市	17.3	−6.8	36.9	1763.2	1464.0	8.3	8.1	7.8	7.0
贺州市	18.9	−5.0	38.1	1668.1	1515.5	9.0	9.7	9.6	8.0
柳州市	18.8	−4.1	37.9	1700.7	1417.8	8.0	8.0	7.9	6.5
河池市	19.1	−3.3	37.6	1595.3	1348.9	8.4	7.8	7.7	6.9
百色市	19.2	−3.0	37.7	1362.0	1502.0	9.4	8.8	9.2	7.5
来宾市	20.1	−2.5	38.4	1603.7	1491.9	8.5	8.8	8.8	7.2
梧州市	20.6	−2.2	38.6	1618.6	1622.6	8.9	9.5	9.6	8.1
南宁市	21.3	−1.3	38.7	1588.9	1552.3	8.5	9.0	9.0	7.6
崇左市	21.5	−0.9	38.6	1599.2	1581.6	9.0	9.4	9.5	8.1
贵港市	21.1	−0.7	38.6	1668.9	1597.7	7.7	8.2	8.1	6.7
防城港市	21.7	−0.3	37.7	2273.5	1710.2	7.8	8.1	8.1	6.5
钦州市	21.9	−0.1	38.1	1829.3	1723.6	7.2	7.6	7.8	6.7
玉林市	21.6	−0.1	38.0	1685.0	1692.3	7.9	8.8	9.0	7.7
北海市	22.6	1.4	37.6	1762.2	1916.8	6.6	7.3	7.6	6.7

注：表中气象年均值数据根据国家科技基础条件平台——国家地球系统科学数据中心（http://www.geodata.cn）发布的栅格数据统计得到[1-3]。温差根据各市气象站 1990—2019 年日值数据计算得到

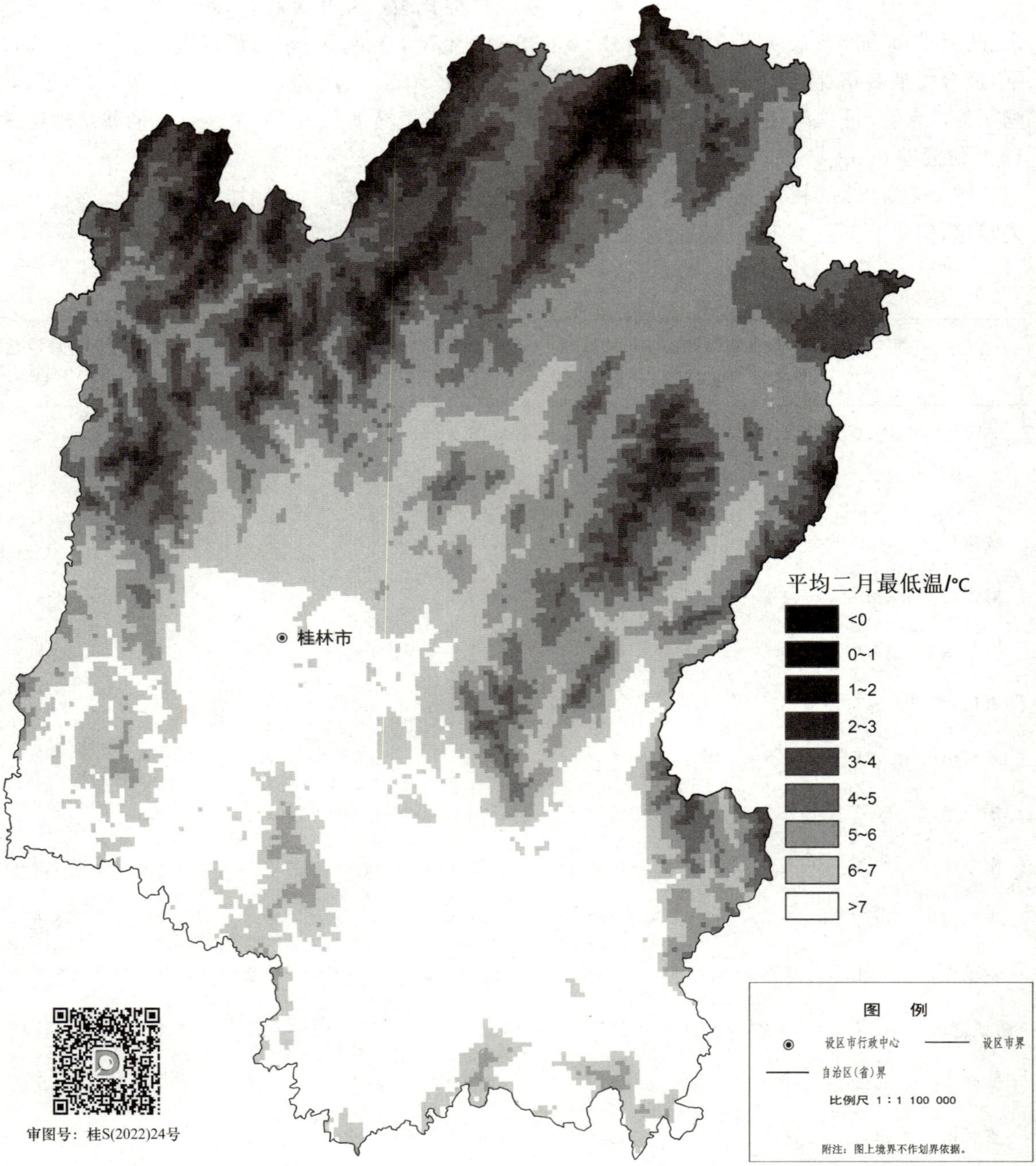

图 2-4　桂林市 2 月平均最低气温分布示意图

2.4 百色市芒果

2.4.1 百色市芒果农业地理信息特征

中国三大芒果产区分别是海南省、广西百色市和四川省攀枝花市，百色市芒果当前种植面积140多万亩[21]。表2-6为百色市芒果产区的自然条件。

从农业地理信息学角度看，虽然百色市整体位于北纬23.5°线以北，但是地貌单元为热带河谷，热量资源十分丰富，冬季无严寒；境内左右江穿过，一年四季提供大量的水气；地形上，百色芒果产区主要分布在丘陵地带的河谷中，丘陵阻挡冬季北来寒流；百色市芒果分布区整体上土壤以次红壤为主，肥力相对较高；土壤多数富硒。

表2-6 百色市芒果产区的自然条件

地区	纬度/(°)	经度/(°)	平均海拔/m	年均温/℃	年降水量/mm	年日照时数/h	土壤类型/%	主要水体
百色市	22.8591～25.1026	104.4480～107.8842	748.5	19.2	1362.0	1502.0	铁质低活性强酸土(31)、石灰性疏松岩性土(22)、黄色铁铝土(18)、松软碱土(12)	右江、澄碧河、福禄河、乐里河、泮水河、磺桑江

注：高程和气象数据根据国家科技基础条件平台——国家地球系统科学数据中心(http://www.geodata.cn)发布的栅格数据统计得到[1-3]；土壤类型通过分析联合国粮农组织(FAO)和维也纳国际应用系统研究所(IIASA)所构建的世界土壤数据库HWSD得到[4]；主要水体数据来自百色市志[7]

2.4.2 南宁市与百色市气候条件的比较

表2-7是南宁市与百色市11月至翌年2月气象指标的比较。从表2-7中可以看出，在广西可以栽培芒果的地区，冬季温度相对低、降水少，有利于大年的形成：在最冷的1—2月，低温、少雨、日照多有利于大年的形成。所以，南宁市栽培的芒果无论在产量上还是在品质上都不如百色市的产量高和品质好，并且病虫害相对严重，这是由气候条件决定的。所以，南宁市适合发展秋季收获的四季芒果。

表2-7 南宁市与百色市气候条件比较

气象指标	南宁市	百色市	气象指标	南宁市	百色市
11月平均最低温度/℃	14.6	12.3	1月平均最低温度/℃	9.4	7.7
11月平均温度/℃	18.2	15.7	1月平均温度/℃	12.3	10.8
11月平均最高温度/℃	23.4	21.0	1月平均最高温度/℃	16.3	15.4
11月平均相对湿度/%	73.4	79.1	1月平均相对湿度/%	76.8	77.7
11月日照时数/h	134.7	99.6	1月日照时数/h	73.6	85.2
11月降水量/mm	48.0	45.8	1月降水量/mm	40.4	22.9
12月平均最低温度/℃	10.7	8.4	2月平均最低温度/℃	11.0	9.3

续表2-7

气象指标	南宁市	百色市	气象指标	南宁市	百色市
12月平均温度/℃	14.3	12.1	2月平均温度/℃	13.6	12.4
12月平均最高温度/℃	19.4	17.6	2月平均最高温度/℃	17.3	17.1
12月平均相对湿度/%	72.7	76.8	2月平均相对湿度/%	79.6	76.6
12月日照时数/h	125.6	114.5	2月日照时数/h	56.7	79.2
12月降水量/mm	28.5	17.9	2月降水量/mm	49.6	28.1

注:气象数据根据国家科技基础条件平台——国家地球系统科学数据中心(http://www.geodata.cn)发布的栅格数据统计得到[1-3]

2.5 钦州市灵山县荔枝

2.5.1 灵山县荔枝农业地理信息特征

钦州市灵山县荔枝为驰名地标作物,产值10亿元,百年以上荔枝树有300多棵[22]。表2-8为钦州市灵山县荔枝种植的自然条件,图2-5为钦州市灵山县荔枝产区示意图。

从农业地理信息学角度看,灵山县位于北纬23.5°以南,热量资源丰富,冬季无严寒;华南三省最大的湿地西津水库在灵山县北,长达100 km,最宽1000 m,一年四季提供大量的水气,可稳定夏季和冬季温度,保障了荔枝生长发育对水热条件的需求;地形上,灵山县北面为丘陵环抱,阻挡冬季北来寒流;灵山县荔枝分布区土壤整体上以次红壤为主,肥力相对较高。

表2-8 钦州市灵山县产区的自然条件

地区	纬度/(°)	经度/(°)	平均海拔/m	年均温/℃	年降水量/mm	年日照时数/h	土壤类型/%	主要水体
灵山县	21.8448~22.6559	108.6901~109.5737	106.1	21.8	1709.7	1692.6	黄色铁铝土(70)、酸性硫酸盐潜育土(24)	县内大小河流136条,均属于水源始发地之河流。县内河流分沿海(北部湾)、沿江(西江)两大水系;沿海水系又分钦江、南流江、大风江和茅岭江4个水系

注:高程和气象数据根据国家科技基础条件平台——国家地球系统科学数据中心(http://www.geodata.cn)发布的栅格数据统计得到[1-3];土壤类型通过分析联合国粮农组织(FAO)和维也纳国际应用系统研究所(IIASA)所构建的世界土壤数据库HWSD得到[4];主要水体数据来自灵山县志[23]

2.5.2 广西7个地标荔枝产地气候条件的比较

表2-9表明广西7个地标荔枝产区的11月至翌年2月气象条件具有相似性,如果以灵山县为参考标准,其他6个地标产区各月的温度和湿度都在这个标准的±2℃内和±1.5%内,这是广西荔枝产区气候条件的共同特征。

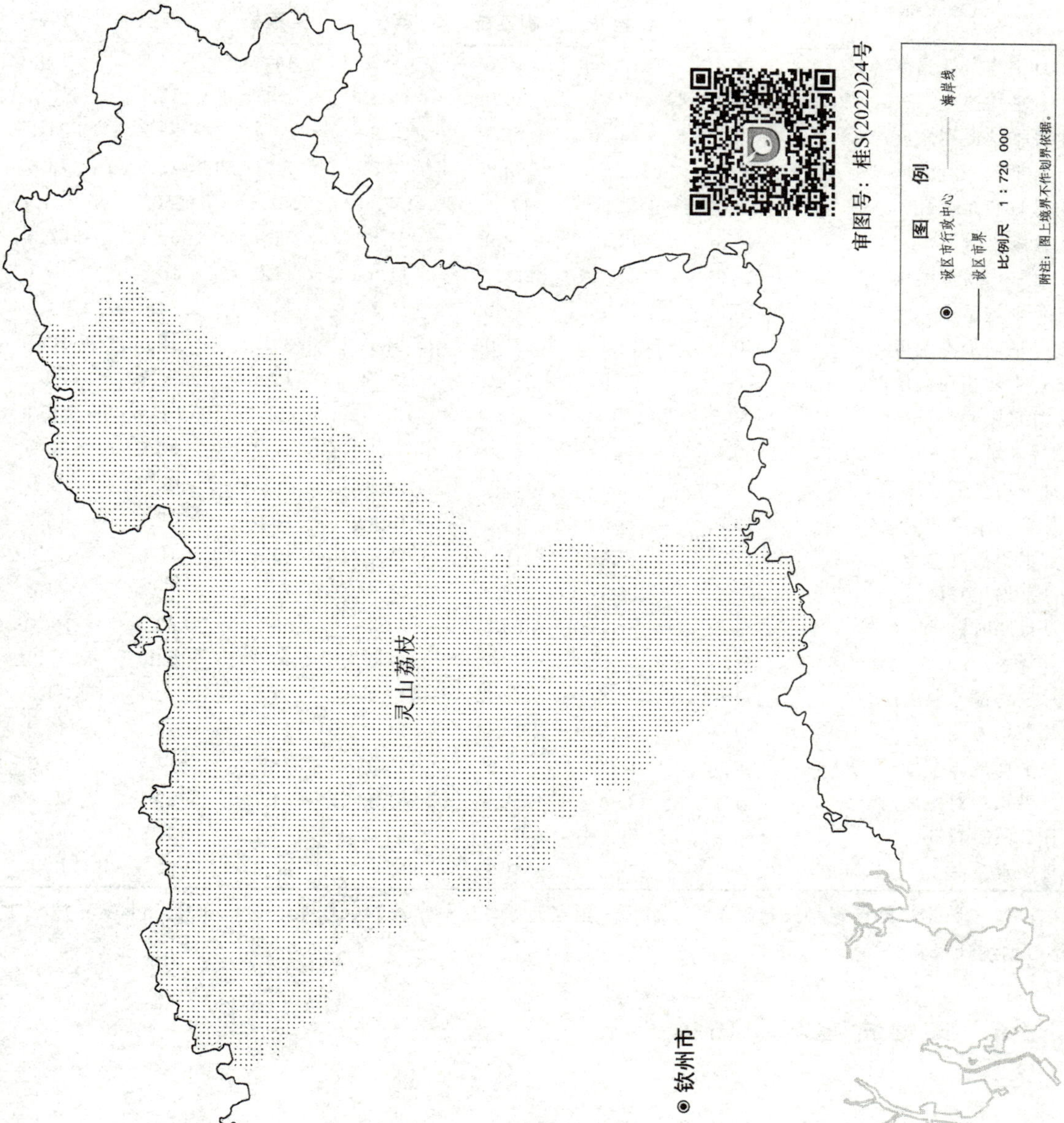

图2-5 钦州市灵山荔枝产区示意图

表 2-9　广西 7 个地标荔枝产地气候条件的比较

气象指标	灵山荔枝	藤县江口荔枝	香山鸡嘴荔枝	钦北荔枝	浦北妃子笑荔枝	麻垌荔枝	北流荔枝
11 月平均最低温度/℃	15.2	13.6	16.6	15.6	14.8	14.6	14.5
11 月平均温度/℃	18.9	17.6	20.0	19.2	18.6	18.1	18.5
11 月平均最高温度/℃	24.2	23.2	24.8	24.2	23.9	23.2	24.1
11 月平均相对湿度/%	73.4	72.9	73.2	73.5	74.3	73.3	73.8
11 月日照时数/h	159.6	152.2	175.5	157.5	152.4	150.7	151.9
11 月降水量/mm	49.3	42.4	42.9	54.8	51.9	52.1	47.6
12 月平均最低温度/℃	11.3	9.5	12.9	11.8	11.0	10.5	10.8
12 月平均温度/℃	15.0	13.4	16.2	15.3	14.8	14.0	14.7
12 月平均最高温度/℃	20.3	18.9	21.0	20.4	20.1	19.0	20.3
12 月平均相对湿度/%	72.6	72.5	73.0	72.7	73.6	73.7	73.5
12 月日照时数/h	139.2	140.7	150.3	136.2	141.1	136.8	145.8
12 月降水量/mm	30.1	34.0	26.0	30.4	32.0	38.6	33.9
1 月平均最低温度/℃	10.0	8.2	11.3	10.4	9.9	9.2	9.8
1 月平均温度/℃	13.0	11.5	14.2	13.3	13.0	12.0	13.1
1 月平均最高温度/℃	17.3	15.9	18.3	17.4	17.3	16.0	17.8
1 月平均相对湿度/%	78.0	76.9	78.8	77.7	78.1	78.3	77.4
1 月日照时数/h	84.6	87.4	99.2	83.3	90.5	82.4	100.1
1 月降水量/mm	45.7	55.0	38.2	44.0	46.0	59.0	47.9
2 月平均最低温度/℃	11.6	9.9	12.7	11.9	11.5	10.7	11.5
2 月平均温度/℃	14.3	12.8	15.2	14.4	14.2	13.2	14.3
2 月平均最高温度/℃	17.9	16.7	18.8	18.0	18.0	16.7	18.3
2 月平均相对湿度/%	81.4	80.4	82.9	81.3	81.7	82.1	81.4
2 月日照时数/h	60.2	59.0	71.8	63.0	64.7	57.5	68.9
2 月降水量/mm	57.3	78.1	49.3	53.6	60.5	79.9	69.8

注：气象数据根据国家科技基础条件平台——国家地球系统科学数据中心(http://www.geodata.cn)发布的栅格数据统计得到[1-3]

2.6　玉林市容县沙田柚

2.6.1　玉林市容县沙田柚农业地理信息特征

玉林市容县沙田柚为驰名地标作物。沙田柚，原产于容县松山镇沙田村，由农夫夏纾筠于明朝末年以接枝法获得，后来广泛种植，成为容县的特产[24]，至今形成 10 多亿元的产业链。表 2-10 为容县沙田柚产区的自然条件，图 2-6 为玉林市容县沙田柚产区示意图。

从农业地理信息学角度看，容县位于北纬 23.5°以南，热量资源丰富，冬季无严寒；县境内最大的干流绣江，贯穿县境中部，它的两大支流一条是南部的杨梅江，另一条是北部的泗罗江，构成容县的三大河流。县境内流域面积在 20 km^2 以上的河流有 50 余条，河道总长 871.7 km，相应河网密度为每平方公里 0.3 km，一年四季提供大量的水气，稳定夏季和冬季温度；地形上，容县四周多为丘陵低山，夏季阻挡南来热量，冬季阻挡北来寒流；容县沙田柚分布区土壤整体上以次红壤为主，肥力相对较高。

图 2-6 玉林市容县沙田柚产区示意图

表 2-10　玉林市容县沙田柚产区的自然条件

地区	纬度/(°)	经度/(°)	平均海拔/m	年均温/℃	年降水量/mm	年日照时数/h	土壤类型/%	主要水体
容县	21.8448～22.6559	108.6901～109.5737	259.2	21.1	1714.8	1650.8	黄色铁铝土(54)、酸性硫酸盐潜育土(18)、滞水黑土(12)	绣江、杨梅江、泗罗江

注:高程和气象数据根据国家科技基础条件平台——国家地球系统科学数据中心(http://www.geodata.cn)发布的栅格数据统计得到[1-3],土壤类型通过分析联合国粮农组织(FAO)和维也纳国际应用系统研究所(IIASA)所构建的世界土壤数据库 HWSD 得到[4]。主要水体数据来自容县县志[25]

2.6.2　桂林市与容县气候条件的比较

表 2-11 为桂林市与容县气候条件的比较,沙田柚是桂林市阳朔县的主要栽培水果之一。从全年气候条件和 9—10 月沙田柚成熟期的气象条件,特别是温度分析,容县气候条件更利于糖分积累,而阳朔县则易形成别有风味的特点。

表 2-11　桂林市与容县气候条件的比较

气象指标	容县	桂林市	气象指标	容县	桂林市
年均温/℃	21.1	17.3	9—10 月均温/℃	23.9	20.9
年最低温度/℃	−1.0	−6.8	9—10 月降水量/mm	244.9	186.4
年最高温度/℃	37.9	36.9	9—10 月日照时数/h	355.9	314.0
年均降水量/mm	1714.8	1763.2	9—10 月平均湿度/%	78.5	77.7
年均日照时数/h	1650.8	1464.0	9—10 月最低温度/℃	6.5	2.8

注:气象数据根据国家科技基础条件平台——国家地球系统科学数据中心(http://www.geodata.cn)发布的栅格数据统计得到[1-3]

2.7　桂林市柑橘

2.7.1　桂林市柑橘农业地理信息特征

桂林市柑橘占据广西柑橘产量的主体,是广西柑橘主产地。表 2-12 为桂林市柑橘产区的自然条件,图 2-7 为桂林市柑橘产区示意图。

从农业地理信息学角度看,桂林市位于北纬 23.5°以北,秋、冬温度相对低,利于柑橘可溶性固形物增加,利于花芽分化;以漓江为首的河流众多;地形上,桂林市周边为低山环绕,冬季阻挡北来寒流;桂林市柑橘分布区土壤整体上以次红壤为主,肥力相对较高;土壤多数富硒。

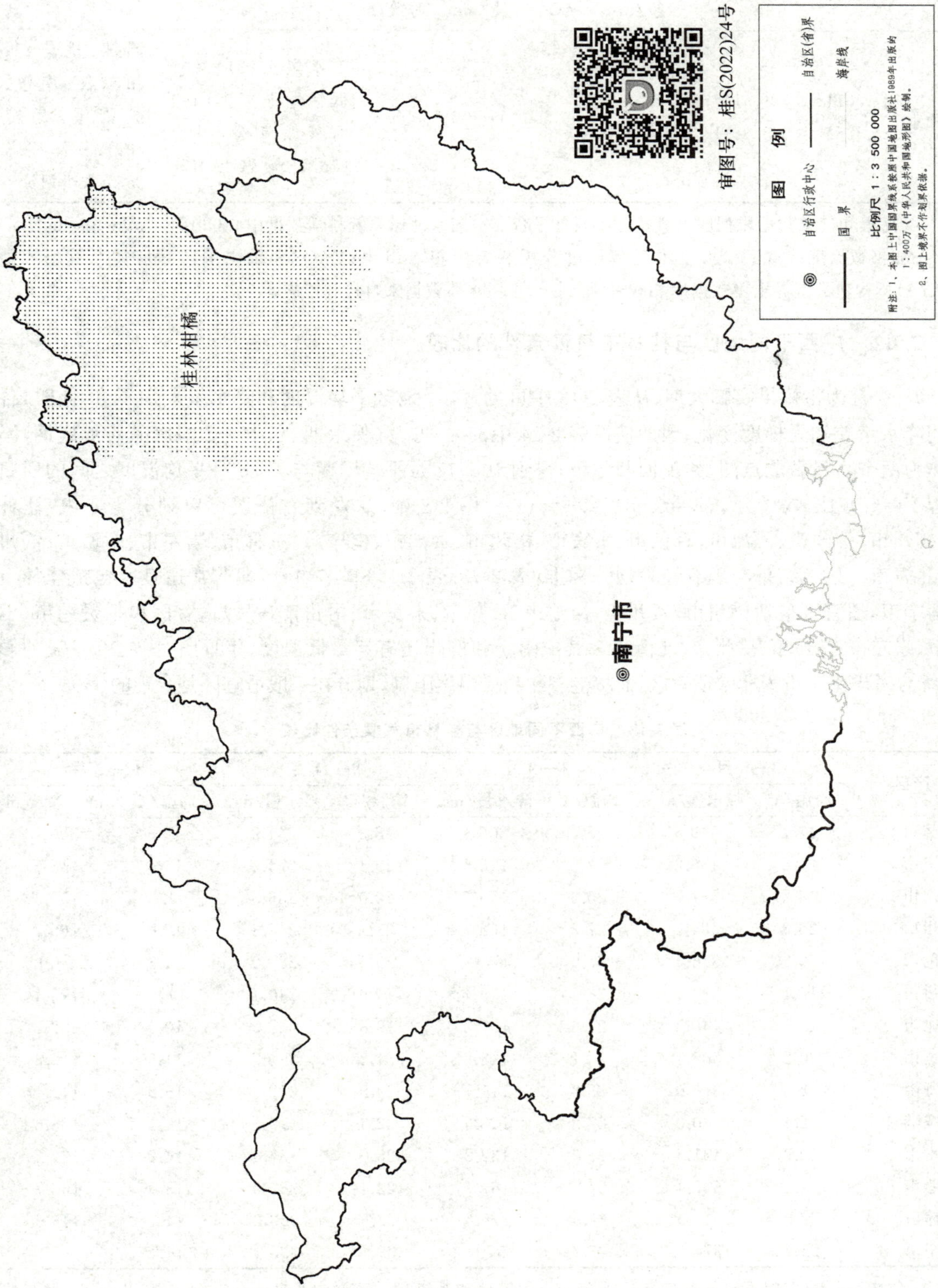

图2-7　广西壮族自治区桂林柑橘产区示意图

表 2-12　桂林市柑橘产区的自然条件

地区	纬度/(°)	经度/(°)	平均海拔/m	年均温/℃	年降水量/mm	年日照时数/h	土壤类型/%	主要水体
桂林市	24.2611～26.3881	109.6147～111.4891	519.2	17.3	1763.2	1464.0	滞水黑土(31)、铁质低活性强酸土(19)、石灰性疏松岩性土(16)、松软碱土(15)	漓江、桃花江、相思江、南溪、灵剑溪、瓦窑冲、谷木河等25条大小河流

注:高程和气象数据根据国家科技基础条件平台——国家地球系统科学数据中心(http://www.geodata.cn)发布的栅格数据统计得到[1-3];土壤类型通过分析联合国粮农组织(FAO)和维也纳国际应用系统研究所(IIASA)所构建的世界土壤数据库 HWSD 得到[4];主要水体数据来自桂林市志[8]

2.7.2　广西不同地区与桂林市气候条件的比较

7—9 月为柑橘果实膨大期,从表 2-13 中可见,14 个地区平均温度和降水量差别不大,同时,各期间降水量差别无梯度变化;因此使用表 2-14 中的 4—6 月(保果期)和 10—12 月(品质形成期)温度作为两个变量做散点图,并配回归方程,得到 10—12 月平均温度与 4—6 月平均温度之间的回归方程 $Y=5.0612\times e^{0.0644X}$,($r=0.987^{**}$,$n=14$)。图 2-8 中,从左到右依次可以划分为 4 组:桂林市;柳州市、贺州市、河池市、百色市、来宾市;梧州市、贵港市、南宁市;玉林市、崇左市、防城市、钦州市、北海市。以上结果与现有经验划分标准(表 2-13、表 2-14)基本吻合,即非常适宜区包括桂林市和南宁市,适宜区包括柳州市、贺州市、河池市、百色市、来宾市、梧州市,一般适宜区包括贵港市、玉林市、崇左市、防城市、钦州市、北海市。其中南宁和柳州还有年最低温度、年日照时数、12 月温差影响,综合考虑南宁市为非常适宜区,而贵港有年最低温度限制,划分在一般适宜区是合理的(表 2-5)。

表 2-13　广西不同地区与桂林市气候条件比较

产区	3—5 月		6—8 月		9—11 月		12—2 月	
	均温/℃	降水量/mm	均温/℃	降水量/mm	均温/℃	降水量/mm	均温/℃	降水量/mm
桂林市	17.1	649.6	25.6	200.1	18.3	241.2	7.8	200.1
南宁市	21.6	416.2	27.6	118.5	22.4	274.2	13.4	118.5
柳州市	18.7	557.0	26.6	159.5	20.0	235.3	9.7	159.5
梧州市	20.8	584.1	27.3	165.7	21.7	245.3	12.4	165.7
百色市	20.2	316.4	25.0	68.9	19.5	282.0	11.8	68.9
贺州市	19.1	634.1	26.5	195.4	19.9	240.1	9.9	195.4
河池市	19.6	443.3	25.8	107.2	19.8	265.5	10.9	107.2
来宾市	20.2	508.1	27.1	148.8	21.2	240.7	11.5	148.8
北海市	22.8	366.0	28.3	111.1	23.8	337.7	15.2	111.1
防城港市	22.4	480.0	27.2	128.6	22.3	479.1	14.4	128.6
钦州市	22.2	431.6	27.9	132.2	23.0	337.4	14.2	132.2
贵港市	21.1	547.4	27.7	167.7	22.4	252.3	13.0	167.7
玉林市	22.0	512.5	27.5	146.6	22.6	303.2	14.1	146.6
崇左市	22.2	374.0	27.2	97.0	22.1	323.1	14.1	97.0

注:气象数据根据国家科技基础条件平台——国家地球系统科学数据中心(http://www.geodata.cn)发布的栅格数据统计得到[1-3]

表 2-14 广西柑橘不同产区和适宜程度及各区气候条件比较

产区和适宜程度	4—6 月		7—9 月		10—12 月	
	均温/℃	降水量/mm	均温/℃	降水量/mm	均温/℃	降水量/mm
桂林市(非常适宜区)	15.3	795.9	25.1	477.1	13.5	180.7
柳州市(适宜区)	16.9	758.8	26.2	503.1	15.3	174.0
贺州市(适宜区)	17.2	751.4	26.1	469.7	15.3	174.2
河池市(适宜区)	17.7	661.0	25.4	584.7	15.7	166.7
百色市(适宜区)	18.3	501.9	24.4	598.3	15.8	158.5
来宾市(适宜区)	18.4	677.7	26.7	528.8	16.9	166.9
梧州市(适宜区)	19.1	730.1	26.9	506.9	17.5	161.1
贵港市(一般适宜区)	19.5	709.7	27.4	549.0	18.3	167.0
南宁市(非常适宜区)	19.9	605.7	27.3	646.2	18.4	162.9
玉林市(一般适宜区)	20.4	689.2	27.2	638.2	18.9	180.0
崇左市(一般适宜区)	20.5	573.1	26.7	713.8	18.5	182.4
防城市(一般适宜区)	20.6	770.2	26.8	1066.4	18.8	268.8
钦州市(一般适宜区)	20.6	651.4	27.5	817.8	19.2	189.6
北海市(一般适宜区)	21.4	586.7	28.0	882.9	20.2	169.4

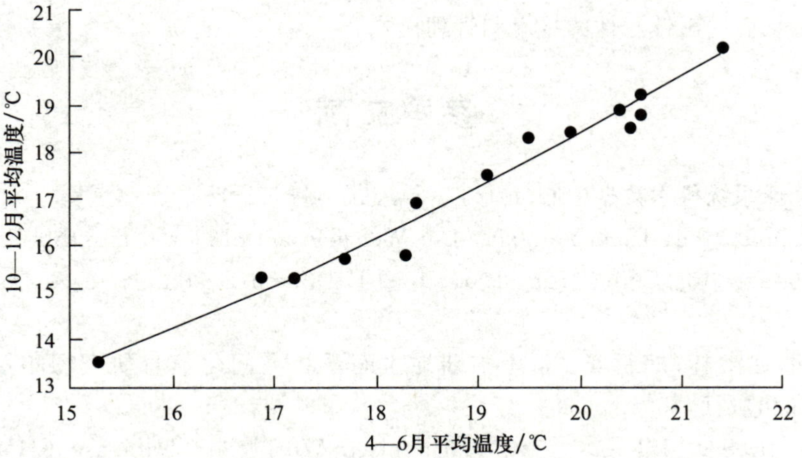

图 2-8 广西 14 个地区 4—6 月平均温度与 10—12 月平均温度关系

2.8 影响地标作物产量、品质和重大病虫害的关键因素和预测的概念模型

2.8.1 影响地标作物产量、品质和重大病虫害的关键因素

决定地标作物产量、品质和重大病虫害的关键因素包括品种、气候、立地条件、病虫害、土肥水管理。品种是多年与自然条件相互适应的产物，不能轻易大面积推广引进品种，以免带来重大经济损失。气候条件是决定某地标作物或某地标作物某品种是否适合的决定性因素，气候条件适宜与否至少需要经过10年以上的一个小气候周期左右时间的验证。每年的气象条件决定当年的产量和品质等级以及重大病虫害是否暴发。立地条件中包括土壤条件、地形地貌条件、坡向、坡度等，其中土壤条件是决定地标作物产量和品质的下垫面中的决定因素。重大病虫害暴发一般分为气象和土壤两大类，前者是气象条件具备时大暴发，后者是土壤环境适合某重大病虫害发生条件时就大暴发。土肥水管理指培肥土壤、合理施肥、合理灌溉。

2.8.2 地标作物产量、品质和重大病虫害预测的概念模型

基于以上分析，提出决定地标作物产量或品质或重大病虫害暴发的概念模型，如下：$Y=f$(品种、气候、立地条件、病虫害、土肥水管理)。在品种一定的前提下，$Y=f$(气候、立地条件、病虫害、土肥水管理)；在品种、立地条件和土肥水管理模式一定的前提下，$Y=f$(气候、病虫害)；在品种、立地条件、土肥水管理模式一定和重大病虫害能够得到有效控制的前提下，$Y=f$(气候)；在品种和重大病虫害能够得到有效控制的前提下，$Y=f$(气候、立地条件、土肥水管理)。所以，农业地理信息学主要从气象条件、立地条件和以土肥水为核心的管理模式3个方面入手解析产量、品质和重大病虫害的时间波动原因和空间差异原因，试图找到气象条件和立地条件以及管理模式的原因，从而提出针对性的技术和管理模式。

参考文献

[1]国家地球系统科学数据中心(http://www.geodata.cn)

[2]Peng Shouzhang, Ding Yongxia, Liu Wenzhao, et al. 1 km monthly temperature and precipitation dataset for China from 1901 to 2017. Earth System Science Data, 2019, 11, 1931-1946.

[3]于贵瑞，何洪林，刘新安，等.中国陆地生态系统空间化信息研究图集：气候要素分卷[M].北京：气象出版社，2004.

[4]FAO, IIASA, ISRIC, et al. Harmonized World Soil Database (HWSD), version 1.1. 2012.

[5]南宁市地方志编纂委员会.南宁市志(1991—2005)[M]. 北京：方志出版社，2018.

[6]桂林市地方志编纂委员会. 桂林市志(1991—2005)[M]. 北京：方志出版社，2010.

[7]百色市志编纂委员会. 百色市志[M]. 南宁：广西人民出版社，1993.

[8]玉林市志编纂委员会. 玉林市志[M]. 南宁：广西人民出版社，1993.

[9]钦州市地方志编纂委员会.钦州志[M]. 南宁：广西人民出版社，2000.

[10]程启原,马静,宁常郁.广西农村土地承包经营权流转问题研究[J].经济与社会发展,2019,17(05):7-14.

[11]胡大雷,张利群,黄伟林,等. 桂学研究[M].桂林:漓江出版社, 2020.

[12]中华人民共和国农产品地理标志登记公示.http://www.moa.gov.cn/govpublic/ncpzlaq/

[13]全国农产品地理标志信息查询.https://www.anluyun.com:8187/

[14]地理标志产品检索.ttps://dlbzsl.hizhuanli.cn:8888/Product/Search

[15]王翠竹.欧盟地理标志研讨会在京举行,中欧地理标志双边协定正式生效[J].食品安全导刊,2021(13):38-39.

[16]陈寿欢,苏寒梅,韦兵. 横州市:谱写“世界茉莉花都”发展新华章[N]. 广西日报,2021-07-30(006).

[17]黎芷伶,刘红领.茉莉情韵:广西横县茉莉花茶文化探析[J].科教文汇(上旬刊),2019(04):175-176,186.

[18]横县地方志编纂委员会.横县志[M]. 郑州:中州古籍出版社, 2020.

[19]黄其椿,李果果,陈东奎,等.广西沃柑产业发展现状与对策建议[J].中国南方果树,2020,49(05):135-141,149.

[20]武鸣县志编纂委员会.武鸣县志[M].南宁:广西人民出版社, 2013.

[21]马蔚红,武红霞,王松标,等. 我国芒果优势区域布局发展规划[A].热带作物产业带建设规划研讨会——热带果树产业发展论文集[C].中国热带作物学会,2006:63-71.

[22]莫显铭.灵山县荔枝产业提升发展的思考[J].南方园艺,2017,28(04):19-22.

[23]灵山县县志编纂委员会.灵山县志[M].北京:线装书局,2021.

[24]刘福平,王茜,陈东奎,等.容县沙田柚老树及其他柑桔资源的收集评价[J].中国南方果树,2020,49(02):26-31,39.

[25]容县地方志编纂委员会.容县志[M]. 北京:方志出版社, 2019.

3 基于气候和气象条件的柑橘黄龙病发病预测方法和模型

柑橘是世界种植面积和产量最大的水果。2019 年中国柑橘栽培面积达 267 余万 hm^2，产量达 3900 余万 t，我国有 19 个省份种植[1]。柑橘黄龙病现在全球 40 多个国家发病，是柑橘生产中的头号病害，例如从 2004 年、2005 年分别在当时全球第一、第二生产大国的巴西和美国发现该病后，此病已在美洲各生产国大流行，其中产值过百亿美元的佛罗里达柑橘产业 2/3 被此病毁灭[2]。目前黄龙病已经在我国 10 个省份的近 300 个县(市、区)不同程度地发生，对我国柑橘产业造成巨大损失[3]。除了以传统被动的“三板斧”(挖除病株、更换无病新树和化学防治木虱)为基本防控措施外，没有其他有效防治黄龙病的办法[3]。对此，2017 年农业农村部启动成立了“全国柑橘优势区域黄龙病综合防控协同创新联盟”；同年广西启动了“柑橘黄龙病综合防控技术研究与示范”科技重大专项，并于 2019 年 11 月 1 日起施行全国首部柑橘黄龙病防控地方性法规《广西壮族自治区柑橘黄龙病防控规定》。这显示出防治黄龙病的重要性和被重视的程度。因为，在中国能种植柑橘的大部分区域，木虱都能生存，所以黄龙病将防不胜防。因此，建立区域乃至全国性的网络化、可视化、定量化的在线预报平台是黄龙病早期防控的关键之一，其中将木虱-黄龙病作为一个完整体系建立发病率气象预报模型是最为关键的核心技术。然而，有关黄龙病发病率与气象条件关系的系统性研究基本上属于空白，远没有达到能够预报的水平。

黄龙病为非土传病害，它是由感染病毒的木虱取食嫩叶传播病原菌通过维管束传输至根，病原菌为害根，造成根腐烂，进而导致根不能从土壤吸收养分和水分，植物代谢废物也不能从根部排出，产生植物汁液循环障碍，叶片和果实因缺乏养分和水分而发生病变，一般潜伏期为 6～18 个月，在适宜的气候条件下，木虱常年都可以繁殖，一年可繁殖多代[4-5]。于是，木虱不断繁殖、不断传播病毒给健康树，病树再不断为木虱提供病毒源，由木虱和病树两个主体交织在一起，形成一个由木虱(虫害)→健康树→病树(黄龙病害)→木虱组成的恶性循环系统。这一系统受气象条件、管理模式和周边环境等的交互影响，其中，气候和气象条件影响最大，这就给揭示发病规律的研究带来了巨大的挑战。然而，这个难题迟早都必须解决，这样才能找到黄龙病防治的有效措施，而没有长期连续规范的观测数据，发病规律很难被解析出来。

本部分研究目的是通过对柑橘黄龙病发病与气象条件关系的定性、半定量和定量研究，提出柑橘黄龙病严重发病的气象条件图谱，通过不同案例的对比分析，建立柑橘黄龙病发病气象条件研究方法和确立反映柑橘黄龙病的气象条件指标体系。

研究数据和资料来源于期刊文献和监测、调查、访问数据以及国家气象站的气象数据。研究方法主要采用多种多元回归分析及其结合分析。

3.1 柑橘黄龙病发病程度的区域气候或气象条件定性解析

黄龙病别名“青果病”“斑叶病”“梢枯病”“叶脉韧皮部退化病”。与柑橘黄龙病发病的气候或气象条件相关的研究结果有[6]:其病原是韧皮部杆菌属革兰氏阴性菌,属于难培养细菌;该病原菌有亚洲种、美洲种和非洲种,其中亚洲种在巴西和美国(佛罗里达州)也有分布;世界各地的黄龙病症状本质上是相同的;黄龙病可通过嫁接在柑橘树间传播,也可通过菟丝子从柑橘传到长春花上,木虱是天然的传播媒介;黄龙病有非洲热敏感型(适温为 22~25 ℃)和亚洲耐热型(可忍受 30 ℃以上的高温)两种;黄龙病病原菌可由电镜检出,或采用 DNA 探针的斑点杂交试验和利用基于 16S rRNA 或 rplKAJL-rpoBC 序列的特异性引物的各种 PCR 检出。

3.1.1 柑橘黄龙病发病程度的区域气候条件定性解析

通过对黄龙病发病规律的大量历史文献的综合分析发现,无论在区域尺度上还是在田间尺度上,黄龙病的发病都与气候或气象条件密切相关,但是根据现有资料又很难找到其中确切的定量关系,这是因为众多相关研究都是零散的、短期的、描述性的,很少提供相匹配的原始气象数据,特别是将气象条件中温度、湿度、日照和降水量等指标直接与发病率建立定量化分析的案例甚少,因此,即使建立了模型关系,也没有经过大范围和长时间序列的验证,更没有实际应用的案例。

我们通过对大量相关文献的挖掘和结合团队近期的研究结果,提出两个假设:一是气候或气象条件主导区域木虱-黄龙病体系发病规律;二是区域气候或气象条件和田间立地环境主导地块木虱-黄龙病体系发病规律。我们按这两个假设分析历史文献的研究结果。针对亚洲种耐热型的黄龙病,我们的研究结果是从气候或一年的气象条件上分析发现的,即温度高、日照多、湿度小、降水少 4 个因素促使柑橘黄龙病高发。

表 3-1 是对典型的水热条件与发病关系研究结果的汇总,可见亚洲种耐热型黄龙病高发在高温、干旱(相对应的降水少、湿度小)地区或高温、干旱季节。以广西为例,总体而言,桂南、桂中、桂北发病率递降,这与温度梯度递降高度相关。

表 3-1 水热条件与木虱-黄龙病体系发病规律[6]

案例中的地点	气候条件	病型	发病情况
南非	凉爽	热敏感型	高发
马达加斯加共和国中心高原地区(海拔 1200~1500 m)	凉爽	热敏感型	高发
南非的斯威士兰的低地地区	湿热	热敏感型	不发病
马达加斯加共和国低海拔的海岸地区	湿热	热敏感型	不发病
美国(加州、亚利桑那州)、摩洛哥、伊朗、伊拉克	高温干旱	耐热型	高发
1984 年印度尼西亚爪哇海岸低地	高温干旱	耐热型	高发
1984 年印度尼西亚爪哇海拔 800~1200 m 地区	凉爽	耐热型	不发病
印度尼西亚巴厘岛地区海拔 650 m 以下的地区	高温干旱	耐热型	高发
印度尼西亚巴厘岛地区海拔超过 1000 m 的地区	凉爽	耐热型	不发病
中国宁南地区海拔 1090~1200 m 地区	高温高湿	耐热型	高发
中国宁南地区海拔 1385~1620 m 地区	凉爽	耐热型	低发

3.1.2 柑橘黄龙病发病程度的田间气象条件定性解析

表 3-2 是将相关文献中的黄龙病发病率与气象条件等关系汇总成木虱和黄龙病发生的基本条件、5 种趋势和模型 3 部分。可见,总体规律还是由田间条件下的水热条件决定的,即高温干燥地区或季节黄龙病容易发病并且较为严重。

表 3-2 木虱-黄龙病体系发病的水热条件汇总

类别	水热条件
木虱	①适温 20～30 ℃,适湿 43%～75%,雌成虫产卵量与日照强度和时间呈正相关[7];②广东地区 6 月份木虱种群已有一定数量,7、8 月份种群数量再次攀升,到了 9、10 月份,种群数量保持在高位,11、12 月间,种群数量快速下降[8]
黄龙病	①菌丝发育温度范围在 3～35 ℃,温度 22～28 ℃和相对湿度 80%～90%条件下,病菌滋生和蔓延速度快[9];②当日平均温度在 23 ℃以上时,病情扩展;③当日平均气温升到 25 ℃或以上、相对湿度达 80%以上时,最有利于黄龙病的发生和流行[10]
趋暖	①低纬度和低海拔地区温度高发病率高,纬度比海拔影响明显,且纬度与海拔交互作用显著[11];②在日照短、湿度大地区发病低[12];③零坡向的平地发病率均显著高于任何坡向的发病率[4];④坡度大的果园发病率相对较轻(也有相反的结果)[13-14];⑤夏季高温发病率高[15-16];⑥极端高温和极端低温对木虱种群不利,而零下温度对控制木虱春季种群数量有重要作用[4];⑦夏、秋梢时温度高发病重,春、冬梢时温度低发病轻[17]
趋旱	①春旱有利于木虱种群建立;②秋旱发病率高;③暴雨显著降低木虱虫口密度[18-20]
趋光	①周围未郁闭空间越多越有利于营养生长和发嫩梢,增加发病率,如地块边行的树和地块中密度小的树,原因是该树日照多、温度高、湿度小(调研结果);②小规模果园病情重,因为周长大[21];③适当密植可降低发病率[22]
趋幼	①幼树树冠小、抽梢多,有利于柑橘木虱繁殖,同时树冠小,病菌在树体内运转也较快,易感病[19]
趋弱	①衰弱的树易发病,因为树势衰弱,发梢不整齐,持续提供嫩叶(调研结果)
模型	①以产区年极端最低气温、1 月份平均气温作为暖冬指标,以及 3—4 月份(早春)降水<2 mm 连续日数作为春旱指标,研究制定了 HLB 流行气候的预警系统[23];②木虱数量与气温呈正相关[24]

3.2 平乐县源头农场柑橘黄龙病发病率预测模型

3.2.1 数据和研究方法

(1)数据来源　广西农垦源头农场有限公司(以下简称“源头农场”)位于广西桂林市平乐县,以柑橘种植为主,木虱-黄龙病防控措施落实到位。源头农场提供了自 1991—2019 年 29 年的 500 户以上的 6000 亩的柑橘橘黄龙病发病率的监测数据,病树数量每年按户统计,最后汇总;免费获得桂林市气象站 1991—2019 年的逐日最高温度、平均温度、最低温度、平均相对湿度、最小相对湿度、日照时数和降水量数据。

(2)建模方法　采用统计分析方法建立基于气象条件的柑橘黄龙病发病率模型,统计方法包括回归分析、主成分分析、聚类分析、判别分析以及多种分析方法的结合。

(3)建模过程　开始时以 29 年样本作为一个数据集进行建模，结果模型自回归误差较大；后经过多种算法和大数据计算，最后确定建立两类 3 个模型，其自回归误差小，可以作为源头农场或平乐县黄龙病预测模型使用，即冷冬模型和暖冬模型，其中暖冬模型分低基数和高基数暖冬模型，基数是去年的发病率。

3.2.2　影响柑橘黄龙病发病率的气象指标

根据木虱-黄龙病体系与气象条件可能存在的关系，考虑可使用的气象数据，构造了不同时间步长的最高温度、平均温度、最低温度、平均相对湿度、最小相对湿度、日照时数、降水量指标以及不同指标之间某些组合的指标作为自变量，统计构造自变量指标与发病率关系，以此筛选黄龙病发病率的影响因素作为模型指标。

经过多次反复大数据试算，包括精准时间和步长即按天计算的试算，最终确定 7 个变量为黄龙病发病率的主要影响指标。7 个指标及定义见表 3-3。由 7 个指标构成的黄龙病发病率预测的概念模型为第 i 年发病率 $Y_i=f(P_{i-1};X_1;X_2;X_3;X_4;X_5;X_6)$，从时间上分析，$P_{i-1}$ 为去年，X_1 为当年 1 月或 2 月，其余 5 个变量为当年 3—8 月，其中 X_2、X_3、X_4、X_5 为 3—8 月中的某段时间且以 7—8 月为主，X_6 为 3—8 月总时间。表 3-4 为源头农场 29 年柑橘黄龙病发病率监测数据和对应的 7 个指标，其中 1990 年发病率为 5.00%，即 1991 年 $P_{i-1}=5.00\%$。

表 3-3　平乐县源头农场气象指标的选择

变量	定义和与年型等级的关系
P_{i-1}/%	去年发病率
X_1/℃	当年 1 月或 2 月的每日最低温度的月平均
X_2/℃	当年 3—8 月连续 60 d 最高温度的平均
X_3/%	X_2 对应的平均湿度
X_4/%	当年 3—8 月连续 30 d 最高的平均相对湿度的平均
X_5	当年 X_3/X_2
X_6/mm	当年 3—8 月降水量之和

表 3-4　平乐县源头农场柑橘黄龙病发病率与气象指标

年份	P_{i-1}/%	X_1/℃	X_2/℃	X_3/%	X_4/%	X_5	X_6/mm	Y_i/%
1991	5.00	7.5	28.4	77.7	84.5	2.7	1117.8	5.97
1992	5.97	8.7	28.7	71.4	85.2	2.5	1639.7	8.68
1993	8.68	6.5	27.9	81.5	89.2	2.9	1840.0	2.88
1994	2.88	8.7	27.3	83.6	87.0	3.1	1815.5	4.31
1995	4.31	7.4	28.1	78.2	83.6	2.8	1034.8	3.84
1996	3.84	7.3	27.5	82.6	86.7	3.0	1937.6	3.07
1997	3.07	9.9	27.0	83.0	88.0	3.1	1414.9	2.02
1998	2.02	6.7	28.9	77.5	88.2	2.7	1838.4	2.69
1999	2.69	10.0	27.8	81.6	86.4	2.9	1776.1	2.28

续表3-4

年份	P_{i-1}/%	X_1/℃	X_2/℃	X_3/%	X_4/%	X_5	X_6/mm	Y_i/%
2000	2.28	7.7	28.7	76.1	83.9	2.7	1565.6	4.17
2001	4.17	8.7	28.2	79.8	84.1	2.8	1155.1	2.66
2002	2.66	11.2	27.5	82.8	86.9	3.0	2227.1	6.24
2003	6.24	9.1	29.6	71.8	83.2	2.4	1124.7	7.65
2004	7.65	8.0	27.6	80.2	84.4	2.9	1395.1	9.35
2005	9.35	6.2	28.8	73.9	86.0	2.6	1508.9	7.46
2006	7.46	8.2	28.6	75.7	85.2	2.6	1404.0	4.74
2007	4.74	7.7	29.3	71.5	84.2	2.4	1020.9	6.98
2008	6.98	5.6	28.4	75.3	81.8	2.7	1600.2	7.96
2009	7.96	8.5	29.0	73.7	85.5	2.6	1636.6	5.52
2010	5.52	9.7	29.6	70.6	87.6	2.4	1464.9	5.64
2011	5.64	3.9	29.5	68.0	76.9	2.3	1013.4	14.78
2012	14.78	6.1	28.6	73.5	79.1	2.6	1471.6	7.56
2013	7.56	8.8	29.3	70.6	82.1	2.4	1420.0	16.05
2014	16.05	8.5	28.7	76.8	82.8	2.7	1636.0	23.72
2015	23.72	10.9	28.1	75.7	86.3	2.7	1940.6	17.85
2016	17.85	8.8	29.8	71.2	81.3	2.4	1502.6	23.01
2017	23.01	11.7	28.7	77.6	87.8	2.7	1971.5	10.97
2018	10.97	8.5	29.4	72.8	81.2	2.5	1339.7	3.05
2019	3.05	8.5	29.4	75.2	85.0	2.6	2227.4	1.84

3.2.3 冷冬模型

设 $X_1 \leqslant 8$ ℃时为冷冬，源头农场 29 个样本年中有 12 年为冷冬，见表 3-5。冷冬情况下，P_{i-1}与 Y_i 无显著相关关系，因此，冷冬条件下黄龙病发病率的概念模型为：$Y_i = f(X_1、X_2、X_3、X_4、X_5、X_6)$。

表 3-5 源头农场柑橘黄龙病发病率情况(冷冬条件下) %

年份	发病率	年份	发病率	年份	发病率
1991	5.97	1998	2.69	2007	6.98
1993	2.88	2000	4.17	2008	7.96
1995	3.84	2004	9.35	2011	14.78
1996	3.07	2005	7.46	2012	7.56

3.2.3.1 源头农场气象指标之间相关关系(冷冬条件下)

冷冬条件下，影响源头农场黄龙病发病率的气象指标之间的相关性见表 3-6：

1)与 X_1 呈显著正相关关系的有 3 个，表明当年 1 月或 2 月的每日最低温度的平均 X_1 越高，X_3、X_4、X_5 越高，预示着冷冬情况下，3—8 月湿度大的概率相对大。

2)与 X_2 呈极显著负相关关系的有 2 个,表明当年 3—8 月连续 60 d 最高温度的平均值越高,则当年 3—8 月连续 60 d 最高温度的平均对应的平均湿度越低,X_5 即 X_3/X_2 比例也越低,即气象条件为干热状态。

3)与 X_3 呈极显著或显著正相关关系的有 3 个,表明当年 3—8 月连续 30 d 最高温度的平均值对应的平均湿度越高,则当年 3—8 月连续 30 d 最高的平均相对湿度的平均越高,X_5 即 X_3/X_2 比值越高,当年 3—8 月降水量之和越高。

4)与 X_4 呈显著正相关关系的有 2 个,表明当年 3—8 月连续 30 d 最高的平均相对湿度的平均值越高,X_5 即 X_3/X_2 越大,当年 3—8 月降水量之和越高。

表 3-6　冷冬条件下影响源头农场黄龙病发病率的气象指标之间的相关性

r	X_1/℃	X_2/℃	X_3/%	X_4/%	X_5	X_6/mm
X_1/℃	1					
X_2/℃	−0.477	1				
X_3/%	0.606*	−0.906**	1			
X_4/%	0.577*	−0.441	0.734**	1		
X_5	0.576*	−0.953**	0.991**	0.660*	1	
X_6/mm	0.072	−0.459	0.602*	0.589*	0.571	1

注:$r_{0.05}=0.576$,$r_{0.01}=0.708$($n=12$)

3.2.3.2　源头农场单一气象指标与黄龙病发病率关系(冷冬条件下)

分别做冷冬条件下,源头农场单一气象指标与黄龙病发病率关系的散点图,并配回归方程,结果分别见图 3-1 至图 3-6。

图 3-1 说明:冷冬条件下,以 7 ℃为界限,$X_1 \leqslant 7$ ℃时,源头农场黄龙病发病率随温度降低而上升;$X_1 > 7$ ℃时,源头农场黄龙病发病率随温度升高而上升;在大约 7 ℃附近时发病率较低。目前还缺乏有关专业性的解释。回归方程 $Y_i = 1.282X_1^2 - 17.463X_1 + 64.265$($r = -0.842^{**}$,$n=12$)。

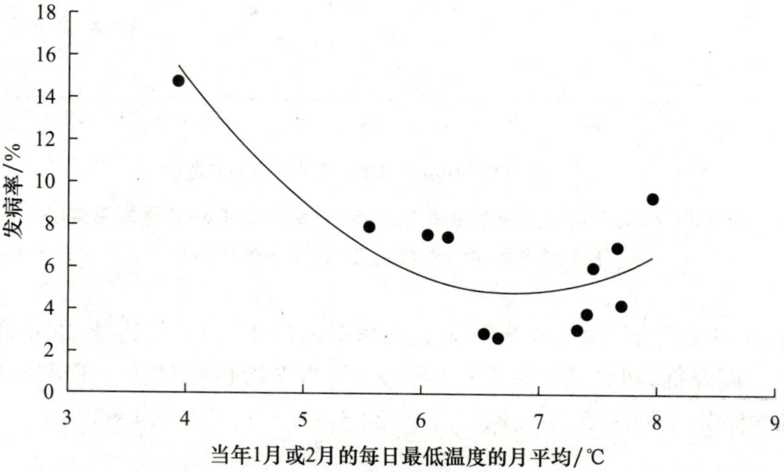

图 3-1　源头农场黄龙病发病率与当年 1 月或 2 月的每日最低温度的月平均的关系(冷冬条件下)

图 3-2 说明：冷冬条件下，源头农场黄龙病发病率随当年 3—8 月连续 60 d 最高温度的平均升高而增加，两者呈显著正相关关系。回归方程 $Y_i = 3.487X_2^2 - 196.090X_2 + 2761.4$（$r = 0.589^*$，$n = 12$）。

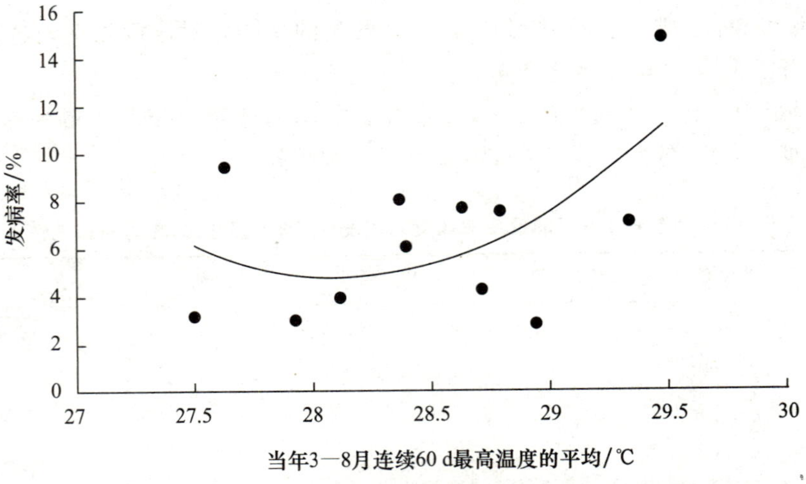

图 3-2　黄龙病发病率与当年 3—8 月连续 60 d 最高温度的平均的关系（冷冬条件下）

图 3-3 说明：冷冬条件下，源头农场黄龙病发病率随当年 3—8 月连续 60 d 最高温度的平均对应的平均湿度的升高而降低，两者呈极显著负相关关系。回归方程 $Y_i = 0.058X_3^2 - 9.391X_3 + 383.5$（$r = -0.795^{**}$，$n = 12$）。

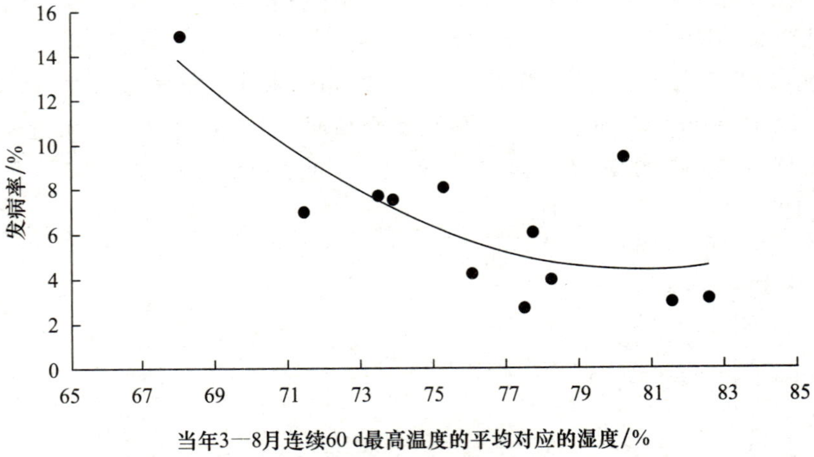

图 3-3　源头农场黄龙病发病率与当年 3—8 月连续 60 d 最高温度的平均对应的平均湿度的关系（冷冬条件下）

图 3-4 说明：冷冬条件下，源头农场黄龙病发病率随当年 3—8 月连续 30 d 最高的平均相对湿度的平均的升高而降低，两者呈极显著负相关关系；当平均相对湿度大于 86%以上时，发病率低于 4%。回归方程 $Y_i = 0.036X_4^2 - 6.811X_4 + 322.6$（$r = -0.813^{**}$，$n = 12$）。

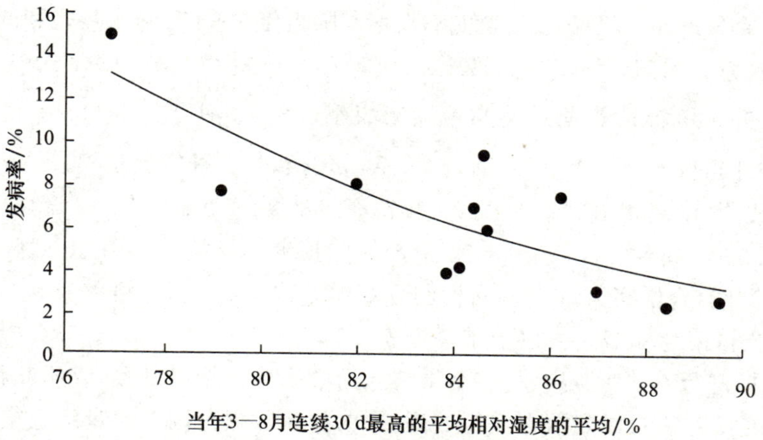

图 3-4 源头农场黄龙病发病率与当年 3—8 月连续 30 d 最高的平均相对湿度的平均的关系(冷冬条件下)

图 3-5 说明:冷冬条件下,源头农场黄龙病发病率随当年 X_5 的升高而降低,两者呈极显著负相关关系;当年 X_5 升高意味着湿度增加、温度降低,当年 X_5 降低意味着温度增高、湿度减少。回归方程 $Y_i=29.938X_5^2-170.900X_5+248.3(r=-0.756^{**},n=12)$。

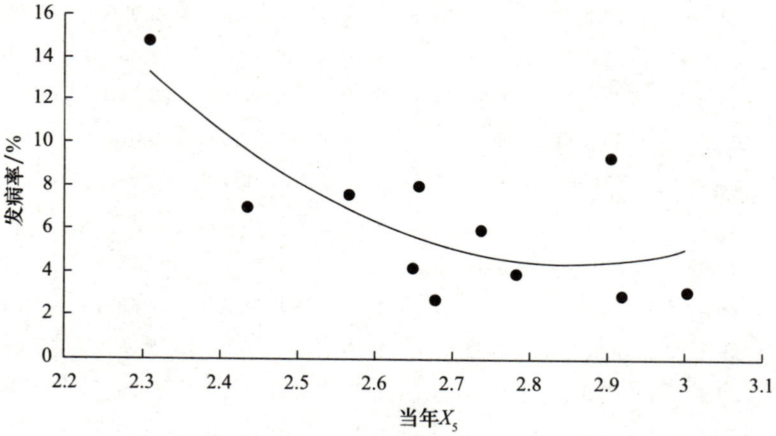

图 3-5 源头农场黄龙病发病率与当年 X_5 的关系(冷冬条件下)

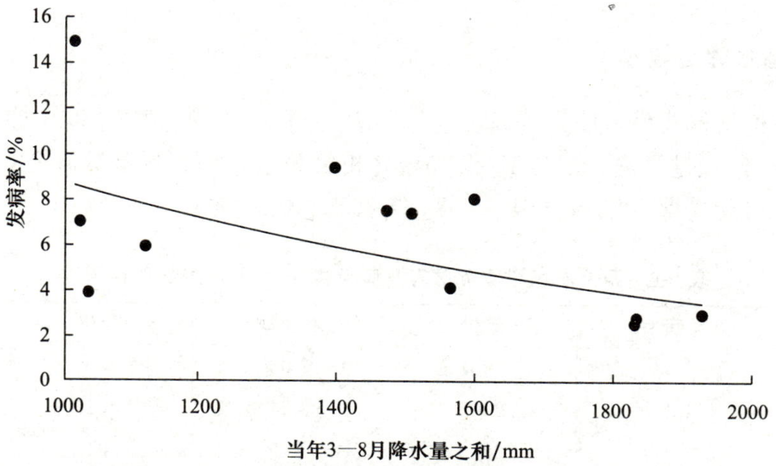

图 3-6 源头农场黄龙病发病率与当年 3—8 月降水量之和的关系(冷冬条件下)

图 3-6 说明：冷冬条件下，源头农场黄龙病发病率随当年 3—8 月降水量之和的增加而降低，两者呈显著负相关关系。回归方程 $Y_i=22.895\times e^{-0.001Z}$ ($r=-0.612^{*}$, $n=12$)，式中 Z 代表 X_6。

3.2.3.3　源头农场柑橘黄龙病发病率预测模型(冷冬条件下)

使用概念模型 $Y_i=f(X_1、X_2、X_3、X_4、X_5、X_6)$建模，分 3 种情况建模：

1)使用原始数据建模得到：$Y_i=-108.167-0.680X_1+9.535X_2-6.431X_3+0.012X_4+153.529X_5-0.0002X_6$ ($r=0.915^{**}$, $n=12$)。自回归预测误差按±3(每 100 棵柑橘树预测的误差为±3 棵，下同)计算合格率为91.7%；自回归预测误差按±2 计算合格率为 83.3%；自回归预测误差按±1 计算合格率为 66.7%。以上结果见表 3-7。

2)对原始数据进行 0-1 变换后建模，结果与原始数据建模结果一致，说明此种情况下没有必要使用 0-1 数据变换方法对原始数据进行处理，因为原始数据范围在数量级上差异不大。

3)对 6 个原始指标进行主成分分析，然后选择累计贡献率 96.49%的前 3 个主成分进行多元回归，相关系数 $r=0.858^{**}$，相关系数不如使用原始数据的 r 大，故不使用此结果。

表 3-7　源头农场原始数据建模和自回归结果(冷冬条件下)

年份	X_1/℃	X_2/℃	X_3/%	X_4/%	X_5	X_6/mm	Y/%	Y_i'/%	$Y_i'-Y$/%
1991	7.5	28.4	77.7	84.5	2.7	1117.8	5.97	4.93	−1.05
1993	6.5	27.9	81.5	89.2	2.9	1840.0	2.88	3.35	0.47
1995	7.4	28.1	78.2	83.6	2.8	1034.8	3.84	6.09	2.25
1996	7.3	27.5	82.6	86.7	3.0	1937.6	3.07	4.60	1.53
1998	6.7	28.9	77.5	88.2	2.7	1838.4	2.689	1.75	−0.94
2000	7.7	28.7	76.1	83.9	2.7	1565.6	4.17	4.11	−0.06
2004	8.0	27.6	80.2	84.4	2.9	1395.1	9.35	6.21	−3.14
2005	6.2	28.8	73.9	86.0	2.6	1508.9	7.46	7.24	−0.23
2007	7.7	29.3	71.5	84.2	2.4	1020.9	6.98	7.94	0.96
2008	5.6	28.4	75.3	81.8	2.7	1600.2	7.96	7.88	−0.08
2011	3.9	29.5	68.0	76.9	2.3	1013.4	14.78	14.15	−0.63
2012	6.1	28.6	73.5	79.1	2.6	1471.6	7.56	8.48	0.92

3.2.4　低基数暖冬模型

低基数暖冬模型的建模条件为 $X_1>8.0$ ℃和 $P_{i-1}<10\%$，源头农场 29 个样本年中有 12 年符合条件(表 3-8)。经过筛选，X_1 与 Y_i 没有显著相关关系，所以，低基数暖冬条件下源头农场黄龙病发病率的概念模型为 $Y_i=f(P_{i-1}、X_2、X_3、X_4、X_5、X_6)$。

表 3-8　源头农场柑橘黄龙病发病率情况(低基数暖冬条件下)　　%

年份	发病率	年份	发病率	年份	发病率
1992	8.68	2001	2.66	2009	5.52
1994	4.31	2002	6.24	2010	5.64
1997	2.02	2003	7.65	2013	16.05
1999	2.28	2006	4.74	2019	1.84

3.2.4.1 源头农场气象指标之间相关关系(低基数暖冬条件下)

低基数暖冬条件下影响源头农场黄龙病发病率的气象指标的相关性见表 3-9。

1)P_{i-1}与所有 X 相关性无意义,因为上年的发病率不能左右当年的气象条件。

2)X_2 与 X_3 属于同期的温度和湿度指标,呈极显著负相关,即要么高温干燥,要么相对低温高湿;X_2 与 X_4 虽然未必是同一时间段的两个指标,但是也呈显著负相关,即高温即干燥;X_5 等于 X_3/X_2,所以温度越高比值越小。

3)同理,X_3 与 X_3/X_2 呈极显著正相关。

4)X_4 与 X_5 虽然未必是同一时间段的两个指标,但是也呈显著正相关,即高湿条件下 X_3/X_2 增大。

表 3-9 影响源头农场黄龙病发病率的气象指标之间的相关性(低基数暖冬条件下)

r	P_{i-1}/%	X_2/℃	X_3/%	X_4/%	X_5	X_6/mm
P_{i-1}/%	1					
X_2/℃	0.657*	1				
X_3/%	−0.786**	−0.931**	1			
X_4/%	−0.562	−0.592*	0.560	1		
X_5	−0.758*	−0.968**	0.992**	0.585*	1	
X_6/mm	−0.521	−0.234	0.334	0.382	0.304	1

注:$r_{0.05}=0.576$,$r_{0.01}=0.708(n=12)$

3.2.4.2 源头农场单一气象指标与黄龙病发病率关系(低基数暖冬条件下)

分别做低基数暖冬条件下,源头农场单一气象指标与黄龙病发病率关系散点图,并进行回归方程,结果分别见图 3-7 至图 3-12。

图 3-7 说明:源头农场当年黄龙病发病率与上年黄龙病发病率呈显著正相关关系,上年发病率高预示着木虱多、未表现发病症状的树也多,对当年发病率有促发作用。回归方程 $Y_i=1.631\times e^{0.211\times Z}$ $(r=0.617^*, n=12)$,式中 Z 代表 P_{i-1}。

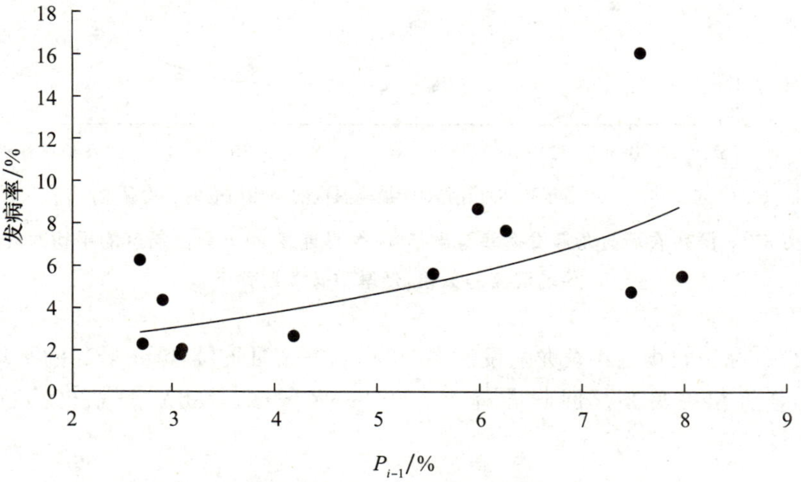

图 3-7 源头农场黄龙病发病率与去年发病率的关系(低基数暖冬条件下)

图 3-8 说明：当年黄龙病发病率与当年 3—8 月连续 60 d 最高温度的平均呈正相关，但是未达到显著相关水平。回归方程 $Y_i = 0.117X_2^2 - 4.759X_2 + 46.042$（$r = 0.438$，$n = 12$）。

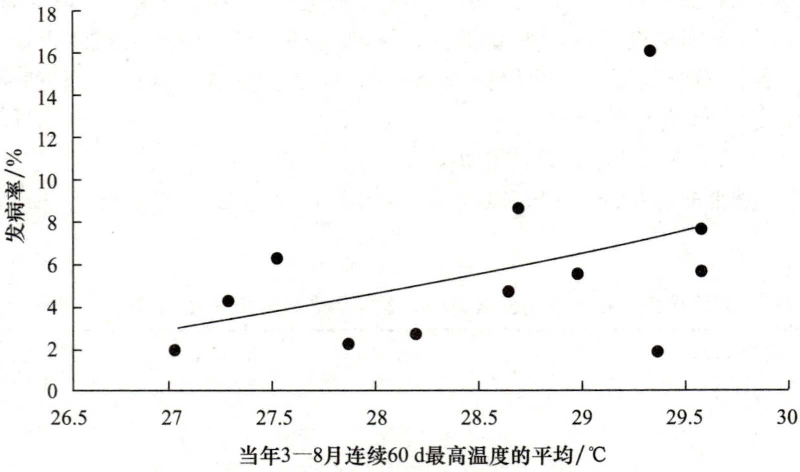

图 3-8 源头农场黄龙病发病率与当年 3—8 月连续 60 d 最高温度的平均的关系（低基数暖冬条件下）

图 3-9 说明：源头农场当年黄龙病发病率与当年 3—8 月连续 60 d 最高温度的平均对应的平均湿度整体呈极显著负相关关系。回归方程 $Y_i = 0.121X_3^2 - 19.034X_3 + 753.56$（$r = -0.768^{**}$，$n = 12$）。

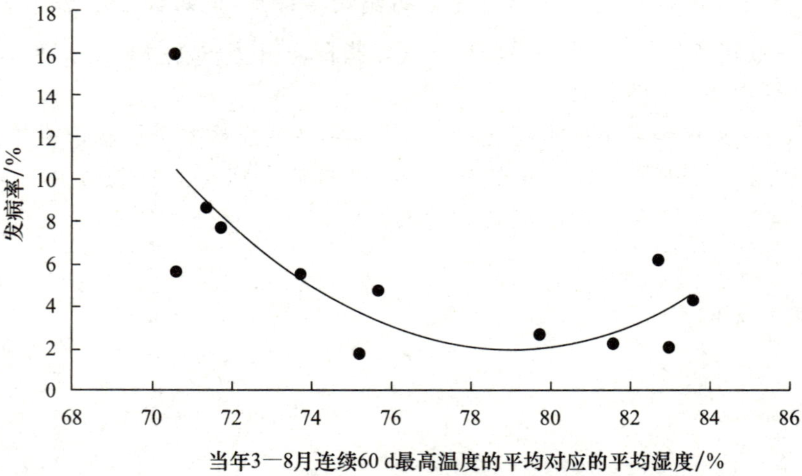

图 3-9 源头农场黄龙病发病率与当年 3—8 月连续 60 d 最高温度的平均对应的平均湿度的关系（低基数暖冬条件下）

图 3-10 说明：源头农场当年黄龙病发病率与当年 3—8 月连续 30 d 最高的平均相对湿度的平均整体呈极显著负相关关系。回归方程 $Y_i = 0.566X_4^2 - 97.786X_4 + 4227.0$（$r = -0.776^{**}$，$n = 12$）。

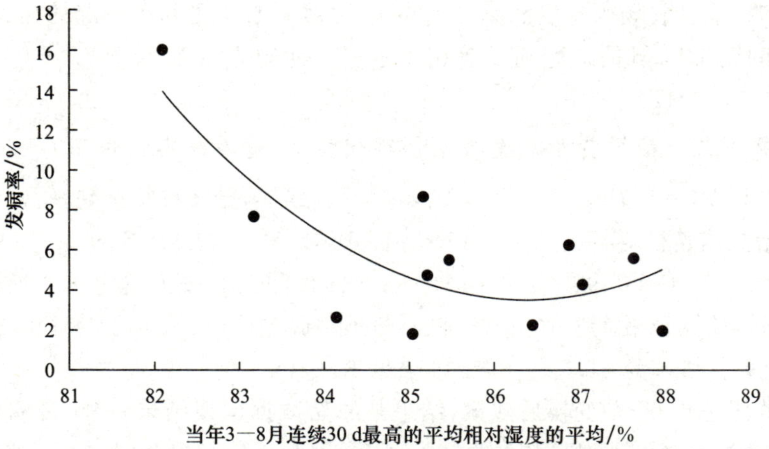

图 3-10 源头农场黄龙病发病率与当年 3—8 月连续 30 d 最高的平均湿度的平均的关系(低基数暖冬条件下)

图 3-11 说明:源头农场当年发病率与当年 X_5 呈显著负相关关系。回归方程 $Y_i=35.945X_5^2-204.850X_5+294.31(r=-0.675^*,n=12)$。

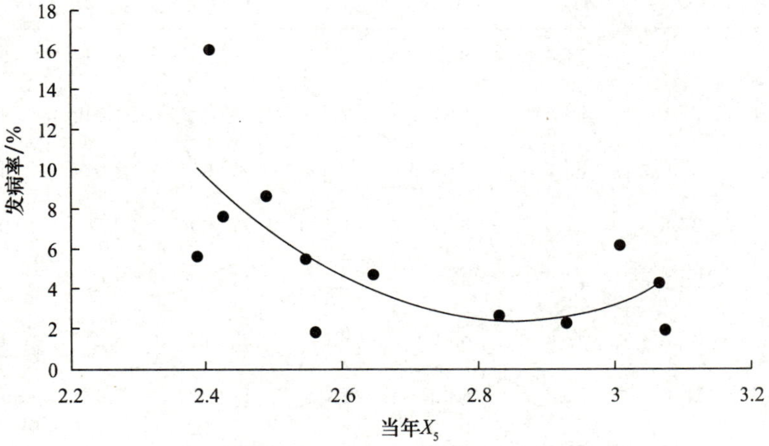

图 3-11 源头农场黄龙病发病率与当年 X_5 的关系(低基数暖冬条件下)

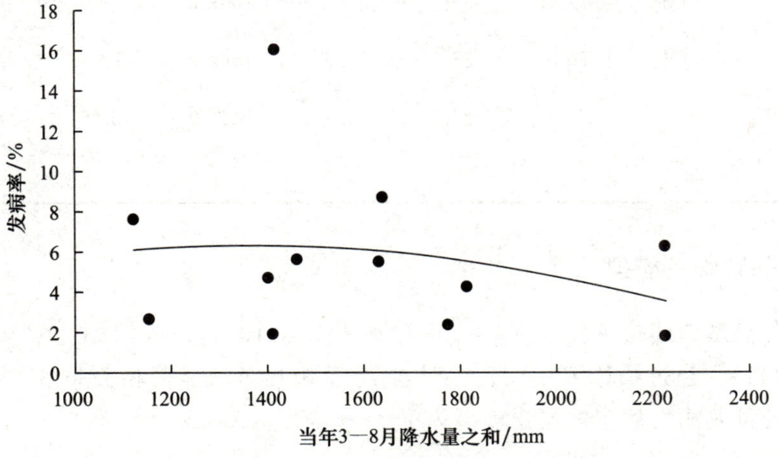

图 3-12 源头农场黄龙病发病率与当年 3—8 月降水量之和的关系(低基数暖冬条件下)

图 3-12 说明：源头农场当年发病率与当年 3—8 月降水量之和有一定的相关关系，表现为随降水量增加呈下降趋势，但是未达到显著相关水平。回归方程 $Y_i=-4E-06X_6^2+0.010X_6-0.836(r=-0.252,n=12)$。

3.2.4.3　源头农场柑橘黄龙病发病率预测模型(低基数暖冬条件下)

使用概念模型 $Y_i=f(P_{i-1},X_2,X_3,X_4,X_5,X_6)$建模，分 3 种情况建模。

1)使用原始数据建模，得到：$Y_i=-464.701+0.617X_1+23.836X_2-11.660X_3-1.692X_4+303.773X_5+0.0004X_6(r=0.927^{**},n=12)$。自回归预测误差按±3(每 100 棵柑橘树预测的误差为±3 棵，下同)计算合格率为 100.0%；自回归预测误差按±2 计算合格率为 83.3%；自回归预测误差按±1 计算合格率为 41.7%。以上结果见表 3-10。

2)对原始数据进行 0—1 变换后建模，结果与原始数据建模结果一致，说明此种情况下没有必要使用 0—1 数据变换方法对原始数据进行处理，因为原始数据范围在数量级上差异不大。

3)对 6 个原始指标进行主成分分析，然后选择累计贡献率 94.56%的前 3 个主成分进行多元回归，相关系数 $r=0.661^{**}$，相关系数不如使用原始数据的 r 大，故不使用此结果。

表 3-10　源头农场原始数据建模和自回归结果(低基数暖冬条件下)

年份	P_{i-1}/%	X_2/℃	X_3/%	X_4/%	X_5	X_6/mm	Y_i/%	Y_i'/%	$Y_i'-Y$/%
1992	5.97	28.7	71.4	85.2	2.5	1639.7	8.68	9.42	0.74
1994	2.88	27.3	83.6	87.0	3.1	1815.5	4.31	4.33	0.02
1997	3.07	27.0	83.0	88.0	3.1	1414.9	2.02	4.09	2.07
1999	2.69	27.8	81.6	86.4	2.9	1776.1	2.28	0.95	−1.33
2001	4.17	28.2	79.8	84.1	2.8	1155.1	2.66	2.10	−0.56
2002	2.66	27.5	82.8	86.9	3.0	2227.1	6.24	4.39	−1.85
2003	6.24	29.6	71.8	83.2	2.4	1124.7	7.65	8.65	0.99
2006	7.46	28.6	75.7	85.2	2.6	1404.0	4.74	4.84	0.10
2009	7.96	29.0	73.7	85.5	2.6	1636.6	5.52	6.72	1.20
2010	5.52	29.6	70.6	87.6	2.4	1464.9	5.64	3.71	−1.93
2013	7.56	29.3	70.6	82.1	2.4	1420.0	16.05	14.39	−1.66
2019	3.05	29.4	75.2	85.0	2.6	2227.4	1.84	4.04	2.20

3.2.5　高基数暖冬模型

高基数暖冬模型的建模条件为 $X_1>8.0$ ℃和 $P_{i-1}\geqslant 10\%$，源头农场 29 个样本年中有 5 年符合条件(表 3-11)。经过筛选 P_{i-1}、X_3、X_4 与 Y_i 呈极显著或显著相关关系，所以，高基数暖冬条件下源头农场黄龙病发病率的概念模型为 $Y_i=f(P_{i-1},X_3,X_4)$。

表 3-11 源头农场柑橘黄龙病发病率情况(高基数暖冬条件下) %

年份	发病率	年份	发病率
2014	23.72	2017	10.97
2015	17.85	2018	3.05
2016	23.01		

3.2.5.1 源头农场气象指标之间相关关系(高基数暖冬条件下)

在高基数暖冬条件下,影响源头农场黄龙病发病率的气象指标的相关性见表 3-12:上年发病率 P_{i-1} 与当年气象条件 X_3 和 X_4 无专业意义;X_3 和 X_4 相关系数很大,但是未达到显著相关,两者都是 3—8 月之间的一段时间湿度的平均,前者是与连续 60 d 最高温度对应的平均湿度,后者是连续 30 d 最高的平均相对湿度的平均。

表 3-12 影响源头农场黄龙病发病率的气象指标之间的相关性(高基数暖冬条件下)

r	$P_{i-1}/\%$	$X_3/\%$	$X_4/\%$
$P_{i-1}/\%$	1		
$X_3/\%$	0.525	1	
$X_4/\%$	0.864	0.783	1

注:$r_{0.05}=0.878(n=5)$,$r_{0.01}=0.959(n=5)$

3.2.5.2 源头农场单一气象指标与黄龙病发病率关系(高基数暖冬条件下)

分别做源头农场单一气象指标与黄龙病发病率关系散点图,并进行回归方程,结果分别见图 3-13 至图 3-15。

图 3-13 说明:整体呈显著正相关关系,即上年发病率高,当年发病率相对也高,因为上年基数大,潜在的木虱和未表现的病树也多。回归方程 $Y_i=-0.368P_{i-1}^2+13.559P_{i-1}-100.76$ ($r=0.915^*$,$n=5$)。

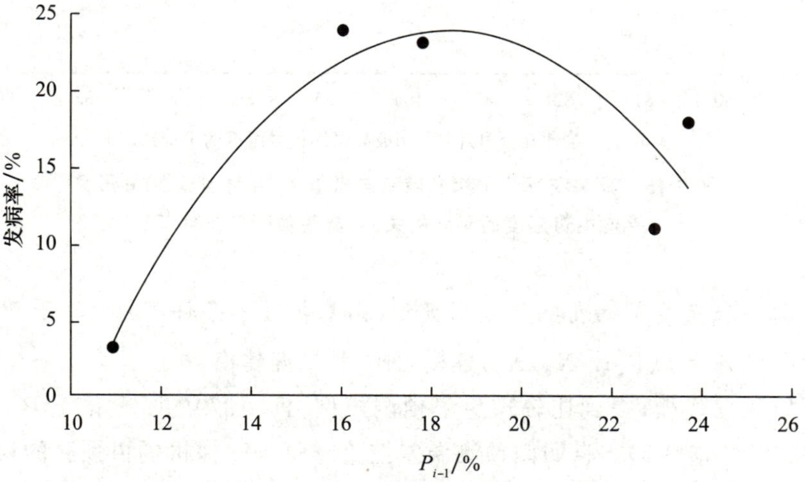

图 3-13 源头农场黄龙病发病率与去年发病率的关系(高基数暖冬条件下)

图 3-14 说明：由于样本少，相关系数未达到显著水平，选择此变量是参考了暖冬低基数指标。回归方程 $Y_i=0.654X_3^2-97.145X_3+3620.1(r=0.303,n=5)$。

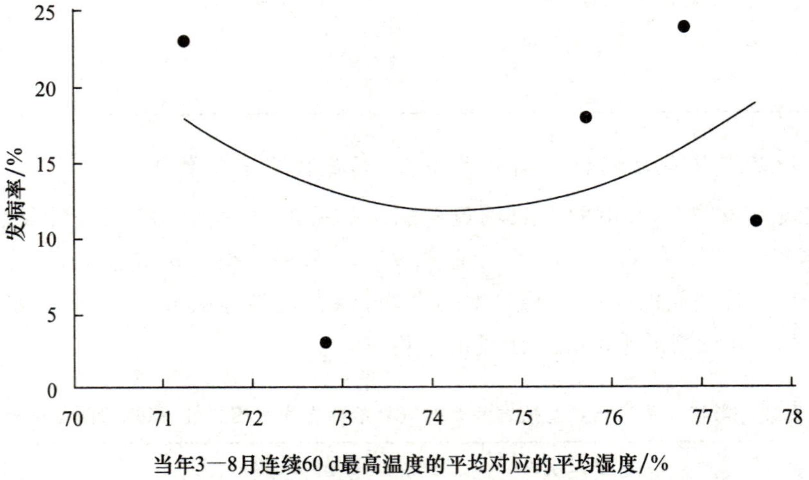

图 3-14　源头农场黄龙病发病率与 X_2 对应的平均湿度的关系(高基数暖冬条件下)

图 3-15 说明：由于样本少，相关系数未达到显著水平，选择此变量是参考了暖冬低基数指标。回归方程 $Y_i=-1.253X_4^2+211.280X_4-8878.3(r=0.591,n=5)$。

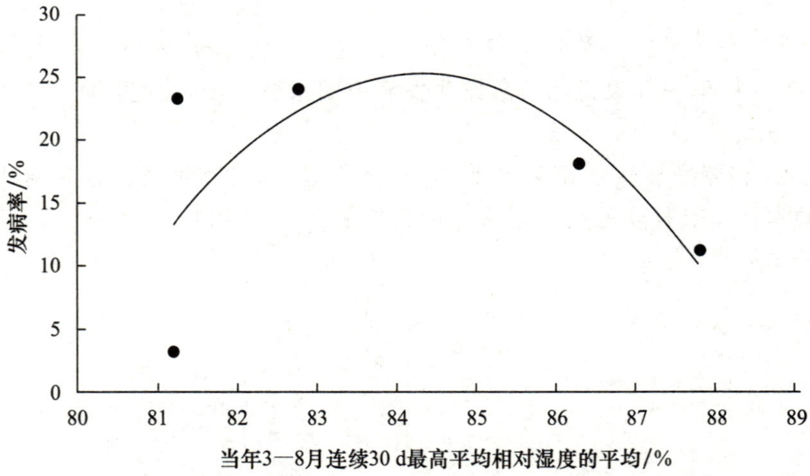

图 3-15　源头农场黄龙病发病率与当年 3—8 月连续 30 d 最高平均相对湿度的平均的关系(高基数暖冬条件下)

3.2.5.3　源头农场黄龙病发病率预测模型(高基数暖冬条件下)

使用概念模型 $Y_i=f(P_{i-1},X_3,X_4)$建模，分 3 种情况建模。

1)使用原始数据建模，得到比较理想的预测模型：$Y_i=379.542+3.710P_{i-1}+3.659X_3-8.416X_4(r=0.998^{**},n=5)$。自回归预测误差按±3(每 100 棵柑橘树预测的误差为±3棵，下同)计算合格率为 100.0%；自回归预测误差按±2 计算合格率为 100.0%；自回归预测误差按±1 计算合格率为 100.0%。以上结果见表 3-13。

2)对原始数据进行 0—1 变换后建模,结果与原始数据建模结果一致,说明此种情况下没有必要使用 0—1 数据变换方法对原始数据进行处理,因为原始数据范围在数量级上差异不大。

3)对 6 个原始指标进行主成分分析,然后选择累计贡献率 97.89%的前 2 个主成分进行多元回归,相关系数 $r=0.273$,未达到显著相关水平,故不采用此结果。

表 3-13　源头农场原始数据建模和自回归结果(高基数暖冬条件下)

年份	P_{i-1}/%	X_3/%	X_4(%)	Y_i/%	Y_i'/%	$Y_i'-Y$/%
2014	16.05	76.8	82.8	23.72	23.71	−0.01
2015	23.72	75.7	86.3	17.85	18.69	0.84
2016	17.85	71.2	81.3	23.01	22.58	−0.43
2017	23.01	77.6	87.8	10.97	10.33	−0.64
2018	10.97	72.8	81.2	3.05	3.29	0.24

3.2.6　源头农场历史年建模样本的自回归

对源头农场 29 年发病率进行模型自回归,回归预测误差按±3 计算合格率,结果合格率为 96.6%,结果见表 3-14 和图 3-16。

表 3-14　源头农场 29 年柑橘黄龙病当年发病率、自回归预测值和预测误差

年份	当年发病率 Y	自回归预测值 Y'	预测误差	年份	当年发病率 Y	自回归预测值 Y'	预测误差
1991	5.97	4.93	−1.04	2006	4.74	4.84	0.10
1992	8.68	9.42	0.74	2007	6.98	7.94	0.96
1993	2.88	3.35	0.47	2008	7.96	7.88	−0.08
1994	4.31	4.33	0.02	2009	5.52	6.72	1.20
1995	3.84	6.09	2.25	2010	5.64	3.71	−1.93
1996	3.07	4.60	1.53	2011	14.78	14.15	−0.63
1997	2.02	4.09	2.07	2012	7.56	8.48	0.92
1998	2.69	1.75	−0.94	2013	16.05	14.39	−1.66
1999	2.28	0.95	−1.33	2014	23.72	23.71	−0.01
2000	4.17	4.11	−0.06	2015	17.85	18.69	0.84
2001	2.66	2.10	−0.56	2016	23.01	22.58	−0.43
2002	6.24	4.39	−1.85	2017	10.97	10.33	−0.64
2003	7.65	8.65	0.99	2018	3.05	3.29	0.24
2004	9.35	6.21	−3.14	2019	1.84	4.04	2.20
2005	7.46	7.24	−0.23				

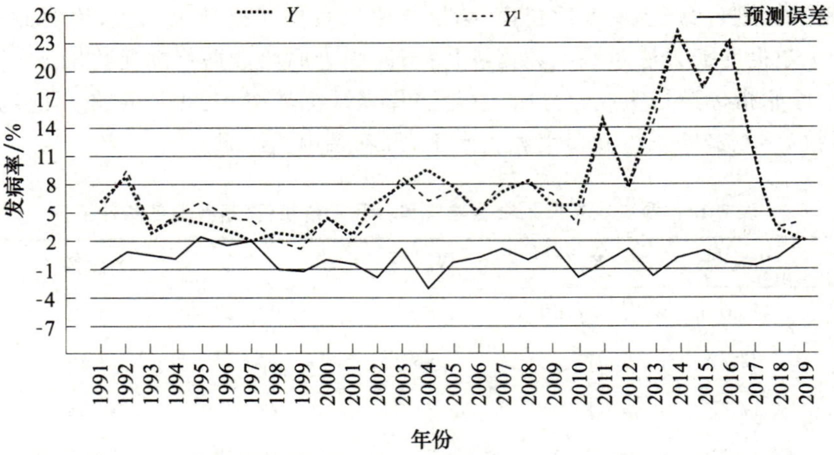

图 3-16　源头农场 29 年柑橘黄龙病当年发病率、自回归预测值和预测误差

3.3　恭城县沙糖橘黄龙病发病程度等级预测模型

3.3.1　数据和研究方法

调查获得近年广西桂林市恭城县沙糖橘黄龙病发病程度等级信息，将其划分为轻度、中度、重度 3 个发病等级，其中轻度、中度、重度等级分别对应于发病率 1% 以下、1%～5%，5% 以上，设为 Y，分别赋值 1、3、5。气象数据使用桂林气象站逐日气象数据。

采用统计分析方法建立基于气象条件的恭城县沙糖橘黄龙病发病程度预测模型，使用回归分析、主成分分析、聚类分析、判别分析和多种方法结合分析。

3.3.2　影响恭城县沙糖橘黄龙病发病程度的气象指标

通过对发病程度等级和月气象指标的排序，初步选择模型指标如表 3-15 所示，指标原始数据见表 3-16。

表 3-15　恭城县沙糖橘黄龙病发病程度气象指标的选择

变量	定义和与发病程度的相关性
X_1/h	当年 1 月日照时数；负相关
X_2/℃	当年 1 月每日平均温度的月平均；负相关
X_3/℃	当年 1 月每日最高温度的月平均；负相关
X_4/mm	当年 8 月降水量；负相关
X_5/%	当年 8 月每日最小相对湿度的月平均；负相关
X_6/h	当年 8 月每日日照时数；正相关
X_7/℃	当年 8 月每日最高温度的月平均；正相关

表 3-16 恭城县沙糖橘黄龙病发病程度的气象指标数据

年份	Y	X_1/h	X_2/℃	X_3/℃	X_4/mm	X_5/%	X_6/h	X_7/℃
2011	5	26.3	3.9	6.0	63.0	40.9	240.1	34.3
2012	3	15.8	6.1	7.9	141.7	46.9	200.2	33.9
2013	1	39.3	8.8	11.9	194.4	48.0	199.6	33.8
2014	1	137.2	11.2	16.0	252.8	56.1	177.3	32.4
2015	1	84.9	10.9	14.7	270.3	54.5	178.6	32.1
2016	1	46.5	8.8	11.3	153.4	52.5	178.4	33.5
2017	1	59.4	11.8	15.5	335.8	55.8	164.4	33.0
2018	3	25.4	8.5	11.3	113.6	51.7	173.8	33.8
2019	3	21.0	8.5	10.8	85.7	45.5	228.9	35.7

3.3.3 恭城县气象指标之间相关关系

表 3-17 为恭城县气象指标之间相关关系，有关说明如下。

1)7 个变量中，1 月有 3 个变量、8 月有 4 个变量，这里不讨论 1 月和 8 月变量之间的关系，因为不在一个时间段内；即使相关，由于样本数少，也没有统计学意义。

2)X_1(当年 1 月每日日照时数总和)与 X_2(当年 1 月每日平均温度的月平均)、X_3(当年 1 月每日最高温度的月平均)呈显著正相关关系，因为他们都代表热量指标；同理，X_2 与 X_3 呈极显著正相关关系，因为两者都是温度指标。

3)X_4(当年 8 月降水量累计)与 X_5(当年 8 月每日最小相对湿度的月平均)呈极显著正相关，因为两者都代表水分指标；X_4 与 X_6(当年 8 月每日日照时数总和)、X_7(当年 8 月每日最高温度的月平均)呈显著负相关，因为后两者都代表热量指标。同理，X_5 与 X_6、X_7 呈极显著和显著负相关；X_6 与 X_7 呈显著正相关，两者都代表能量指标。

表 3-17 影响恭城县沙糖橘黄龙病发病程度的气象指标之间的相关性

r	X_1/h	X_2/℃	X_3/℃	X_4/mm	X_5/%	X_6/h	X_7/℃
X_1/h	1						
X_2/℃	0.679*	1					
X_3/℃	0.777*	0.987**	1				
X_4/mm	0.676*	0.846**	0.858**	1			
X_5/%	0.716*	0.908**	0.913**	0.827**	1		
X_6/h	−0.502	−0.775*	−0.761*	−0.748*	−0.941**	1	
X_7/℃	−0.765*	−0.582	−0.651	−0.779*	−0.772*	0.745*	1

注：$r_{0.05}=0.666$，$r_{0.01}=0.798$，$n=9$

3.3.4 恭城县单一气象指标与沙糖橘黄龙病发病程度关系

分别做恭城县单一气象指标与沙糖橘黄龙病发病程度关系散点图，并配回归方程，结果分别见图 3-17 至图 3-23。

图 3-17 说明：X_1（当年 1 月每日日照时数累计）与发病程度等级呈显著负相关；当当年 1 月每日日照时数总和大于 40 h 后，发病程度等级一般为轻。回归方程 $Y_i=27.46X_1^{-0.749}$（$r=-0.789^*$，$n=9$）。

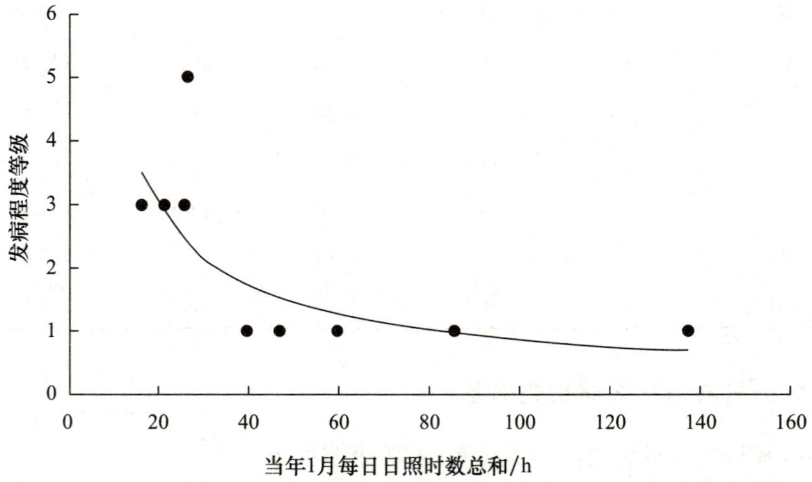

图 3-17　恭城县沙糖橘黄龙病发病程度等级与当年 1 月每日日照时数累计的关系

图 3-18 表明：X_2（当年 1 月每日平均温度的月平均）与发病程度等级呈极显著负相关；当当年 1 月每日平均温度的月平均大约大于 9 ℃后，发病程度等级一般为轻。回归方程 $Y_i=-3.721\ln X_2+9.994$（$r=-0.885^{**}$，$n=9$）。

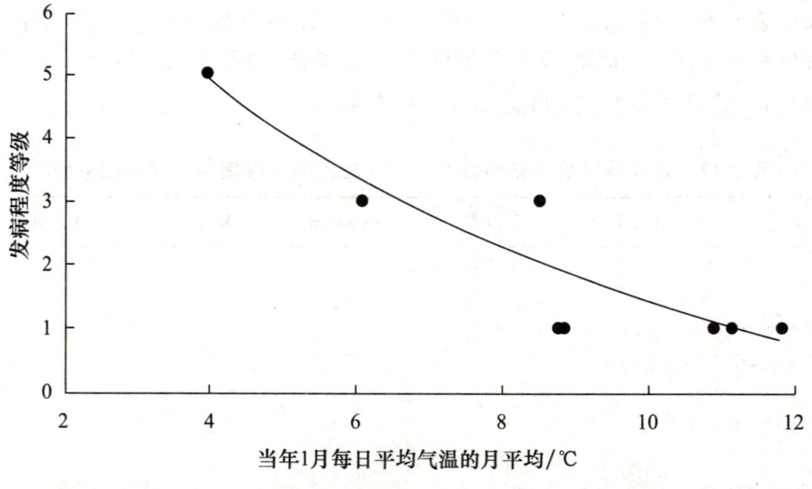

图 3-18　恭城县沙糖橘黄龙病发病程度等级与当年 1 月每日平均温度的月平均的关系

图 3-19 说明：X_3（当年 1 月每日最高温度的月平均）与发病程度等级呈极显著负相关；当当年 1 月每日最高温度的月平均大于 12℃以上后，发病程度等级一般为轻。对照图 3-18，X_3 与 X_2 结果基本一致，因此后续分析中不再使用 X_3，而使用平均温度 X_2。回归方程 $Y_i=0.033X_3^2-1.110X_3+10.253$（$r=-0.886^{**}$，$n=9$）。

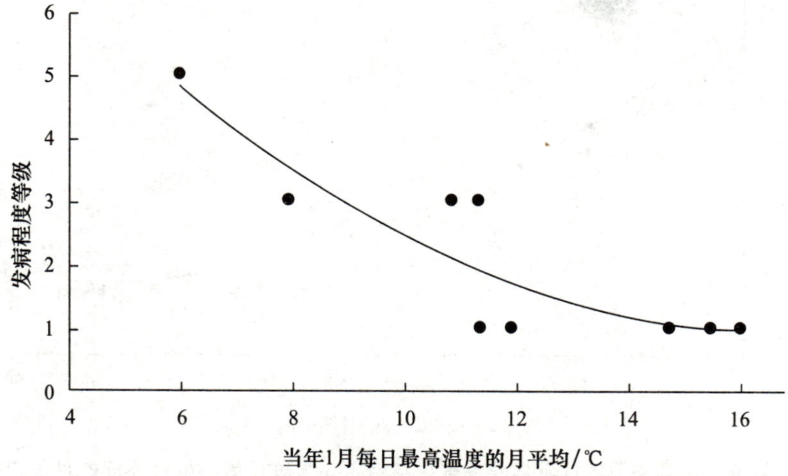

图 3-19　恭城县沙糖橘黄龙病发病程度等级与当年 1 月每日最高温度的月平均的关系

图 3-20 说明：X_4（当年 8 月降水量累计）与发病程度等级呈极显著负相关；当当年 8 月降水量累计大于 150 mm，发病程度等级一般为轻。回归方程 $Y_i = 9E-05X_4^2 - 0.049X_4 + 7.252$（$r=-0.923^{**}$，$n=9$）。

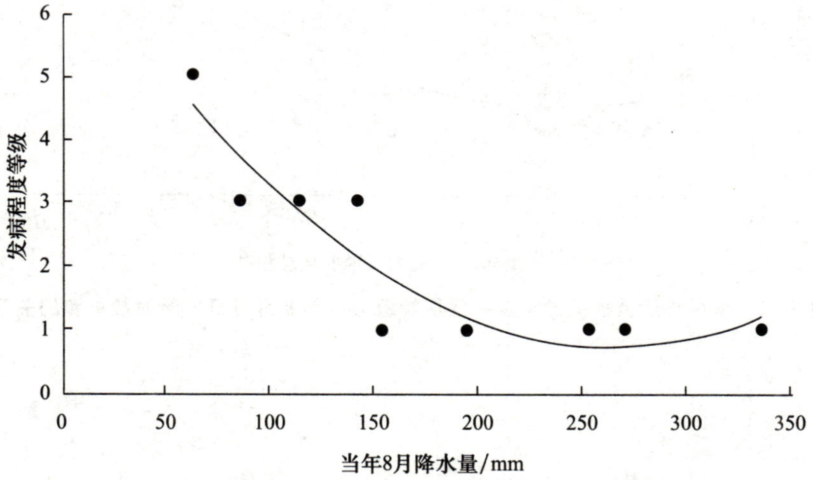

图 3-20　恭城县沙糖橘黄龙病发病程度等级与当年 8 月降水量累计的关系

图 3-21 说明：X_5（当年 8 月每日最小相对湿度的月平均）与发病程度等级呈极显著负相关；当当年 8 月每日最小相对湿度的月平均大于 52%后，发病程度等级一般为轻。回归方程 $Y_i = 0.015X_5^2 - 1.659X_5 + 48.374$（$r=-0.864^{**}$，$n=9$）。

图 3-22 说明：X_6（当年 8 月每日日照时数总和）与发病程度呈极显著正相关。回归方程 $Y_i = 0.0008X_6^2 - 0.275X_6 + 25.659$（$r=0.811^{**}$，$n=9$）。

图 3-23 说明：X_7（当年 8 月每日最高气温的月平均）与发病程度呈显著正相关；当当年 8 月每日最高气温的月平均小于 33.5 ℃时，发病程度等级一般为轻。回归方程 $Y_i = 8E-23X_7^{14.648}$（$r=0.690^{*}$，$n=9$）。

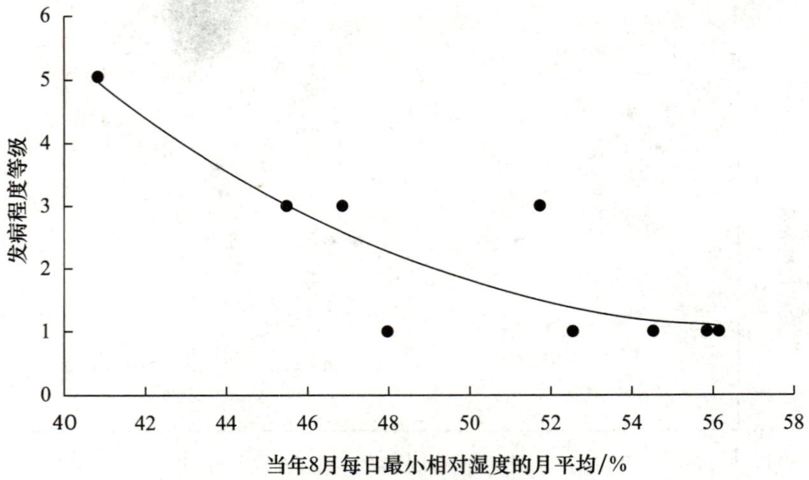

图 3-21　恭城县沙糖橘黄龙病发病程度等级与当年 8 月每日最小相对湿度的月平均的关系

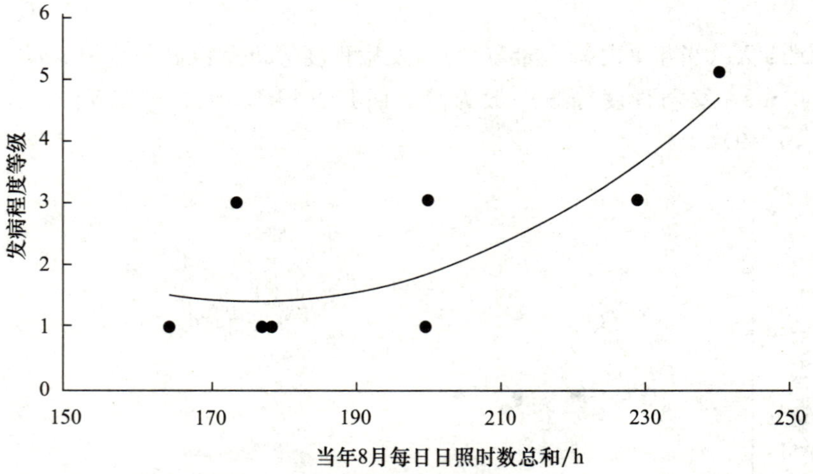

图 3-22　恭城县沙糖橘黄龙病发病程度等级与当年 8 月每日日照时数总和的关系

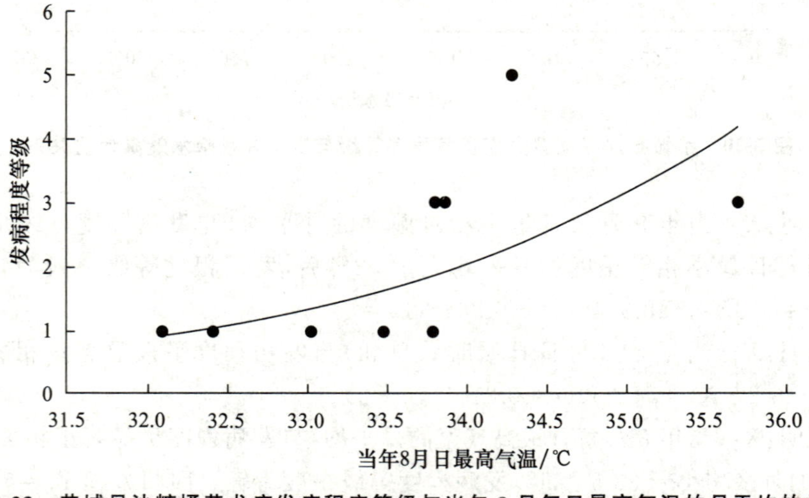

图 3-23　恭城县沙糖橘黄龙病发病程度等级与当年 8 月每日最高气温的月平均的关系

3.3.5 恭城县沙糖橘黄龙病发病程度等级预测模型

3.3.5.1 原始气象指标的多元回归建模

由于 X_2 和 X_3 同为1月温度，且 X_2 为更为稳定的平均温度，所以剔除 X_3，因此，概念模型为 $Y_i=f(X_1,X_2,X_4,X_5,X_6,X_7)$。统计后获得回归方程：$Y_i=-31.536-0.009X_1-0.703X_2+0.001X_4+0.422X_5+0.057X_6+0.236X_7$（$r=0.898^{**}$，$n=9$）。自回归预测误差按±1(1个等级)计算合格率为88.90%。原始气象指标和自回归结果见表3-18，其中Y为当年黄龙病发病等级，Y' 为模型自回归发病程度，$Y'-Y$ 为自回归误差。

表3-18 恭城县沙糖橘黄龙病发病程度建模的原始数据和自回归结果

年份	Y	X_1/h	X_2/℃	X_4/mm	X_5/%	X_6/h	X_7/℃	Y'	$Y'-Y$
2011	5	26.3	3.9	63.0	40.9	240.1	34.3	4.51	−0.49
2012	3	15.8	6.1	141.7	46.9	200.2	33.9	3.31	0.31
2013	1	39.3	8.8	194.4	48.0	199.6	33.8	1.60	0.60
2014	1	137.2	11.2	252.8	56.1	177.3	32.4	0.92	−0.08
2015	1	84.9	10.9	270.3	54.5	178.6	32.1	0.92	−0.08
2016	1	46.5	8.8	153.4	52.5	178.4	33.5	2.19	1.19
2017	1	59.4	11.8	335.8	55.8	164.4	33.0	0.53	−0.47
2018	3	25.4	8.5	113.6	51.7	173.8	33.8	2.03	−0.97
2019	3	21.0	8.5	85.7	45.5	228.9	35.7	2.99	−0.01

3.3.5.2 气象指标主成分多元回归建模

对表3-16中的7个气象指标进行主成分分析，获得前3个主成分的累积贡献率为95.56%，选择前3个主成分作为新变量与发病程度等级进行回归，获得回归方程的 $r=0.878^{**}$（$n=9$），相关系数小于原始数据的 r，所以不采纳主成分分析方法建模的结果。

3.3.5.3 精准时间步长指标的多元回归建模

为了筛选变量方便，开始时选择的气象指标通过排序方法确定，都是按整月计算的，但是实际情况未必正好是整月的气象指标影响发病程度等级，因此有必要变换时间步长进行指标优择，即以月指标选择为基础，在时间上向前、向后增加天数，也在原始指标基础上从前、从后缩短原来的天数，这样确定的相关性更高的气象指标被称为精准时间和步长的气象指标。针对恭城县沙糖橘黄龙病的精准气象指标的研究结果见表3-19，相应数据见表3-20。回归方程为 $Y_i=16.157-0.003X_1'-0.100X_2'+0.0003X_4'-0.116X_5'+0.024X_6'-0.306X_7'$（$r=0.925^{**}$，$n=9$），自回归预测误差按±1(1个等级)计算合格率为100.0%。可见，精准时间步长的多元回归建模结果更好。

表 3-19　影响恭城县沙糖橘黄龙病的精准气象指标

变量	定义和与发病程度的相关性	与原指标相比
X_1/h	当年 1 月+12 月最后 7 d 的每日日照时数总和	前面增加 7 d
X_2/℃	当年 1 月每日平均温度的月平均	不变
X_4/mm	当年 8 月+9 月前 10 d 的降水量累计	后面增加 10 d
X_5/%	当年 8 月 11—31 日的每日最小相对湿度的平均	前面减少 10 d
X_6/h	当年 8 月 11—31 日的每日日照时数总和	前面减少 10 d
X_7/℃	当年 8 月 14—31 日的每日最高温度的平均	前面减少 13 d

表 3-20　恭城县沙糖橘黄龙病发病程度建模的精准气象指标原始数据和自回归结果

年份	Y	X_1/h	X_2/℃	X_4/mm	X_5/%	X_6/h	X_7/℃	Y'	$Y'-Y$
2011	5	43.3	3.9	104.1	38.9	180.6	34.5	4.91	−0.09
2012	3	15.8	6.1	173.7	49.1	128.6	33.3	2.73	−0.27
2013	1	49.1	8.9	217.6	52.9	111.1	32.1	1.89	0.89
2014	1	163.2	11.2	272.2	57.6	115.6	31.6	1.08	0.08
2015	1	118.6	10.9	313.6	59.3	88.7	30.7	0.68	−0.32
2016	1	60.2	8.8	214.2	51.6	122.1	33.7	1.78	0.78
2017	1	101.6	11.8	342.6	57.3	107.2	32.7	0.69	−0.31
2018	3	33.9	8.5	151.3	50.1	123.8	33.5	2.14	−0.86
2019	3	21.0	8.5	86.9	44.6	161.9	35.5	3.09	0.09

3.4　阳朔县沙糖橘黄龙病发病程度等级预测模型

3.4.1　数据和研究方法

调查获得近年广西桂林市阳朔县沙糖橘黄龙病发病程度等级信息，将其划分为轻度、中度、重度发病 3 个等级，其中轻度、中度、重度等级分别对应于发病率 1%以下、1%～5%，5%以上，设为 Y，分别赋值 1、3、5。气象数据使用桂林气象站逐日气象数据。

采用统计分析方法建立基于气象条件的阳朔县沙糖橘黄龙病发病程度预测模型，使用回归分析、主成分分析、聚类分析、判断分析等多种方法结合分析。

3.4.2　影响阳朔县沙糖橘黄龙病发病程度等级的气象指标

通过对阳朔县沙糖橘黄龙病发病程度等级和月气象指标的排序，初步选择模型指标如表 3-21 所示，气象指标见表 3-22。

表 3-21　阳朔县沙糖橘黄龙病发病程度气象指标的选择

变量	定义和与发病程度的相关性
X_1/mm	当年 2 月降水量累计；正相关
X_2/%	当年 2 月每日平均相对湿度的月平均；正相关
X_3/%	当年 2 月每日最小相对湿度的月平均；正相关
X_4/℃	当年 4 月每日最低温度的月平均；负相关
X_5/%	当年 6 月每日平均相对湿度的月平均；正相关
X_6/℃	当年 6 月每日最高温度的月平均；负相关

表 3-22　阳朔县沙糖橘黄龙病发病程度的气象指标数据

年份	Y	X_1/mm	X_2/%	X_3/%	X_4/℃	X_5/%	X_6/℃
2011	3	58.0	73.8	55.6	16.7	76.2	31.4
2012	3	84.1	75.6	63.4	17.8	78.6	30.4
2013	3	58.0	81.3	68.5	16.2	76.6	31.2
2014	3	68.5	73.1	60.0	17,8	78.2	31.3
2015	3	101.1	74.6	61.5	17,6	82.8	30.9
2016	1	20.1	61.0	40.0	18,6	75.2	32.2
2017	3	57.4	68.7	50.3	17,2	86.2	29.1
2018	1	23.1	59.0	44.4	17.8	74.5	31.5
2019	3	110.7	78.4	67.4	17.8	83.6	31.4

3.4.3　阳朔县单一气象指标之间的相关关系

表 3-23 为阳朔县沙糖橘黄龙病发病程度气象指标之间的相关关系。这里不对非一个时间段内的变量之间的关系进行分析。X_1（当年 2 月降水量累计）与 X_2（当年 2 月每日平均相对湿度的月平均）、X_3（当年 2 月每日最小相对湿度的月平均）呈显著和极显著正相关关系，说明降水量对湿度的显著影响；X_5（当年 6 月每日平均相对湿度的月平均）与 X_6（当年 6 月每日最高温度的月平均）呈显著负相关关系，说明温度越高湿度越小。

表 3-23　黄龙病发病影响气象指标之间的相关关系

r	X_1/mm	X_2/%	X_3/%	X_4/℃	X_5/%	X_6/℃
X_1/mm	1					
X_2/%	0.775*	1				
X_3/%	0.821**	0.965**	1			
X_4/℃	−0.134	−0.595	−0.500	1		
X_5/%	0.664	0.351	0.333	−0.059	1	
X_6/℃	−0.2638	−0.188	−0.155	0.322	−0.712*	1

注：$r_{0.05}=0.666$，$r_{0.01}=0.798$，$n=9$

3.4.4 阳朔县单一气象指标与沙糖橘黄龙病发病程度等级关系

分别做阳朔县单一气象指标与沙糖橘黄龙病发病程度关系散点图，并配回归方程，结果分别见图 3-24 至图 3-29。

图 3-24 说明：X_1（当年 2 月降水量累计）与发病程度等级呈极显著正相关；当当年 2 月降水量累计少于 40 mm 时，发病程度轻。回归方程 $Y_i = -0.0006X_1^2 + 0.096X_1 - 0.749$（$r = 0.985^{**}$，$n = 9$）。

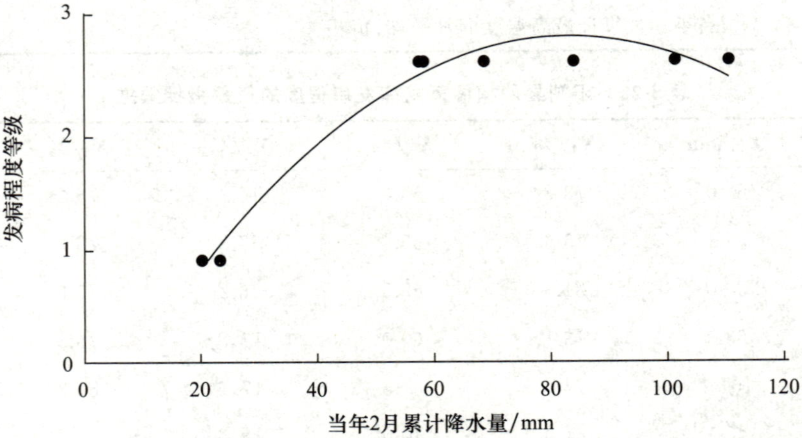

图 3-24　阳朔县沙糖橘黄龙病发病程度等与当年 2 月降水量累计的关系

图 3-25 说明：X_2（当年 2 月每日平均相对湿度的月平均）与发病程度等级呈极显著正相关；当当年 2 月每日平均相对湿度的月平均小于 65％时，发病程度轻。与图 3-26 相比，平均相对湿度指标好于最小相对湿度指标。回归方程 $Y_i = -0.008X_2^2 + 1.173X_2 - 41.605$（$r = 0.977^{**}$，$n = 9$）。

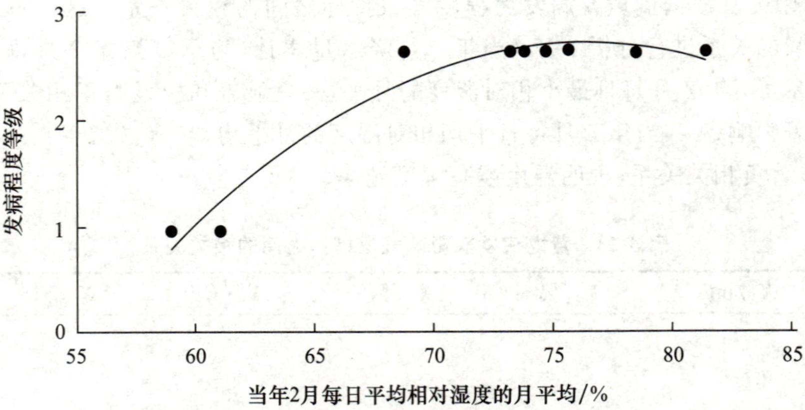

图 3-25　阳朔县沙糖橘黄龙病发病程度等与当年 2 月每日平均相对湿度的月平均的关系

图 3-26 说明：X_3（当年 2 月每日最小相对湿度的月平均）与发病程度等级呈极显著正相关；当当年 2 月每日最下相对湿度的月平均小于 45％时，发病程度轻。回归方程 $Y_i = -0.005X_3^2 + 0.611X_3 - 15.767$（$r = 0.936^{**}$，$n = 9$）。

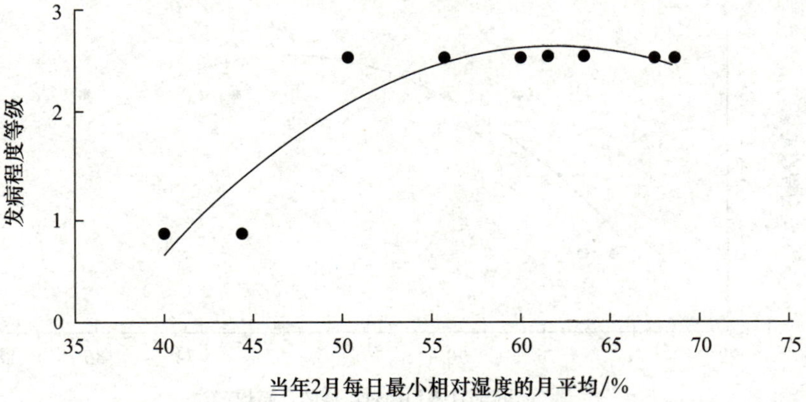

图 3-26　阳朔县沙糖橘黄龙病发病程度等与当年 2 月每日最小相对湿度的月平均的关系

图 3-27 说明：X_4(当年 4 月每日最低温度的月平均)与发病程度等级呈显著负相关；当当年 4 月每日最低温度的月平均高于 18.0 ℃时，发病程度轻。回归方程 $Y_i=-0.693X_4^2+23.322X_4-192.960$($r=-0.719^{**}$，$n=9$)。

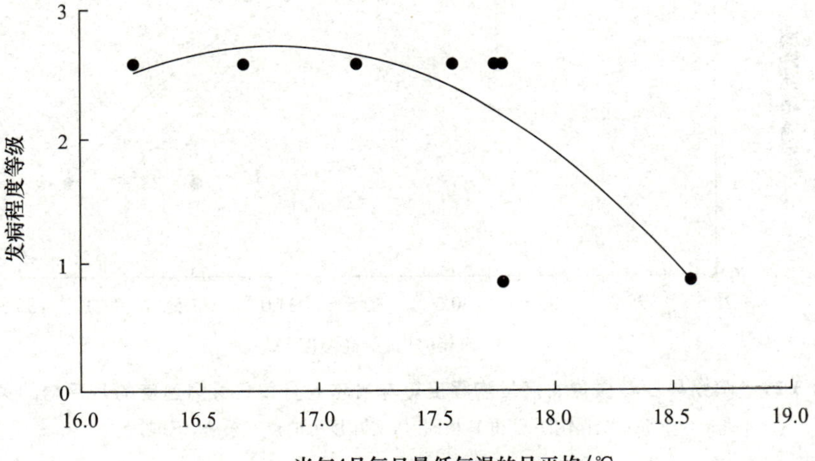

图 3-27　阳朔县沙糖橘黄龙病发病程度等与当年 4 月每日最低气温的月平均的关系

图 3-28 说明：X_5(当年 6 月每日平均相对湿度的月平均)与发病程度等级呈极显著正相关；当当年 6 月每日平均相对湿度的月平均低于 75%时，发病程度轻。回归方程 $Y_i=-0.043X_5^2+6.966X_5-280.910$($r=0.827^{**}$，$n=9$)。

图 3-29 说明：X_6(当年 6 月每日最高温度的月平均)与发病程度等级呈显著负相关；当当年 6 月每日最高温度的平均高于 31.5 ℃时，发病程度轻。回归方程 $Y_i=-0.513X_6^2+30.814X_6-459.24$($r=-0.747^{*}$，$n=9$)。

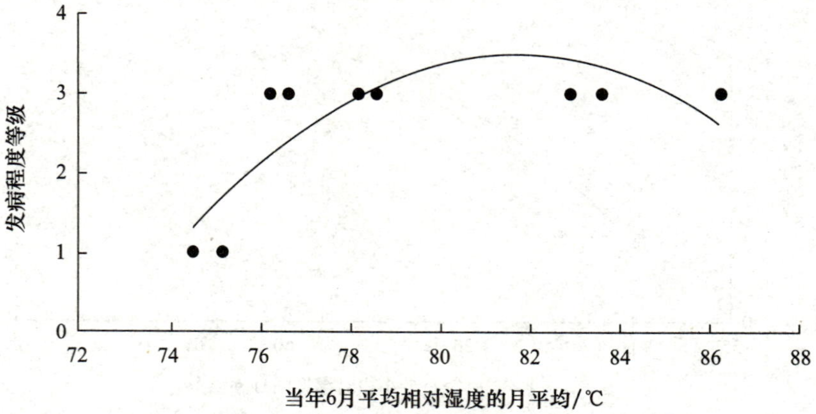

图 3-28　阳朔县沙糖橘黄龙病发病程度等级与当年 6 月每日平均相对湿度的月平均的关系

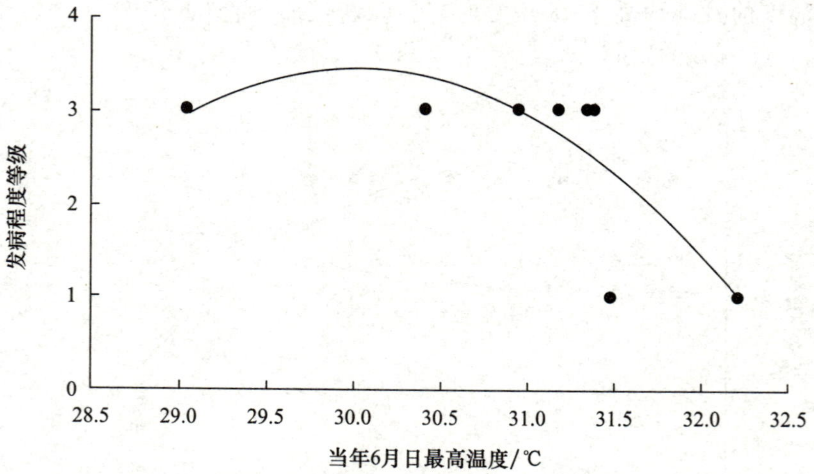

图 3-29　阳朔县沙糖橘黄龙病发病程度等与当年 6 月每日最高温度的月平均的关系

（注：当样本的 X 和 Y 相同时，实际显示的点有重叠，下同）

3.4.5　阳朔县沙糖橘黄龙病发病程度等级预测模型

3.4.5.1　原始指标的回归

由于 X_2 和 X_3 同为 1 月湿度，且平均相对湿度 X_2 比最小相对湿度 X_3 更为稳定，所以剔除 X_3。概念模型如下：$Y_i = f(X_1; X_2; X_4; X_5; X_6)$。回归方程为 $Y_i = 9.470 + 0.007X_1 + 0.0685X_2 - 0.115X_4 - 0.004X_5 - 0.321X_6$（$r = 0.957^{**}$，$n = 9$）。自回归预测误差按 ±1（1 个等级）计算，合格率为 100.0%；自回归预测误差按 ±0.5（0.5 个等级）计算，合格率为 100.0%。回归结果见表 3-24。

表 3-24 阳朔县沙糖橘黄龙病发病程度等级的原始数据和自回归结果

年份	Y	X_1/mm	X_2/%	X_4/℃	X_5/%	X_6/℃	Y_i'	$Y'-Y$
2011	3	58.0	73.8	16.7	76.2	31.4	2.64	−0.36
2012	3	84.1	75.6	17.7	78.6	30.4	3.13	0.13
2013	3	58.0	81.3	16.2	76.6	31.2	3.28	0.28
2014	3	68.5	73.1	17,8	78.2	31.3	2.55	−0.45
2015	3	101.1	74.6	17,6	82.9	30.9	3.02	0.02
2016	1	20.1	61.0	18,6	75.2	32.2	1.02	0.02
2017	3	57.4	68.7	17,2	86.2	29.1	2.94	−0.06
2018	1	23.1	59.0	17.8	74.5	31.5	1.24	0.24
2019	3	110.7	78.4	17.8	83.6	31.4	3.18	0.18

3.4.5.2 气象指标主成分多元回归建模

对表 3-22 中的 5 个气象指标进行主成分分析，获得前 3 个主成分的累积贡献率为 91.60%，选择前 3 个主成分作为新变量与发病程度等级进行回归，结果见表 3-25 和表 3-26。概念模型为 $Y_i=f(X_1',X_2',X_3')$，获得回归方程为 $Y_i=2.556+0.812X_1'-0.196X_2'+0.0289X_3'$($r=0.948^{**}$，$n=9$)。自回归预测误差按±1 计算合格率为 100.0%，自回归预测误差按±0.5 计算合格率为 88.9%，结果见表 3-26。可见，经过主成分分析后再建模的效果没有提高，所以不选择此结果。

表 3-25 主成分分析解释的总方差

成分	初始特征值		
	合计	方差的/%	累积/%
1	2.923	58.453	58.453
2	1.071	21.425	79.878
3	0.586	11.723	91.601
4	0.418	8.354	99.955
5	0.002	0.045	100.000

表 3-26 阳朔县沙糖橘黄龙病发病程度的主成分回归结果

年份	X_1'	X_2'	X_3'	Y	Y'	$Y'-Y$
2011	0.1319	−1.2310	−0.9120	3	2.72	−0.28
2012	0.4938	1.0201	−0.8033	3	2.86	−0.14
2013	0.1162	−1.6521	−0.5086	3	3.26	0.26
2014	0.2504	−0.4166	−0.3285	3	2.47	−0.53
2015	0.7729	0.4880	1.1704	3	3.12	0.12
2016	−1.4617	1.0230	−0.6159	1	1.02	0.02
2017	0.5141	1.0827	−0.7589	3	2.97	−0.03
2018	−1.8802	−0.2889	1.2525	1	1.30	0.30
2019	1.0627	−0.0251	1.5042	3	3.28	0.28

3.4.5.3　精准时间步长多元回归建模

为了筛选变量方便，开始时选择的气象指标是通过排序方法确定的，都是按整月计算的，但是实际情况未必正好是整月的气象指标影响发病程度等级，因此有必要变换时间段进行指标选择，即以月指标选择为基础，在时间上向前、向后增加天数，也在原始指标基础上从前、从后缩短原来的天数，这样确定的相关性更高的气象指标被称为精准时间和步长的气象指标。针对阳朔县沙糖橘黄龙病的精准气象指标的研究结果见表 3-27，相应原始数据和自回归结果见表 3-28。获得回归方程为 $Y_i = 42.166 + 0.025X_1 - 0.088X_2 - 0.854X_4 - 0.222X_5 - 0.583X_6$（$r = 0.988^{**}$，$n=9$）。回归预测误差按±0.25 计算合格率为 100.0%。可见，精准时间步长多元回归建模结果更好。

表 3-27　影响阳朔县沙糖橘黄龙病的精准气象指标

变量	定义和与发病程度的相关性	与原指标相比
X_1/mm	当年 2 月降水量累计	不变
X_2/%	当年 2 月+3 月前 10 d 的每日平均相对湿度的平均	后加 10 d
X_4/℃	当年 4 月+5 月前 7 d 的每日最低气温的平均	后加 7 d
X_5/%	当年 6 月每日平均相对湿度的平均	不变
X_6/℃	当年 5 月 12 日到 6 月 30 日的每日最高气温的平均	前加 20 d

表 3-28　阳朔县沙糖橘黄龙病发病程度建模的精准气象指标原始数据和自回归结果

年份	Y	X_1/mm	X_2'/%	X_4/℃	X_5/%	X_6'/℃	Y'	$Y'-Y$
2011	3	58.0	76.3	17.1	76.2	30.1	3.06	0.06
2012	3	84.1	76.6	18.5	78.6	29.2	2.95	−0.05
2013	3	58.0	76.4	16.9	76.6	30.5	3.05	0.05
2014	3	68.5	76.5	17.7	78.2	30.1	2.80	−0.20
2015	3	101.1	77.6	18.2	82.9	30.2	2.90	−0.10
2016	1	20.1	67.4	19.0	75.2	30.3	1.18	0.18
2017	3	57.4	72.5	17.8	86.2	29.4	2.96	−0.04
2018	1	23.1	66.5	18.5	74.5	31.8	0.89	−0.11
2019	3	110.7	79.2	17.8	83.6	30.4	3.20	0.20

3.4.5.4　精准时间步长主成分建模

对表 3-27 中的 5 个气象指标进行主成分分析，获得前 3 个主成分的累积贡献率为 91.60%，所以选择前 3 个主成分作为新变量与发病程度等级进行回归，获得回归方程的 $r=0.987^{**}$，回归预测误差按±0.25 计算合格率为 100.0%。可见，精准时间步长的主成分建模结果与使用原始数据的结果基本一样，所以不需要采纳主成分分析方法建模的结果。

3.5　富川县脐橙黄龙病发病程度等级预测模型

3.5.1　数据和研究方法

使用贺州市富川瑶族自治县(以下简称富川县)脐橙黄龙病发病程度等级监测数据和贺州市富川县气象站逐日气象数据建模。调查获得近年富川县脐橙黄龙病发病程度等级信息,并将其划分为轻度、中度、重度发病 3 个等级,其中轻度、中度、重度等级分别相对于发病率 1%以下、1%～5%,5%以上,设为 Y,分别赋值 1、3、5。气象数据使用富川县气象站逐日气象数据。

采用统计分析方法建立基于气象条件的富川县脐橙黄龙病发病程度预测模型,使用回归分析、主成分分析、聚类分析、判别分析和多种方法结合分析。

3.5.2　影响富川县脐橙黄龙病发病程度的气象指标

通过按月的气象指标的排序,确定 3 个气象指标为影响富川县脐橙黄龙病发病程度的气象指标,见表 3-29 和表 3-30。

表 3-29　影响富川县脐橙黄龙病发病程度的气象指标

变量	定义和与发病程度的相关性
X_1/mm	当年 1 月降水量;正相关
X_2/%	当年 1 月平均相对湿度的月平均;正相关
X_3/mm	当年 5 月降水量;负相关

表 3-30　影响富川县脐橙黄龙病发病程度的气象指标数据

年份	X_1/mm	X_2/%	X_3/mm	Y
2011	22.6	65.8	451.2	1
2012	114.8	85.3	280.0	4
2013	21.3	73.0	192.0	1
2014	1.0	66.3	286.4	1
2015	169.6	81.1	365.5	3
2016	200.8	81.0	280.1	3
2017	60.2	78.2	180.3	5
2018	156.3	77.8	104.7	5
2019	28.7	84.3	181.5	5

3.5.3　富川县气象指标之间相关关系

表 3-31 表明富川县 3 个气象指标之间没有显著相关性。

表 3-31 富川县气象指标之间的相关关系

r	X_1/mm	X_2/%	X_3/mm
X_1/mm	1		
X_2/%	0.585	1	
X_3/mm	−0.041	−0.369	1

注：$r_{0.05}=0.666$，$r_{0.01}=0.798$，$n=9$

3.5.4 富川县单一气象指标与脐橙黄龙病发病程度关系

分别做富川县单一气象指标与脐橙黄龙病发病程度关系散点图，并配回归方程，结果分别见图 3-30 至图 3-32。

图 3-30 说明：富川县脐橙黄龙病发病程度等级随当年 1 月降水量累计增多而增加，呈显著相关关系，呈抛物线变化。回归方程 $Y_i=3E-12X_1^{6.4529}$（$r=0.852^{**}$，$n=9$）。

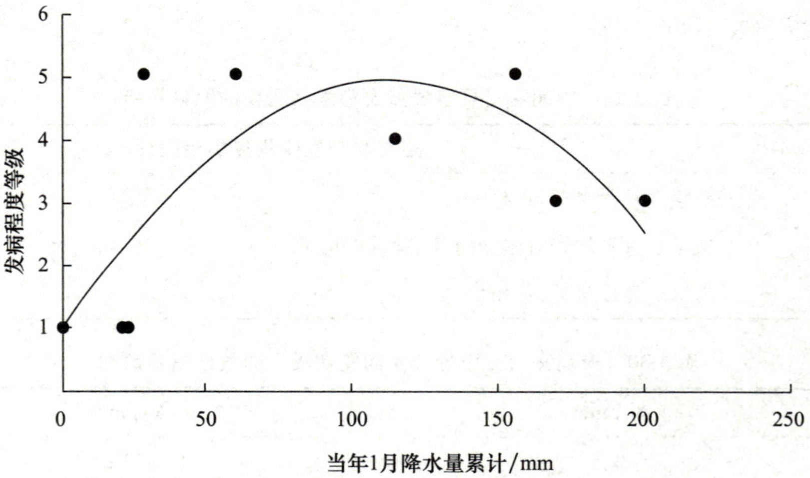

图 3-30 富川县脐橙黄龙病发病程度等级与当年 1 月降水量累计的关系

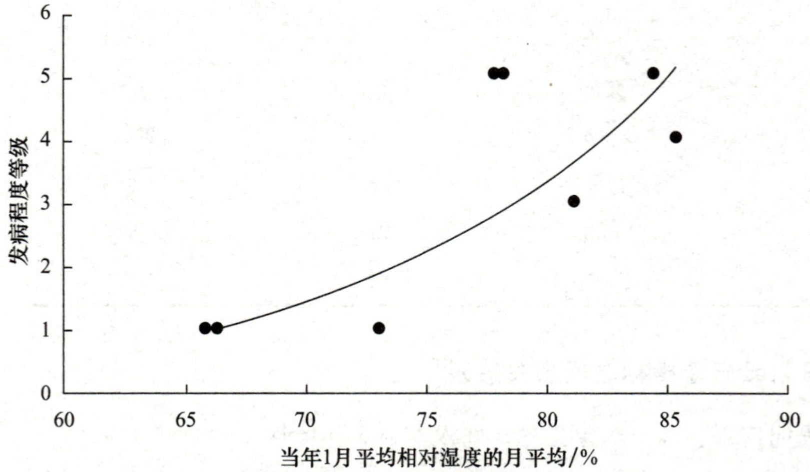

图 3-31 富川县脐橙黄龙病发病程度等级与当年 1 月平均相对湿度的月平均的关系

图 3-31 说明：富川县脐橙黄龙病发病程度等级随当年 1 月平均相对湿度的月平均增加而增加，呈极显著相关关系；当当年 1 月平均相对湿度小于 75%时，发病轻。回归方程 $Y_i=-2.447\ln X_2+16.501$（$r=-0.611$，$n=9$）。

图 3-32 说明：富川县脐橙黄龙病发病程度等级随当年 5 月降水量累计增加而降低，呈明显相关关系，但是未达到显著相关。

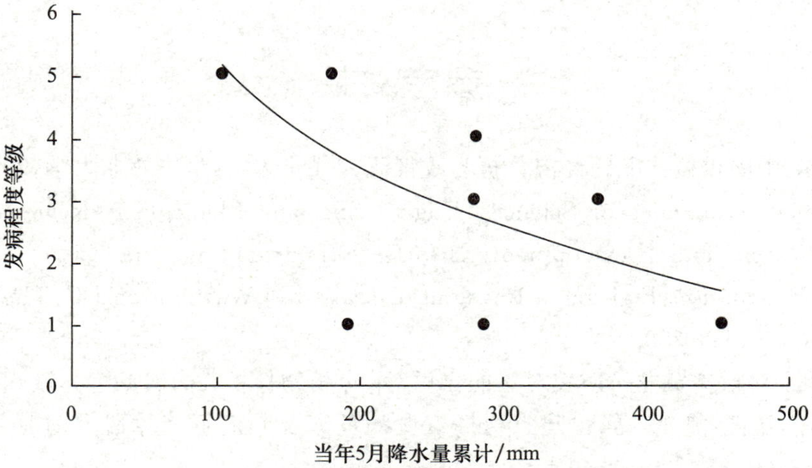

图 3-32 富川县脐橙黄龙病发病程度等级与当年 5 月降水量累计的关系

3.5.5 富川县脐橙黄龙病发病程度预测模型

3.5.5.1 原始数据建模

选择表 3-30 中的 3 个指标进行多元回归，回归结果如表 3-32 所示，回归方程为 $Y_i=-7.149+0.0006X_1+0.153X_2-0.006X_3$（$r=0.847^{**}$，$n=9$）。回归预测误差按±1(1 个等级)计算合格率为 77.8%。

表 3-32 富川脐橙原始数据回归结果

年份	X_1/mm	X_2/%	X_3/mm	Y	Y'	$Y'-Y$
2011	22.6	65.8	451.2	1	0.17	−0.83
2012	114.8	85.3	280.0	4	4.26	0.26
2013	21.3	73.0	192.0	1	2.87	1.87
2014	1.0	66.3	286.4	1	1.25	0.25
2015	169.6	81.1	365.5	3	3.13	0.13
2016	200.8	81.0	280.1	3	3.66	0.66
2017	60.2	78.2	180.3	5	3.76	−1.24
2018	156.3	77.8	104.7	5	4.22	−0.78
2019	28.7	84.3	181.5	5	4.67	−0.33

3.5.5.2 增加上年发病程度指标后建模

将上年发病程度 P_{i-1} 作为自变量，再做单一因素与发病程度等级的散点图(此种情况下，由于使用了上年发病率程度数据，所以样本数由 9 变为 8)，见图 3-33 至图 3-36。4 个指标的多元回归结果见表 3-55，相关系数 $r=0.892^{**}$ $(n=9)$。回归预测误差按±1 计算合格率为 88.9%，比原始数据建模自回归合格率提高了。回归方程为 $Y_i=-7.200+0.002X_1+0.206X_2-0.019X_3-0.478X_4$ $(n=8)$，其中 X_4 为 P_{i-1}。

参考文献

[1]祁春节.中国柑橘产业的经济分析与政策研究[D].武汉：华中农业大学，2001.

[2]National Academies of Sciences, Engineering, and Medicine. A Review of the Citrus Greening Research and Development Efforts Supported by the Citrus Research and Development Foundation: Fighting a Ravaging Disease[M]. Washington DC: The Nation－a A-cademies Press, 2018: 1-289.

[3]周常勇. 对柑橘黄龙病防控对策的再思考[J].植物保护，2018，44(5)：30-33.

[4]谢钟琛，李健，施清，等.福建省柑橘黄龙病危害及其流行规律研究[J].中国农业科学，2009，42(11)：3888-3897.

[5]黎海霖，郑霞林，王小云.陆温柑橘木虱成虫繁殖行为前期及活动规律研究[J].南方农业学报，2019，50(9)：2009-2014.

[6]J.M. Bové. Huanglongbing: A Destructive, Newly-emerging, Century-Old Disease Of Citrus[J]. Journal of Plant Pathology, 2006, 88(1): 7-37.

[7]杨余兵.温湿度对柑橘木虱发育、繁殖与存活的影响[J].生态学报，1989，9(4)：348-354.

[8]程保平，赵弘巍，彭埃天，等.柑橘黄龙病的传播介体—柑橘木虱在广东果园的发生调查[J].植物保护，2016，42(01)：189-192，196.

[9]叶志勇，余继华，孟幼青，等.浅析柑橘黄龙病发病流行的主要因子[J].中国植保导刊，2007(11)：25-27.

[10]刘荣让，池再香，吴鑫，等.柑橘黄龙病的发病规律及其与气象条件的关系[J].贵州气象，2006，30(3)：13-14.

[11]赵学源，蒋元晖，李世菱.柑橘木虱与柑橘黄龙病流行关系的初步研究[C].中国柑橘研究所研究年报(1978—1979).重庆：中国农业科学院柑橘研究所，1980.

[12]Hartung J S, States U, Patuol M E, et al. Evidence for Transmission of "Candidatus Liberibacter Asiaticus" through Citrus Seed Taken from Affected Fruit[J]. Plant Disease, 2010, 94(10): 1200-1205.

[13]唐仙寿，何世忠.柑橘黄龙病暴发蔓延关键因素的关联性分析[J].中国热带农业，2015，65(4)：54-57.

[14]赵琳，孟幼青，林去彪，等.浙江省柑橘黄龙病的发生及防控对策[J].浙江柑橘，2008，25(2)：1-20.

[15]覃灵华.柑橘黄龙病的发生及流行研究进展[J].植物保护学，2018，22：110-111，116.

[16]白华菊，龙梦玲.柑橘黄龙病研究进展[J].中国植保导刊，2009(3)：13-16.

[17]姚河凤，林捷新，林晓郁.脐橙黄龙病的综合防治[J].现代园艺，2012(6)：82.

[18]Atwal A，Chaudhary J，Ramzan M. Studies on the Development and Field Population of Citrus Psylla，Diaphorina Citri Kuwayana (Psyllidae：Homoptera)[J].Journal of Research－Punjab Agricultural University，1970，7(3)：333-338.

[19]柏自琴，周常勇.柑橘黄龙病病原分化及发生规律研究进展[J].中国农学通报，2012，28(1)：133-137.

[20]颜振陆，陈玉燕.柑橘黄龙病的发生原因与防治对策[J].果农之友，2007(12)：31.

[21]陈慈相，张倩，谢金招，等. 赣南地区柑橘黄龙病发生规律研究[J].中国南方果树，2015，44(6)：43-45.

[22]唐仙寿.广西国有源头农场柑橘黄龙病综合治理经验[J].广西园艺，2005，16(2)：40-42.

[23]谢钟琛，谢文龙，肖文生，等.福建柑橘黄龙病暴发成因及其危害流行规律[J].湖南农业大学学报，2007，33：99-103.

[24]汪恩国，李达林.柑橘黄龙病疫情监测与防控技术研究[J].中国农学通报，2012，28(4)：278-282.

4 基于气象条件的沙田柚柚果可溶性固形物含量年型等级预测模型

本章基于气象条件建立了广西容县、广东梅州市、重庆长寿区3个地标产地和广西阳朔县1个非地标产地沙田柚柚果可溶性固形物含量年型等级预测模型。

4.1 容县沙田柚柚果可溶性固形物含量年型等级预测模型

广西容县沙田柚是广西驰名地标产品,但是柚果可溶性固形物含量高低年等级难题一直没有得到解决,原因是没有找到影响柚果可溶性固形物含量高低年等级产生的关键原因。

4.1.1 数据和研究方法

可溶性固形物是指该食物中包含的能溶于水的糖、酸、维生素、矿物质等占食物总质量的百分率。沙田柚品质一般用柚果可溶性固形物含量高低衡量,其值高时品质好,当其值≥12%时,为优质果,其糖度高,口感好。

容县沙田柚柚果可溶性固形物含量高低年年型等级数据:通过实地调查、公开信息和数据分析整理近年容县柚果沙田柚可溶性固形物含量高低年年型等级数据,确定12年容县沙田柚柚果可溶性固形物含量高低年年型等级,分为3级,并将高年、平年、低年3个年型等级分别赋值5、3、1,结果见表4-1。

表4-1 容县沙田柚柚果可溶性固形物含量高低年年型等级

高年	平年	低年
1991、1992、2004、2005、2013、2014	2017	1995、1997、2000、2002、2015

气象数据:本案例中所使用的气象数据主要包括逐日的平均温度、最高温度、最低温度、平均相对湿度、最小相对湿度、日照时数和降水量,数据来源于《国家气象科学数据中心中国气象数据网》(http://data.cma.cn)中国756个基本、基准地面气象观测站气候资料年值数据集;容县逐年逐日气象数据来源于容县气象站的气象数据。容县沙田柚收获时间是每年的10月23日前后,因此将其生长周期确定为上年11月至收获当年10月,据此提取每个生长周期年11—10月的7个气象指标(平均温度、最高温度、最低温度、平均相对湿度、最小相对湿度的月均值和日照时数、降水量的月累计值)的气象数据,此处11—12月为上年气象数据,1—10月为收获当年气象数据。

模型建立方法:采用统计分析方法建立基于气象条件的容县沙田柚柚果可溶性固形物含量高低年年型等级预测模型,统计方法包括一元和多元回归;使用Excel和自编软件进行数据分析和建模。

4.1.2 影响容县沙田柚柚果可溶性固形物含量年型等级气象指标

经过多种算法和大数据计算,最后确定3个变量为影响容县沙田柚柚果可溶性固形物含量高低年年型等级的气象指标，结果见表4-2，相应的气象数据和模型自回归结果见表4-3。

表 4-2 影响容县沙田柚柚果可溶性固形物含量高低年年型等级的原始气象指标

变量	定义和与年型等级的关系
X_1/%	9月21日到10月31日每日最小相对湿度的平均；负相关
X_2/mm	10月降水量；负相关
X_3/h	10月日照时数；正相关

表 4-3 影响容县沙田柚柚果可溶性固形物含量高低年年型等级的原始气象指标数据和模型自回归结果

年份	X_1/%	X_2/mm	X_3/h	Y	Y'	$Y'-Y$
1991	45.6	2.6	205.1	5	4.78	−0.22
1992	44.6	1.5	239.3	5	5.07	0.07
1995	58.4	293.7	115.5	1	0.77	−0.23
1997	62.7	120.8	152.8	1	0.90	−0.10
2000	60.3	232.1	129.0	1	0.75	−0.25
2002	59.9	193.0	170.9	1	1.14	0.14
2004	44.9	0.0	230.9	5	5.00	0.00
2005	45.9	0.9	218.3	5	4.76	−0.24
2013	45.4	0.0	196.7	5	4.79	−0.21
2014	46.4	3.1	216.3	5	4.66	−0.34
2015	55.5	333.6	175.2	1	1.32	0.32
2017	48.9	6.0	179.0	3	4.06	1.06

注：表中Y为年型等级赋值，Y'为通过模型自回归预测的年型等级，$Y'-Y$为预测误差。下同

4.1.3 容县原始气象指标之间的相关关系

表4-4为表4-3中的3个容县原始单一气象指标之间的相关性，表明：

①最小相对湿度与降水量在10月时间上是重合的，二者呈极显著正相关，说明降水对湿度的正向作用。

②最小相对湿度与日照时数之间在10月时间上是重合的，二者呈极显著负相关，说明日照时数多时，湿度小。

③降水量与日照时数的时间完全重合，二者呈极显著负相关，说明降水量多时，日照时数少。

表 4-4 容县单一原始气象指标之间的相关性

r	X_1/%	X_2/mm	X_3/h
X_1/%	1		
X_2/mm	0.808**	1	
X_3/h	−0.869**	−0.782**	1

注：$r_{0.05}=0.576$，$r_{0.01}=0.708$（$n=12$）

4.1.4 容县单一气象指标与沙田柚柚果可溶性固形物含量高低年年型等级的关系

分别做表 4-3 中的 3 个容县原始单一气象指标与沙田柚柚果可溶性固形物含量高低年年型等级的散点图并配回归方程，结果分别见图 4-1、图 4-3 和图 4-5，而图 4-2、图 4-4、图 4-6 分别为对应的 3 个原始气象指标转化为天数的 3 个气象指标，合计 6 个气象指标。

图 4-1 说明：容县沙田柚柚果可溶性固形物含量高低年年型等级与 9 月 21 日到 10 月 31 日每日最小相对湿度的平均呈极显著负相关，回归方程为 $Y=0.020X_1^2-2.352X_1+71.212$（$r=-0.991^{**}$，$n=12$）；当 $X_1<50\%$时，柚果可溶性固形物含量高低年年型等级以大年为主。

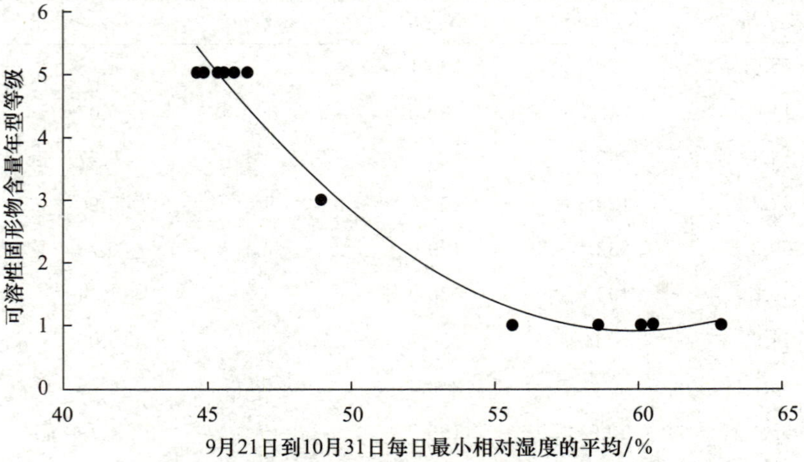

图 4-1 容县沙田柚 X_1 与 Y 的关系

表 4-5 为容县 12 年逐年 9 月 21 日到 10 月 31 日每日最小相对湿度。

表 4-5 容县 12 年 9 月 21 日到 10 月 31 日每日最小相对湿度 %

月	日	1991 高年	1992 高年	2004 高年	2005 高年	2013 高年	2014 高年	2017 平年	1995 低年	1997 低年	2000 低年	2002 低年	2015 低年
9	21	45	50	64	44	40	44	57	43	76	56	59	87
9	22	38	53	61	50	46	43	51	34	50	55	56	65
9	23	45	50	56	48	54	53	53	37	54	60	55	55
9	24	43	52	51	40	70	47	48	37	63	55	58	58
9	25	49	53	57	54	49	43	53	48	80	63	66	54
9	26	51	64	53	63	61	50	47	56	59	58	78	68
9	27	68	63	42	73	57	43	39	46	74	49	78	64
9	28	51	48	49	63	60	48	56	61	95	53	79	53
9	29	51	73	46	56	45	41	57	72	77	62	85	48
9	30	51	60	48	46	59	50	66	69	61	56	81	55
10	1	44	51	55	49	58	55	49	64	64	49	61	58

续表4-5

月	日	1991 高年	1992 高年	2004 高年	2005 高年	2013 高年	2014 高年	2017 平年	1995 低年	1997 低年	2000 低年	2002 低年	2015 低年
10	2	31	48	43	44	50	55	43	53	64	51	45	54
10	3	51	47	33	46	38	58	49	68	59	52	56	57
10	4	50	54	36	46	40	61	51	73	63	64	54	70
10	5	47	58	35	44	36	36	56	74	73	68	64	99
10	6	42	53	41	44	31	31	53	66	62	60	46	71
10	7	45	52	40	41	41	39	46	71	59	57	34	52
10	8	43	51	38	41	43	38	48	60	72	51	31	68
10	9	43	49	28	33	47	33	45	55	69	51	31	58
10	10	42	48	33	30	48	37	45	54	65	52	31	81
10	11	57	48	40	34	42	39	51	61	59	51	34	46
10	12	63	46	42	44	41	44	61	75	60	48	43	45
10	13	56	62	50	46	43	42	48	88	65	55	43	52
10	14	61	53	51	51	41	42	59	74	66	86	45	37
10	15	64	39	51	58	42	41	60	66	72	81	46	49
10	16	62	39	56	50	56	41	72	76	64	58	56	41
10	17	72	27	52	52	56	45	75	58	66	56	72	31
10	18	56	34	40	43	62	41	54	55	66	60	60	37
10	19	50	26	46	42	58	46	50	56	59	82	56	42
10	20	40	24	42	49	48	47	53	58	62	90	74	31
10	21	40	30	40	34	49	48	45	59	51	85	78	36
10	22	44	34	35	40	49	51	47	62	55	89	84	46
10	23	51	38	38	43	39	50	45	59	55	88	64	43
10	24	51	45	41	36	34	50	42	59	54	60	58	42
10	25	41	34	35	47	16	57	42	54	53	60	64	41
10	26	37	31	39	35	23	54	46	53	61	69	57	58
10	27	28	28	44	42	26	40	37	57	73	67	76	62
10	28	18	30	43	42	32	50	27	50	59	57	72	61
10	29	19	27	52	59	55	54	28	48	50	50	74	57
10	30	15	30	48	50	34	58	31	41	47	34	82	55
10	31	14	28	46	31	43	56	21	45	33	24	70	88
平均		45.5	44.6	44.9	45.9	45.4	46.4	48.9	58.4	62.7	60.3	59.9	55.5
湿度≤46%天数/d		22	19	26	26	23	21	15	7	1	2	11	13

表 4-5 中的最小相对湿度≤46％天数的指标是由表 4-3 中的 9 月 21 日到 10 月 31 日每日最小相对湿度的平均即原始指标 X_1，通过逐日数据定义的新变量得到，它以天数为单位，可以作为田间微气象条件调控的直接指标，也便于理解和掌握。本书中将对所有可能转化为天数的原始气象指标进行试算，凡是能转化为天数的原始气象指标都将定义为 $X_{n(1)}$，其中 n 为原始指标的序号，(1)为以天数的指标，以 X_1 为例为 $X_{1(1)}$，以 X_2 为例为 $X_{2(1)}$。由此可能产生 3 套气象指标，即原始气象指标组合、原始气象指标组合中某些指标被以天数指标替换后的指标组合（转化后的气象指标组合）和所有指标的组合。由此产生 3 类综合模型，即基于原始气象指标组合的综合预测模型、原始气象指标组合中某些指标被以天数指标替换后的综合预测模型和所有指标的组合的综合预测模型。

由表 4-5 和表 4-3 相关数据制作成图 4-2。图 4-2 说明：容县 9 月 21 日到 10 月 31 日每日最小相对湿度≤46％天数多于 17 d 时，年型为高年。回归方程为 $Y=0.005X_{1(1)}^2+0.065X_{1(1)}+0.572(r=0.921^{**},n=12)$。

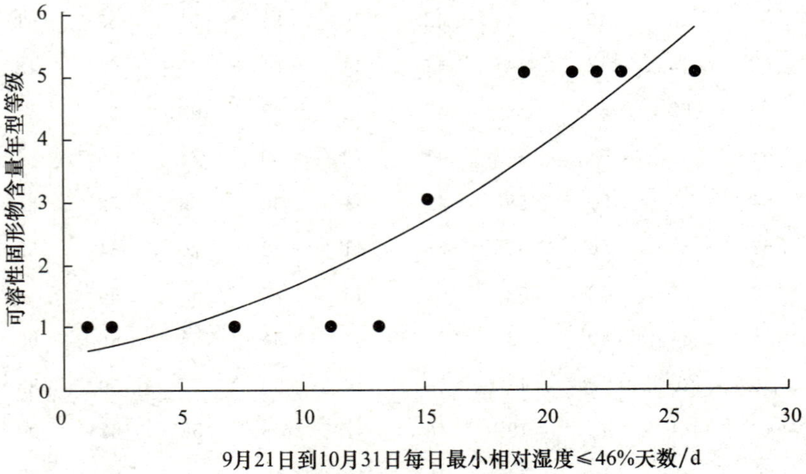

图 4-2　容县沙田柚 $X_{1(1)}$ 与 Y 的关系

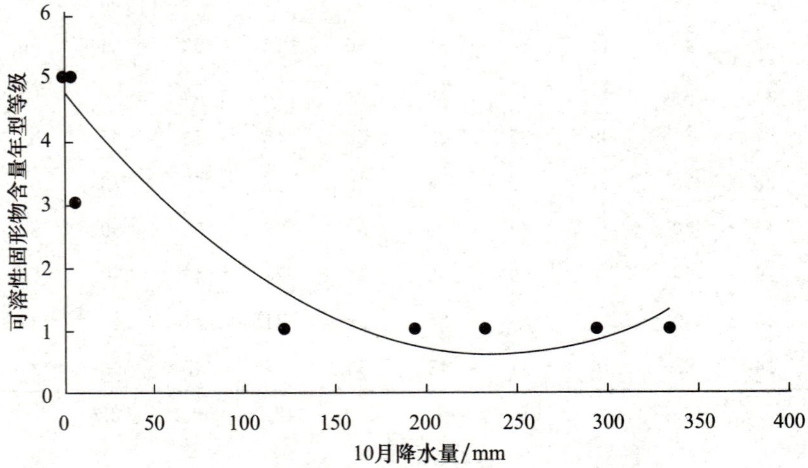

图 4-3　容县沙田柚 X_2 与 Y 的关系

图 4-3 说明：容县沙田柚柚果可溶性固形物含量高低年年型等级与 10 月降水量呈极显著负相关，回归方程为 $Y=7\text{E}-05X_2^2-0.035X_2+4.767(r=-0.958^{**},n=12)$；当 $X_2<100$ mm 时，柚果可溶性固形物含量高低年年型等级以大年为主。

表 4-6 为容县 12 年逐年 10 月每日降水量。

表 4-6 容县 12 年逐年 10 月每日降水量

mm

月	日	1991 高年	1992 高年	2004 高年	2005 高年	2013 高年	2014 高年	2017 平年	1995 低年	1997 低年	2000 低年	2002 低年	2015 低年
10	1	0.0	0.0	0.0	0.0	0.0	0.0	0.0	0.0	0.0	0.0	0.0	0.0
10	2	0.0	0.0	0.0	0.0	0.0	0.0	0.0	1.0	0.0	0.0	0.0	0.0
10	3	0.0	0.0	0.0	0.0	0.0	2.0	0.0	64.2	0.0	0.0	0.0	0.0
10	4	0.2	0.0	0.0	0.0	0.0	0.2	0.0	21.5	0.1	49.1	6.4	25.2
10	5	0.0	1.4	0.0	0.0	0.0	0.0	0.0	0.0	4.9	0.0	8.3	137.5
10	6	0.0	0.0	0.0	0.0	0.0	0.0	0.0	0.0	0.0	0.5	0.2	97.2
10	7	0.0	0.0	0.0	0.0	0.0	0.0	0.0	3.8	0.2	0.0	0.0	10.4
10	8	0.0	0.0	0.0	0.0	0.0	0.0	0.0	0.0	0.0	0.0	0.0	0.1
10	9	0.0	0.0	0.0	0.0	0.0	0.0	0.0	0.0	34.7	0.5	0.0	0.0
10	10	0.0	0.0	0.0	0.0	0.0	0.0	0.0	0.0	0.0	0.0	0.0	22.8
10	11	0.0	0.0	0.0	0.0	0.0	0.0	0.0	0.0	0.1	0.0	0.0	0.8
10	12	0.0	0.0	0.0	0.0	0.0	0.0	0.0	13.8	0.0	0.0	0.0	0.0
10	13	0.0	0.0	0.0	0.0	0.0	0.0	0.0	130.6	0.1	43.4	0.0	0.0
10	14	0.0	0.1	0.0	0.0	0.0	0.0	0.0	54.8	10.6	15.1	0.0	0.0
10	15	1.5	0.0	0.0	0.0	0.0	0.0	0.0	0.0	25.5	30.5	0.0	0.0
10	16	0.1	0.0	0.0	0.0	0.0	0.0	4.6	0.1	0.0	0.3	5.7	0.0
10	17	0.8	0.0	0.0	0.0	0.0	0.0	1.4	0.0	1.1	0.0	25.0	0.0
10	18	0.0	0.0	0.0	0.0	0.0	0.0	0.0	0.0	0.8	0.6	0.1	0.0
10	19	0.0	0.0	0.0	0.0	0.0	0.0	0.0	0.0	0.0	10.4	0.0	0.0
10	20	0.0	0.0	0.0	0.0	0.0	0.0	0.0	0.0	0.0	25.6	39.1	0.0
10	21	0.0	0.0	0.0	0.0	0.0	0.0	0.0	1.3	0.0	2.8	3.1	0.0
10	22	0.0	0.0	0.0	0.0	0.0	0.0	0.0	2.2	0.0	45.7	7.4	0.0
10	23	0.0	0.0	0.0	0.0	0.0	0.0	0.0	0.4	0.0	6.4	52.0	0.0
10	24	0.0	0.0	0.0	0.0	0.0	0.2	0.0	0.0	0.0	0.0	0.0	0.0
10	25	0.0	0.0	0.0	0.0	0.0	0.0	0.0	0.0	0.0	0.0	0.0	0.0
10	26	0.0	0.0	0.0	0.0	0.0	0.7	0.0	0.0	0.0	1.2	0.0	0.0
10	27	0.0	0.0	0.0	0.0	0.0	0.0	0.0	0.0	42.7	0.0	0.0	0.4
10	28	0.0	0.0	0.0	0.0	0.0	0.0	0.0	0.0	0.0	0.0	22.9	0.0
10	29	0.0	0.0	0.0	0.9	0.0	0.0	0.0	0.0	0.0	0.0	21.3	0.0
10	30	0.0	0.0	0.0	0.0	0.0	0.0	0.0	0.0	0.0	0.0	1.5	2.5
10	31	0.0	0.0	0.0	0.0	0.0	0.0	0.0	0.0	0.0	0.0	0.0	36.7
累计		2.6	1.5	0.0	0.9	0.0	3.1	6.0	293.7	120.8	232.1	193.0	333.6
无雨天数/d		27	29	31	30	31	27	29	20	20	17	18	21

由表 4-6 和表 4-3 相关数据制作成图 4-4。图 4-4 说明：容县 10 月无雨天数≥25 d 时，年型以高年为主。回归方程为 $Y=-0.003X_{2(1)}^{2}+0.496X_{2(1)}-7.158(r=0.920^{**},n=12)$。

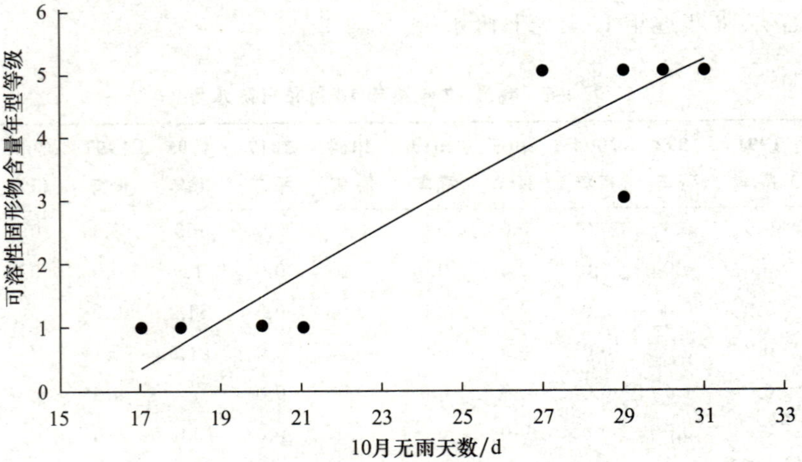

图 4-4　容县沙田柚 $X_{2(1)}$ 与 Y 的关系

图 4-5 说明：容县沙田柚柚果可溶性固形物含量高低年年型等级与 10 月日照时数呈极显著正相关，回归方程为 $Y=0.0002X_{3}^{2}-0.019X_{3}+0.319(r=-0.885^{**},n=12)$；当 $X_{3}>200$ h 时，可溶性固形物含量高低年年型等级为最高的大年。

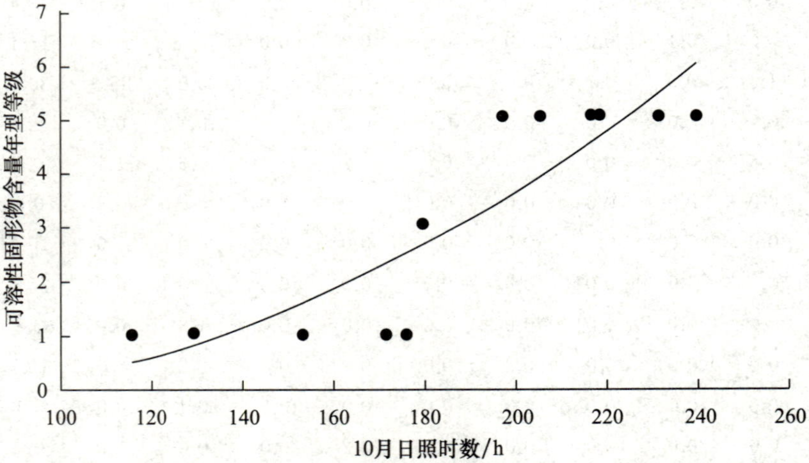

图 4-5　容县沙田柚 X_{3} 与 Y 的关系

表 4-7 为容县 12 年逐年 10 月每日日照时数。

表 4-7 容县 12 年逐年 10 月每日日照时数 h

月	日	1991 高年	1992 高年	2004 高年	2005 高年	2013 高年	2014 高年	2017 平年	1995 低年	1997 低年	2000 低年	2002 低年	2015 低年
10	1	9.6	8.7	5.6	7.6	3.2	7.0	4.2	6.7	5.8	8.5	7.0	4.4
10	2	9.2	10.2	8.1	8.9	6.6	8.2	8.3	8.7	4.0	8.0	8.7	9.4
10	3	8.2	9.1	9.5	9.1	9.9	5.7	9.5	0.0	5.8	5.4	3.6	7.5
10	4	5.7	8.0	10.0	8.2	8.4	4.6	8.3	1.4	5.9	3.7	7.6	0.0
10	5	6.4	5.4	9.2	11.4	9.7	9.4	3.2	1.7	2.5	3.0	2.7	0.0
10	6	9.8	9.3	9.6	8.8	9.7	9.5	7.4	0.4	7.0	3.8	7.3	3.8
10	7	8.9	8.3	9.1	8.8	9.8	9.8	10.1	1.9	4.8	3.4	10.3	9.4
10	8	9.2	8.8	9.4	8.7	4.3	9.1	10.5	4.9	2.2	5.5	10.6	1.1
10	9	8.6	9.1	9.1	10.1	5.4	9.8	9.4	8.9	3.5	7.7	10.5	1.1
10	10	7.1	8.1	8.3	10.3	6.9	9.6	9.5	9.6	2.9	6.8	10.4	0.0
10	11	2.8	8.2	7.0	9.6	8.4	6.2	9.6	0.0	6.4	6.8	9.9	1.2
10	12	0.0	5.4	7.5	5.6	9.3	6.5	1.1	0.0	6.6	6.1	9.7	0.0
10	13	2.0	0.0	2.7	7.8	8.3	6.8	7.8	0.0	2.1	0.0	8.1	0.3
10	14	1.2	2.2	3.6	4.4	7.0	8.8	5.3	0.0	1.5	0.0	9.0	8.7
10	15	0.0	7.8	2.4	0.0	4.8	5.2	0.1	2.6	1.7	0.0	9.2	9.9
10	16	1.0	9.6	7.1	4.1	0.4	6.8	0.0	0.3	2.8	8.6	5.9	9.9
10	17	0.0	8.3	1.3	3.5	0.2	8.0	0.0	2.3	1.1	5.5	2.5	10.2
10	18	1.3	8.5	8.5	7.0	0.0	8.3	9.5	6.7	2.9	2.5	8.1	10.5
10	19	3.7	10.2	9.4	7.8	1.2	7.6	5.6	5.5	5.0	0.0	6.7	9.8
10	20	8.3	9.9	9.4	7.4	9.2	8.1	3.7	2.2	4.1	0.0	2.6	9.8
10	21	6.9	10.2	9.3	8.0	8.8	7.6	7.0	3.0	9.1	0.0	0.0	10.3
10	22	9.4	9.7	8.9	9.3	9.1	8.9	2.4	1.6	5.3	0.0	0.0	9.3
10	23	9.6	8.0	8.9	8.8	8.3	2.5	1.0	3.3	8.6	0.0	3.4	8.6
10	24	9.0	8.1	6.1	8.9	3.8	4.4	1.0	2.9	7.5	3.8	5.5	7.9
10	25	8.4	9.4	9.0	3.2	9.1	3.1	0.0	8.5	6.5	7.9	5.3	6.8
10	26	9.2	10	6.4	5.4	9.0	4.4	0.0	7.6	3.3	1.4	4.9	4.6
10	27	9.4	10.1	6.2	8.0	9.2	7.4	7.7	0.0	0.0	0.9	0.0	4.9
10	28	9.6	6.2	7.4	9.0	3.0	5.9	9.2	7.3	5.5	8.0	0.0	3.1
10	29	10.2	7.6	5.2	0.0	0.0	5.8	9.2	7.7	9.7	7.7	0.2	5.3
10	30	10.5	4.5	8.9	0.1	6.0	4.1	8.5	7.6	9.5	9.7	0.0	7.4
10	31	9.9	0.4	7.8	8.5	7.7	7.2	9.9	2.2	9.2	4.3	1.2	0.0
累计		205.1	239.3	230.9	218.3	196.7	216.3	179.0	115.5	152.8	129.0	170.9	175.2
≥6 h 天数/d		18	22	17	17	15	12	13	4	5	5	11	12

由表 4-7 和表 4-3 相关数据制作成图 4-6。图 4-6 说明：容县 10 月日照≥6 h 天数为 19 d 以上时，年型为高年。回归方程为 $Y=0.001X_{3(1)}^{2}+0.287X_{3(1)}-2.339$（$r=0.911^{**}$，$n=12$）。

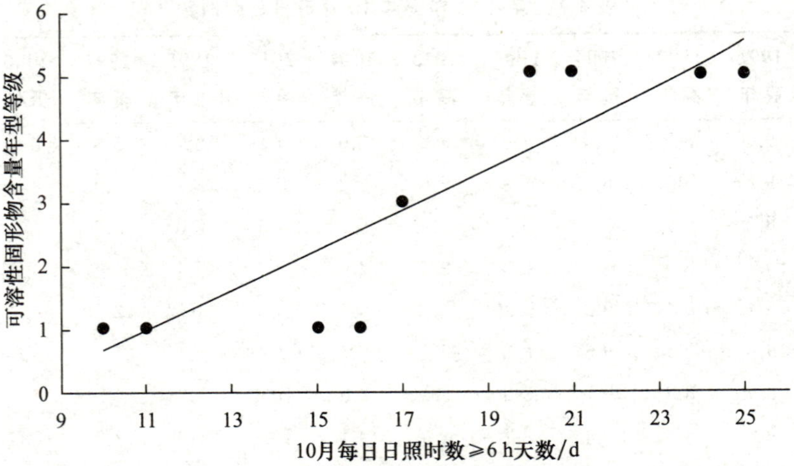

图 4-6　容县沙田柚 $X_{3(1)}$ 与 Y 的关系

4.1.5　容县沙田柚柚果可溶性固形物含量高低年年型等级预测模型

（1）基于原始气象指标组合的综合预测模型　使用容县 12 年柚果可溶性固形物含量高低年年型等级赋值和确定的 3 个气象指标（9 月 21 到 10 月 31 日每日最小湿度的平均、10 月降水量、10 月日照时数）进行三元回归，得到 $Y=12.568-0.185X_1-0.005X_2+0.003X_3$（$r=0.981^{**}$，$n=12$），模型自回归合格率按年型等级预测误差±1 个等级计算，合格率为 91.7%，结果见表 4-3。从表 4-3 中可以看出 2017 年为气象偏高年年型等级，赋值 4 更合适，从中可见，由于年型等级赋值属于半定量，故回归模型为半定量预测模型。

（2）基于原始气象指标组合中某些指标被以天数指标替换后的综合预测模型　使用表 4-8 中 3 个以天数为指标的气象指标进行三元回归，得到回归方程 $Y=-0.203-0.411X_{1(1)}+0.267X_{2(1)}+0.243X_{3(1)}$（$r=0.789^{**}$，$n=12$），模型自回归合格率按年型等级预测误差±1 个等级计算，合格率为 66.7%，结果见表 4-8。这一结果说明，转化为天数的指标最好与原始筛选出来的指标一起使用。

表 4-8　影响容县沙田柚柚果可溶性固形物含量高低年年型等级转化后的气象指标数据和模型自回归结果

年份	$X_{1(1)}$/d	$X_{2(1)}$/d	$X_{3(1)}$/d	Y	Y'	$Y'-Y$
1991	22	27	18	5	2.35	−2.65
1992	19	29	22	5	5.09	0.09
1995	26	31	17	1	1.53	0.53
1997	26	30	17	1	1.26	0.26
2000	23	31	15	1	2.28	1.28
2002	21	27	12	1	1.30	0.30
2004	15	29	13	5	4.54	−0.46
2005	7	20	4	5	3.23	−1.77
2013	1	20	5	5	5.94	0.94
2014	2	17	5	5	4.73	−0.27
2015	11	18	11	1	2.76	1.76
2017	13	21	12	3	2.98	−0.02

(3)所有指标组合的综合预测模型　使用表 4-3 和表 4-8 中的 6 个气象指标进行六元回归,得到回归方程 $Y=11.300-0.195X_1-0.004X_2+0.005X_3-0.014X_{1(1)}+0.084X_{2(1)}-0.049X_{3(1)}$($r=0.987^{**}$,$n=12$)。模型自回归合格率按年型等级预测误差±1 个等级计算,合格率为 100.0%;模型自回归合格率按年型等级预测误差±0.5 个等级计算,合格率为 91.7%。

4.1.6 容县沙田柚柚果可溶性固形物含量高低年年型等级的气象指标范围

容县已知 12 年柚果可溶性固形物含量高低年年型等级的气象指标范围见表 4-9,结果显示 12 年 6 项指标范围基本不重叠,可见气象指标划分合理。

表 4-9　容县已知 12 年沙田柚柚果可溶性固形物含量高低年年型等级的气象指标范围

年型	X_1/%	X_2/mm	X_3/h	$X_{1(1)}$/d	$X_{2(1)}$/d	$X_{3(1)}$/d
高年	44.6～45.9	0.0～2.6	196.7～239.3	21～26	27～31	12～22
平年	48.9	6.0	179.0	15	29	13
低年	55.5～62.7	120.8～333.6	115.5～175.2	1～13	17～21	4～12

4.1.7 容县沙田柚遮雨棚和铺设地膜对提高柚果可溶性固形物含量试验

为了验证基于气象条件的容县沙田柚柚果可溶性固形物含量与气象条件关系的数据挖掘结果,于 2020 年 10 月设置了遮雨棚和铺设地膜提高柚果可溶性固形物含量试验,以便为容县沙田柚田间管理措施的实施提供技术依据。

遮雨棚和地膜试验于 2020 年 10 月 1 日开始在容县容州镇木坪沙田柚果场实施,选择朝阳坡地的梯田开展试验。由于遮雨棚等未能在 9 月初完成,所以将 2020 年作为预备试验,试验计划至少连续进行 3 年。容县沙田柚一般是 10 月 23 日霜降后开始采收,2020 年的预备试验延长采收时间到 11 月 13 日,以检验试验处理和晚收获的效果。试验设 6 个处理,即对照、普通地膜、遮雨棚、反光膜、遮雨棚+普通地膜、遮雨棚+反光膜;设置 6 个重复,每个重复 1 棵树;合计 36 个棵树即 36 个样本。2020 年 10 月 1 日到 11 月 15 日对各处理的冠内温度、湿度进行每日监测,并于 11 月 13 日进行柚果采样,12 月对柚果可溶性固形物含量、果型、果重、果核数、果皮厚度等进行了测试和测量。试验结果见表 4-10、表 4-11。

如果以表 4-11 中的平均值作为对比标准,结果如下。

①按柚果可溶性固形物含量排序,各处理效果是:遮雨棚+反光膜(15.5%)>遮雨棚(14.9%)、遮雨棚+普通膜(14.9%)>反光膜(14.6%)>普通地膜(14.5%)>对照(14.4%)。

②从普通地膜(14.5%)、对照(14.4%)、遮雨棚+普通地膜(14.9%)、遮雨棚(14.9%)4 个处理结果看,普通地膜当年试验没有效果。

③与对照(14.4%)相比,遮雨棚+反光膜(15.5%)、遮雨棚(14.9%)、遮雨棚+普通膜(14.9%)、反光膜(14.6%)有效。

④与对照(43.1%)相比,遮雨棚能适当降低冠内湿度(40.0%)。

⑤与对照(27.2 ℃)相比,遮雨棚+反光膜(28.5 ℃)、遮雨棚(27.7 ℃)能够适当提高冠内温度。

表 4-10　36 个样本冠内平均温度、平均湿度和柚果可溶性固形物含量

处理和重复	平均温度/℃	平均湿度/%	可溶性固形物含量/%
对照(Ⅰ)	25.1	43.6	13.3
对照(Ⅱ)	27.2	18.7	14.1
对照(Ⅲ)	27.1	51.6	14.2
对照(Ⅳ)	28.8	50.6	14.6
对照(Ⅴ)	28.3	44.5	14.7
对照(Ⅵ)	26.5	36.4	15.4
普通地膜(Ⅰ)	24.6	56.8	14.9
普通地膜(Ⅱ)	29.2	38.6	15.4
普通地膜(Ⅲ)	29.1	45.6	14.0
普通地膜(Ⅳ)	27.9	27.3	15.8
普通地膜(Ⅴ)	26.0	52.4	11.6
普通地膜(Ⅵ)	27.8	45.6	15.1
遮雨棚(Ⅰ)	25.9	22.8	12.8
遮雨棚(Ⅱ)	27.9	38.8	15.6
遮雨棚(Ⅲ)	29.3	49.8	15.1
遮雨棚(Ⅳ)	28.1	52.0	16.3
遮雨棚(Ⅴ)	27.2	31.4	15.0
遮雨棚(Ⅵ)	27.5	29.4	14.7
反光膜(Ⅰ)	27.0	38.9	15.7
反光膜(Ⅱ)	27.3	45.7	14.3
反光膜(Ⅲ)	28.5	43.6	14.6
反光膜(Ⅳ)	26.7	42.3	14.3
反光膜(Ⅴ)	28.0	45.3	14.0
反光膜(Ⅵ)	26.4	51.3	14.6
遮雨棚＋普通地膜(Ⅰ)	28.1	43.0	15.5
遮雨棚＋普通地膜(Ⅱ)	27.5	48.5	13.9
遮雨棚＋普通地膜(Ⅲ)	28.6	46.9	14.9
遮雨棚＋普通地膜(Ⅳ)	28.0	46.7	13.4
遮雨棚＋普通地膜(Ⅴ)	27.4	51.7	15.6
遮雨棚＋普通地膜(Ⅵ)	26.2	35.7	16.0
遮雨棚＋反光膜(Ⅰ)	28.6	45.2	16.9
遮雨棚＋反光膜(Ⅱ)	28.6	41.3	15.4
遮雨棚＋反光膜(Ⅲ)	29.0	47.0	15.0
遮雨棚＋反光膜(Ⅳ)	30.1	22.2	14.9
遮雨棚＋反光膜(Ⅴ)	27.0	44.9	15.6
遮雨棚＋反光膜(Ⅵ)	27.9	47.6	14.9

表 4-11 不同处理柚果可溶性固形物含量、冠内湿度、冠内温度的范围和平均值

处理	可溶性固形物含量范围(平均值)/%	冠内湿度范围(平均值)/%	冠内温度范围(平均值)/℃
对照	13.3～15.4(14.5)	27.3～51.6(43.1)	25.1～28.8(27.2)
普通地膜	12.2～15.5(14.2)	32.2～56.8(45.5)	24.6～29.2(27.4)
遮雨棚	13.6～15.4(14.9)	29.3～52.0(40.0)	27.2～29.3(27.7)
反光膜	14.5～15.4(14.8)	39.7～51.3(45.2)	26.4～28.5(27.3)
遮雨棚＋普通地膜	13.0～15.4(14.8)	37.7～51.7(46.2)	26.2～28.6(27.6)
遮雨棚＋反光膜	14.6～16.6(15.2)	29.7～47.6(43.0)	27.0～30.1(28.5)

对 2020 年 10 月 1 日到采样的 11 月 13 日累计 44 d 的监测数据分析，得以下结果。

①冠内平均温度和平均湿度不相关。

②6 个处理 6 个重复总计 36 个样本的冠内平均温度与柚果可溶性固形物含量(%)呈显著正相关关系，回归方程为 $Y=-0.0697X^2+4.0878X-44.881$，$r=0.354^*$ ($r_{0.10}=0.279$，$r_{0.05}=0.329$，$r_{0.01}=0.424$，$n=36$)，见图 4-7。这说明设施处理通过温度的提高能够提升沙田柚柚果可溶性固形物含量。

③6 个处理 6 个重复总计 36 个样本的冠内湿度与柚果可溶性固形物含量(%)在 10%水平下显著相关，回归方程为 $Y=-0.003X^2+0.229X+10.850$($r=0.295$)，见图 4-8。这说明在 2020 年秋季气候条件下，设施处理通过湿度的降低未能在 5%和 1%水平下显著提升沙田柚柚果可溶性固形物含量。

④以冠内平均湿度 35%为界限，分别做平均湿度与柚果可溶性固形物含量散点图并配回归方程，结果见图 4-9 和图 4-10。图 4-9 中包含 6 个样本，未达到显著相关水平，但变化趋势结果显示，在湿度过低情况下，提高湿度有利于柚果可溶性固形物含量的提高，即太干燥的气象条件下不利于品质的形成；图 4-10 中样本 30 个，回归方程为 $Y=0.006X^2-0.583X+29.410$，$r=-0.366^*$ ($r_{0.05}=0.361$，$n=30$)，显示湿度从 35%开始，随着湿度的增加，柚果可溶性固形物含量降低；综合图 4-10、图 4-11 结果和容县沙田柚柚果可溶性固形物含量大年条件为“9 月 21 日到 10 月 31 日每日最小湿度的平均”为 45%～46%的结果，可以初步确定平均湿度 35%～45%为柚果可溶性固形物含量大年的最佳范围。

⑤当 45%≤平均湿度≤57%时，可溶性固形物含量≥15%的比例为 33.3%；当 35%≤平均湿度＜45%时，可溶性固形物含量≥15%的比例为 66.7%，这也说明平均湿度 35%～45%最有利于可溶性固形物的积累。

⑥剔除对照，30 个处理的可溶性固形物含量≥12%的比例为 96.7%，同期对照 6 个样本≥12%的比例为 100.0%，说明在非设施条件下，晚收获有利于品质的提高。

上述结果说明气象因素对柚果可溶性固形物含量影响的效果受制于当时气象条件，在 2020 年 9 月降雨集中，9 月 7 日到 30 日间出现 18 天降雨，特别是 9 月 27 日出现 34.5 mm、9 月 30 日更是出现了超过 100 mm 暴雨降雨事件，致使土壤水完全饱和，而本设施试验全面竣工时已经错过沙田柚成熟早期，尤其是普通地膜的不透气性，将饱和的土壤水完全封闭于根系密布的土壤中，从而抵消了地膜甚至于地膜上的遮雨棚的遮雨效果，这应该是造成普通地膜以及普通地膜＋遮雨棚处理增加可溶性固形物含量效果不佳的主要原因。同时 10 月 1 日到 11 月 13 日，仅有 4 d 有降雨，降雨量分别为 10 月 14 日 12.7 mm，10 月 15 日 3.6 mm，10 月 29 日 0.9 mm，10 月 30 日 1.7 mm，累计降雨量 18.9 mm，降水偏少也降低了遮雨棚等处理的效果。

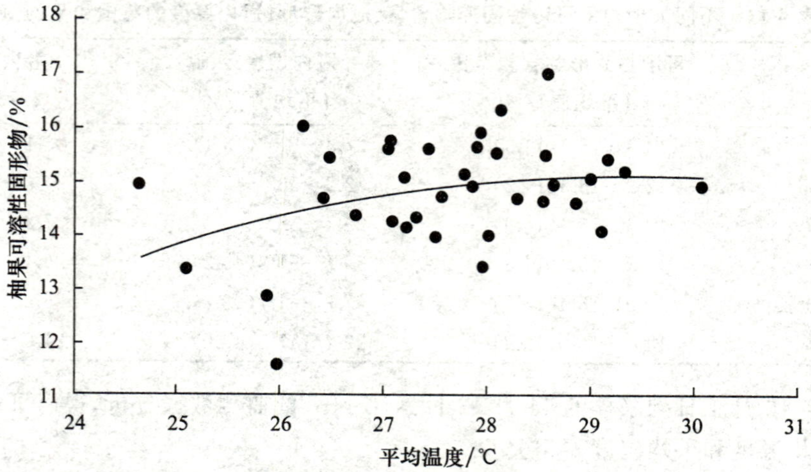

图 4-7　柚果可溶性固形物含量与冠内平均温度的关系

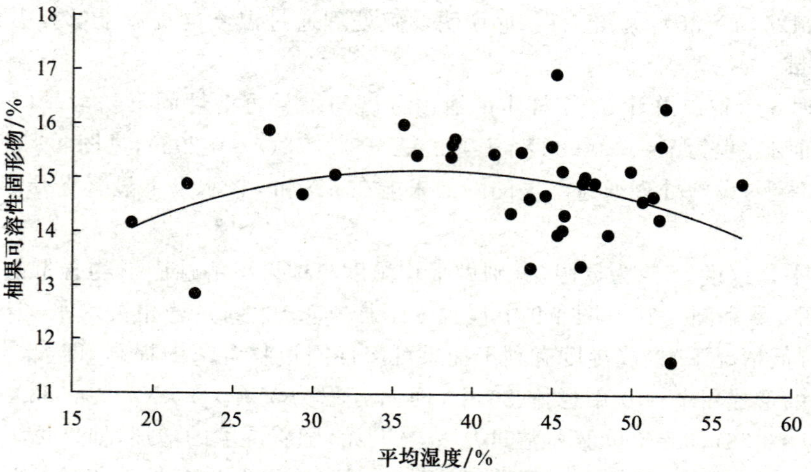

图 4-8　柚果可溶性固形物含量与冠内平均湿度的关系

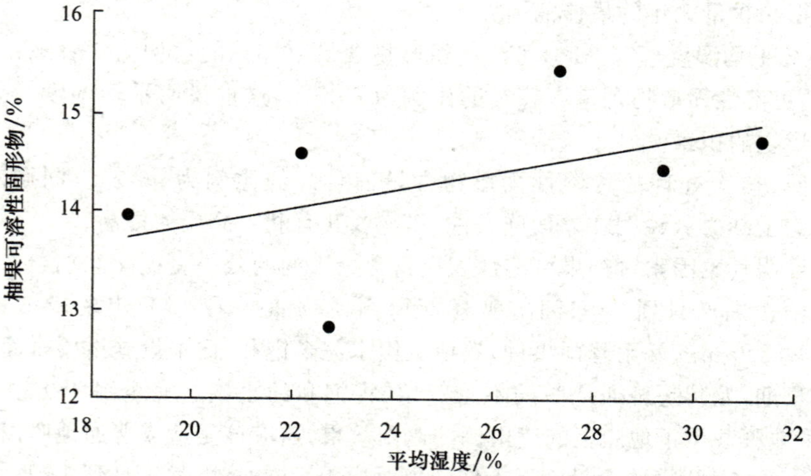

图 4-9　平均湿度≤35%条件下柚果可溶性固形物含量与平均湿度的关系

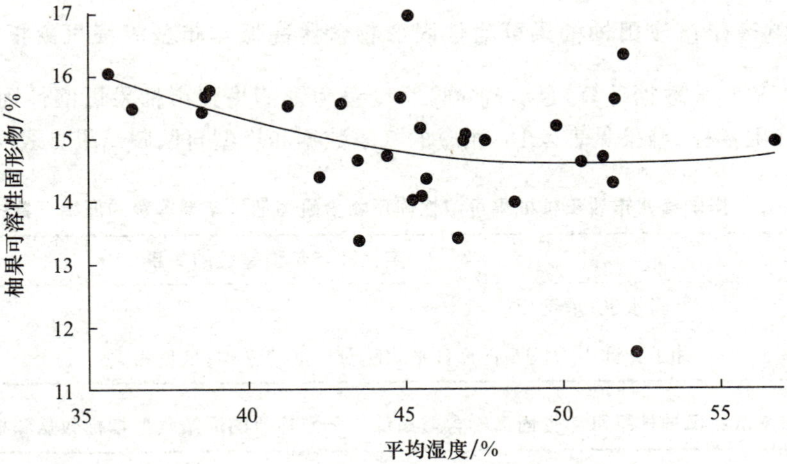

图 4-10 平均湿度＞35%条件下柚果可溶性固形物含量与平均湿度的关系

4.2 梅州市沙田柚柚果可溶性固形物含量年型等级预测模型

广东梅州市沙田柚是全国三大沙田柚地标农产品之一，但是柚果可溶性固形物含量高低年等级难题一直没有得到解决，原因是没有找到影响可溶性固形物含量高低年等级产生的关键原因。

4.2.1 数据和研究方法

梅州市沙田柚柚果可溶性固形物含量高低年年型等级数据的取得：通过实地调查、公开信息和数据分析整理近年梅州市沙田柚柚果可溶性固形物含量高低年年型等级数据，确定 8 年梅州市沙田柚柚果可溶性固形物含量高低年年型等级，并将其分为 5 级，从高含量到低含量依次为高年、偏高年、平年、偏低年、低年，并分别赋值 5、4、3、2、1，结果见表 4-12。

表 4-12 梅州市沙田柚柚果可溶性固形物含量高低年年型等级

高年年份	偏高年年份	平年年份	偏低年年份	低年年份
2011	2012、2019	2013	2008、2017	1999、2004

气象数据：本案例中所使用的气象数据主要包括逐日的平均温度、最高温度、最低温度、平均相对湿度、最小相对湿度、日照时数和降水量，数据来源于《国家气象科学数据中心中国气象数据网》(http://data.cma.cn)中国 756 个基本、基准地面气象观测站气候资料年值数据集；梅州市逐年逐日气象数据来源于梅州市气象站的气象数据。梅州市沙田柚收获时间为 10 月，因此将其生长周期确定为上年 11 月—收获当年 10 月，据此提取每个生长周期年 11—10 月的 7 个气象指标(平均温度、最高温度、最低温度、平均相对湿度、最小相对湿度的月均值和日照时数、降水量的月累计值)的气象数据，此处 11—12 月为上年气象数据，1—10 月为收获当年气象数据。

模型建立方法：采用统计分析方法建立基于气象条件的梅州市沙田柚柚果可溶性固形物含量高低年年型等级预测模型，统计方法包括一元和多元回归；使用 Excel 和自编软件进行数据分析和建模。

4.2.2 影响梅州市沙田柚柚果可溶性固形物含量高低年年型等级气象指标

经过多种算法和大数据计算，最后确定两个变量为影响梅州市柚果可溶性固形物含量高低年年型等级的气象指标，结果见表 4-13，相应的气象数据和模型自回归结果见表 4-14。

表 4-13 影响梅州市沙田柚柚果可溶性固形物含量高低年年型等级的原始气象指标

变量	定义和与年型等级的关系
X_1/mm	5 月降水量；呈正相关
X_2/%	8 月 1 日到 10 月 15 日每日平均相对湿度的平均；呈负相关

表 4-14 影响梅州市沙田柚柚果可溶性固形物含量高低年年型等级的原始气象指标数据和模型自回归结果

年份	X_1/mm	X_2/%	Y	Y'	$Y'-Y$
1999	199.4	78.6	1	1.01	0.01
2004	307.4	80.3	1	1.16	0.16
2008	187.6	74.2	2	2.27	0.27
2011	336.3	67.6	5	5.16	0.16
2012	311.4	70.6	4	4.10	0.10
2013	290.2	73.3	3	3.16	0.16
2017	197.3	76.0	2	1.79	−0.21
2019	294.7	72.8	4	3.34	−0.66

4.2.3 梅州市原始气象指标之间相关关系

梅州市原始气象指标之间的相关关系见表 4-15，两个指标之间未达到显著相关水平。

表 4-15 梅州市单一气象指标之间的相关性

r	X_1/mm	X_2/%
X_1/%	1.00	
X_2/mm	−0.493	1.00

注：$r_{0.05}=0.707$，$r_{0.01}=0.834$，$n=8$

4.2.4 梅州市单一气象指标与沙田柚柚果可溶性固形物含量高低年年型等级关系

分别做表 4-14 中的梅州市两个单一气象指标与沙田柚柚果可溶性固形物含量高低年年型等级的散点图并配回归方程，结果分别见图 4-11、图 4-12，而图 4-13 为对应的 X_2 转化为天数的气象指标，合计 3 个气象指标。

图 4-11 说明：梅州市沙田柚柚果可溶性固形物含量高低年年型等级与 5 月降水量呈显著正相关，回归方程为 $Y=0.0001X_1^2-0.103X_1+12.947(r=0.707^*, n=8)$；当 $X_1>300$ mm 时，可溶性固形物含量高低年年型等级以高年为主。

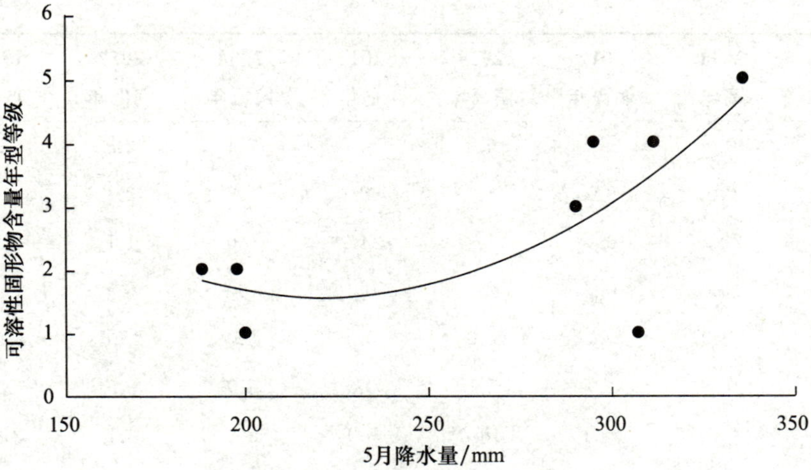

图 4-11 梅州市沙田柚 X_1 与 Y 的关系

表 4-16 为梅州市 8 年逐年 5 月每日降水量。

表 4-16 梅州市 8 年逐年 5 月每日降水量 mm

月	日	2011 高年	2012 偏高年	2019 偏高年	2013 平年	2008 偏低年	2017 偏低年	1999 低年	2004 低年
5	1	9.4	1.6	1.3	1.9	0.0	0.0	17.8	0.0
5	2	16.0	9.8	2.1	0.0	8.7	21.4	5.3	0.0
5	3	41.9	8.4	2.3	2.8	2.1	0.0	3.1	0.0
5	4	18.5	8.7	0.0	8.3	0.0	0.0	0.0	0.5
5	5	10.0	0.2	60.0	25.1	0.6	0.0	22.2	0.0
5	6	1.9	0.0	22.6	2.2	1.1	0.0	0.0	0.2
5	7	38.0	0.0	3.7	0.0	0.0	0.0	0.0	4.3
5	8	6.3	0.0	2.7	0.0	0.0	2.5	4.7	23.3
5	9	0.0	0.0	4.2	2.4	1.1	31.8	25.2	0.0
5	10	0.0	47.4	0.0	6.8	0.0	0.0	0.0	0.0
5	11	5.4	8.0	0.0	0.8	0.0	0.0	0.0	0.0
5	12	1.1	2.9	0.0	23.6	0.0	0.4	0.0	0.0
5	13	83.3	0.6	0.0	0.0	0.0	0.0	0.0	1.8
5	14	6.0	0.0	0.0	1.4	0.0	0.0	2.0	14.8
5	15	1.7	40.2	0.0	11.9	0.0	44.5	2.7	0.0
5	16	46.5	12.2	0.8	53.9	0.0	33.8	0.2	4.4
5	17	1.7	20.6	10.0	0.1	0.0	0.0	0.0	22.3
5	18	0.0	2.7	1.1	4.6	1.3	0.0	30.7	0.3
5	19	0.0	0.3	0.0	25.1	7.1	0.6	7.1	0.1

续表4-16

月	日	2011 高年	2012 偏高年	2019 偏高年	2013 平年	2008 偏低年	2017 偏低年	1999 低年	2004 低年
5	20	0.0	25.5	6.0	34.6	0.1	2.5	0.0	39.2
5	21	0.0	0.0	1.4	32.2	2.7	2.2	0.0	8.7
5	22	22.5	0.0	1.2	24.2	0.0	1.1	0.6	0.0
5	23	13.0	0.0	2.9	0.0	0.0	6.5	0.0	0.0
5	24	13.0	0.0	0.0	0.0	0.0	45.6	6.1	0.0
5	25	0.1	0.0	0.1	0.0	8.0	0.3	9.3	0.0
5	26	0.0	55.1	48.2	0.0	2.2	4.1	27.1	0.0
5	27	0.0	10.9	1.8	28.3	21.8	0.0	10.1	0.0
5	28	0.0	49.6	27.7	0.0	15.3	0.0	2.2	1.3
5	29	0.0	0.0	93.0	0.0	10.7	0.0	0.4	0.0
5	30	0.0	0.0	1.1	0.0	104.4	0.0	21.6	12.2
5	31	0.0	6.7	0.5	0.0	0.4	0.0	1.0	28.7
累计		336.3	311.4	294.7	290.2	187.6	197.3	199.4	162.1

图 4-12 说明：梅州市沙田柚柚果可溶性固形物含量高低年年型等级与 8 月 1 日到 10 月 15 日每日平均相对湿度的平均呈极显著负相关，回归方程为 $Y=0.004X_2^2-0.992X_2+52.237$（$r=0.957^{**}$，$n=8$）；当 $X_2<70\%$时，可溶性固形物含量高低年年型为高年。

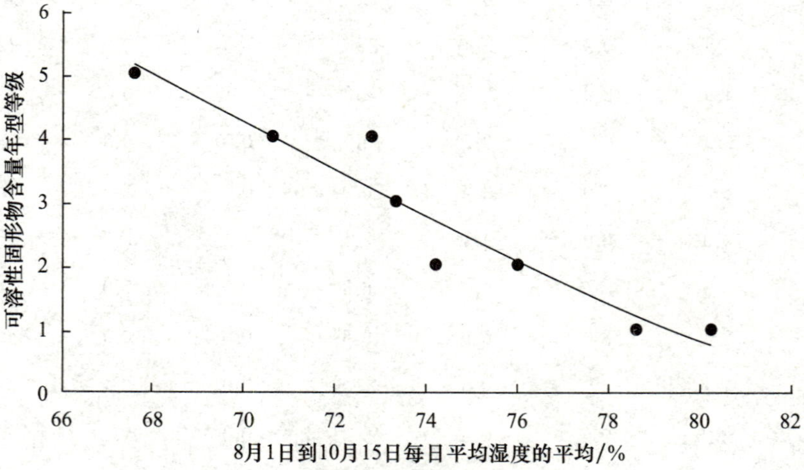

图 4-12　梅州市沙田柚 X_2 与 Y 的关系

表 4-17 为梅州市 8 年逐年 8 月 1 日到 10 月 15 日每日平均相对湿度。

表 4-17 梅州市 8 年逐年 8 月 1 日到 10 月 15 日每日平均相对湿度 %

月	日	2011 高年	2012 偏高年	2019 偏高年	2013 平年	2008 偏低年	2017 偏低年	1999 低年	2004 低年
8	1	67	60	82	68	77	89	77	79
8	2	62	62	86	89	78	89	79	78
8	3	62	86	81	77	71	94	82	81
8	4	69	89	81	71	75	84	87	73
8	5	77	75	75	70	88	80	79	79
8	6	73	72	72	68	94	76	79	80
8	7	67	74	82	74	80	76	76	82
8	8	78	71	72	64	76	77	73	82
8	9	82	66	72	67	78	73	76	81
8	10	83	70	73	76	82	81	79	79
8	11	73	75	87	73	84	76	90	79
8	12	71	72	80	68	74	73	87	78
8	13	69	77	81	77	75	70	90	77
8	14	64	72	82	87	75	73	86	80
8	15	62	75	81	87	73	70	76	82
8	16	59	81	82	81	74	69	73	85
8	17	61	76	78	92	70	72	72	81
8	18	60	83	86	81	69	74	69	82
8	19	63	76	80	79	67	72	69	81
8	20	65	72	68	79	69	69	69	79
8	21	58	73	72	87	63	71	70	83
8	22	60	75	77	85	74	81	87	87
8	23	61	75	75	85	85	82	89	80
8	24	71	72	73	80	85	76	87	84
8	25	72	73	85	77	77	81	88	86
8	26	70	60	80	78	77	78	86	83
8	27	75	64	73	72	75	92	84	87
8	28	67	69	72	70	76	77	91	94
8	29	63	74	74	86	70	76	89	97
8	30	83	77	79	88	67	79	85	91
8	31	91	73	83	81	73	80	85	79
9	1	89	72	85	78	74	79	84	86
9	2	83	74	85	80	82	77	77	88
9	3	88	80	80	74	79	74	83	86
9	4	75	78	81	69	84	81	92	82
9	5	70	73	76	63	82	83	88	78
9	6	73	72	80	69	77	80	78	78
9	7	70	79	72	71	77	82	74	86
9	8	64	76	72	75	75	80	77	90

续表4-17

月	日	2011 高年	2012 偏高年	2019 偏高年	2013 平年	2008 偏低年	2017 偏低年	1999 低年	2004 低年
9	9	64	75	71	69	69	79	75	94
9	10	58	76	73	67	70	78	73	92
9	11	63	79	71	71	66	81	74	93
9	12	63	71	71	69	70	82	73	80
9	13	61	74	70	76	65	84	68	80
9	14	60	65	76	76	67	75	72	79
9	15	58	61	78	74	67	70	79	79
9	16	57	63	81	65	71	70	86	81
9	17	57	63	76	66	72	66	93	84
9	18	64	63	68	61	75	70	86	82
9	19	77	73	50	66	70	72	80	87
9	20	61	79	52	67	68	72	87	78
9	21	52	69	42	57	70	75	80	79
9	22	53	70	46	76	76	76	65	80
9	23	59	77	54	87	66	78	70	84
9	24	61	87	62	87	72	77	69	82
9	25	61	72	66	74	72	76	78	85
9	26	63	63	67	77	77	74	74	75
9	27	59	58	68	73	80	72	72	66
9	28	58	62	66	75	63	71	75	74
9	29	66	56	67	76	60	69	74	73
9	30	68	66	65	75	62	78	71	75
10	1	64	68	63	72	70	76	72	86
10	2	65	67	67	59	71	71	79	82
10	3	66	70	67	62	69	69	88	73
10	4	58	69	61	66	82	81	83	69
10	5	65	66	67	64	87	70	78	72
10	6	67	63	75	61	91	74	73	73
10	7	68	63	69	62	87	72	76	70
10	8	64	63	69	76	78	69	78	73
10	9	59	65	65	75	72	68	75	69
10	10	68	49	70	76	72	70	74	70
10	11	79	63	72	69	70	66	74	70
10	12	81	62	71	61	70	68	71	75
10	13	90	66	82	55	69	70	76	72
10	14	80	68	73	69	73	74	73	71
10	15	70	70	68	66	71	88	71	72
平均		67.6	70.6	72.8	73.3	74.2	76.0	78.6	80.3
≤70%天数		54	34	25	30	26	17	8	6

由表 4-14 和表 4-17 相关数据制作成图 4-13。图 4-13 说明：梅州市 8 月 1 日到 10 月 15 日每日平均相对湿度≤70%天数大于 40 d 时，年型为高年。回归方程为 $Y=0.220X^{0.788}$（$r=0.941^{**}$，$n=8$）。

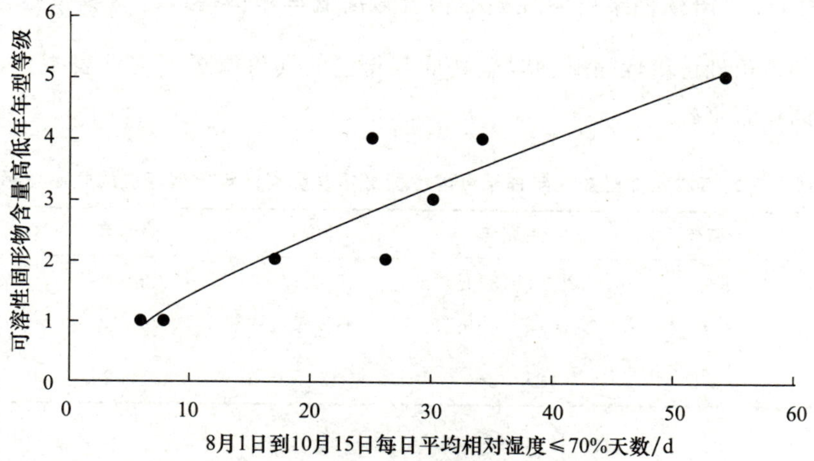

图 4-13 梅州市沙田柚 $X_{2(1)}$ 与 Y 的关系

4.2.5 梅州市沙田柚柚果可溶性固形物含量高低年年型等级预测模型

（1）基于原始气象指标组合的综合预测模型　使用 8 年梅州市沙田柚柚果可溶性固形物含量高低年年型等级赋值和确定的两个气象指标（5 月降水量、8 月 1 日到 10 月 15 日每日平均相对湿度的平均）进行二元回归，得到：$Y=23.5180+0.0060X_1-0.3010X_2$（$r=0.979^{**}$，$n=8$），模型自回归合格率按可溶性固形物含量高低年年型等级预测误差±1 个等级计算，合格率为 100.0%，自回归合格率按年型等级预测误差±0.5 个等级计算，合格率为 87.5.0%，回归结果见表 4-13。

（2）基于原始气象指标组合中某些指标被以天数指标替换后的综合预测模型　使用表 4-18 中两个指标进行二元回归，得到回归方程 $Y=-0.756+0.006X_1-0.075X_{2(1)}$（$r=0.934^{**}$，$n=8$），模型自回归合格率按年型等级预测误差±1 个等级计算，合格率为 87.5%。这一结果表明，转化为天数的指标最好与原始筛选出来的指标一起使用。

表 4-18 影响梅州市沙田柚柚果可溶性固形物含量高低年年型等级的转化后的气象指标数据和模型自回归结果

年份	X_1/mm	$X_{2(1)}$	Y	Y'	$Y'-Y$
1999	199.4	54	1	1.06	0.06
2004	307.4	34	1	1.58	0.58
2008	187.6	25	2	2.35	0.35
2011	336.3	30	5	5.37	0.37
2012	311.4	26	4	3.71	−0.29
2013	290.2	17	3	3.28	0.28
2017	197.3	8	2	1.73	−0.27
2019	294.7	6	4	2.93	−1.07

(3)所有指标的组合的综合预测模型　使用表4-14和表4-18中的3个气象指标进行三元回归,得到回归方程 $Y=41.287+0.007X_1-0.523X_2-0.063X_{2(1)}$ ($r=0.979^{**}$, $n=8$),模型自回归合格率按年型等级预测误差±0.5个等级计算,合格率为100.0%。

4.2.6　梅州市沙田柚柚果可溶性固形物含量高低年年型等级的气象指标范围

梅州市8年沙田柚可溶性固形物含量高低年年型的气象指标范围见表4-19,X_1 指标范围高年和低年之间略有重叠。

表4-19　梅州市沙田柚已知8年柚果可溶性固形物含量高低年年型等级的气象指标范围

变量	高年	偏高年	平年	偏低年	低年
X_1/mm	336.3	294.7～311.4	290.2	187.6～197.3	199.4～307.4
X_2/%	67.6	70.6～72.8	73.3	74.2～76.0	78.6～80.3
$X_{2(1)}$/d	54	25～34	30	17～26	6～8

4.3　长寿区沙田柚柚果可溶性固形物含量年型等级预测模型

重庆长寿区沙田柚是全国三大沙田柚地标农产品之一,但是柚果可溶性固形物含量高低年等级难题一直没有得到解决,原因是没有找到影响可溶性固形物含量高低年等级产生的关键原因。

4.3.1　数据和研究方法

长寿区沙田柚柚果可溶性固形物含量高低年年型等级数据的取得:通过实地调查、公开信息和数据分析整理,取得近年长寿区沙田柚柚果可溶性固形物含量高低年年型等级数据,确定15年长寿区沙田柚柚果可溶性固形物含量高低年年型等级,将其分为5级,从高含量到低含量依次为高年、偏高年、平年、偏低年、低年,并分别赋值5、4、3、2、1,结果见表4-20。

表4-20　长寿区沙田柚柚果可溶性固形物含量高低年年型等级

高年年份	偏高年年份	平年年份	偏低年年份	低年年份
2016、2018、2019	2008	2010、2014、2015	2005、2009、2011、2012	2006、2007、2013、2017

气象数据:本案例中所使用的气象数据主要包括逐日的平均温度、最高温度、最低温度、平均相对湿度、最小相对湿度、日照时数和降水量,数据来源于《国家气象科学数据中心中国气象数据网》(http://data.cma.cn/)中国756个基本、基准地面气象观测站气候资料年值数据集;长寿区逐年逐日气象数据来源于长寿区气象站的气象数据。长寿区沙田柚收获期为11—12月,因此将其生长周期确定为1—12月,提取1—12月的7个气象指标(平均温度、最高温度、最低温度、平均相对湿度、最小相对湿度的月均值和日照时数、降水量的月累计值)的气象数据,此处1—12月为收获当年气象数据。

模型建立方法:采用统计分析方法建立基于气象条件的长寿区沙田柚柚果可溶性固形物含量高低年年型等级预测模型,统计方法包括一元回归和 t 检验;使用Excel和自编软件进行数据分析和建模。

4.3.2 影响长寿区沙田柚柚果可溶性固形物含量高低年年型等级气象指标

经过多种算法和大数据计算，最后确定以下 3 个变量为影响长寿区柚果可溶性固形物含量高低年年型等级的气象指标，即 2 月每日平均湿度的平均、3 月降水量、7 月降水量，结果见表 4-21；相应的气象数据见表 4-22。

表 4-21 影响长寿区沙田柚柚果可溶性固形物含量高低年年型等级的原始气象指标数据

变量	定义和与年型等级的关系
X_1/%	2 月每日平均湿度的平均；负相关
X_2/mm	3 月降水量；正相关
X_3/mm	7 月降水量；正相关

表 4-22 影响长寿区沙田柚柚果可溶性固形物含量高低年年型等级的原始气象指标数据

年份	X_1/%	X_2/mm	X_3/mm	Y
2005	78.8	46.2	85.8	2
2006	89.0	73.3	42.2	1
2007	93.2	32.6	290.3	1
2008	74.2	54.2	117.5	4
2009	75.1	57.6	20.2	2
2010	76.8	55.3	100.2	3
2011	74.6	67.3	29.4	2
2012	76.1	33.9	90.2	2
2013	80.9	13.8	43.4	1
2014	79.6	142.6	87.8	3
2015	76.2	28.3	157.7	3
2016	74.6	101.6	152.0	5
2017	82.8	70.0	49.4	1
2018	80.0	68.3	107.2	5
2019	72.0	63.3	178.0	5

4.3.3 长寿区原始气象指标之间的相关关系

长寿区原始气象指标之间的相关关系见表 4-23，3 个变量之间没有显著相关性。

表 4-23 长寿区单一气象指标之间的相关性

r	X_1/%	X_2/mm	X_3/mm
X_1/%	1		
X_2/mm	−0.106	1	
X_3/mm	0.254	−0.137	1

注：$r_{0.05}=0.514$，$r_{0.01}=0.641(n=15)$

4.3.4 长寿区单一气象指标与沙田柚柚果可溶性固形物含量高低年年型等级的关系

分别做表 4-22 中的长寿区 3 个气象指标与沙田柚柚果可溶性固形物含量高低年年型等级的散点图并配回归方程，结果分别见图 4-14、图 4-15 和图 4-16。

图 4-14 说明：长寿区沙田柚柚果可溶性固形物含量高低年年型等级与 2 月每日平均湿度的平均呈极显著负相关，回归方程为 $Y=1E+12X_1^{-6.222}$（$r=-0.721^{**}$，$n=15$）；大致以 75%和 80%为界限，<75%以下时，可溶性固形物含量高低年年型以高和偏高年为主，>80%以上时为低年，介于 75%～80%以平年和偏低年为主。

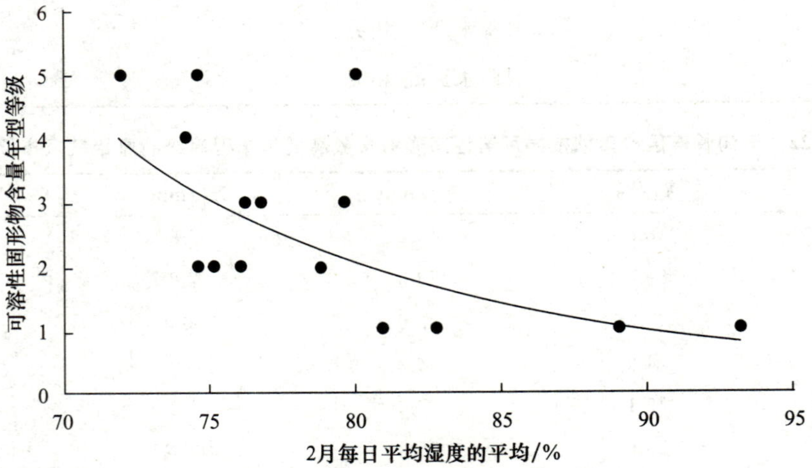

图 4-14　长寿区沙田柚 X_1 与 Y 的关系

表 4-24 为长寿区 15 年逐年 2 月每日平均湿度。

图 4-15 说明：沙田柚柚果可溶性固形物含量高低年年型等级与长寿区 3 月降水量呈正相关，但是未达到显著水平。

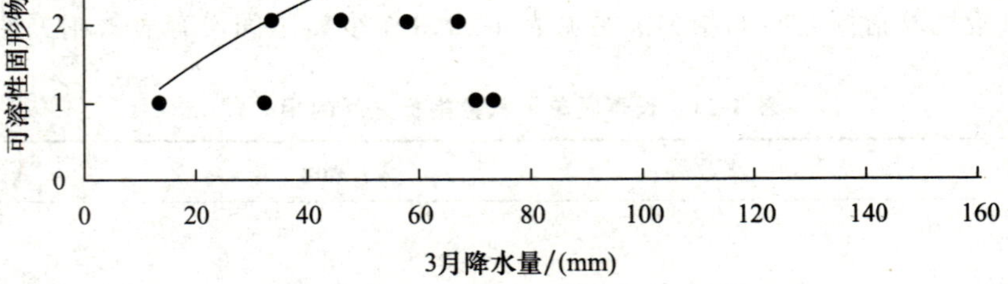

图 4-15　长寿区沙田柚 X_2 与 Y 的关系

表 4-25 为长寿区 15 年逐年 3 月每日降水量。

表 4-24　长寿区 15 年逐年 2 月每日平均湿度

%

月	日	2016 高年	2018 高年	2019 高年	2008 偏高年	2010 平年	2014 平年	2015 平年	2005 偏低年	2009 偏低年	2011 偏低年	2012 偏低年	2006 低年	2007 低年	2013 低年	2017 低年
2	1	77	83	80	97	84	98	68	74	94	76	86	88	80	91	89
2	2	82	71	94	87	71	95	72	67	89	73	90	91	79	95	94
2	3	80	58	86	84	62	96	76	65	96	76	83	79	72	79	90
2	4	79	56	65	83	66	79	68	70	88	80	81	72	69	89	79
2	5	82	65	73	91	78	70	75	72	84	81	85	91	77	87	81
2	6	87	70	81	82	82	76	74	67	90	85	89	80	89	81	84
2	7	70	66	78	70	78	71	71	66	86	81	82	81	95	76	92
2	8	68	61	90	76	78	83	82	67	97	83	54	92	98	73	89
2	9	75	54	89	68	76	74	71	80	99	86	49	74	96	74	84
2	10	76	71	91	65	83	58	79	80	86	88	76	81	91	73	73
2	11	78	75	91	85	85	67	80	87	81	81	73	78	87	77	68
2	12	87	64	94	81	77	69	77	81	77	81	66	75	85	70	68
2	13	85	58	89	63	79	72	74	71	77	74	79	87	93	76	64
2	14	94	61	90	76	75	71	74	68	77	75	86	92	88	72	70
2	15	88	81	91	71	68	68	82	85	66	62	95	89	79	76	94
2	16	83	76	84	59	65	73	88	82	78	69	92	91	93	75	81
2	17	82	79	92	82	68	85	84	80	86	70	81	93	97	64	90
2	18	76	90	90	82	85	80	79	68	73	65	68	85	92	79	72
2	19	77	90	90	90	84	81	77	79	87	80	76	80	86	81	74
2	20	82	88	92	87	79	75	80	74	81	72	66	73	84	82	86
2	21	70	90	92	82	79	70	80	75	73	70	73	80	92	88	91
2	22	78	85	92	80	77	74	87	76	84	75	71	88	87	80	87
2	23	77	78	84	79	82	74	76	75	87	79	86	84	74	76	95
2	24	74	75	80	86	78	91	82	77	79	71	95	84	73	72	91
2	25	79	65	78	96	88	88	90	80	78	61	91	80	80	79	86
2	26	78	77	81	91	87	77	77	66	71	61	81	88	80	87	73
2	27	74	88	90	83	75	89	86	77	94	67	86	88	80	81	72
2	28	73	81	87	79	71	87	93	80	91	64	80	80	79	78	72
2	29	71			78							71				
平均		78.7	73.4	86.2	80.4	77.1	78.3	78.6	74.6	83.9	74.5	79.0	83.7	84.8	79.0	81.8

表 4-25　长寿区 15 年逐年 3 月每日降水量

mm

月	日	2016 高年	2018 高年	2019 高年	2008 偏高年	2010 平年	2014 平年	2015 平年	2005 偏低年	2009 偏低年	2011 偏低年	2012 偏低年	2006 低年	2007 低年	2013 低年	2017 低年
3	1	0.0	0.1	3.5	0.0	0.0	0.0	1.3	0.9	0.6	0.0	0.0	0.0	0.0	8.5	0.0
3	2	0.0	0.2	7.2	0.0	0.8	0.3	0.0	0.0	0.0	0.0	0.0	0.0	0.1	7.1	0.0
3	3	0.0	0.0	0.0	0.0	1.0	0.0	0.0	0.0	0.0	0.0	0.0	0.0	0.0	7.1	0.0
3	4	0.0	17.3	1.2	201.6	0.0	0.0	0.0	0.0	0.0	0.0	0.0	0.0	0.0	7.4	0.1
3	5	3.4	1.0	0.1	0.0	0.1	0.0	0.0	0.0	0.0	0.0	0.0	0.0	8.3	7.1	11.6
3	6	0.0	0.6	6.3	0.0	0.0	3.1	0.0	0.0	0.0	0.0	0.5	4.3	4.0	6.6	0.0
3	7	0.8	16.2	1.3	0.0	0.1	0.0	0.0	0.0	0.0	0.0	1.3	2.7	1.6	7.5	10.3
3	8	16.2	0.0	5.1	0.0	7.6	0.1	0.0	0.0	0.5	0.0	2.1	0.0	1.0	6.4	2.8
3	9	13.7	0.0	0.0	0.3	0.0	0.0	0.0	0.0	0.0	0.0	1.1	0.0	0.0	5.9	2.4
3	10	1.5	0.4	0.0	0.0	0.0	0.0	0.0	0.0	0.0	0.0	0.0	0.8	0.0	6.1	2.6
3	11	0.0	7.8	0.0	0.08	0.0	0.0	0.0	7.4	0.0	0.0	0.0	7.3	0.0	5.7	0.0
3	12	0.0	0.0	0.0	1.62	0.0	0.0	0.0	19.3	6.2	0.0	0.0	17.4	0.0	7.8	7.3
3	13	0.0	0.0	2.1	1.37	0.0	6.8	0.0	0.0	16.6	0.0	0.0	1.6	0.0	7.0	14.9
3	14	0.0	0.0	1.1	0.15	2.2	0.0	0.0	0.0	0.0	13.2	0.0	0.0	0.0	5.3	0.8
3	15	0.0	0.6	0.0	0.0	23.8	0.0	0.0	0.0	0.0	14.0	0.0	0.0	1.2	6.0	2.0
3	16	0.0	0.0	0.3	0.0	0.2	0.0	0.0	0.0	0.0	0.0	0.0	0.0	0.4	7.2	0.0
3	17	0.0	2.4	0.9	0.0	0.0	0.0	2.0	0.0	0.0	0.0	0.0	0.0	0.9	8.7	2.9
3	18	0.0	4.2	0.0	0.0	0.0	0.0	1.8	4.0	0.0	0.0	0.0	0.0	0.7	7.9	0.0
3	19	0.0	18.4	0.0	0.0	0.0	0.0	0.0	0.0	0.0	0.0	0.0	0.0	0.0	9.1	1.1
3	20	0.7	0.0	2.2	0.0	0.0	23.5	5.7	0.0	0.3	4.8	0.0	0.0	0.0	8.3	4.7
3	21	0.5	2.0	9.6	0.0	0.0	0.6	0.2	2.3	0.0	31.1	0.0	0.0	0.0	7.1	9.9
3	22	3.6	0.0	2.9	0.0	0.5	0.1	0.0	5.3	7.3	9.4	14.6	9.0	0.0	7.4	4.6
3	23	6.5	0.7	7.2	0.0	26.3	0.6	0.0	0.7	21.2	0.2	14.3	11.3	0.0	8.5	0.3
3	24	1.2	16.6	1.8	0.07	9.7	7.7	0.0	0.0	0.0	0.0	0.0	0.0	0.0	7.8	2.5
3	25	0.0	0.3	0.0	0.05	0.0	1.8	0.0	0.0	0.0	0.2	0.0	5.6	0.0	8.3	4.6
3	26	0.0	0.0	0.0	0.36	0.0	0.0	0.0	0.1	0.0	0.0	0.0	0.0	7.8	7.0	0.0
3	27	0.0	0.0	0.0	0.65	0.4	0.0	0.0	0.0	0.9	0.0	0.0	0.2	0.0	6.7	0.1
3	28	0.0	6.6	0.4	0.12	0.0	27.4	0.0	0.0	13.9	0.0	2.7	0.0	0.0	6.1	0.0
3	29	2.4	9.1	0.0	0.0	2.1	0.0	0.0	2.7	0.0	0.0	3.4	5.2	0.0	6.1	0.0
3	30	3.6	1.0	0.0	0.0	0.9	17.9	0.0	3.8	9.1	0.0	21.8	0.0	0.0	6.2	7.4
3	31	0.0	3.4	3.1	0.0	1.6	0.1	0.0	0.0	0.0	0.0	0.0	0.0	0.0	5.6	1.3
累计		54.1	108.9	56.3	206.4	77.3	90.0	11.0	46.5	76.6	72.9	61.8	65.4	26.0	219.5	94.2

图 4-16 说明：长寿区沙田柚柚果可溶性固形物含量高低年年型等级与 7 月降水量呈极显著正相关关系，回归方程为 $Y=-0.0002X_3^2+0.054X_3-0.356(r=0.779^{**},n=15)$；除一个点外，以 100 mm 为界限，>100 mm 年型高，反之年型低。

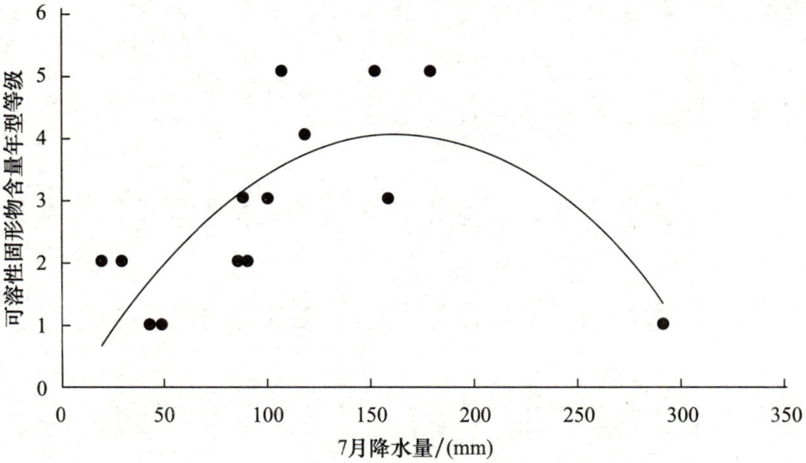

图 4-16 长寿区沙田柚 X_3 与 Y 的关系

表 4-26 为长寿区 15 年逐年 7 月每日降水量。

4.3.5 长寿区沙田柚柚果可溶性固形物含量高低年年型等级预测模型

对长寿区沙田柚柚果可溶性固形物含量高低年年型等级进行多种建模方法的研究结果都不理想，最后使用分步建模方法。由于气象指标是逐步对沙田柚柚果可溶性固形物含量产生影响的，故分步模型的原理是按时间先后顺序，依据沙田柚的生产周期，按照从前往后的原则，按月进行分析，逐步将柚果可溶性固形物含量非高年年型等级剔除掉，最终只剩下柚果可溶性固形物含量高年或偏高的年型等级，由此得到柚果可溶性固形物含量高年年型等级的气象指标。

使用分步判别法，对长寿区 15 年已知年型建立柚果可溶性固形物含量高年年型等级判别模型如下。

(1)第一步　以 2 月每日平均湿度的平均>82%为标准，剔除 2 月每日平均湿度的平均>82%的 3 个非高年年型，即 2017 年、2006 年、2007 年，剩余 12 年进入下一步判别，结果见表 4-27。

(2)第二步　以 3 月降水量<60 mm 为标准，剔除 3 月降水量<60 mm 的 7 个非高年年型，即 2013 年、2015 年、2012 年、2005 年、2008 年、2010 年、2009 年，12 年中剩余的 5 年进入下一步判别。结果见表 4-28。

(3)第三步　以 7 月降水量<90 mm 为标准，剔除 7 月降水量<90 mm 的 2 个非高年年型，即 2011 年、2014 年，剩余 3 年即 2016 年、2018 年、2019 年，全部为仅有的3 个已经高年年型。结果见表 4-29。

表 4-26　长寿区 15 年逐年 7 月每日降水量

mm

月	日	2016 高年	2018 高年	2019 高年	2008 偏高年	2010 平年	2014 平年	2015 平年	2005 偏低年	2009 偏低年	2011 偏低年	2012 偏低年	2006 低年	2007 低年	2013 低年	2017 低年
7	1	8.5	5.2	0.0	0.0	0.0	26.6	0.0	0.0	0.0	0.0	48.7	30.3	4.3	0.0	0.0
7	2	0.0	0.0	0.0	0.0	0.0	0.0	0.2	0.0	1.0	0.0	0.0	0.0	0.4	0.0	5.0
7	3	3.6	0.0	0.0	0.0	0.0	1.5	4.5	0.0	0.0	0.0	0.3	0.0	10.9	0.0	0.0
7	4	0.0	0.1	0.0	201.6	30.7	13.4	10.1	0.0	0.0	0.0	27.3	20.9	0.8	0.0	0.0
7	5	0.0	16.0	0.0	0.85	32.2	0.0	5.9	0.0	0.0	0.0	1.1	0.6	0.0	43.0	0.1
7	6	0.0	68.7	0.0	0.0	0.1	0.0	0.0	0.0	0.8	0.0	0.0	0.0	5.3	5.2	0.0
7	7	1.0	0.0	0.0	0.36	0.0	0.0	0.0	1.7	0.0	8.2	0.0	8.7	0.0	0.0	2.4
7	8	0.0	0.0	23.8	0.0	22.4	0.0	0.0	24.5	0.0	0.0	0.0	0.0	0.0	0.0	1.2
7	9	0.0	0.0	0.2	0.0	27.8	0.0	0.0	19.8	0.0	0.0	0.0	0.0	70.5	0.0	8.7
7	10	0.0	0.5	0.0	0.0	19.0	0.0	0.0	7.3	1.1	0.0	7.6	0.0	0.0	0.0	0.0
7	11	11.4	0.0	1.6	0.1	0.6	5.6	0.0	0.1	16.2	2.2	36.1	0.0	0.0	0.0	0.0
7	12	2.9	13.2	19.8	0.0	0.0	21.1	0.0	0.0	0.1	1.0	8.9	0.0	0.0	0.0	0.6
7	13	0.0	17.8	10.7	0.0	12.3	0.0	0.0	0.0	0.0	17.2	7.0	0.0	7.1	0.0	0.0
7	14	31.7	0.0	0.0	0.0	0.0	0.0	16.9	0.0	0.0	0.0	0.0	0.0	0.0	0.0	0.0
7	15	0.6	0.0	0.0	1.14	0.0	0.0	33.6	11.0	0.0	0.0	0.0	0.0	0.0	0.0	0.0
7	16	0.0	5.7	5.8	0.29	2.3	0.0	0.0	2.5	0.0	0.0	0.0	0.0	0.0	0.0	1.3
7	17	0.0	0.0	0.0	0.0	0.0	0.0	0.0	0.9	0.0	0.0	0.0	0.0	32.4	0.0	1.4
7	18	0.0	0.0	20.7	3.17	52.7	4.0	0.0	0.0	0.0	0.0	6.9	0.0	36.8	0.6	1.0
7	19	1.1	0.0	8.5	0.06	2.4	0.0	0.0	0.0	0.0	0.0	0.0	0.0	17.2	21.2	0.3
7	20	0.0	0.0	2.7	0.0	0.0	0.0	0.0	0.0	0.0	0.0	0.0	0.0	0.7	46.1	0.4
7	21	0.0	0.0	2.1	0.0	0.0	0.0	0.0	0.0	0.0	0.0	0.0	0.0	21.0	0.0	0.0
7	22	0.0	0.0	1.9	0.0	0.0	0.0	22.6	3.1	0.0	8.3	6.2	0.0	1.8	0.0	0.0
7	23	0.0	0.0	0.0	0.11	0.0	0.0	0.0	84.9	9.8	0.0	1.4	0.4	2.4	8.8	0.0
7	24	0.0	0.0	0.4	0.0	0.6	1.0	0.0	3.6	0.0	0.0	0.2	5.8	2.5	0.0	0.0
7	25	0.0	0.0	0.0	0.0	0.1	0.0	0.0	11.5	0.0	0.0	0.1	0.0	0.0	0.0	0.0
7	26	0.0	0.0	0.0	0.0	0.0	0.0	0.0	0.0	0.1	74.5	0.0	0.0	0.0	0.0	0.0
7	27	0.0	2.0	0.0	0.0	0.0	0.0	0.0	0.0	6.2	0.0	0.0	0.0	0.0	0.0	0.0
7	28	0.0	0.0	0.0	0.0	0.0	0.0	0.0	0.0	0.0	0.0	0.0	0.0	18.5	0.0	0.0
7	29	4.9	0.0	0.0	0.0	0.0	0.0	0.0	0.0	0.0	0.0	0.1	7.3	45.7	0.0	0.0
7	30	0.0	0.4	27.3	0.0	0.0	0.0	0.0	0.0	0.0	0.0	0.0	0.0	3.2	4.7	22.9
7	31	2.9	19.9	5.4	0.0	18.6	0.0	0.0	23.2	0.0	0.3	3.2	0.0	17.9	0.0	0.1
累计		68.6	149.5	130.9	207.7	221.8	73.2	93.8	194.1	35.3	111.7	155.1	74.0	299.4	129.6	45.4

表 4-27 用 2 月每日平均湿度的平均>82%为标准剔除非高年年型

年份	2 月平均湿度(X_1)/%	3 月降水量(X_2)/mm	7 月降水量(X_3)/mm	Y
2019	72.0	63.3	178.0	5
2008	74.2	54.2	117.5	4
2016	74.6	101.6	152.0	5
2011	74.6	67.3	29.4	2
2009	75.1	57.6	20.2	2
2012	76.1	33.9	90.2	2
2015	76.2	28.3	157.7	3
2010	76.8	55.3	100.2	3
2005	78.8	46.2	85.8	2
2014	79.6	142.6	87.8	3
2018	80.0	68.3	107.2	5
2013	80.9	13.8	43.4	1
2017	82.8	70.0	49.4	1
2006	89.0	73.3	42.2	1
2007	93.2	32.6	290.3	1

表 4-28 用 3 月降水量<60 mm 为标准剔除非高年年型

年份	2 月平均湿度(X_1)/%	3 月降水量(X_2)/mm	7 月降水量(X_3)/mm	Y
2013	80.9	13.8	43.4	1
2015	76.2	28.3	157.7	3
2012	76.1	33.9	90.2	2
2005	78.8	46.2	85.8	2
2008	74.2	54.2	117.5	4
2010	76.8	55.3	100.2	3
2009	75.1	57.6	20.2	2
2019	72.0	63.3	178.0	5
2011	74.6	67.3	29.4	2
2018	80.0	68.3	107.2	5
2016	74.6	101.6	152.0	5
2014	79.6	142.6	87.8	3

表 4-29 用 7 月降水量<90 mm 为标准剔除非高年年型

年份	2 月平均湿度(X_1)/%	3 月降水量(X_2)/mm	7 月降水量(X_3)/mm	Y
2011	74.6	67.3	29.4	2
2014	79.6	142.6	87.8	3
2018	80.0	68.3	107.2	5
2016	74.6	101.6	152.0	5
2019	72.0	63.3	178.0	5

4.3.6 分步模型研究结果的 t 检验

由于样本总量较小，为了检验推论差异发生的概率，必须比较两个平均数的差异是否显著。若两组平均数之间差异显著则说明两组数据之间也差异显著，由此说明选择的判别指标是合理的。

对每段模型进行 t 检验，检验结果列表 4-30 中，说明将 2 月平均湿度、3 月降水量作为影响长寿区沙田柚可溶性固形物含量的气象指标有效，而 7 月降水量的有效性需要进一步研究。

表 4-30　t 检验结果

剔除非高年指标	显著性 P	显著性(双尾)	差异显著性判别
2 月平均湿度＞82%	0.196(＞0.05)	0.000(＜0.05)	显著
3 月降水量＜60 mm	0.081(＞0.05)	0.009(＜0.05)	显著
7 月降水量＜90 mm	0.801(＞0.05)	0.085(＞0.05)	不显著

4.3.7 长寿区沙田柚柚果可溶性固形物含量高低年年型等级的气象指标范围

长寿区 15 年沙田柚柚果可溶性固形物含量高低年年型等级的气象指标范围见表 4-31。

表 4-31　长寿区沙田柚已知 15 年柚果可溶性固形物含量高低年年型等级的气象指标范围

变量	高年	偏高年	平年	偏低年	低年
X_1/%	72.0～80.0	74.2	76.2～79.6	74.6～78.8	80.9～93.2
X_2/mm	63.3～101.6	54.2	28.3～142.6	33.9～67.3	13.8～73.3
X_3/mm	107.2～178.0	117.5	87.8～157.7	20.2～90.2	42.2～290.3

4.4 阳朔县沙田柚柚果可溶性固形物含量年型等级预测模型

广西区桂林市阳朔县沙田柚虽然不是地标作物，但是多年种植已形成独具特色的品味。然而其柚果可溶性固形物含量高低年难题一直没有得到解决，原因是没有找到影响可溶性固形物含量高低年产生的关键原因。

4.4.1 数据和研究方法

阳朔县沙田柚柚果可溶性固形物含量高低年年型等级数据的取得：通过实地调查、公开信息和数据分析整理近年阳朔县沙田柚柚果可溶性固形物含量高低年年型等级数据，确定 8 年阳朔县沙田柚柚果可溶性固形物含量高低年年型等级，将其分为 5 级，并从高含量到低含量依次为高年、偏高年、平年、偏低年、低年，分别赋值 5、4、3、2、1，结果见表 4-32。

表 4-32　阳朔县沙田柚柚果可溶性固形物含量高低年年型等级

高年年份	偏高年年份	平年年份	偏低年年份	低年年份
1998、2017、2018、2019	2010、2016	2005	2004	

气象数据:本案例中所使用的气象数据主要包括逐日的平均温度、最高温度、最低温度、平均相对湿度、最小相对湿度、日照时数和降水量,数据来源于《国家气象科学数据中心中国气象数据网》(http://data.cma.cn)中国 756 个基本、基准地面气象观测站气候资料年值数据集;阳朔县逐年逐日气象数据来源于阳朔县气象站的气象数据。阳朔县沙田柚收获期为 10 月,因此将其生长周期确定为上年 11 月—收获当年 10 月,据此提取每个生长周期年 11—10 月的 7 个气象指标(平均温度、最高温度、最低温度、平均相对湿度、最小相对湿度的月均值和日照时数、降水量的月累计值)的气象数据。此处 11—12 月为上年气象数据,1—10 月为收获当年气象数据。

模型建立方法:采用统计分析方法,建立基于气象条件的阳朔县沙田柚柚果可溶性固形物含量高低年预测模型,统计方法包括一元回归和 t 检验;使用 Excel 和自编软件进行数据分析和建模。

4.4.2 影响阳朔县沙田柚柚果可溶性固形物含量高低年年型等级气象指标

经过多种算法和大数据计算,最后确定以下两个变量为影响阳朔县柚果可溶性固形物含量高低年年型等级的气象指标,即 3 月降水量、8 月每日平均温度的平均,见表 4-33,相应的气象数据见表 4-34。

表 4-33 影响阳朔县沙田柚柚果可溶性固形物含量高低年年型等级的原始气象指标数据

变量	定义和与年型等级的关系
X_1/mm	3 月降水量;正相关
X_2/%	8 月每日平均温度的平均;正相关

表 4-34 影响阳朔县沙田柚柚果可溶性固形物含量高低年年型等级的原始气象指标数据

年份	X_1/mm	X_2/%	Y
2004	111.6	28.0	2
2005	186.9	27.9	3
2010	30.8	29.3	4
2016	125.9	29.0	4
1998	191.4	29.3	5
2017	218.8	28.7	5
2018	241.9	29.2	5
2019	297.5	30.1	5

4.4.3 阳朔县原始气象指标之间的相关关系

阳朔县所选择的两个指标 3 月降水量(mm)和 8 月每日平均温度的平均(%)之间 $r=0.359$ ($r_{0.05}=0.707$, $r_{0.01}=0.834$, $n=8$),未达到显著相关水平。

4.4.4 阳朔县单一气象指标与沙田柚柚果可溶性固形物年型关系

分别做阳朔县 3 月降水量和 8 月每日平均温度的平均与沙田柚柚果可溶性固形物含量高低

年年型等级的散点图并配回归方程，结果分别见图 4-17、图 4-18，而图 4-19 为 X_2 转化为天数的气象指标，合计 3 个气象指标。

图 4-17 说明：阳朔县沙田柚柚果可溶性固形物含量高低年年型等级与 3 月降水量呈正相关，但是未达到显著水平；当 $X_1>200$ mm 以上时，柚果可溶性固形物含量高低年年型等级以高年为主。

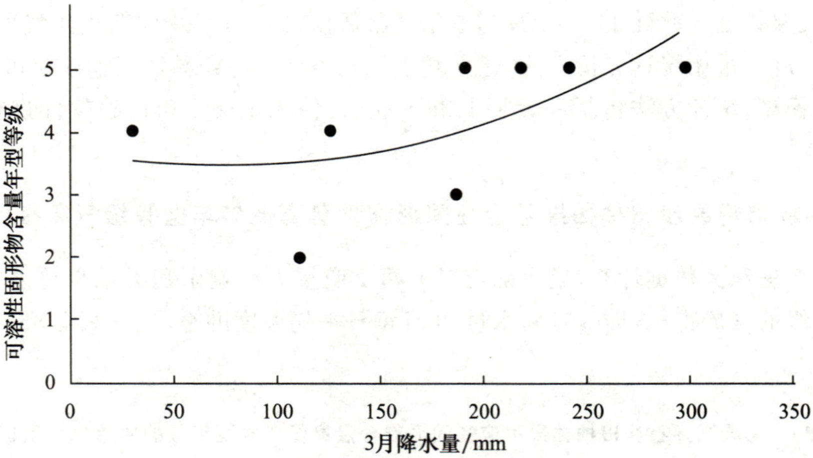

图 4-17　阳朔县沙田柚 X_1 与 Y 的关系

表 4-35 为阳朔县 8 年逐年 3 月每日降水量。

表 4-35　阳朔县 8 年逐年 3 月每日降水量　　mm

月	日	1998 高年	2017 高年	2018 高年	2019 高年	2010 偏高年	2016 偏高年	2005 平年	2004 偏低年
3	1	0.4	0.0	0.0	7.7	0.0	0.0	17.8	8.5
3	2	3.4	0.0	9.3	4.1	0.0	0.0	5.0	0.0
3	3	17.7	0.0	0.0	13.7	0.0	0.0	0.0	0.0
3	4	20.7	2.7	30.0	11.2	0.0	0.0	0.0	0.0
3	5	0.1	4.9	1.8	98.0	0.0	1.0	0.0	0.0
3	6	15.4	2.7	0.0	7.3	0.0	1.0	0.0	0.0
3	7	22.7	2.6	9.5	13.9	0.0	0.0	0.0	0.0
3	8	18.0	0.0	3.2	2.2	0.2	0.0	0.0	0.0
3	9	35.4	24.4	0.0	5.8	0.0	0.4	2.1	0.0
3	10	6.7	21.3	0.0	0.6	0.0	7.3	5.9	0.0
3	11	2.3	0.0	0.0	0.0	0.0	7.3	0.7	0.0
3	12	0.0	7.3	0.0	0.0	0.0	2.1	0.0	0.0
3	13	0.0	3.0	0.3	0.0	3.5	2.6	0.8	0.0
3	14	0.0	1.6	47.3	4.7	1.0	0.0	0.0	0.3
3	15	0.0	1.2	0.5	0.4	0.0	0.0	2.8	0.4
3	16	0.1	5.9	0.0	0.0	0.0	0.4	11.7	3.6

续表4-35

月	日	1998 高年	2017 高年	2018 高年	2019 高年	2010 偏高年	2016 偏高年	2005 平年	2004 偏低年
3	17	0.0	0.3	45.8	2.2	0.0	1.1	0.4	9.8
3	18	0.0	15.1	0.9	1.4	0.0	4.9	3.1	10.0
3	19	0.0	6.2	44.6	9.1	0.0	0.0	0.0	27.2
3	20	0.0	13.4	0.0	0.2	0.0	14.7	0.7	7.9
3	21	14.6	4.1	0.0	0.0	0.0	40.0	7.2	9.2
3	22	0.5	21.8	0.0	19.2	0.0	5.1	3.3	0.4
3	23	2.5	0.0	0.0	5.5	3.7	35.2	0.2	9.7
3	24	0.1	0.4	2.2	0.3	1.0	0.7	0.9	9.0
3	25	0.3	4.6	19.0	8.2	0.1	0.0	0.3	12.4
3	26	4.4	4.0	0.0	3.2	0.0	0.0	41.7	0.0
3	27	19.9	0.5	0.0	12.1	0.0	0.0	8.4	0.0
3	28	6.0	16.4	15.8	1.6	0.0	0.0	6.0	0.0
3	29	0.2	25.1	11.7	37.4	0.0	0.0	27.1	0.0
3	30	0.0	12.6	0.0	0.0	12.1	2.1	35.4	1.1
3	31	0.0	16.7	0.0	27.5	9.2	0.0	5.4	2.1
累计		191.4	218.8	241.9	297.5	30.8	125.9	186.9	111.6

图 4-18 说明：阳朔县沙田柚柚果可溶性固形物含量高低年年型等级与 8 月每日平均温度的平均呈极显著正相关，回归方程为 $Y=-0.649X_2^2+38.719X_2-572.730(r=0.840^{**}, n=8)$；当 $X_2>28.5$ ℃时，柚果可溶性固形物含量高低年年型等级以高年和偏高年为主。

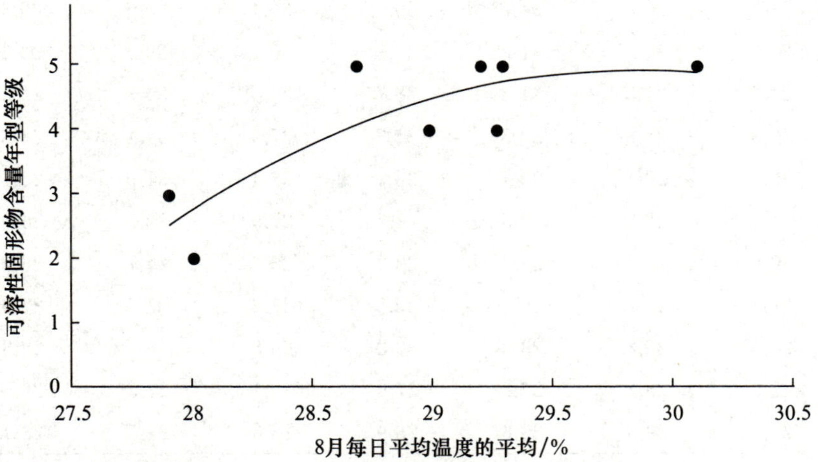

图 4-18 阳朔县沙田柚 X_2 与 Y 的关系

表 4-36 为阳朔县 8 年逐年 8 月每日平均温度。

表 4-36 阳朔县 8 年逐年 8 月每日平均温度 ℃

月	日	1998 高年	2017 高年	2018 高年	2019 高年	2010 偏高年	2016 偏高年	2005 平年	2004 偏低年
8	1	30.1	29.3	28.7	30.0	28.0	30.9	29.6	28.7
8	2	30.2	30.8	28.0	29.0	29.8	29.8	29.4	29.1
8	3	30.5	29.9	28.1	30.5	29.3	25.5	30.1	29.7
8	4	30.4	28.8	27.8	29.9	30.2	28.9	27.3	30.3
8	5	30.8	29.6	27.8	29.9	31.8	29.0	28.7	25.2
8	6	30.7	31.2	26.7	30.8	27.8	29.2	29.5	27.4
8	7	28.9	31.4	28.0	30.8	30.1	27.6	29.3	28.2
8	8	27.9	30.9	28.8	31.1	28.9	28.5	29.5	28.9
8	9	29.8	28.9	30.6	30.6	30.4	29.1	30.4	29.8
8	10	30.0	27.2	30.7	29.6	31.5	29.5	30.2	29.4
8	11	29.9	27.3	30.1	29.0	31.8	26.6	29.5	29.9
8	12	28.3	27.7	31.2	29.9	31.2	27.9	31.5	27.7
8	13	28.5	27.8	32.3	31.0	30.9	29.4	30.9	29.5
8	14	29.4	24.8	30.2	29.5	31.0	29.3	30.1	28.6
8	15	30.7	23.5	29.5	29.8	31.2	29.2	26.3	25.1
8	16	29.6	25.0	28.6	30.2	30.5	30.8	27.5	26.7
8	17	30.2	26.5	29.2	30.6	29.3	31.6	27.5	27.8
8	18	30.3	28.8	29.7	31.3	29.0	31.6	28.9	27.1
8	19	30.7	29.6	30.7	31.2	30.7	30.9	26.3	27.3
8	20	30.4	29.8	31.3	31.4	29.3	31.2	25.8	28.5
8	21	31.1	30.8	31.2	30.3	30.1	29.6	25.3	29.7
8	22	29.2	31.2	31.8	30.3	30.4	29.7	23.6	29.3
8	23	28.5	31.8	31.3	28.7	28.4	30.3	22.0	28.0
8	24	30.3	28.8	30.5	31.7	27.9	31.1	24.8	28.5
8	25	30.1	29.1	30.4	33.1	28.4	31.5	25.1	28.0
8	26	31.2	28.5	28.5	27.7	27.9	28.2	24.4	28.4
8	27	30.6	28.4	25.6	28.2	23.7	24.7	26.4	27.0
8	28	27.4	27.3	26.8	30.5	24.2	25.6	27.9	27.8
8	29	24.5	26.8	28.9	30.2	26.8	26.1	28.8	26.5
8	30	22.9	28.3	26.8	27.9	28.1	27.3	29.6	25.1
8	31	25.2	29.5	25.6	28.9	28.8	28.0	28.7	25.1
平均		29.3	28.7	29.2	30.1	29.3	29.0	27.9	28.0
≥28 ℃天数/d		26	21	24	29	25	23	17	18

由表 4-34 和表 4-36 相关数据制作成图 4-19。图 4-19 说明:阳朔县 8 月每日平均温度的平均≥28 ℃天数不少于 21 d 时,才能保证大年或偏大年年型等级。回归方程为 $Y=-0.020X_{2(1)}^2+1.134X_{2(1)}-10.844$($r=0.804^*$,$n=8$)。

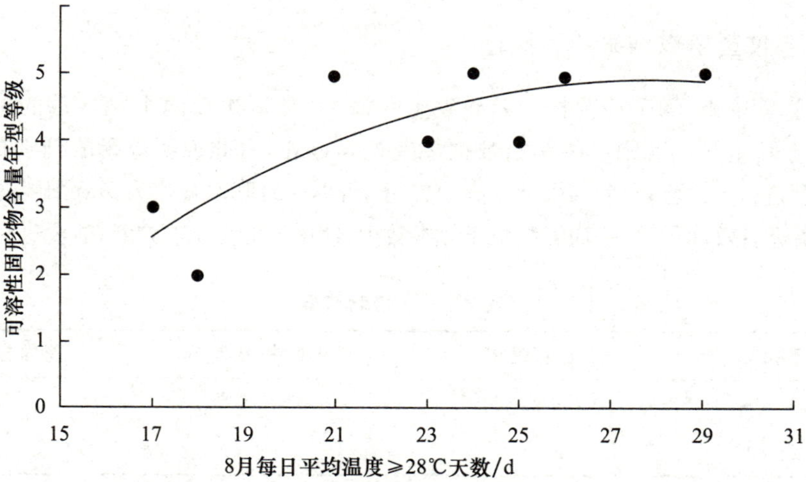

图 4-19 阳朔县沙田柚 $X_{2(1)}$ 与 Y 的关系

4.4.5 阳朔县沙田柚柚果可溶性固形物含量高低年年型等级预测模型

对阳朔县沙田柚柚果可溶性固形物含量高低年年型等级预测采用多种建模方法的研究结果都不理想，最后使用分步建模方法。由于气象指标是逐步对沙田柚可溶性固形物含量产生影响的，故分步模型的原理是按时间先后顺序，依据沙田柚的生产周期，按照从前往后的原则，按月进行分析，逐步将可溶性固形物含量非高年年型等级剔除掉，最终只剩下可溶性固形物含量高年或偏高的年型等级，由此得到可溶性固形物含量高年年型等级的气象指标。

使用分布判别方法对阳朔县 8 年已知年型建立柚果可溶性固形物含量高低年年年型等级判别模型如下：

(1)第一步　使用 3 月降水量(X_1)(mm)作为判别指标，当其＜150 mm 时为非高年年型，至此剔除掉 2 个偏高年(2010 年、2016 年)和 1 个偏低年(2004 年)，剩余 4 个高年和 1 个平年，见表 4-37。

(2)第二步　使用 8 月每日平均温度的平均(X_2)(%)作为判别指标，当其＜28.5 ℃时为非高年年型，至此剔除掉 1 个平年(2005 年)，剩余 4 个全部为高年年型，见表 4-38。

表 4-37　用 3 月降水量＜150 mm 为标准剔除非高年年型

年份	X_1/mm	X_2/%	Y	年份	X_1/mm	X_2/%	Y
2010	30.8	29.3	4	1998	191.4	29.3	5
2004	111.6	28.0	2	2017	218.8	28.7	5
2016	125.9	29.0	4	2018	241.9	29.2	5
2005	186.9	27.9	3	2019	297.5	30.1	5

表 4-38　用 8 月每日平均温度的平均＜28.5 ℃为标准剔除高大年年型

年份	X_1/mm	X_2/%	Y	年份	X_1/mm	X_2/%	Y
2005	186.9	27.9	3	1998	191.4	29.3	5
2017	218.8	28.7	5	2019	297.5	30.1	5
2018	241.9	29.2	5				

4.4.6 分步模型研究结果的 t 检验

由于样本总量较小，为了检验推论差异发生的概率，必须比较两个平均数的差异是否显著。若两组平均数之间差异显著则说明两组数据之间差异显著，由此说明选择的判别指标是合理的。

对每段模型进行 t 检验，检验结果列于表 4-39 中，说明 3 月降水量作为影响阳朔县沙田柚可溶性固形物的气象指标有效，而 8 月平均温度由于样本数少，使用 t 检验无法判断，需要进一步研究。

表 4-39 t 检验结果

剔除非大年指标	显著性 P	显著性(双尾)	差异显著性判别
3 月降水量＜150 mm	0.764(＞0.05)	0.007(＜0.05)	显著
8 月平均温度＜28.5℃	—	—	—

4.4.7 阳朔县沙田柚柚果可溶性固形物含量高低年年型等级的气象指标范围

阳朔县 8 年沙田柚柚果可溶性固形物含量高低年年型等级的气象指标范围见表 4-40。

表 4-40 阳朔县 8 年沙田柚柚果可溶性固形物含量高低年年型等级的气象指标范围

变量	高年	偏高年	平年	偏低年	低年
X_1/mm	191.4～297.5	30.8～125.9	186.9	111.6	
X_2/℃	28.7～30.1	29.0～29.3	27.9	28.0	
$X_{2(1)}$/d	21～29	23～25	17	18	

4.4.8 阳朔县沙田柚柚果可溶性固形物含量高低年年型等级回归模型

使用表 4-41 阳朔县两个原始气象指标和一个转化为天数的气象指标与沙田柚柚果可溶性固形物含量高低年年型等级进行三元回归，回归模型为 $Y=0.004X_1+1.465X_2-0.077X_{2(1)}-37.234$ ($r=0.836^{**}$, $n=8$)。模型自回归合格率按年型等级预测误差±1 个等级计算，合格率为 100.0%。

表 4-41 阳朔县 8 年沙田柚柚果可溶性固形物含量高低年年型等级综合模型自回归结果

年份	X_1/mm	X_2/%	$X_{2(1)}$/d	Y	Y'	$Y'-Y$
2004	111.6	28.0	18	2	2.86	0.86
2005	186.9	27.9	17	3	3.10	0.10
2010	30.8	29.3	25	4	3.89	−0.11
2016	125.9	29.0	23	4	4.00	0.00
1998	191.4	29.3	26	5	4.48	−0.52
2017	218.8	28.7	21	5	4.10	−0.90
2018	241.9	29.2	24	5	4.70	−0.30
2019	297.5	30.1	29	5	5.86	0.86

4.5　影响容县、梅州市、长寿区、阳朔县沙田柚柚果可溶性固形物含量的气象指标的比较

表4-42为影响容县、梅州市、长寿区、阳朔县沙田柚可溶性固形物含量高低年年型等级的气象指标，可以看出：①容县、梅州市、阳朔县气象指标的共同特征是收获前期的8—10月高温、多照、低湿、少雨条件下，可溶性固形物含量高低年年型以高为主；②在非收获期外，除容县外的3个产地，降水量对可溶性固形物含量均呈正相关关系，如梅州市5月降水量、长寿区3月和7月降水量、阳朔县3月降水量，可能的原因是增加产量可以提高可溶性固形物含量，因为沙田柚产量越高可溶性固形物含量越高；③长寿区2月平均湿度越小，可溶性固形物含量高低年年型越大，原因可能还是通过产量而影响可溶性固形物含量。

表4-42　容县、梅州市、长寿区、阳朔县气象指标的比较

地点	时段	指标及其偏高年、高年范围	相关性
容县	9月21日到10月31日	最小湿度：44%～46%	-0.991^{**} ($n=12$)
容县	10月	降水量：<3 mm	-0.958^{**} ($n=12$)
容县	10月	日照时数：>196 h	0.885^{**} ($n=12$)
梅州市	5月	降水量：>300 mm	0.707^{**} ($n=8$)
梅州市	8月1日到10月15日	平均湿度：<72%	-0.957^{**} ($n=8$)
长寿区	2月	平均湿度：72%～80%	-0.721^{**} ($n=15$)
长寿区	3月	降水量：>55 mm	0.433($n=15$)
长寿区	7月	降水量：>107 mm	0.779^{**} ($n=15$)
阳朔县	3月	降水量：>191 mm	0.618($n=8$)
阳朔县	8月	平均温度：28.7～30 ℃	0.752^{**} ($n=8$)

4.6　与以往研究结果的对比

沙田柚属亚热带常绿果树，喜温暖潮湿气候，畏寒冷。在年均温过高的地区，柚果会表现出果皮粗厚，汁胞质地硬，糖分低，易枯水等现象；在年均温过低的地区，柚果含酸量高，果小，缺乏沙田柚特有风味[1-11]。对沙田柚农业气候条件分析结果表明[12-22]，温度是决定沙田柚生长发育的主要限制因素；适宜的气象条件为年均温16.6～21.3 ℃，1月均温5.4～13.2 ℃，极端低温在−11.1 ℃以上，≥10 ℃积温5300～7400 ℃；沙田柚在年平均气温18～20 ℃，1月份平均气温7～9 ℃，≥10 ℃年积温5800～6500 ℃，8月下旬至10月中旬天气晴好，昼夜温差10～12 ℃的地区种植，柚树生长发育迅速，果实充分表现出该品种的特性，果园容易达到高产优质。气温<7 ℃或>37 ℃，生长受抑制。郭淑敏研究发现沙田柚不同发育期对气候的要求不同，冬季适当低温干旱和阳光充足的天气有利于促进其花芽分化；花期至幼果期20～30 ℃的适宜气温，充足的土壤水分供应，能够提高花质和坐果率；果实膨大期需水量较大，应注意灌溉，保证水分的供应；果实成熟期需水量相对较少[15]。覃孝维认为柚树果实大，在果实生长期间遇上干旱，特别是

柚园在6—8月缺水，会阻碍果实膨大，使柚果变小，将直接影响当年柚果的品质和产量[7]。陈小梅对梅州沙田柚的品质与气象条件进行调查发现，7—9 月份是沙田柚果发育的关键时期，此时期气温高，光照强度大，水分蒸发量大。为保证柚果水分供应均衡，避免出现裂果，有条件的果园应建立灌水系统，及时调节水分供给，为沙田柚稳产优质创造条件[16]。曾杨对沙田柚的最佳采收期进行研究发现，秋季气温和降雨量的变化是决定何时采收的关键因素，过早采收的沙田柚果实碳水化合物累积少，含糖量不高，品质低劣，而在气温明显下降后 30 d 左右进行采收，沙田柚的可溶性固形物高，品质最佳[4]。了解和掌握沙田柚种植地的气候生态适应性对保障其产量和品质均具有重要意义，已有研究者开展气候生态适应性对沙田柚的影响研究。梁敏妍应用农业气候相似程度的诊断方法对广东仁化县和广西容县沙田柚气候生态适应性进行研究，确定容县和仁化县的生态气候条件均能满足沙田柚的生长需求[14-15,19]。涂方旭对广西沙田柚的气候区划进行了探讨，认为广西沙田柚最适宜气候区主要分布在中亚热带气候区，此区覆盖面积大，包括 20 多个县。而作为沙田柚的原产地容县，大部分区域属于沙田柚适宜气候区，仅部分区域属于沙田柚最适宜气候区[20]。沙田柚适时采收期在 10 月下旬至 11 月上中旬，有的果园为了追求早上市，提早在 9—10 月上中旬采收。提前采收的沙田柚果实带青绿色，成熟度不够，果肉含糖低，汁胞粗硬，果汁少[23]。曾杨认为必须在果实充分成熟，果皮颜色全部转黄后才能采收。一般来说，适当延迟采收期，在果肉可溶性固形物含量达 12% 以上时进行采收，才能保证柚果的质量[4,24]。9 月降雨偏多时，可溶性固形物含量明显降低[5]。黎容平认为过迟采收，在 11 月下旬甚至延迟至 12 月采收，植株过冬保叶需要供应糖分，沙田柚果实糖分转移至其他部位，导致果肉含糖量下降，汁胞不饱满，风味变淡[9]。为了保证沙田柚果实品质的稳定和安全，李全寨认为应在采前半个月不灌水，采收一个月前不喷农药和追施化肥，如此，沙田柚果实含糖量和耐贮性大幅度提高，香甜可口，脆嫩化渣[10-11]。

本部分关于国内 4 个沙田柚产地可溶性固形物含量等级与每年的气象条件关系进行了系统的研究，研究结果与以往诸多研究结果基本吻合，本部分的主要结果是将影响 4 个产地沙田柚柚果可溶性固形物含量等级的气象影响因素进行了定量化，确定了影响指标、影响指标的时间段和具体数据范围，为生产调控提供了基于大数据分析的科学依据，特别是转化为天的气象指标更容易被生产者掌握和应用。

参考文献

[1]李仲科，邱先强，吴汉昌.容县沙田柚品质下降引起的思考[J].中国热带农业，2012(02):32-34.

[2]胡勇.提高长寿沙田柚产量和品质的技术途径[J].乡村科技，2019(23):89-90.

[3]陶丽，黄桂珍.提高广西长寿沙田柚产量和品质的关键技术[J].中国园艺文摘，2013，29(09):185-186.

[4]曾杨，林志雄，潘建平，等.梅州市沙田柚生产现状及发展对策[J].广东农业科学，2004(03):17-18.

[5]黄建华，侯钊泉. 提高梅州沙田柚品质途径[J]. 嘉应大学学报(自然科学)，1995(01):130-134.

[6]吴坤用，郑俊南，谢聪珍，等. 沙田柚栽培技术[M]. 广州：广东科技出版社，1992.

[7]覃孝维.改进栽培技术提高沙田柚产量及外观品质的措施[J].柑橘与亚热带果树信

息,2001(10):23-24.

[8]刘文成.提高长寿沙田柚产量和品质的技术途径[J].南方农业,2015,9(28):37-39.

[9]黎容平,梁汉清,梁世彩.提高沙田柚果实质量的栽培技术[J].大众科技,2014,16(01):84-86,91.

[10]李全寨,冯辉先.密植沙田柚果园丰产稳产栽培技术[J].南方园艺,2010,21(01):18-19.

[11]傅伟康,黄国青.兴宁市沙田柚生产现状及栽培管理措施[J].广东农业科学,2006(03):64,78.

[12]周荣芳.梅县沙田柚生长发育与气候条件的关系[J].现代农业科技,2011(17):278,282.

[13]刘流.沙田柚高产栽培与气象条件关系分析[J].广西气象,1994(01):36-38,44.

[14]梁敏妍,谢维斯,彭端,等.仁化长坝沙田柚的气候适宜性及其变化趋势分析[J].广东气象,2019,41(05):58-61.

[15]郭淑敏,陈印军,苏永秀,等.广西沙田柚精细化农业气候区划与应用研究[J].气象与环境科学,2010,33(04):16-20.

[16]陈小梅,黄美莲.气象因素和栽培技术对沙田柚产量的影响[J].现代园艺,2013(05):13,33.

[17]胡莉,左艳萍,李黎,等.重庆长寿沙田柚的农业气候分析[J].科技信息,2010(20):745-748.

[18]植石群,周世怀.梅县地区沙田柚各生育期的气象指标及产量预测模式[J].热带作物学报,2003(02):25-29.

[19]梁敏妍,黄翠银,张羽,等.广东仁化县与广西容县沙田柚气候生态适应性比较[J].南方农业学报,2019,50(11):2496-2503.

[20]涂方旭,李艳兰,苏志.对广西沙田柚气候区划的探讨[J].广西园艺,2002(06):18-21.

[21]黄彬,贺汉清,杨立洪.气象要素对梅州沙田柚产量的影响及对策[J].气象研究与应用,2009,30(S2):151-152.

[22]张利文,张财源.梅州市气象因素对沙田柚生长的影响及其栽培技术[J].农业科技通讯,2011(07):218-219.

[23]黄茂栋,苏丽欣,赖国宜.梅州沙田柚采摘时间研究[J].安徽农业科学,2008(08):3209-3210,3233.

[24]刁俊明,李娘辉,陈大清.不同采收期对沙田柚采后品质的影响[J].湖北农学院学报,1998(03):45-48.

5　基于气象条件的芒果产量大小年年型等级预测模型

本章研究目的是通过对广西百色市、广西南宁市、四川攀枝花市3个产地芒果产量大小年年型等级与气象条件关系的研究，确立影响各产区产量大小年年型等级的气象指标和模型，为实现产量大小年年型等级预测和田间微气象条件调控提供科学依据。

5.1　百色市芒果产量大小年年型等级预测模型

广西百色芒果是国内驰名的地标作物，但是产量大小年年型等级难题一直没有得到解决，原因是没有找到影响产量大小年年型等级产生的关键原因。

5.1.1　数据和研究方法

百色市芒果产量大小年年型等级数据的取得：通过实地调查、公开信息和数据分析整理近年百色市芒果产量大小年年型等级数据，确定百色市15年芒果产量大小年年型等级，将其分为5级，并将大年、偏大年、平年、偏小年、小年5个等级分别赋值5、4、3、2、1，结果见表5-1。

表5-1　百色市芒果产量大小年年型等级

大年年份	偏大年年份	平年年份	偏小年年份	小年年份
2009、2014、2015、2016、2018	2005、2006、2012	2007、2011、2013	2008	2010、2017、2019

(1)气象数据　本案例中所使用的气象数据主要包括逐日的平均温度、最高温度、最低温度、平均相对湿度、最小相对湿度、日照时数和降水量，数据来源于《国家气象科学数据中心中国气象数据网》(http://data.cma.cn/)中国756个基本、基准地面气象观测站气候资料年值数据集；百色市逐年逐日气象数据来源于百色气象站的气象数据。百色市芒果收获时间以7月为主，因此将其生长周期确定为上年8月至收获当年7月，据此提取每个生长周期年8月至翌年7月的7个气象指标(平均温度、最高温度、最低温度、平均相对湿度、最小相对湿度的月均值和日照时数、降水量的月累计值)的气象数据，此处8—12月为上年气象数据，1—7月为收获当年气象数据。

(2)模型建立方法　采用统计分析方法建立基于气象条件的芒果产量大小年年型等级预测模型，统计方法包括一元和多元回归；使用Excel和自编软件进行数据分析和建模。

5.1.2　影响百色市芒果产量大小年年型等级的气象指标

经过多种算法和大数据计算，最后确定两个变量为影响百色市芒果产量大小年年型等级的气象指标，见表5-2，相应的气象数据和模型自回归结果见表5-3。

表 5-2　影响百色市芒果产量大小年年型等级的原始气象指标

变量	定义和与年型等级的关系
X_1/mm	上年 11 月降水量;正相关
X_2/℃	上年 12 月每日平均温度的平均;负相关

表 5-3　影响百色市芒果产量大小年年型等级的原始气象指标数据和模型自回归结果

年份	X_1/mm	X_2/℃	Y	Y'	$Y'-Y$
2005	52.3	14.3	4	3.73	−0.27
2006	16.5	13.3	4	3.97	−0.03
2007	23.6	14.4	3	3.11	0.11
2008	36.2	15.9	2	2.08	0.08
2009	120.2	13.7	5	5.41	0.41
2010	3.3	16.1	1	1.31	0.31
2011	15.5	15.0	3	2.49	−0.51
2012	41.4	13.3	4	4.36	0.36
2013	40.2	15.4	3	2.62	−0.38
2014	75.4	12.6	5	5.63	0.63
2015	83.2	13.6	5	4.88	−0.12
2016	91.6	13.9	5	4.76	−0.24
2017	11.7	16.5	1	1.12	0.12
2018	38.7	14.1	5	3.64	−1.36
2019	3.5	15.4	1	1.90	0.90

注:表中 Y 为年型等级赋值,Y'为通过模型自回归预测的年型等级,$Y'-Y$ 为预测误差。下同

5.1.3　百色市原始气象指标之间相关关系

统计结果表明,百色市上年 11 月降水量(X_1)与上年 12 月每日平均温度的平均(X_2)呈显著负相关,结果见图 5-1,回归方程 $X_2=0.0003X_1^2-0.050X_1+15.870(r=-0.659^{**},n=15)$,说明 11 月降水多时,12 月平均温度相对低,这在生产实践上具有实际意义,即如果 11 月降水不足,可以通过灌溉保持充足供水,可起到降低 12 月平均温度的作用,间接创造大年的气象条件。

5.1.4　百色市单一气象指标与芒果产量大小年年型等级的关系

分别做表 5-3 中百色市上年 11 月降水量和上年 12 月每日平均温度的平均与芒果产量大小年年型等级的散点图,并配回归方程,结果见图 5-2、图 5-3。

图 5-2 说明:百色市芒果产量大小年年型等级与上年 11 月降水量呈极显著正相关关系,回归方程为 $Y=0.575X_1^{0.487}(r=0.866^{**},n=15)$;当 X_1 大于>60 mm 时,产量大小年年型等级为大年。

图 5-3 说明:百色市芒果产量大小年年型等级与上年 12 月每日平均温度的平均呈极显著负相关关系,回归方程为 $Y=-0.231X_2^2+5.575X_2-28.573(r=-0.904^{**},n=15)$;当 $X_2<14$ ℃时,产量大小年年型等级以大年和偏大年为主。

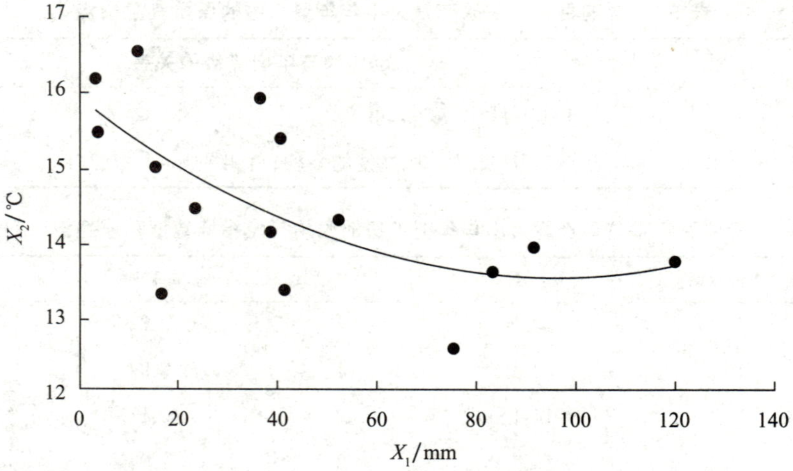

图 5-1　百色市上年 12 月每日平均温度的平均与上年 11 月降水量的关系

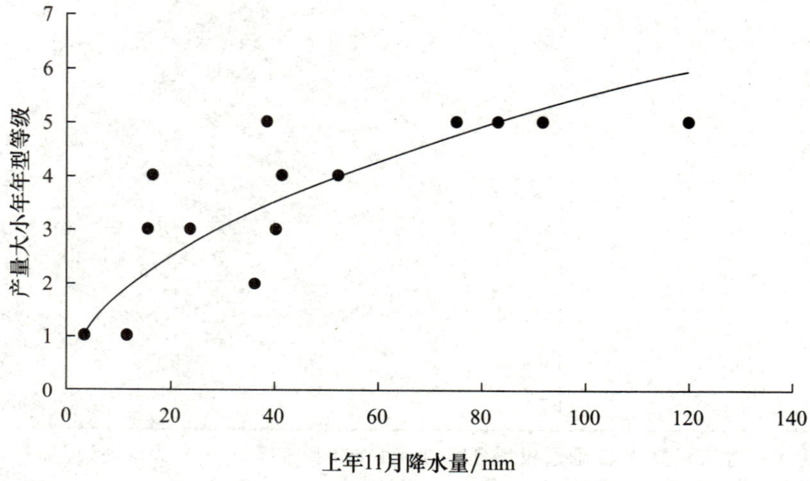

图 5-2　百色市芒果 X_1 与 Y 的关系

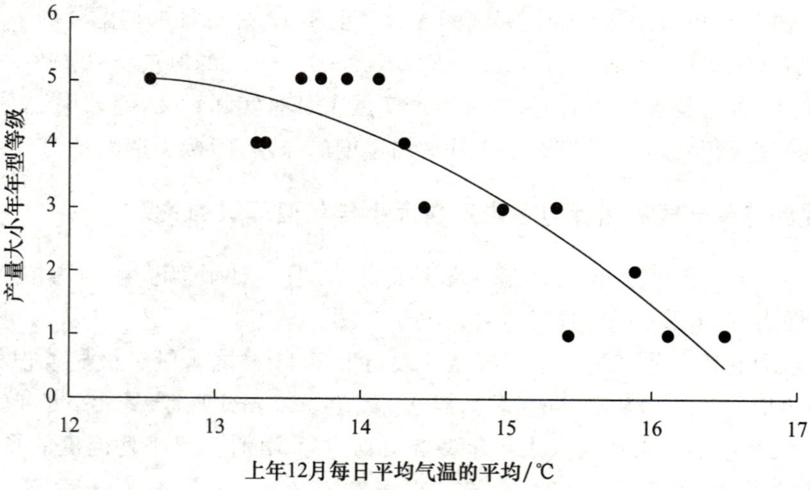

图 5-3　百色芒果 X_2 与 Y 的关系

表 5-4 百色市 15 年中上年 11 月的每日降水量

mm

月	日	2009 大年	2014 大年	2015 大年	2016 大年	2018 大年	2005 偏大年	2006 偏大年	2012 偏大年	2007 平年	2011 平年	2013 平年	2008 偏小年	2010 小年	2017 小年	2019 小年
11	1	31.2	0.0	0.0	6.9	0.0	0.0	0.0	0.0	0.0	0.0	0.0	30.1	0.0	0.1	0.0
11	2	32.1	0.0	0.3	0.0	0.0	0.0	0.3	0.0	0.0	0.0	0.0	1.1	0.0	0.4	0.0
11	3	28.7	0.0	0.0	0.2	0.0	0.0	3.1	0.0	0.0	0.0	0.0	4.2	0.0	0.0	0.0
11	4	0.4	0.0	0.0	0.1	0.0	0.0	1.3	0.5	0.0	0.0	0.9	0.8	0.0	0.0	0.0
11	5	0.1	0.0	0.1	0.0	0.0	4.5	0.0	0.0	0.0	0.0	0.0	0.0	0.0	0.0	0.0
11	6	0.6	0.0	17.2	0.0	1.6	0.0	0.0	0.0	0.0	0.0	4.8	0.0	0.0	0.0	0.0
11	7	25.6	0.0	54.6	0.0	0.4	0.0	0.0	24.3	0.0	0.0	0.1	0.0	0.0	0.0	0.7
11	8	0.0	0.0	0.5	0.0	0.6	0.0	0.0	12.4	0.0	0.0	0.3	0.0	0.0	7.9	0.0
11	9	0.0	0.0	0.0	0.0	2.0	0.0	0.0	0.0	0.0	0.0	0.6	0.0	0.0	2.1	0.0
11	10	0.0	2.0	0.4	0.0	0.1	0.0	7.2	0.0	0.0	0.0	0.0	0.0	0.0	0.9	0.0
11	11	0.0	71.2	5.3	9.0	0.0	0.0	0.0	0.0	0.0	0.0	0.0	0.0	0.0	0.0	0.0
11	12	0.0	0.4	0.0	57.2	0.0	0.0	0.0	0.0	0.0	0.0	0.0	0.0	0.0	0.0	0.0
11	13	0.0	0.0	0.0	2.2	0.0	0.0	0.0	0.0	0.0	0.0	0.0	0.0	0.0	0.0	0.0
11	14	0.0	0.0	0.0	0.0	0.0	31.5	0.0	0.0	0.0	0.0	0.0	0.0	0.0	0.0	0.0
11	15	0.0	0.0	0.0	0.0	0.0	0.6	2.1	0.0	0.1	0.0	0.8	0.0	0.0	0.1	0.0
11	16	0.0	0.0	1.2	0.0	0.0	3.9	0.0	0.0	0.0	3.5	32.3	0.0	0.6	0.0	0.1
11	17	0.0	0.0	0.0	0.0	0.0	0.2	1.7	0.0	0.0	0.0	0.0	0.0	0.0	0.0	0.2
11	18	0.8	0.0	0.0	0.0	12.9	0.0	0.8	0.0	0.0	0.0	0.0	0.0	0.0	0.0	1.1
11	19	0.0	0.0	0.0	0.0	0.1	0.0	0.0	0.0	0.6	1.6	0.0	0.0	0.0	0.0	0.0
11	20	0.0	0.1	0.0	3.8	1.6	0.0	0.0	0.0	0.0	0.0	0.0	0.0	0.0	0.0	0.4
11	21	0.0	0.0	0.0	0.0	0.0	0.0	0.0	0.0	18.9	0.0	0.0	0.0	2.6	0.0	0.8
11	22	0.0	0.0	0.5	0.0	0.0	0.0	0.0	0.0	3.9	1.1	0.0	0.0	0.0	0.0	0.1
11	23	0.7	0.0	3.1	0.0	3.3	0.0	0.0	0.3	0.0	0.0	0.0	0.0	0.0	0.0	0.0
11	24	0.0	1.7	0.0	0.0	9.9	0.0	0.0	0.0	0.0	0.6	0.0	0.0	0.0	0.1	0.0
11	25	0.0	0.0	0.0	3.9	6.2	0.0	0.0	0.0	0.1	0.0	0.0	0.0	0.0	0.0	0.1
11	26	0.0	0.0	0.0	0.0	0.0	6.8	0.0	0.0	0.0	3.9	0.0	0.0	0.0	0.1	0.0
11	27	0.0	0.0	0.0	0.0	0.0	4.8	0.0	0.0	0.0	1.9	0.0	0.0	0.0	0.0	0.0
11	28	0.0	0.0	0.0	6.7	0.0	0.0	0.0	0.0	0.0	1.6	0.0	0.0	0.0	0.0	0.0
11	29	0.0	0.0	0.0	1.6	0.0	0.0	0.0	0.5	0.0	1.3	0.1	0.0	0.0	0.0	0.0
11	30	0.0	0.0	0.0	0.0	0.0	0.0	0.0	3.4	0.0	0.0	0.3	0.0	0.1	0.0	0.0
累计		120.2	75.4	83.2	91.6	38.7	52.3	16.5	41.4	23.6	15.5	40.2	36.2	3.3	11.7	3.5

表 5-5　百色市 15 年中上年 12 月的每日平均温度

℃

月	日	2009 大年	2014 大年	2015 大年	2016 大年	2018 大年	2005 偏大年	2006 偏大年	2012 偏大年	2007 平年	2011 平年	2013 平年	2008 偏小年	2010 小年	2017 小年	2019 小年
12	1	13.8	16.5	19.5	20.6	17.5	17.4	20.9	13.7	16.3	16.8	16.3	13.7	16.6	13.7	21.7
12	2	13.9	15.0	16.3	19.3	17.3	17.9	19.1	12.8	16.5	18.8	16.1	14.5	14.2	16.1	22.4
12	3	14.7	14.8	14.8	16.1	17.1	18.3	17.0	13.0	15.9	17.0	16.7	15.7	15.6	16.3	22.9
12	4	17.0	16.7	15.9	12.9	17.8	17.2	15.0	15.0	15.1	15.9	16.6	13.9	15.4	16.8	23.1
12	5	15.9	16.3	15.9	12.0	16.1	13.9	12.0	17.2	15.9	17.4	16.1	15.9	15.9	17.7	23.8
12	6	13.8	17.6	14.8	12.7	15.2	14.0	8.8	17.8	18.0	18.3	16.7	14.8	17.3	16.2	21.8
12	7	11.9	16.8	14.3	12.6	16.4	14.2	11.0	17.5	20.8	15.7	15.6	14.1	19.8	14.4	14.6
12	8	13.3	16.2	15.2	11.5	15.3	12.5	13.4	15.9	22.1	13.0	17.2	15.9	17.7	15.4	11.1
12	9	11.7	17.8	17.0	12.6	14.0	11.4	12.5	13.2	13.7	15.7	17.0	16.8	15.8	15.2	10.2
12	10	14.4	17.4	14.9	15.2	14.2	12.5	13.0	12.0	10.9	17.7	17.5	19.5	16.6	15.9	10.7
12	11	16.2	14.9	13.0	14.7	15.2	13.2	13.6	10.8	11.2	14.9	15.7	20.0	20.3	17.8	11.8
12	12	14.8	14.1	12.1	14.3	13.9	13.7	12.6	10.9	12.6	14.4	14.7	19.7	21.5	20.2	9.9
12	13	17.1	14.4	11.9	15.2	13.7	13.5	11.9	12.0	14.1	16.3	16.3	18.2	21.1	19.0	10.8
12	14	15.1	13.8	11.2	15.4	13.2	12.4	13.3	12.5	15.0	15.1	20.5	16.6	20.4	16.3	12.1
12	15	13.7	11.7	12.6	13.8	13.2	14.2	11.4	13.4	13.9	13.1	19.7	17.4	18.0	14.9	12.4
12	16	13.9	9.7	14.2	11.5	13.1	15.8	11.4	13.4	15.9	10.7	20.2	19.6	14.6	14.2	13.0
12	17	14.9	9.1	11.2	10.5	11.2	15.9	12.6	11.7	12.1	9.5	21.5	18.1	13.8	13.2	14.2
12	18	14.9	8.5	10.7	11.1	11.8	17.1	10.2	12.6	11.7	11.7	17.1	15.0	13.9	16.1	15.2
12	19	14.8	7.5	12.8	12.5	10.7	18.6	9.8	14.6	11.7	11.9	13.4	15.0	12.7	19.4	15.9
12	20	14.4	7.5	11.8	12.7	10.1	18.4	10.6	16.4	12.5	16.1	15.8	17.1	11.3	22.2	19.2
12	21	15.1	7.9	11.3	14.1	12.3	20.3	11.0	15.1	12.8	17.3	16.2	17.9	11.8	21.4	20.2
12	22	10.6	8.3	9.4	14.7	13.8	19.5	10.2	13.8	12.0	15.5	14.1	16.7	13.6	17.4	21.6
12	23	6.9	9.3	10.1	17.0	12.4	19.2	12.9	11.8	11.2	16.8	12.3	15.3	15.4	17.5	18.4
12	24	8.7	8.9	13.8	16.0	13.8	12.0	14.5	11.5	12.4	18.4	10.7	16.2	16.6	18.1	16.4
12	25	11.8	11.1	15.5	14.3	12.4	11.1	14.0	11.1	12.4	13.2	12.7	14.3	17.7	21.0	18.2
12	26	12.2	12.4	15.5	12.2	12.5	10.6	12.7	9.5	14.3	12.4	12.9	12.9	16.7	19.2	17.6
12	27	13.3	11.9	13.1	14.8	13.9	10.4	12.5	12.7	17.3	11.3	11.7	13.4	14.9	15.6	14.7
12	28	16.7	11.3	13.7	14.2	14.0	9.9	13.7	14.4	17.9	12.9	11.8	14.6	12.0	11.2	12.4
12	29	14.9	10.5	11.9	12.6	15.6	10.4	16.2	12.7	12.6	16.8	13.2	14.5	13.6	13.7	8.8
12	30	12.5	10.0	13.3	11.4	15.5	9.3	16.7	12.4	13.6	15.1	10.0	13.4	17.4	11.9	6.1
12	31	12.4	11.4	13.6	12.5	14.6	8.3	17.4	12.2	15.1	14.9	9.4	11.9	17.4	13.6	7.2
平均		13.7	12.6	13.6	13.9	14.1	14.3	13.3	13.3	14.4	15.0	15.4	15.9	16.1	16.5	15.4
≤14 ℃天数/d		16	18	18	16	16	16	22	22	16	10	10	6	8	6	13

表 5-5 中的平均温度≤14 ℃天数这一指标是由表 5-3 中的上年 12 月每日平均温度的平均即原始指标 X_2，通过逐日数据定义出的新变量，其特征为以天数为单位，可以作为田间微气象条件调控的直接指标，也便于理解和掌握。本书中将对所有可能转化为天数的原始气象指标进行试算，凡是能转化为天数的原始气象指标都将定义为 $X_{n(1)}$，其中 n 为原始指标的序号，(1)为以天数的指标，以 X_1 为例为 $X_{1(1)}$，以 X_2 为例为 $X_{2(1)}$。由此可能产生 3 套气象指标，即原始气象指标组合、原始气象指标组合中某些指标被以天数指标替换后的指标组合(转化后的气象指标组合)和所有指标的组合。由此产生 3 类综合模型，即基于原始气象指标组合的综合预测模型、原始气象指标组合中某些指标被以天数指标替换后的综合预测模型和所有指标的组合的综合预测模型。

由表 5-5 和表 5-3 相关数据制作成图 5-4。图 5-4 说明：百色市上年 12 月每日平均温度的平均≤14 ℃天数不少于 15 d 时，年型好。回归方程为 $Y=-0.013X_{2(1)}^2+0.593X_{2(1)}-2.246$ ($r=0.799^{**}$，$n=15$)。

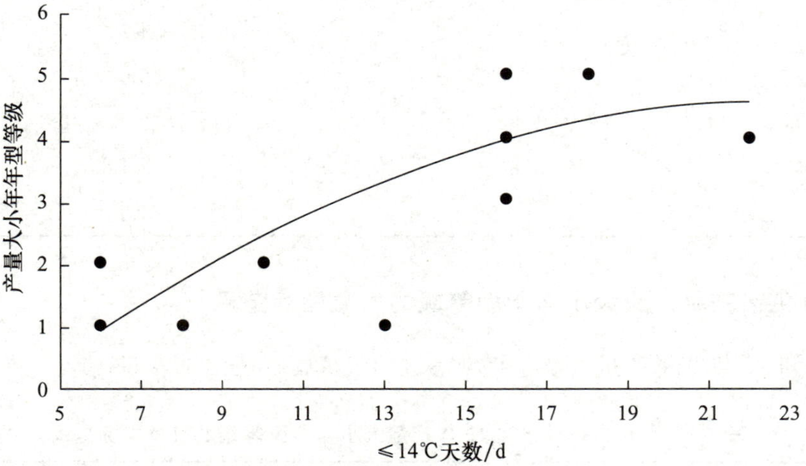

图 5-4 百色市芒果 $X_{2(1)}$ 与 Y 的关系

5.1.5 百色市芒果产量大小年年型等级预测模型

(1)基于原始气象指标组合的综合预测模型　使用表 5-3 中百色市 15 年已知产量大小年年型等级和确定的两个气象指标进行二元回归，得到预测模型：$Y=15.116+0.018X_1-0.860X_2$ ($r=0.938^{**}$，$n=15$)，自回归合格率按年型等级预测误差±1 个等级计算，合格率为 93.3%，回归结果见表 5-3。

(2)基于原始气象指标组合中某些指标被以天数指标替换后的综合预测模型　使用表 5-3 和表 5-6 中百色市 15 年的 X_1、$X_{2(1)}$ 与 Y 进行二元回归，得到预测模型：$Y=1.734+0.035X_1+0.009X_{2(1)}$ ($r=0.784^{**}$，$n=15$))，自回归合格率按年型等级预测误差±1 个等级计算，合格率为 50.0%，回归结果见表 5-6。说明使用天数指标代表原始平均温度指标模型预测精度明显降低，所以应该与原始指标一起使用。

(3)所有指标的组合的综合预测模型　使用表 5-3 和表 5-6 中的 3 个气象指标进行三元回归，得到回归方程 $Y=15.930+0.016X_1-0.886X_2-0.026X_{2(1)}$ ($r=0.941^{**}$，$n=15$)，模型自回归合格率按年型等级预测误差±1 个等级计算，合格率为 93.3%。

表 5-6　影响百色市芒果产量年型等级的转化后的气象指标数据和模型自回归结果

年份	X_1/mm	$X_{2(1)}$/d	Y	Y'	$Y'-Y$
2005	52.3	16	4	3.72	−0.28
2006	16.5	18	4	2.48	−1.52
2007	23.6	18	3	2.73	−0.27
2008	36.2	16	2	3.16	1.16
2009	120.2	16	5	6.11	1.11
2010	3.3	16	1	2.00	1.00
2011	15.5	22	3	2.49	−0.51
2012	41.4	22	4	3.40	−0.60
2013	40.2	16	3	3.30	0.30
2014	75.4	10	5	4.48	−0.52
2015	83.2	10	5	4.75	−0.25
2016	91.6	6	5	5.01	0.01
2017	11.7	8	1	2.22	1.22
2018	38.7	6	5	3.15	−1.85
2019	3.5	13	1	1.98	0.98

5.1.6　百色市芒果产量大小年年型等级的气象指标范围

百色市已知 15 年芒果产量大小年年型等级的气象指标范围见表 5-7。

表 5-7　百色市芒果已知 15 年产量大小年年型等级的气象指标范围

变量	大年	偏大年	平年	偏小年	小年
X_1/mm	38.7～120.2	41.4～52.3	15.5～40.2	36.2	3.3～11.7
X_2/℃	12.6～14.1	13.3～14.3	14.4～15.4	15.9	15.4～16.5
$X_{2(1)}$/d	16～18	16～22	10～16	6	6～13

5.2　南宁市芒果产量大小年年型等级预测模型

南宁市位于北回归线南侧，属湿润的亚热带季风气候，阳光充足，雨量充沛，霜少无雪，气候温和，夏长冬短，年平均气温在 21.6 ℃左右，气候条件适宜芒果的种植。但南宁芒果一直存在产量大小年年型等级问题，严重制约着芒果产业的发展，亟待解决。

5.2.1　数据和研究方法

南宁市芒果产量大小年年型等级数据的取得：对期刊文献[1]中南宁 1978－1993 年 16 年产量数据进行直线回归，按每年的实际产量与直线回程预测值之差和参照文献划分结果，将每年产量划分为大年、偏大年、平年和小年 4 个年型等级，并分别赋值 5、4、3、2，结果见表 5-8。

表 5-8 南宁市芒果产量大小年年型等级

大年年份	偏大年年份	平年年份	小年年份
1992	1985、1987、1990、1991	1978、1980、1988、1989、1993	1979、1981、1982、1983、1984、1986

气象数据:本案例中所使用的气象数据主要包括逐日的平均温度、最高温度、最低温度、平均相对湿度、最小相对湿度、日照时数和降水量,数据来源于《国家气象科学数据中心中国气象数据网》(http://data.cma.cn/)中国 756 个基本、基准地面气象观测站气候资料年值数据集;南宁市逐年逐日气象数据来源于南宁气象站的气象数据。南宁市芒果收获时间以 7 月为主,因此将其生长周期确定为上年 8 月至收获当年 7 月,据此提取每个生长周期上年 8 月至收获当年 7 月的 7 个气象指标(平均温度、最高温度、最低温度、平均相对湿度、最小相对湿度的月均值和日照时数、降水量的月累计值)的气象数据,此处 8—12 月为上年气象数据,1—7 月为收获当年气象数据。

模型建立方法:采用统计分析方法建立基于气象条件的芒果产量大小年年型等级预测模型,统计方法包括一元和多元回归;使用 Excel 和自编软件进行数据分析和建模。

5.2.2 影响南宁市芒果产量大小年年型等级的气象指标

经过多种算法和大数据计算,最后确定 4 个变量为影响南宁市芒果产量大小年年型等级的气象指标,见表 5-9,相应的气象数据和模型自回归结果见表 5-10。

表 5-9 影响南宁市芒果产量大小年年型等级的原始气象指标

变量	定义和与年型等级的关系
X_1/℃	上年 12 月 7 日到 12 月 21 日每日最低温度的平均;正相关
X_2/%	收获当年 4 月 21 日到 4 月 30 日每日平均相对湿度的平均;负相关
X_3/h	收获当年 4 月 21 日到 4 月 30 日的日照时数;正相关
X_4/%	收获当年 6 月 1 日到 6 月 10 日每日最小相对湿度的平均;负相关

表 5-10 影响南宁市芒果产量大小年年型等级的原始气象指标数据和模型自回归结果

年份	X_1/℃	X_2/%	X_3/h	X_4/%	Y	Y'	$Y'-Y$
1978	12.5	83.5	46.4	79.4	3	2.70	−0.30
1979	11.3	83.0	37.1	73.0	2	2.40	0.40
1980	12.9	82.7	28.7	65.0	3	2.71	−0.29
1981	12.6	86.4	26.4	65.4	2	2.35	0.35
1982	9.8	85.6	22.0	66.9	2	1.70	−0.30
1983	6.6	79.5	35.1	59.5	2	1.90	−0.10
1984	11.6	82.5	1.2	60.3	2	1.90	−0.10
1985	13.2	77.1	50.5	56.5	4	3.82	−0.18
1986	10.7	84.4	37.4	67.9	2	2.30	0.30
1987	14.0	75.6	46.4	57.8	4	3.96	−0.04
1988	7.4	74.9	48.4	37.9	3	3.11	0.11
1989	11.6	76.0	35.7	59.9	3	3.15	0.15
1990	12.9	78.5	48.4	54.1	4	3.67	−0.33
1991	14.2	67.4	46.7	53.6	4	4.62	0.62
1992	14.7	73.1	47.0	55.3	5	4.32	−0.68
1993	15.1	84.9	41.7	60.8	3	3.41	0.41

5.2.3 南宁市气象指标之间相关关系

南宁市气象指标之间相关关系见表 5-11。南宁市收获当年 4 月 21 日到 4 月 30 日每日平均湿度的平均与收获当年 4 月 21 到 4 月 30 日的日照时数呈显著负相关,说明日照时数多时湿度小;收获当年 4 月 21 日到 4 月 30 日每日平均湿度的平均与收获当年 6 月 1 日到 6 月 10 日每日最小湿度的平均呈极显著正相关,说明前期空气湿度大时,后期空气湿度相对也大。

表 5-11 南宁市气象指标之间相关关系

r	X_1/℃	X_2/%	X_3/h	X_4/%
X_1/℃	1			
X_2/%	−0.158	1		
X_3/h	0.223	-0.524^{*}	1	
X_4/%	0.147	0.659^{**}	−0.289	1

注:$r_{0.05}=0.497$,$r_{0.01}=0.623$,$n=16$

5.2.4 南宁市单一气象指标与芒果产量大小年年型等级关系

分别做表 5-10 中 4 个指标与产量大小年年型等级的散点图,并配回归方程,分别见图 5-5、图 5-7、图 5-8、图 5-9,而表 5-6 是由 X_1 转化为天数的气象指标而得到。

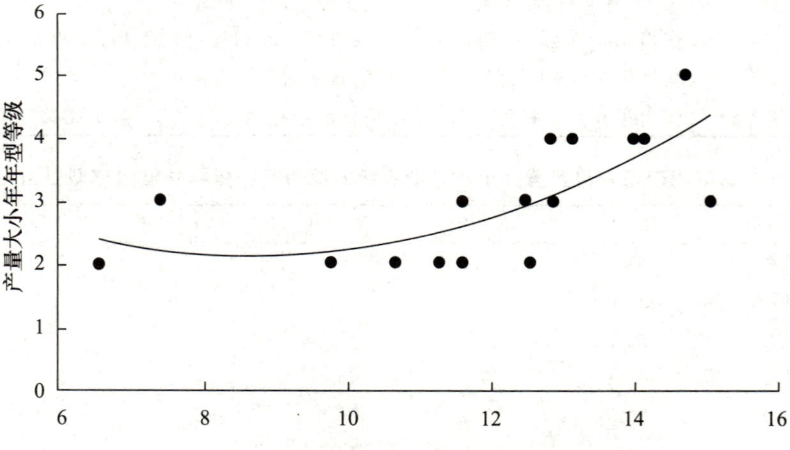

图 5-5 南宁市芒果 X_1 与 Y 的关系

图 5-5 说明:南宁市芒果产量大小年年型等级与上年 12 月 7 日到 12 月 21 日每日最低温度的平均呈极显著正相关关系,回归方程为 $Y=0.057X_1^2-0.996X_1+6.469(r=0.715^{**},n=16)$;当 X_1 大于 13 ℃时,年型以大年为主。

表 5-12 为南宁市 16 年中上年 12 月 7 日到 12 月 21 日的每日最低温度。

由表 5-12 和表 5-10 相关数据制作成图 5-6。图 5-6 说明:南宁市上年 12 月 7 日到 12 月 21 日每日最低温度≥13 ℃天数多于 8 d 时,年型以偏高年和高年为主。回归方程为 $Y=0.014X_{1(1)}^2+0.010X_{1(1)}+2.201(r=0.760^{**},n=16)$。

表 5-12 南宁市 16 年中上年 12 月 7 日到 12 月 21 日的每日最低温度 ℃

月	日	1992 大年	1985 偏大年	1987 偏大年	1990 偏大年	1991 偏大年	1978 平年	1980 平年	1988 平年	1989 平年	1993 平年	1979 小年	1981 小年	1982 小年	1983 小年	1984 小年	1986 小年
12	7	15.8	14.2	15.4	14.2	7.2	8.6	16.4	4.6	17.5	16.8	12.4	15.3	6.6	6.7	8.8	17.7
12	8	16.5	17.9	14.8	13.0	9.0	9.1	14.8	4.1	17.3	14.6	19.0	16.4	4.3	7.5	9.1	16.3
12	9	14.6	18.3	15.3	11.6	11.0	9.4	14.8	5.7	13.6	16.6	20.4	15.8	11.4	9.5	7.9	15.4
12	10	16.9	15.9	9.5	14.0	15.0	8.4	14.0	6.3	12.8	15.7	17.7	11.8	13.4	10.7	7.6	8.4
12	11	16.8	14.6	9.0	16.0	16.7	9.3	13.9	8.0	7.7	17.7	9.7	15.5	14.4	10.0	8.5	8.0
12	12	13.2	14.0	13.4	16.6	17.6	8.6	12.2	9.6	5.9	17.7	9.8	14.0	9.0	7.1	8.3	7.9
12	13	12.4	14.4	16.4	16.3	19.6	10.7	8.8	10.8	6.6	19.6	8.9	7.9	13.5	6.5	11.6	8.0
12	14	12.3	18.5	16.2	12.6	16.8	11.7	7.6	12.5	8.7	13.6	10.1	11.5	11.5	3.6	17.1	12.1
12	15	13.5	18.5	17.9	9.4	14.3	12.8	7.4	12.2	10.3	10.0	7.2	11.6	9.5	6.1	15.3	10.3
12	16	12.9	14.0	19.3	10.0	13.7	15.4	13.3	7.3	10.5	8.0	5.3	12.5	11.6	12.1	18.8	5.4
12	17	16.3	11.3	18.9	9.5	17.2	15.3	11.2	5.4	9.1	10.6	5.7	12.0	9.0	6.1	14.6	4.9
12	18	16.0	7.9	11.4	11.5	14.1	14.7	12.9	4.5	10.7	17.1	7.3	12.5	10.2	3.1	11.2	11.7
12	19	13.0	5.9	11.4	11.2	14.0	18.4	14.3	6.2	12.9	14.2	10.6	11.6	7.6	2.5	10.8	13.0
12	20	16.2	5.7	8.5	12.0	12.4	17.5	16.3	7.0	15.9	17.3	11.0	10.9	9.3	2.9	13.3	10.2
12	21	14.5	6.1	12.5	14.8	13.6	17.3	15.4	6.9	14.7	16.6	14.3	9.2	5.2	3.8	11.4	10.8
平均		14.7	13.2	14.0	12.9	14.2	12.5	12.9	7.4	11.6	15.1	11.3	12.6	9.8	6.6	11.6	10.7
≥13 ℃天数/d		12	10	9	7	11	6	7	0	5	12	4	5	3	0	5	4

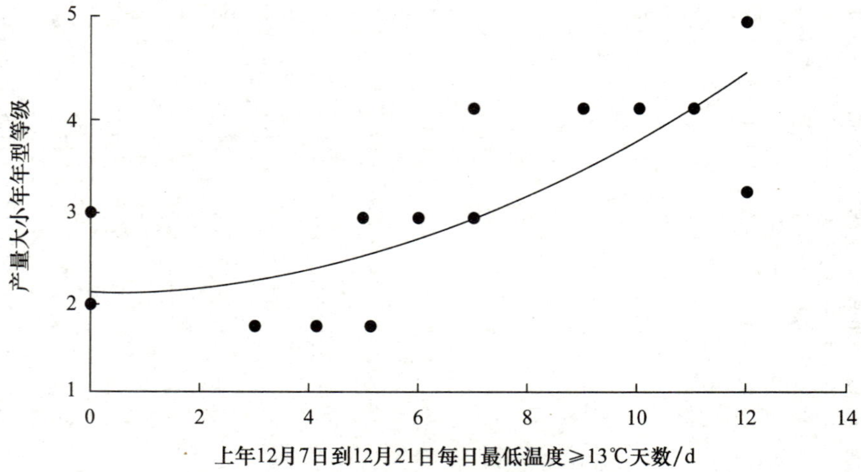

图 5-6　南宁市芒果 $X_{1(1)}$ 与 Y 的关系

图 5-7 说明:南宁市芒果产量大小年年型等级与收获当年 4 月 21 日到 4 月 30 日每日平均相对湿度的平均呈极显著负相关关系,回归方程为 $Y=-0.005X_2^2+0.669X_2-17.131$($r=-0.775^{**}$,$n=16$);当 $X_2<75\%$时,年型以大年和偏大年为主。

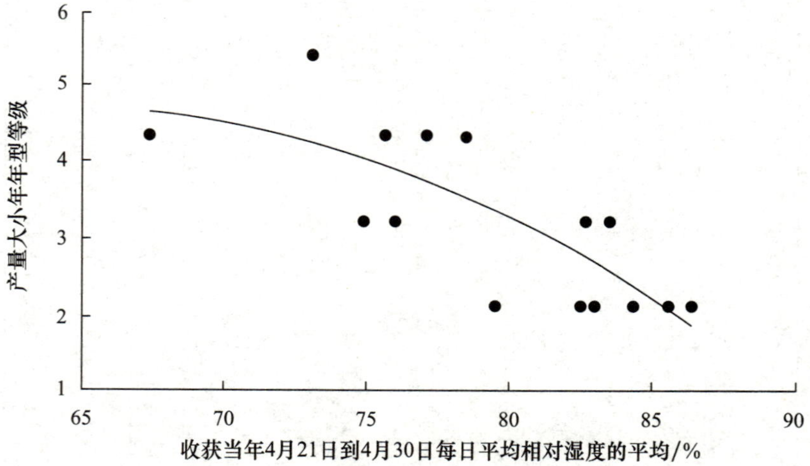

图 5-7　南宁市芒果 X_2 与 Y 的关系

表 5-13、表 5-14、表 5-15 分别为南宁市 16 年逐年 4 月 21 日到 4 月 30 日的每日平均湿度、每日日照时数、每日最小相对湿度。

图 5-8 说明:南宁市芒果产量大小年年型等级与收获当年 4 月 21 到 4 月 30 日的日照时数呈极显著正相关关系,回归方程为 $Y=0.002X_3^2-0.053X_3+2.160$($r=0.784^{**}$,$n=16$);当 X_3 大于 40 h 以上时,年型比较好。

图 5-9 说明:南宁市芒果产量大小年年型等级与收获当年 6 月 1 日到 6 月 10 日每日最小相对湿度的平均呈显著负相关关系,回归方程为 $Y=-0.0008X_4^2+0.053X_4+2.938$($r=-0.464^{*}$,$n=16$)。

表 5-13 南宁市 16 年逐年 4 月 21 日到 4 月 30 日的每日平均湿度

%

月	日	1992 大年	1985 偏大年	1987 偏大年	1990 偏大年	1991 偏大年	1978 平年	1980 平年	1988 平年	1989 平年	1993 平年	1979 小年	1981 小年	1982 小年	1983 小年	1984 小年	1986 小年
4	21	72	84	83	72	64	82	76	84	83	81	87	91	81	78	75	81
4	22	60	80	78	80	63	86	80	57	68	87	86	90	83	82	68	86
4	23	77	75	76	74	64	91	82	58	56	82	83	85	74	83	84	83
4	24	83	77	68	74	64	81	78	63	68	83	82	85	91	85	96	86
4	25	82	83	72	83	62	82	81	76	79	85	83	88	86	82	89	86
4	26	77	81	79	77	70	86	86	89	91	92	82	81	84	79	90	78
4	27	69	59	72	84	70	85	87	86	79	88	78	84	93	73	89	79
4	28	72	64	67	83	76	78	91	89	76	84	80	83	87	75	79	80
4	29	67	79	80	80	71	83	84	73	76	84	83	89	87	80	75	92
4	30	72	89	81	78	70	81	82	74	84	83	86	88	90	78	80	93
平均		73.1	77.1	75.6	78.5	67.4	83.5	82.7	74.9	76	84.9	83	86.4	85.6	79.5	82.5	84.4

表 5-14 南宁市 16 年逐年 4 月 21 日到 4 月 30 日的每日日照时数

h

月	日	1992 大年	1985 偏大年	1987 偏大年	1990 偏大年	1991 偏大年	1978 平年	1980 平年	1988 平年	1989 平年	1993 平年	1979 小年	1981 小年	1982 小年	1983 小年	1984 小年	1986 小年
4	21	8.1	5.6	0.6	9.3	0.0	5.6	4.4	6.5	1.8	8.2	2.3	0.4	4.5	2.6	0.0	1.7
4	22	9.0	8.5	2.0	9.8	0.0	0.3	5.5	4.5	1.2	0.0	0.0	0.0	7.2	4.2	0.0	0.2
4	23	0.0	9.6	10.0	0.0	4.5	0.0	3.7	7.7	8.7	6.3	2.5	4.9	0.4	4.1	0.0	4.1
4	24	0.0	2.0	9.2	0.0	4.4	4.3	7.3	9.7	0.0	9.4	3.6	6.0	1.6	4.7	0.0	3.6
4	25	0.0	1.6	10.6	0.0	9.2	4.5	0.0	3.1	0.0	1.4	4.3	0.0	2.8	5.0	0.0	7.6
4	26	1.5	0.0	0.5	2.9	3.9	2.7	0.0	0.4	0.0	0.0	9.3	3.1	4.5	3.1	0.0	5.2
4	27	7.4	9.9	4.9	3.1	7.2	4.3	0.0	4.0	5.0	4.5	4.1	5.0	0.0	5.4	0.0	10.1
4	28	6.2	8.1	2.1	6.3	6.0	8.5	0.5	0.0	10.5	2.1	3.7	5.0	1.0	6.0	1.2	4.9
4	29	9.1	5.2	1.9	6.9	4.4	7.5	1.4	3.4	8.5	5.8	2.6	0.1	0.0	0.0	0.0	0.0
4	30	5.7	0.0	4.6	10.1	7.1	8.7	5.9	9.1	0.0	4.0	4.7	1.9	0.0	0.0	0.0	0.0
累计		47.0	47.0	50.5	46.4	48.4	46.7	46.4	28.7	48.4	35.7	41.7	37.1	26.4	22.0	35.1	1.2

表 5-15　南宁市 16 年逐年 6 月 1 日到 6 月 10 日的每日最小相对湿度

%

月	日	1992 大年	1985 偏大年	1987 偏大年	1990 偏大年	1991 偏大年	1978 平年	1980 平年	1988 平年	1989 平年	1993 平年	1979 小年	1981 小年	1982 小年	1983 小年	1984 小年	1986 小年
6	1	56	54	56	56	46	79	52	40	60	52	72	70	52	58	78	61
6	2	65	52	57	47	45	67	56	25	65	56	74	57	74	50	65	61
6	3	67	65	65	44	35	80	76	22	60	64	82	71	63	67	63	56
6	4	50	60	66	47	47	68	86	34	68	51	74	76	81	57	57	63
6	5	51	59	65	58	46	80	67	28	58	57	87	68	76	65	62	75
6	6	57	56	74	66	48	92	67	31	62	59	74	59	88	69	54	73
6	7	65	44	65	64	62	88	64	37	64	68	71	78	57	62	65	83
6	8	47	53	34	63	63	74	59	41	57	72	63	60	55	55	61	69
6	9	56	59	39	50	73	82	65	59	50	62	60	60	54	48	48	69
6	10	39	63	57	46	71	84	58	62	55	67	73	55	69	64	50	69
平均		55.3	56.5	57.8	54.1	53.6	79.4	65	37.9	59.9	60.8	73	65.4	66.9	59.5	60.3	67.9

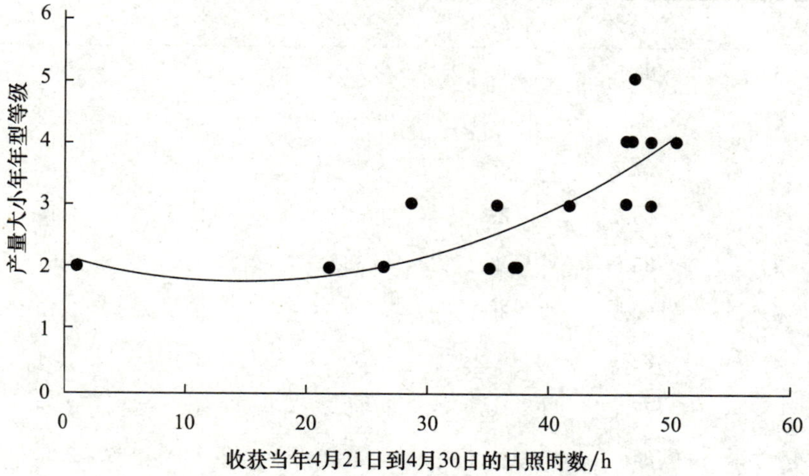

图 5-8　南宁市芒果 X_3 与 Y 的关系

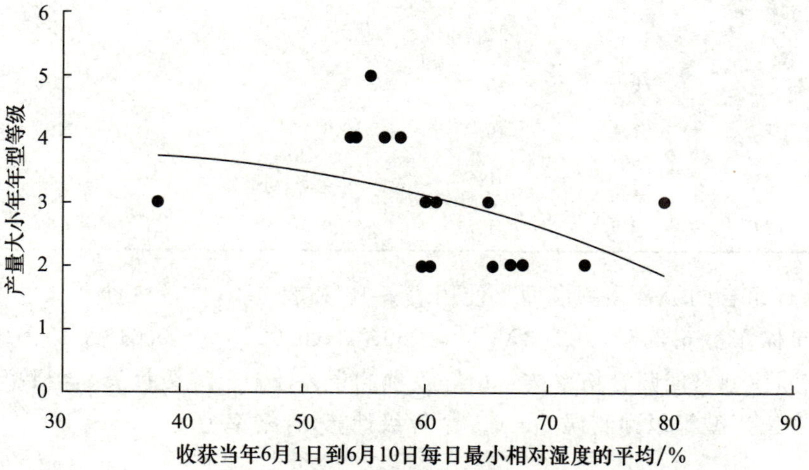

图 5-9　南宁市芒果 X_4 与 Y 的关系

5.2.5　南宁市芒果产量大小年年型等级预测模型

(1)基于原始气象指标组合的综合预测模型　使用表 5-10 中 16 年已知产量大小年年型等级和确定的 4 个气象指标进行四元回归,得到预测模型:$Y=6.050+0.203X_1-0.064X_2+0.024X_3-0.020X_4$($r=0.932^{**}$,$n=16$)。自回归合格率按年型等级预测误差±1 个等级计算,合格率为 100.0%,自回归合格率按年型等级预测误差±0.5 个等级计算,合格率为 87.5%。回归结果见表 5-10。

(2)基于原始气象指标组合中某些指标被以天数指标替换后的综合预测模型　使用表 5-16 的 $X_{1(1)}$、X_2、X_3、X_4 与 Y 进行四元回归,得到预测模型:$Y=6.770+0.133X_{1(1)}-0.056X_2+0.021X_3-0.015X_4$($r=0.932^{**}$,$n=16$),自回归合格率按年型等级预测误差±1.0 个等级计算,合格率为 100.0%。

表 5-16　影响南宁市芒果产量大小年年型等级的转化后的气象指标数据和模型自回归结果

年份	$X_{1(1)}$	X_2/%	X_3/h	X_4/%	Y	Y'	$Y'-Y$
1978	6	83.5	46.4	79.4	3	2.66	−0.34
1979	4	83	37.1	73	2	2.32	0.32
1980	7	82.7	28.7	65	3	2.68	−0.32
1981	5	86.4	26.4	65.4	2	2.15	0.15
1982	3	85.6	22	66.9	2	1.81	−0.19
1983	0	79.5	35.1	59.5	2	2.15	0.15
1984	5	82.5	1.2	60.3	2	1.91	−0.09
1985	10	77.1	50.5	56.5	4	3.99	−0.01
1986	4	84.4	37.4	67.9	2	2.33	0.33
1987	9	75.6	46.4	57.8	4	3.84	−0.16
1988	0	74.9	48.4	37.9	3	3.02	0.02
1989	5	76	35.7	59.9	3	3.02	0.02
1990	7	78.5	48.4	54.1	4	3.50	−0.50
1991	11	67.4	46.7	53.6	4	4.63	0.63
1992	12	73.1	47	55.3	5	4.43	−0.57
1993	12	84.9	41.7	60.8	3	3.57	0.57

(3)所有指标组合的综合预测模型　使用表 5-16 和表 5-10 中的 5 个气象指标进行五元回归，得到回归方程 $Y=6.345+0.103X_1-0.060X_2+0.022X_3-0.018X_4+0.068X_{1(1)}$（$r=0.935^{**}$，$n=16$），模型自回归合格率按年型等级预测误差±1 个等级计算，合格率为100.0%，模型自回归合格率按年型等级预测误差±0.5 个等级计算，合格率为 81.30%。

5.2.6　南宁市芒果产量大小年年型等级的气象指标范围

南宁市已知 16 年芒果产量大小年年型等级的气象指标范围见表 5-17。

表 5-17　南宁市芒果已知 16 年产量大小年年型等级的 4 项气象指标范围

变量	大年	偏大年	平年	小年
X_1/℃	14.7	12.9～14.2	7.4～15.1	6.6～12.6
X_2/%	73.1	67.4～78.5	74.9～84.9	82.5～86.4
X_3/h	47.0	46.4～50.5	28.7～48.4	1.2～41.7
X_4/%	55.3	53.6～57.8	37.9～79.4	59.3～73
$X_{1(1)}$/d	12	7～11	0～12	0～5

5.3 攀枝花市芒果产量大小年年型等级预测模型

四川攀枝花市是我国芒果3大基地之一，但是产量大小年年型等级难题一直没有得到解决，原因是没有找到影响大小年年型等级产生的关键原因。

5.3.1 数据和研究方法

攀枝花芒果产量大小年年型等级数据的取得：通过公开信息和数据分析整理近年攀枝花市芒果产量大小年年型等级数据，确定攀枝花市10年芒果产量大小年年型等级，将其分为5级，并将大年、偏大年、平年、偏小年和小年5个等级分别赋值5、4、3、2、1，结果见表5-18。

表5-18 攀枝花芒果产量大小年年型等级

大年年份	偏大年年份	平年年份	偏小年年份	小年年份
2016、2018	2009、2010	2011、2012、2017	2013	2014、2015

气象数据：本案例中所使用的气象数据主要包括逐日的平均温度、最高温度、最低温度、平均相对湿度、最小相对湿度、日照时数和降水量，数据来源于《国家气象科学数据中心中国气象数据网》(http://data.cma.cn/)中国756个基本、基准地面气象观测站气候资料年值数据集；攀枝花市逐年逐日气象数据来源于攀枝花气象站的气象数据。攀枝花芒果收获期为8月，因此将其生长周期确定为上年9月至收获当年8月，据此提取每个生长周期上年9月至收获当年8月的7个气象指标(平均温度、最高温度、最低温度、平均相对湿度、最小相对湿度的月均值和日照时数、降水量的月累计值)的气象数据，此处9—12月为上年气象数据，1—8月为收获当年气象数据。

模型建立方法：采用统计分析方法建立基于气象条件的芒果产量大小年年型等级预测模型，统计方法包括一元和多元回归；使用Excel和自编软件进行数据分析和建模。

5.3.2 影响攀枝花芒果产量大小年年型等级的气象指标

经过多种算法和大数据计算，最后确定4个变量为影响攀枝花芒果产量大小年年型等级的气象指标，见表5-19，相应的气象数据和模型自回归结果见表5-20。

表5-19 影响攀枝花市芒果产量大小年年型等级的原始气象指标

变量	定义和与年型等级的关系
X_1/%	收获当年3月上旬每日平均湿度的平均；正相关
X_2/℃	收获当年5月下旬每日平均温度的平均；负相关
X_3/%	收获当年5月下旬每日平均相对湿度的平均；正相关
X_4/h	收获当年5月下旬日照时数；负相关

表 5-20　影响攀枝花市芒果产量大小年年型等级的原始气象指标数据和模型自回归结果

年份	X_1/%	X_2/℃	X_3/%	X_4/h	Y	Y'	$Y'-Y$
2009	41.7	22.9	29.5	107.5	4	3.69	−0.31
2010	24.1	27.2	50.3	90.0	4	2.69	−1.31
2011	26.8	24.9	51.0	77.0	3	3.33	0.33
2012	33.3	29.1	40.9	73.5	3	3.16	0.16
2013	27.0	28.0	47.2	109.4	2	2.53	0.53
2014	23.9	33.0	27.1	132.2	1	0.75	−0.25
2015	21.3	28.6	43.0	118.6	1	1.70	0.70
2016	39.4	25.6	58.8	83.1	5	4.59	−0.41
2017	35.9	25.0	54.7	67.0	3	4.38	1.38
2018	32.1	25.3	58.5	64.1	5	4.18	−0.82

5.3.3　攀枝花市气象指标之间相关关系

攀枝花市气象指标之间相关关系见表 5-21。收获当年 5 月下旬每日平均相对湿度的平均与同期的日照时数呈极显著负相关，说明日照时数越多、湿度越小。

表 5-21　攀枝花市原始气象指标之间相关关系

r	X_1/%	X_2/℃	X_3/%	X_4/h
X_1/%	1			
X_2/℃	−0.650	1		
X_3/%	0.120	−0.441	1	
X_4/h	−0.435	0.563	−0.748**	1

注：$r_{0.05}=0.632$，$r_{0.01}=0.708$，$n=10$

5.3.4　攀枝花单一气象指标与芒果产量大小年年型等级的关系

分别做表 5-20 中 4 个指标与攀枝花芒果产量大小年年型等级的散点图，并配回归方程，结果见图 5-10、图 5-11、图 5-12、图 5-13。

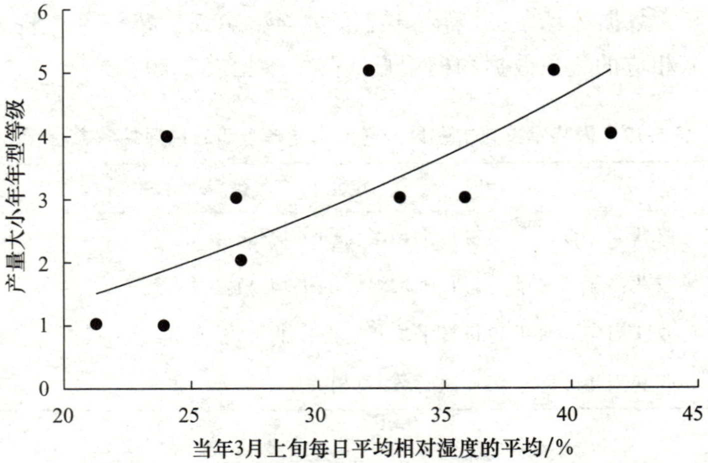

图 5-10　攀枝花芒果 X_1 与 Y 的关系

图 5-10 说明：攀枝花芒果产量大小年年型等级与收获当年 3 月上旬每日平均相对湿度的平均呈极显著正相关关系，回归方程为：$Y=0.0052X_1^{1.845}$（$r=0.712^{**}$，$n=10$）；当 $X_1>30\%$时，产量年型较好。

表 5-22 为攀枝花 10 年逐年 3 月上旬的每日平均湿度 X_1。

表 5-22 攀枝花 10 年逐年 3 月上旬的每日平均湿度 X_1 %

月	日	2016 大年	2018 大年	2009 偏大年	2010 偏大年	2011 平年	2012 平年	2017 平年	2013 偏小年	2014 小年	2015 小年
3	1	60	27	52	24	22	36	48	16	24	31
3	2	59	29	33	23	21	39	48	17	24	25
3	3	61	29	52	21	18	44	44	22	29	19
3	4	40	30	41	23	21	37	25	28	20	18
3	5	39	30	49	19	25	32	25	38	26	22
3	6	40	27	56	21	24	32	33	32	31	23
3	7	29	32	45	23	31	39	36	27	28	18
3	8	22	34	30	22	31	31	23	34	21	16
3	9	22	41	31	28	40	22	35	28	19	22
3	10	22	42	28	37	35	21	42	28	17	19
平均		39.4	32.1	41.7	24.1	26.8	33.3	35.9	27.0	23.9	21.3

图 5-11 说明：攀枝花芒果产量大小年年型等级与收获当年 5 月下旬每日平均温度的平均呈极显著负相关关系，回归方程为：$Y=178.470e^{-0.155Z}$，其中 $Z=X_2$（$r=-0.751^{**}$，$n=10$）；当 $X_2<27$ ℃时，产量年型较好。

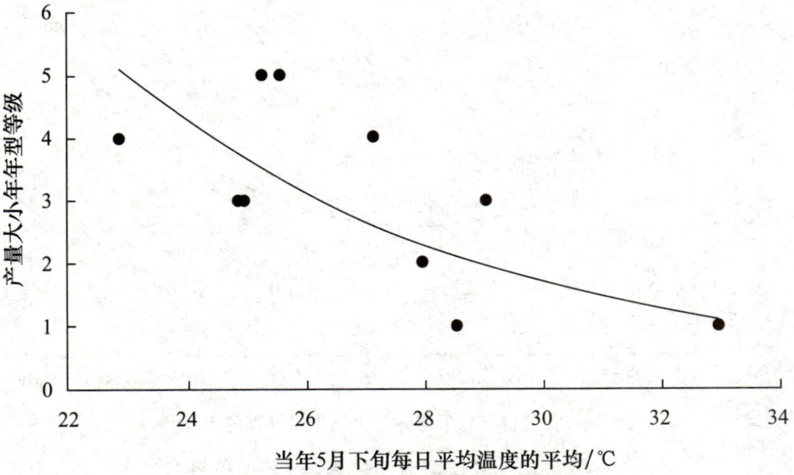

图 5-11 攀枝花市芒果 X_2 与 Y 的关系

表 5-23 为攀枝花 10 年逐年 5 月下旬的每日平均温度 X_2。

表 5-23　攀枝花 10 年逐年 5 月下旬的每日平均温度 X_2　　℃

月	日	2016 大年	2018 大年	2009 偏大年	2010 偏大年	2011 平年	2012 平年	2017 平年	2013 偏小年	2014 小年	2015 小年
5	21	24.7	31.2	23.6	30.4	25.7	34.5	28.0	28.1	32.5	29.2
5	22	20.5	31.2	23.1	30.4	27.2	34.0	29.9	23.6	32.3	23.7
5	23	18.3	24.3	25.7	26.1	22.3	34.1	28.6	24.5	33.2	22.1
5	24	20.3	29.5	23.8	29.7	25.5	34.2	23.6	24.2	32.7	26.6
5	25	24.0	30.5	24.5	23.1	24.1	28.1	19.9	23.4	33.9	29.1
5	26	26.3	29.7	24.2	25.3	23.1	21.3	20.7	27.5	33.8	30.3
5	27	28.3	19.8	24.4	28.2	26.6	27.6	23.3	30.2	32.1	31.0
5	28	29.5	20.0	22.9	22.7	28.5	30.2	22.3	32.3	31.7	31.0
5	29	29.1	22.6	21.0	24.5	27.9	27.6	25.6	31.1	33.6	31.3
5	30	29.8	21.1	20.3	28.6	24.3	25.9	26.7	30.4	33.4	31.0
5	31	31.0	18.7	17.9	30.7	18.3	23.1	26.1	32.4	33.7	29.2
平均		25.6	25.3	22.9	27.2	24.9	29.1	25.0	28.0	33.0	28.6

图 5-12 说明：攀枝花市芒果产量大小年年型等级与收获当年 5 月下旬每日平均相对湿度的平均呈显著正相关关系，回归方程为：$Y=0.006X_3^2-0.422X_3+9.961$（$r=0.698^*$，$n=10$）；当 $X_3>50\%$时，产量年型较好。

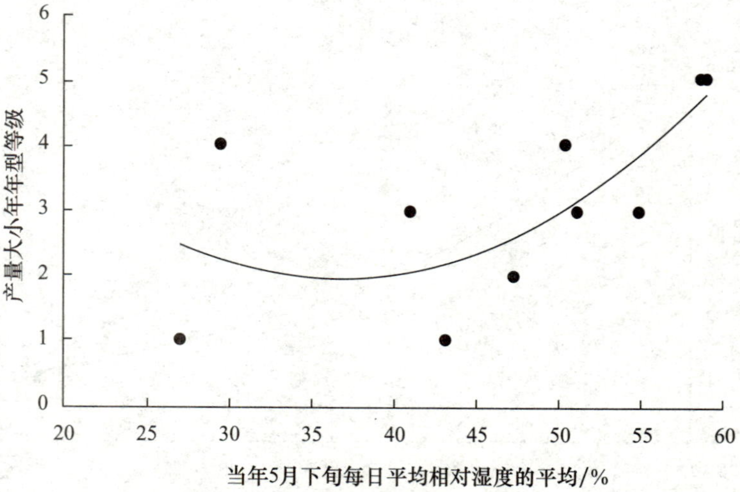

图 5-12　攀枝花市芒果 X_3 与 Y 的关系

表 5-24 为攀枝花 10 年逐年 5 月下旬的每日平均相对湿度 X_3。

表 5-24 攀枝花 10 年逐年 5 月下旬的每日平均相对湿度 X_3 %

月	日	2016 大年	2018 大年	2009 偏大年	2010 偏大年	2011 平年	2012 平年	2017 平年	2013 偏小年	2014 小年	2015 小年
5	21	54	29	19	32	48	23	47	37	26	42
5	22	93	29	24	29	47	27	41	60	27	79
5	23	87	67	21	51	56	26	44	57	22	59
5	24	76	42	26	33	51	24	48	66	27	47
5	25	64	36	23	81	41	42	62	76	26	40
5	26	62	40	23	68	59	70	56	53	30	32
5	27	52	72	23	50	46	52	52	37	30	32
5	28	38	68	24	63	38	42	73	29	29	31
5	29	40	72	34	62	36	50	64	36	27	31
5	30	43	91	46	48	59	41	54	39	29	34
5	31	38	97	61	36	80	53	61	29	25	46
平均		58.8	58.5	29.5	50.3	51.0	40.9	54.7	47.2	27.1	43.0

图 5-13 说明：攀枝花市芒果产量大小年年型等级与收获当年 5 月下旬日照时数呈显著负相关关系，回归方程为：$Y=16.140e^{-0.019\times Z}$，其中 $Z=X_4$（$r=-0.762^*$，$n=10$）；当 $X_4<90$ h 时，产量年型较好。

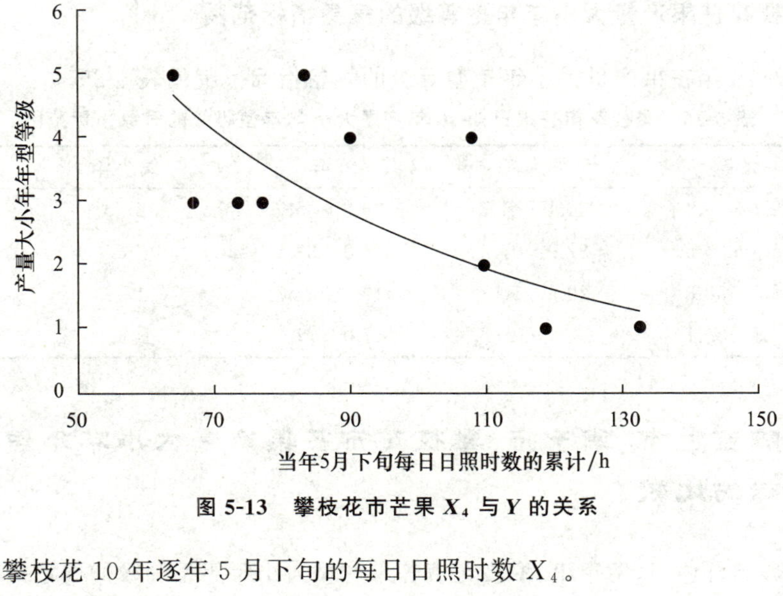

图 5-13 攀枝花市芒果 X_4 与 Y 的关系

表 5-25 为攀枝花 10 年逐年 5 月下旬的每日日照时数 X_4。

表 5-25 攀枝花 10 年逐年 5 月下旬的每日日照时数 X_4 h

月	日	2016 大年	2018 大年	2009 偏大年	2010 偏大年	2011 平年	2012 平年	2017 平年	2013 偏小年	2014 小年	2015 小年
5	21	1.5	10.8	10.5	9.4	3.8	10.9	12.5	12.2	11.8	10.1
5	22	0.0	10.8	10.5	11.0	11.2	9.2	12.3	11.6	12.3	7.2
5	23	0.0	8.1	9.8	12.9	6.2	11.6	10.0	6.7	12.4	6.3
5	24	6.5	11.2	10.9	8.4	8.9	12.0	5.8	5.3	12.4	10.6
5	25	9.0	12.3	10.7	0.0	10.6	7.0	1.0	2.3	12.2	12.6
5	26	6.6	10.9	10.6	9.5	6.8	0.4	6.1	11.5	11.1	12.5
5	27	12.5	0.0	8.3	9.7	12.5	9.4	6.7	12.8	12.0	12.2
5	28	12.1	0.0	11.2	2.4	10.7	7.4	0.0	12.6	10.9	12.4
5	29	12.0	0.0	9.6	4.2	6.3	4.5	6.4	10.1	12.4	12.2
5	30	10.7	0.0	8.4	11.3	0.0	1.1	1.9	12.0	12.3	12.1
5	31	12.2	0.0	7.0	11.2	0.0	0.0	4.3	12.3	12.4	10.4
累计		83.1	64.1	107.5	90.0	77.0	73.5	67.0	109.4	132.2	118.6

5.3.5 攀枝花市芒果产量大小年年型等级预测模型

基于原始气象指标组合的综合预测模型：使用表 5-20 中攀枝花市 10 年已知产量大小年年型等级和确定的 4 个气象指标进行四元回归，得到预测模型：$Y=2.416+0.088X_1-0.098X_2+0.037X_3-0.012X_4$（$r=0.842^{**}$，$n=10$），自回归合格率按年型等级预测误差±1 个等级计算，合格率为 80.0%，回归结果见表 5-20。

5.3.6 攀枝花芒果产量大小年年型等级的气象指标范围

攀枝花已知 10 年芒果产量大小年年型等级的气象指标范围见表 5-26。

表 5-26 攀枝花市芒果已知 10 年产量大小年年型等级的气象指标范围

变量	大年	偏大年	平年	偏小年	小年
X_1/%	32.1～39.4	24.1～41.7	26.8～35.9	27.0	21.3～23.9
X_2/℃	25.3～25.6	22.9～27.2	24.9～29.1	28.0	28.6～33.0
X_3/%	58.5～58.8	29.5～50.3	40.9～54.7	47.2	27.1～43.0
X_4/h	64.1～83.1	90.0～107.5	67.0～77.0	109.4	118.6～132.2

5.4 影响百色市、南宁市、攀枝花市芒果产量大小年年型等级的气象指标的比较

表 5-27 为影响百色市、南宁市、攀枝花市芒果产量大小年年型等级的气象指标的比较。

①一般地，南宁市与百色市相比秋季 11 月降水量多于百色市，所以 11 月降水量指标未入选南宁市芒果年型等级影响指标，而 12 月百色市温度高于南宁市温度，南宁市需要相对高温才能

保障花芽分化的大年气象条件，百色市则需要相对低温才能为大年提供气象条件保证。

②进入春季和初夏，百色市没有限制性的气象条件，而南宁市湿度大、日照时数少，这两个气象条件均降低产量。可见，相比之下，南宁市种植芒果的气象条件不如百色市，这就是为什么广西芒果地标在百色市而非南宁市的气候条件原因。

③攀枝花市的关键气象条件出现在春季，集中在5月，因为气候干燥，所以相对低温、寡照和高湿有利于产量大年的形成，3月湿度大也有利于大年的出现。

④每个产地的关键气象指标一般出现在关键生育期和同期气象指标波动较大的时段，这时的气象指标容易成为影响产量大小年的限制因素。

表 5-27 影响百色市、南宁市、攀枝花市芒果产量大小年年型等级的气象指标的比较

地点	时段	指标及偏大年、大年范围	相关性(样本)
百色市	上年 11 月	降水量：38～120 mm	0.866** (n=15)
百色市	上年 12 月	平均温度：12.6～14.3 ℃	−0.904** (n=15)
南宁市	上年 12 月 7 日到 12 月 21 日	平均最低温度：13～15 ℃	0.715** (n=16)
南宁市	收获当年 4 月 21 日到 4 月 30 日	平均相对湿度：50%～60%	−0.777** (n=16)
南宁市	收获当年 4 月 21 日到 4 月 30 日每日	日照时数：46～50 h	0.784** (n=16)
南宁市	收获当年 6 月 1 日到 6 月 10 日	平均最小相对湿度：75%～80%	−0.545* (n=16)
攀枝花市	收获当年 3 月上旬	平均相对湿度：24%～42%	0.712* (n=10)
攀枝花市	收获当年 5 月下旬	平均温度：23～27 ℃	−0.751* (n=10)
攀枝花市	收获当年 5 月下旬	平均相对湿度：30%～58%	0.698* (n=10)
攀枝花市	收获当年 5 月下旬	日照时数：64～107 h	−0.762* (n=10)

5.5 与以往研究结果的对比

芒果属热带常绿果树，喜阳畏阴，在阳光充足、高温条件下生长结果良好，低温条件下生长发育受到影响[2-3]。对芒果农业气候条件分析结果表明[4-5]：温度是决定芒果生长发育的主要限制因素，芒果树的营养器官对气温的适应性广，在平均气温 20～30 ℃时生长良好，18 ℃以下生长缓慢，10 ℃以下停止生长，幼苗对低温敏感，致死温度为0℃；芒果的生殖器官对气温的适应范围较小，花序对寒冷的抵抗力弱于营养器官。芒果不同生育期对气候的要求不同，研究表明，适度的低温干旱有利于芒果花芽分化。Shu 等[6]研究发现，白天 19℃和夜晚 13℃的低温对芒果花芽形成有促进作用，白天 31 ℃和夜晚 25 ℃的高温则有利于抽梢。温度高，芒果花芽分化过程短，温度低，分化过程长；温度影响芒果的花性比例，温度高有利于两性花形成[7]。芒果的花期易受气象条件的影响，低温阴雨、空气湿度过高或者过于干旱均严重影响其开花、花药开裂和花粉萌发[8-12]。芒果花期高温对授粉受精影响特别大，2020 年 3 月攀枝花晚熟芒果花期遭受 10 年来高温，最高气温达到 37.4 ℃，攀枝花的芒果减产相当严重[13]。阳光充足、较干燥的环境有利于芒果开花坐果，果实膨大期需水量较大，应注意灌溉，以保证水分的供应。果实成熟期需水量相对较少[14-16]。果实发育期若遇强光照、高温和低湿的气象条件容易产生日灼，这是由于蒸腾作用强烈，白昼与夜间温度剧变，植株正常生理平衡受到干扰[10]。了解和掌握芒果种植地的气候生态适应性，对保障其产量和品质均具有重要意义，已有研究者开展气候生态适应性对芒果的影响研究。苏永秀等[17]采用 GIS 技术对百色地区芒果种植区进行农业气候区划，划分为适宜、次适宜和不适宜种植区，适宜区主要在右江河谷地区。黄桂珍等[18]采用区域气候模式动力降尺度法模拟分析百色芒果生长关键期气候条件，发现日平均气温南北两侧低，中部高；降水量南部和东北地区多、西北和中部地区少；日照时数中部和东南部地区多、西北和北部地区少。郭志鹄等[19]利用相关系数法确定权重建立海南昌江地区芒果气候适宜度，研究表明，气象产量丰歉指数与气候适宜度指数呈显著相关关系，芒果花期适宜度指数低值主要出现在12月至翌年2月上旬；湿度适宜度指数更能反映芒果单产的丰歉情况，开花期间天气干燥对芒果丰产较为有利。目前，国内外对有关芒果产量预测的研究进行了一些报道。林靖皓等[20]结合自注意力机制的双向门控循环单元和卷积神经网络，利用1991—2014年广西某地芒果产量及气象要素数据建立了芒果产量预测模型。刘海姣等[21]提出来一种基于双向长短期记忆网络(Bi-LSTM)的芒果产量预测模型，认为该模型比支持向量回归、BP神经网络等模型具有更高的预测精度。Payne等[22]通过采集芒果收获期前555张图像，采用分段的方法，利用图像分析预测芒果产量。Gutiérreza等[23]利用线扫描的高光谱成像技术对澳大利亚的一个商业芒果园进行产量预测，主要包括数据采集、图像处理及建模优化等步骤。Rahman等[24]通过整合几何学(树冠面积)和光学(光谱植被指数)的数据，使用人工神经网络模型，评估了高分辨率的卫星图像用于芒果产量预测方面上的潜力。

本部分关于国内3个芒果产地产量大小年年型等级与每年的气象条件关系进行了系统研究，研究结果与以往诸多研究结果基本吻合。本部分的主要结果是将影响3个产地芒果产量大小年年型等级的气象影响因素进行了定量化，确定了影响指标、影响指标的时间段和具体数据范围，为生产调控提供了基于大数据分析的科学依据，特别是转化为天的气象指标更容易被生产者掌握和应用。

参考文献

[1]陈用，杜国冬.广西热作所芒果产量与气象因素的关系[J].热带作物研究，1994(04)：36-42.

[2]何麒峰，戴雨菡，黄伟圣. 田东县芒果种植的气候条件分析[J].气象研究与应用，2018，39(02)：68-71.

[3]傅国华，韩立越，许能锐.中国芒果产业链现状[J].热带农业科技，2008，31(04)：27-31.

[4]张京红，王春乙，杨再强，等. 海南热带果树气象服务[M].北京：气象出版社，2016.

[5]李阜檣，陈永琼，杜成勋. 攀枝花气候条件对芒果生长的影响[J].高原山地气象研究，2010，30(04)：68-71.

[6]Shu Z H，Chiou C C，Lee C L. Toxicity of pesticides to pollen germination of ‘Haden’ mango[J]. Acta Horticulturae，2005(509)：841-846.

[7]李永忠 马蔚红. 粤西地区芒果花芽分化初步研究[J].广西热作科技，1994(02)：15-17.

[8]许邦丽. 果树栽培技术[M].北京：中国农业大学出版社，2011.

[9]莫宇. 广西百色市右江区芒果产业发展研究[D]. 南宁：广西大学，2015.

[10]李贵利，杜邦，刘斌，等. 攀枝花市晚熟芒果产业发展的气候优势分析[J].中国热带农业，2011(01)：41-42.

[11]韦金海，陆英，卢小丹，等. 气候变暖下百色芒果气象灾害演变特征及适应对策[J].热带农业科学，2019，39(09)：101-106.

[12]王文涛，赵兴东，周玲，等. 芒果花芽分化的影响因素及花期调控研究进展[J].贵州农业科学，2019，47(09)：93-97.

[13]资晶，尹雪梅，朱卫星，等. 2020 年春季四川省攀枝花市气象条件对芒果开花授粉的影响[J].安徽农业科学，2021，49(05)：218-221，264.

[14]王海丽，古璇清，王小军，等. 芒果需水规律与适宜土壤水分灌溉调控技术研究[J].中国农村水利水电，2016(08)：125-132.

[15]刘志田，罗关兴，王军，等.水分对芒果果实生长及品质的影响[J].中国热带农业，2007(01)：31-32.

[16]郭攀，李新建，梁梅英，等.不同灌溉方式对百色右江河谷芒果生长·产量和品质的影响[J].安徽农业科学，2020，48(11)：54-56，63.

[17]苏永秀，李政. GIS 支持下的芒果种植农业气候区划[J].广西气象，2002，23(01)：46-48.

[18]黄桂珍，梁骏，陈欣. SRES RCP8.5 情景下未来百色市芒果气候资源空间分布特征分析[J].资源与环境科学，2017(02)：189-190.

[19]郭志鹄，孙佳，黄翔，等. 昌江芒果花期气候适宜度变化特征分析[J].现代园艺，2013(05)：95-100.

[20]林靖皓，秦亮曦，苏永秀，等. 基于自注意力机制的双向门控循环单元和卷积神经网络的芒果产量预测[J].计算机应用，2020，40(S1)：51-55.

[21]刘海姣，秦亮曦，秦川，等. 基于 Bi-LSTM 的芒果产量预测[J].南方农业学报，2019，50(11)：2496-2503.

[22] Payne a A B, Walsh b K B, Subedi b P P, et al. Estimation of mango crop yield using image analysis-segmentation method[J]. Computers and Electronics in Agriculture，2013(91)：57-64.

[23] Gutiérreza S, Wendelb A Underwood J. Ground based hyperspectral imaging for extensive mango yield estimation[J]. Computers and Electronics in Agriculture，2019(157)：126-135.

[24] Rahman M M, Andrew R, Bristow M. Exploring the potential of high resolution WorldView-3 imagery for estimating yield of mango [J]. Remote Sens.2018(10)：1866.

6 基于气象条件的荔枝产量大小年年型等级预测模型

6.1 儋州市荔枝产量大小年年型等级预测模型

儋州市为海南省地标荔枝产地,但是产量大小年年型等级难题一直没有得到解决,原因是没有找到影响产量大小年年型等级产生的关键原因。

6.1.1 数据和研究方法

儋州市荔枝产量大小年年型等级数据的取得:通过实地调查、公开信息和数据分析确定10年儋州市荔枝产量大小年年型等级,将其分为5级,并将大年、偏大年、平年、偏小年、小年分别赋值5、4、3、2、1,结果见表6-1。

表6-1 儋州市荔枝产量大小年年型等级

大年年份	偏大年年份	平年年份	偏小年年份	小年年份
1997、2000、2012、2014、2018	2017		2005、2015	2016、2019

气象数据:本案例中所使用的气象数据主要包括逐日的平均温度、最高温度、最低温度、平均相对湿度、最小相对湿度、日照时数和降水量,数据来源于《国家气象科学数据中心中国气象数据网》(http://data.cma.cn/)中国756个基本、基准地面气象观测站气候资料年值数据集;儋州市逐年逐日气象数据来源于儋州气象站的气象数据。儋州市荔枝收获时间为6月,因此将其生长周期确定为上年7月至收获当年6月,提取儋州市荔枝每个生长周期上年7至收获当年6月的7个气象指标(平均温度、最高温度、最低温度、平均相对湿度、最小相对湿度的月均值和日照时数、降水量的月累计值)的数据,此处7—12月为上年气象数据,1—6月为收获当年气象数据。

模型建立方法:采用统计分析方法建立基于气象条件的儋州市荔枝产量大小年年型等级预测模型,统计方法包括一元和多元回归;使用Excel和自编软件进行数据分析和建模。

6.1.2 影响儋州市荔枝产量大小年年型等级的原始气象指标

经过多种算法和大数据计算,最后确定4个变量为影响儋州市荔枝产量大小年年型等级的原始气象指标,见表6-2,对应的原始气象数据和模型自回归结果见表6-3。

表6-2 影响儋州市荔枝产量大小年年型等级的原始气象指标

变量	定义和与年型等级的关系
X_1/℃	上年9月21日到11月30日的每日最高温度的平均;负相关
X_2/%	上年9月6日到12月31日的每日最小相对湿度的平均;正相关
X_3/h	上年10月1日到11月25日的日照时数;负相关
X_4/mm	上年10月7日到11月30日的降水量;正相关

表 6-3 影响儋州市荔枝产量大小年年型等级的原始气象数据和模型自回归结果

年份	X_1/℃	X_2/%	X_3/h	X_4/mm	Y	Y'	$Y'-Y$
1997	27.7	66.7	189.2	311.6	5	4.87	−0.13
2000	27.5	66.1	228.2	603.5	5	5.16	0.16
2005	28.7	53.5	344.3	17.3	2	1.84	−0.16
2012	27.7	65.1	219.5	451.3	5	4.82	−0.18
2014	27.4	66.0	195.0	302.1	5	4.96	−0.04
2015	29.5	64.7	305.6	186.6	2	2.03	0.03
2016	30.2	64.0	364.4	165.5	1	0.83	−0.17
2017	28.4	67.3	275.9	510.5	4	3.76	−0.24
2018	27.4	65.5	186.5	412.5	5	5.28	0.28
2019	29.4	61.5	351.3	146.5	1	1.44	0.44

注:表中 Y 为年型等级赋值,Y' 为通过模型自回归预测的年型等级,$Y'-Y$ 为预测误差。下同

6.1.3 儋州市原始气象指标之间相关关系

表 6-4 为影响儋州市荔枝产量大小年年型等级原始气象指标之间的相关关系,说明如下。

①X_1(上年 9 月 21 日到 11 月 30 日的每日最高温度的平均)和 X_3(上年 10 月 1 日到 11 月 25 日的每日日照时数的累计)呈极显著正相关关系,两个指标时间重叠的比较多,都代表热量指标。

②X_1 和 X_4(上年 10 月 7 日到 11 月 30 日的降水量)呈显著负相关关系,两个指标时间重叠的比较多,分别代表热量和水分。

③X_2(上年 9 月 6 日到 12 月 31 日的每日最小相对湿度的平均)和 X_4 呈显著正相关关系,两个指标时间重叠的比较多,两者都代表水分指标。

④X_3 和 X_4 呈显著负相关关系,两个指标时间重叠的比较多,分别代表热量和水分指标。

表 6-4 影响儋州市荔枝产量大小年型等级原始气象指标之间相关关系

r	X_1/℃	X_2/%	X_3/h	X_4/mm
X_1/℃	1			
X_2/%	−0.346	1		
X_3/h	0.920**	−0.610	1	
X_4/mm	−0.652*	0.740*	−0.672*	1

注:$r_{0.05}=0.632$,$r_{0.01}=0.765$,$n=10$

6.1.4 儋州市单一气象指标与荔枝产量大小年年型等级的关系

分别做表 6-3 中的儋州市 4 个原始气象指标与荔枝产量大小年年型等级关系的散点图,并配回归方程,结果分别见图 6-1、图 6-3、图 6-5、图 6-7,而图 6-2、图 6-4、图 6-6、图 6-8 分别为对应的 4 个原始气象指标转化为天数的 4 个气象指标,合计 8 个气象指标。

图 6-1 说明:随 X_1 降低,儋州市荔枝产量大小年年型等级增大;当 $X_1<28.0$ ℃时,为大年。回归方程为 $Y=0.256X_{12}-16.308X_1+260.28$($r=-0.961^{**}$,$n=10$)。

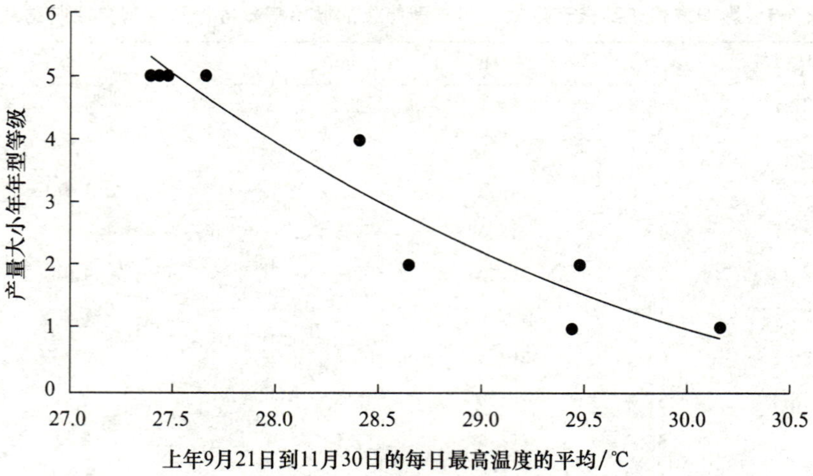

图 6-1　儋州市荔枝 X_1 与 Y 的关系

表 6-5 为儋州市上年 9 月 21 日到 11 月 30 日的每日最高温度。

表 6-5　儋州市上年 9 月 21 日到 11 月 30 日的每日最高温度　℃

月	日	1997 大年	2000 大年	2012 大年	2014 大年	2018 大年	2017 偏大年	2005 偏小年	2015 偏小年	2016 小年	2019 小年
9	21	29.1	26.6	30.6	34.0	33.1	26.6	32.2	29.4	31.7	32.9
9	22	31.0	28.1	28.5	31.8	33.9	28.5	30.3	31.2	33.8	33.0
9	23	30.9	28.6	26.0	31.6	33.9	29.5	32.0	31.5	33.8	32.8
9	24	28.0	29.3	25.8	33.6	30.5	32.0	31.7	31.6	34.2	32.7
9	25	28.3	30.1	23.5	30.8	32.6	31.3	29.5	32.1	34.7	32.8
9	26	28.0	30.9	25.4	30.9	33.1	33.5	31.1	32.3	34.1	32.8
9	27	28.1	31.4	29.1	28.7	33.5	32.3	31.6	33.1	33.9	32.8
9	28	30.0	26.6	31.9	29.1	31.3	31.9	31.8	33.5	33.5	30.6
9	29	30.6	29.3	26.4	25.6	31.0	30.7	32.5	33.6	32.6	26.8
9	30	29.4	30.6	26.5	29.8	33.1	27.6	32.3	33.6	33.7	29.5
10	1	29.7	31.7	30.3	28.8	32.7	28.5	31.6	33.7	33.0	28.9
10	2	29.8	30.9	30.7	30.0	32.3	28.7	25.7	32.7	31.6	30.3
10	3	31.5	31.1	24.2	30.4	33.1	30.6	26.8	32.7	30.1	29.8
10	4	32.6	25.0	23.0	30.4	33.0	32.2	28.7	32.5	27.0	30.2
10	5	30.6	28.8	30.6	30.3	29.6	29.1	29.6	30.7	29.9	31.1
10	6	32.9	29.6	26.1	29.9	28.2	29.2	29.5	30.1	30.5	31.8
10	7	32.8	29.6	28.7	28.8	30.1	31.3	29.3	30.9	31.5	30.7
10	8	28.9	30.6	25.7	29.2	30.2	31.7	29.5	30.4	32.2	31.0
10	9	25.2	31.3	27.1	30.7	26.7	30.0	30.1	30.2	31.1	31.4
10	10	27.4	31.4	27.7	27.7	31.1	30.5	30.0	30.7	29.7	30.0
10	11	28.6	32.4	27.6	30.4	30.8	29.9	29.7	30.3	25.2	26.3
10	12	29.3	31.7	30.0	30.7	32.2	27.0	30.7	30.7	21.6	26.8
10	13	28.8	31.7	31.1	29.8	29.4	23.8	30.1	29.7	24.2	30.3

续表6-5

月	日	1997 大年	2000 大年	2012 大年	2014 大年	2018 大年	2017 偏大年	2005 偏小年	2015 偏小年	2016 小年	2019 小年
10	14	28.6	30.2	31.0	25.5	26.4	25.3	29.8	29.0	28.2	31.4
10	15	29.5	31.1	28.6	26.0	24.1	28.5	28.7	29.1	28.9	32.4
10	16	30.1	29.6	29.0	26.6	25.1	29.6	29.0	30.6	29.9	32.6
10	17	29.3	24.0	28.6	24.5	23.8	28.0	29.4	29.3	29.7	31.1
10	18	30.0	24.6	29.6	27.8	29.5	24.3	30.7	30.4	30.2	29.8
10	19	28.8	22.6	29.6	27.3	29.4	28.2	30.2	31.4	30.0	30.7
10	20	28.1	24.3	29.7	26.8	27.9	31.0	29.6	32.5	30.1	26.4
10	21	24.6	28.3	29.4	28.7	27.7	28.9	29.3	32.4	30.9	28.7
10	22	27.4	28.7	30.0	26.9	26.1	32.2	28.1	31.0	30.1	31.4
10	23	27.1	28.2	32.7	28.4	27.0	32.5	28.3	31.0	30.3	31.0
10	24	27.3	26.7	29.0	27.9	26.9	31.7	29.3	27.0	30.3	31.5
10	25	28.8	25.9	29.2	27.5	29.3	32.1	28.7	25.1	30.0	31.9
10	26	24.8	29.3	29.1	27.6	27.7	32.9	28.0	27.3	30.6	31.8
10	27	25.4	29.2	28.9	27.1	29.0	31.7	24.5	28.7	31.8	29.3
10	28	29.9	30.0	29.5	28.3	29.4	31.8	29.2	29.6	32.4	29.7
10	29	30.6	27.3	28.2	26.4	28.1	30.9	30.3	28.2	32.6	29.7
10	30	28.6	26.6	28.4	29.9	24.7	26.3	30.6	28.9	31.7	28.9
10	31	31.1	31.1	27.9	30.0	26.0	28.1	29.8	31.0	31.2	27.8
11	1	30.1	26.3	29.7	28.9	28.2	27.4	29.0	30.7	26.1	28.5
11	2	26.2	21.5	29.2	30.2	27.6	24.7	28.2	30.0	22.9	28.6
11	3	24.8	22.4	28.2	28.6	28.0	25.4	30.2	23.8	27.5	29.6
11	4	28.3	24.0	29.2	23.0	23.5	26.6	30.5	25.4	29.6	30.0
11	5	27.6	23.5	29.5	23.3	22.8	28.7	30.0	31.0	26.7	29.7
11	6	28.6	23.5	28.1	24.0	22.0	30.2	29.5	30.4	30.6	30.4
11	7	28.6	26.6	25.9	27.2	22.2	29.2	29.8	29.1	29.7	31.1
11	8	28.7	28.3	24.0	28.7	22.5	30.6	29.7	27.6	32.1	26.5
11	9	28.8	24.8	20.5	24.7	26.7	26.3	32.2	26.4	31.6	28.0
11	10	27.6	25.0	21.5	25.2	29.0	20.4	32.0	29.2	29.0	29.7
11	11	28.1	30.3	26.4	30.4	28.7	21.2	31.0	28.6	31.2	31.0
11	12	27.2	28.4	27.8	25.9	25.7	30.6	31.0	24.2	32.2	28.9
11	13	25.0	28.4	27.7	25.6	24.8	31.0	32.0	22.0	32.0	29.2
11	14	26.7	29.1	27.8	21.2	30.7	31.3	32.9	24.1	31.0	30.4
11	15	25.3	27.3	28.1	21.6	27.6	30.2	26.7	28.3	31.0	29.3
11	16	20.5	26.1	27.5	22.7	27.7	30.5	21.4	28.2	32.4	30.1
11	17	20.8	25.3	25.1	24.5	31.2	29.0	21.0	26.3	32.8	30.7
11	18	19.0	22.0	29.0	26.0	31.7	28.8	25.8	24.3	32.0	32.2
11	19	19.4	24.7	28.3	25.5	25.2	28.5	27.1	24.9	31.4	30.6
11	20	23.0	25.6	25.9	23.4	23.3	31.7	27.0	26.7	30.7	31.0
11	21	25.0	26.8	22.6	23.5	19.6	30.7	26.4	28.0	28.9	31.3

续表6-5

月	日	1997 大年	2000 大年	2012 大年	2014 大年	2018 大年	2017 偏大年	2005 偏小年	2015 偏小年	2016 小年	2019 小年
11	22	25.6	26.3	23.7	22.9	18.0	30.5	25.8	28.1	28.1	25.5
11	23	24.1	28.5	26.4	26.2	17.1	28.9	24.5	28.6	29.3	21.6
11	24	26.7	28.2	24.3	30.0	15.7	23.0	22.2	29.6	29.1	27.1
11	25	26.7	28.6	22.4	24.9	16.6	17.6	24.5	30.0	28.5	22.7
11	26	27.6	27.6	26.3	26.4	18.4	18.4	21.9	29.0	23.4	22.7
11	27	27.4	26.3	28.5	29.4	20.9	20.8	17.9	30.1	24.3	21.6
11	28	23.9	22.3	28.4	20.9	23.2	20.7	23.5	30.7	28.0	20.5
11	29	28.1	16.7	28.3	20.7	27.3	20.0	25.5	30.0	28.8	22.1
11	30	22.9	21.0	28.5	22.5	28.1	23.3	25.4	27.7	27.8	28.0
平均值		27.7	27.5	27.7	27.4	27.4	28.4	28.7	29.5	30.2	29.4
≤28 ℃天数/d		32	33	31	38	36	22	20	16	12	16

表6-5中的每日最高温度≤28 ℃天数这一指标是由表5-3中的上年9月21日到11月30日的每日最高温度的平均，即原始指标 X_1，通过逐日数据定义的新变量得到，其特征为以天数为单位，可以作为田间微气象条件调控的直接指标，也便于理解和掌握。本书中将对所有可能转化为天数的原始气象指标进行试算，凡是能转化为天数的原始气象指标都将重新定义为 $X_{n(1)}$，其中 n 为原始指标的序号，(1)为以天数的指标，以 X_1 为例为 $X_{1(1)}$，以 X_2 为例为 $X_{2(1)}$。由此可能产生3套气象指标，即原始气象指标组合、原始气象指标组合中某些指标被以天数指标替换后的指标组合（转化后的气象指标组合）和所有气象指标的组合。也由此产生3类综合模型，即基于原始气象指标组合的综合预测模型、原始气象指标组合中某些指标被以天数指标替换后的综合预测模型和所有气象指标组合的综合预测模型。

由表6-5和表6-3相关数据制作成图6-2。图6-2和表6-5说明：儋州市上年9月21日到11月30日的每日最高温度≤28 ℃天数大于30 d时，年型为大年。回归方程为 $Y=-0.006X_{1(1)}^2+0.487X_{1(1)}-4.450(r=0.961^{**},n=10)$。

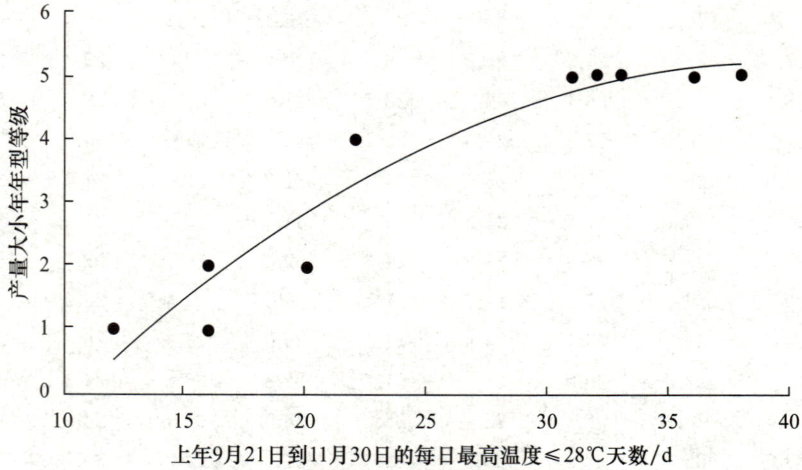

图6-2　儋州市荔枝 $X_{1(1)}$ 与 Y 的关系

图 6-3 说明：随 X_2 增加，儋州市荔枝产量大小年年型等级增大；当 $X_2 > 65.0\%$ 时，以大年为主。回归方程为 $Y = 0.066X_2^2 - 7.655X_2 + 223.71$（$r = 0.785^{**}$，$n = 10$）。

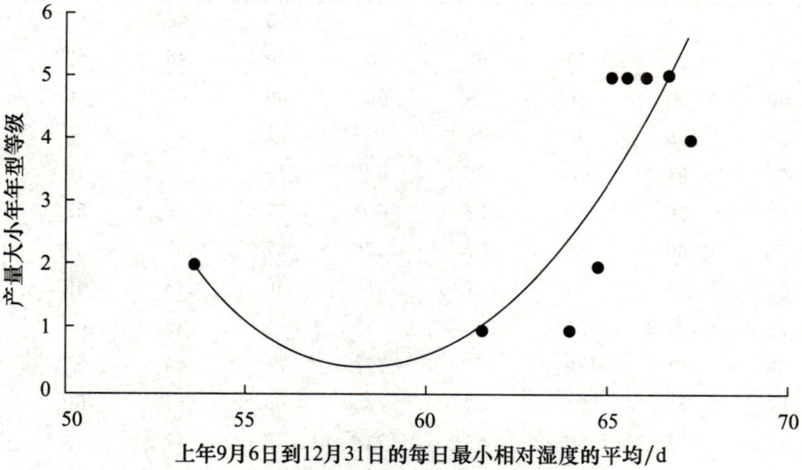

图 6-3　儋州市荔枝 X_2 与 Y 的关系

表 6-6 为儋州市上年 9 月 6 日到 12 月 31 日的每日最小相对湿度。

表 6-6　儋州市上年 9 月 6 日到 12 月 31 日的每日最小相对湿度　　%

月	日	1997 大年	2000 大年	2012 大年	2014 大年	2018 大年	2017 偏大年	2005 偏小年	2015 偏小年	2016 小年	2019 小年
9	6	61	66	47	55	58	72	56	63	47	51
9	7	54	62	50	78	69	63	63	82	52	63
9	8	55	54	54	66	56	63	66	74	57	69
9	9	83	61	58	61	46	54	67	49	63	68
9	10	67	59	83	70	48	57	79	57	48	66
9	11	73	58	87	65	51	57	80	63	53	54
9	12	87	63	71	59	58	61	63	58	60	51
9	13	86	62	62	62	65	81	57	65	68	63
9	14	74	74	54	66	83	55	55	59	70	77
9	15	67	68	52	77	67	56	54	62	90	69
9	16	80	75	58	66	59	60	58	92	79	67
9	17	80	70	56	88	64	61	60	82	73	73
9	18	76	71	59	94	54	61	57	56	52	69
9	19	80	70	67	95	56	56	71	68	52	49
9	20	96	73	61	81	54	67	55	63	54	49
9	21	69	81	61	60	57	88	53	70	65	49
9	22	65	66	65	60	51	79	64	55	56	51
9	23	68	60	73	66	52	73	57	47	47	52
9	24	81	57	72	53	72	58	57	46	53	53
9	25	81	45	87	69	55	67	66	49	51	58
9	26	78	43	94	62	58	50	48	52	57	56

续表6-6

月	日	1997 大年	2000 大年	2012 大年	2014 大年	2018 大年	2017 偏大年	2005 偏小年	2015 偏小年	2016 小年	2019 小年
9	27	77	44	71	75	46	63	46	53	56	54
9	28	61	77	59	62	60	70	46	49	58	62
9	29	60	69	86	79	66	58	47	50	63	72
9	30	59	65	83	71	56	61	47	50	51	55
10	1	63	54	70	78	57	69	65	46	60	60
10	2	66	56	63	72	60	77	73	52	62	50
10	3	53	60	81	57	57	67	57	52	74	51
10	4	53	89	93	51	55	60	45	49	83	46
10	5	63	71	61	52	67	79	37	63	72	38
10	6	56	61	85	47	77	76	44	51	69	42
10	7	54	63	74	53	73	65	41	50	65	39
10	8	74	58	87	55	71	58	47	48	60	53
10	9	84	53	79	53	88	69	34	50	62	49
10	10	76	61	76	73	68	62	42	44	64	54
10	11	68	53	82	61	66	56	40	48	91	73
10	12	65	58	71	63	59	74	43	55	92	67
10	13	63	57	62	62	66	99	43	51	90	60
10	14	63	67	61	82	65	97	48	48	60	53
10	15	64	66	72	86	77	69	52	58	61	53
10	16	62	62	61	73	72	65	50	51	54	57
10	17	71	77	55	95	87	70	50	56	49	62
10	18	59	59	53	60	68	94	47	45	43	66
10	19	69	67	50	65	57	70	44	51	45	61
10	20	60	95	48	68	62	57	54	52	43	83
10	21	80	75	45	58	63	69	54	55	44	72
10	22	73	74	50	70	67	56	56	59	45	54
10	23	73	64	44	57	58	57	58	58	50	55
10	24	69	74	66	54	63	60	45	78	52	50
10	25	60	83	62	39	47	62	42	87	60	53
10	26	67	62	60	35	56	52	49	75	56	51
10	27	71	62	62	50	50	57	65	72	51	62
10	28	62	59	53	56	51	53	58	68	52	45
10	29	57	75	56	72	44	57	49	77	49	34
10	30	82	79	56	57	63	86	45	71	52	33
10	31	63	58	59	52	60	77	39	61	53	32
11	1	70	85	55	59	52	72	47	55	78	25
11	2	80	78	56	51	43	76	61	56	81	45
11	3	84	67	67	59	48	62	48	84	66	48
11	4	79	70	66	79	63	60	47	76	61	45
11	5	79	83	62	99	66	53	45	57	82	62

续表6-6

月	日	1997 大年	2000 大年	2012 大年	2014 大年	2018 大年	2017 偏大年	2005 偏小年	2015 偏小年	2016 小年	2019 小年
11	6	59	94	75	94	77	62	46	58	65	57
11	7	69	89	82	71	92	60	46	68	70	52
11	8	60	67	88	65	96	54	56	71	53	74
11	9	61	91	92	86	78	75	46	79	56	69
11	10	56	86	66	91	67	94	43	64	69	58
11	11	53	62	54	64	63	91	51	70	59	49
11	12	55	69	47	80	78	55	51	83	52	60
11	13	74	62	54	66	92	58	51	88	52	56
11	14	58	53	55	93	63	55	48	74	55	51
11	15	62	62	65	88	72	53	74	61	57	61
11	16	82	60	60	86	74	54	77	55	49	59
11	17	82	61	76	62	59	62	77	59	42	55
11	18	70	65	61	60	57	74	50	57	48	46
11	19	73	57	59	53	85	77	37	60	56	56
11	20	59	52	69	75	93	57	39	51	59	55
11	21	52	61	81	84	96	64	39	59	69	49
11	22	63	71	81	94	91	66	51	60	69	79
11	23	66	66	57	76	84	75	68	66	60	76
11	24	51	61	68	58	79	98	82	64	58	57
11	25	61	49	83	66	91	99	76	58	58	73
11	26	65	49	72	63	86	97	85	59	76	69
11	27	54	74	59	57	90	59	79	59	67	80
11	28	75	92	55	94	90	81	66	60	64	92
11	29	66	78	49	52	71	84	51	60	59	92
11	30	85	57	51	50	63	64	57	74	56	64
12	1	65	50	73	36	80	52	63	94	54	56
12	2	86	68	70	44	82	79	51	96	52	50
12	3	69	89	45	69	81	88	52	83	80	50
12	4	56	96	61	51	65	63	56	94	86	53
12	5	79	96	83	49	63	57	46	96	93	53
12	6	74	93	95	36	59	57	53	92	89	65
12	7	52	71	78	37	58	68	47	95	85	68
12	8	73	54	81	36	52	43	39	97	95	93
12	9	87	48	73	57	51	43	55	65	94	91
12	10	94	56	57	53	60	60	47	64	83	94
12	11	72	43	44	87	57	70	61	72	59	95
12	12	69	74	39	95	74	60	31	68	54	91
12	13	58	80	51	100	73	61	44	63	54	95
12	14	49	55	72	100	64	77	78	73	74	94
12	15	51	61	64	98	61	79	63	62	90	87

续表6-6

月	日	1997 大年	2000 大年	2012 大年	2014 大年	2018 大年	2017 偏大年	2005 偏小年	2015 偏小年	2016 小年	2019 小年
12	16	81	73	61	100	89	74	50	66	79	91
12	17	60	97	69	96	62	64	50	51	55	65
12	18	68	94	53	63	47	83	49	56	58	64
12	19	72	71	56	74	30	63	50	76	55	57
12	20	71	69	70	71	46	57	34	65	74	51
12	21	50	54	74	69	47	66	38	75	84	52
12	22	49	45	54	64	71	87	33	61	59	54
12	23	34	43	67	61	66	75	43	80	52	67
12	24	46	24	53	48	56	92	48	94	60	82
12	25	33	35	36	45	49	60	46	92	82	82
12	26	33	42	58	43	76	53	39	83	73	65
12	27	53	67	79	51	61	77	50	78	94	58
12	28	89	90	60	44	80	67	72	88	94	51
12	29	66	64	49	42	79	45	54	51	72	71
12	30	50	58	75	52	63	67	65	50	88	92
12	31	48	55	85	35	69	80	74	55	77	91
平均值		66.7	66.1	65.1	66.0	65.5	67.2	53.5	64.7	63.9	61.5
≥65%天数/d		66	58	54	56	54	56	22	47	45	42

由表 6-6 和表 6-3 相关数据制作成图 6-4。图 6-4 和表 6-6 说明：儋州市上年 9 月 6 日到 12 月 31 日的每日最小相对湿度≥65%天数大于 54 d 时，年型为大年和偏大年。回归方程为 $Y=0.004X_{2(1)}^2-0.207X_{2(1)}+4.341(r=0.807^{**},n=10)$。

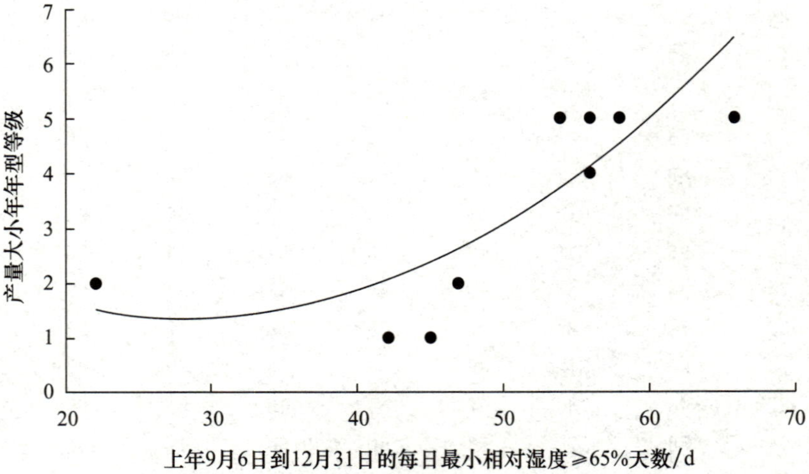

图 6-4　儋州市荔枝 $X_{2(1)}$ 与 Y 的关系

图 6-5 说明：随着 X_3 减少，儋州市荔枝产量大小年年型等级增大；当 $X_3<250$ h 时，为大年。回归方程为 $Y=-9E-05X_3^2+0.026X_3+3.507(r=-0.975^{**},n=10)$。

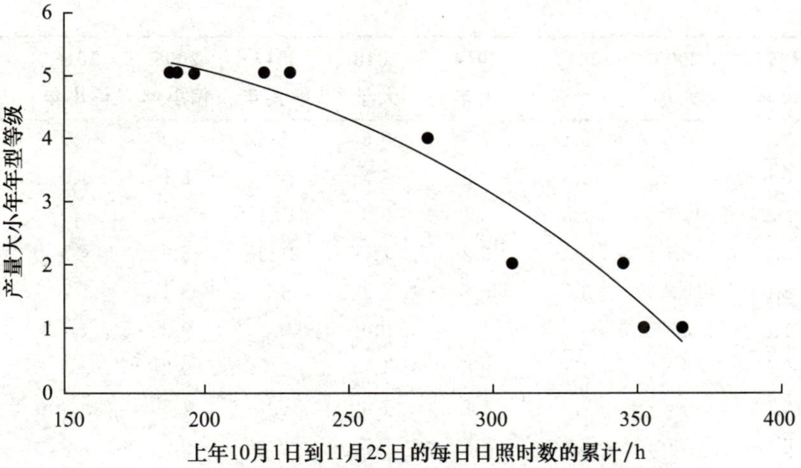

图 6-5　儋州市荔枝 X_3 与 Y 的关系

表 6-7 为儋州市上年 10 月 1 日到 11 月 25 日的每日日照时数。

表 6-7　儋州市上年 10 月 1 日到 11 月 25 日的每日日照时数　h

月	日	1997 大年	2000 大年	2012 大年	2014 大年	2018 大年	2017 偏大年	2005 偏小年	2015 偏小年	2016 小年	2019 小年
10	1	4.5	8.9	1.0	2.4	6.3	1.0	6.0	9.8	6.7	4.0
10	2	4.1	3.9	1.7	2.2	6.6	1.7	0.0	7.5	7.1	8.2
10	3	8.1	6.1	0.0	6.5	9.7	2.8	3.2	7.8	0.0	6.2
10	4	6.6	0.0	0.0	7.6	9.2	8.6	9.8	5.9	0.0	9.6
10	5	2.3	2.9	5.8	4.8	4.7	2.0	9.0	5.0	3.9	10.5
10	6	6.1	7.5	0.0	6.3	0.0	3.7	8.9	8.0	2.6	8.7
10	7	10.4	9.7	2.2	9.2	2.2	9.3	9.9	9.4	4.9	10.1
10	8	7.4	8.9	0.0	8.9	3.6	8.5	7.0	8.8	7.6	9.1
10	9	0.0	8.7	0.0	7.7	0.0	3.1	8.2	3.8	6.9	7.6
10	10	0.0	5.2	0.0	0.0	2.2	8.1	9.3	8.2	4.7	6.0
10	11	2.9	8.6	1.1	3.2	3.3	6.1	8.0	7.5	0.0	0.0
10	12	7.6	7.4	1.1	5.4	8.0	0.0	8.2	5.7	0.0	1.1
10	13	8.3	9.5	2.5	3.8	5.2	0.0	7.5	3.4	0.0	6.7
10	14	6.2	3.8	4.8	0.0	5.7	0.0	5.0	7.1	3.1	5.8
10	15	1.4	7.9	2.1	0.0	0.0	4.2	9.7	3.3	6.5	8.0
10	16	6.4	5.4	6.2	1.5	5.2	8.8	6.5	8.6	6.1	7.8
10	17	0.9	0.0	4.4	0.0	0.0	2.1	8.6	4.6	8.6	5.1
10	18	5.2	0.0	6.6	1.3	6.1	0.0	4.2	9.2	9.6	3.6
10	19	0.0	0.0	7.9	1.3	7.0	3.5	8.4	7.6	8.7	6.0
10	20	3.1	0.0	9.0	0.1	2.2	9.3	5.3	9.3	9.7	0.3
10	21	0.0	0.0	7.8	7.6	1.5	5.8	4.1	6.0	9.8	4.4
10	22	0.0	4.2	9.7	1.3	0.0	10.0	3.5	7.7	9.9	10.1
10	23	0.0	5.6	9.1	5.3	5.3	8.3	0.0	4.9	7.8	8.6
10	24	0.0	0.7	3.9	5.1	1.1	4.4	8.8	0.0	7.5	9.9

续表6-7

月	日	1997 大年	2000 大年	2012 大年	2014 大年	2018 大年	2017 偏大年	2005 偏小年	2015 偏小年	2016 小年	2019 小年
10	25	7.7	0.0	3.1	7.8	9.5	7.3	5.9	0.0	7.1	9.7
10	26	0.9	7.2	8.3	8.9	3.5	10.5	2.1	3.0	7.5	10.0
10	27	2.5	5.9	7.3	8.4	6.3	10.9	0.0	0.0	10.2	4.8
10	28	5.9	8.5	10.0	6.2	7.7	10.1	7.8	4.5	9.9	9.6
10	29	8.0	0.0	6.7	0.7	6.2	6.5	9.1	1.7	9.9	10.2
10	30	1.8	0.7	5.4	7.4	0.0	0.0	9.2	4.4	9.8	10.2
10	31	6.5	8.8	4.2	9.8	1.7	2.4	9.3	8.5	9.3	9.4
11	1	0.9	0.0	7.7	9.2	7.6	1.8	7.8	10.3	0.0	10.5
11	2	0.0	0.0	5.3	8.6	9.3	1.2	0.0	7.9	0.0	4.8
11	3	0.0	0.0	1.7	9.0	8.5	1.5	8.4	0.0	6.7	8.1
11	4	0.0	0.0	4.3	0.0	0.0	5.2	9.7	0.5	9.2	9.9
11	5	0.0	0.0	3.8	0.0	0.0	6.3	8.9	5.6	0.8	4.6
11	6	9.0	0.0	0.7	0.0	0.0	6.9	8.3	8.8	4.2	8.0
11	7	2.6	0.0	0.0	1.5	0.0	5.5	4.1	6.7	2.2	8.9
11	8	4.7	2.8	0.0	4.9	0.0	10.2	7.2	4.0	10.1	0.0
11	9	4.2	0.0	0.0	0.0	0.0	0.8	8.6	0.0	10.0	1.2
11	10	7.6	0.0	0.5	0.0	5.8	0.0	8.8	3.4	5.1	3.4
11	11	7.7	6.0	5.3	2.6	3.1	0.0	6.6	3.7	9.3	8.6
11	12	8.4	2.2	9.1	2.3	0.0	9.0	8.7	0.0	9.6	1.0
11	13	0.0	8.0	8.4	3.0	0.0	7.2	8.1	0.0	7.3	4.1
11	14	2.3	7.3	7.3	0.0	6.2	5.3	8.7	0.0	6.6	8.9
11	15	0.0	5.6	4.1	0.0	2.7	10.3	0.8	9.0	8.1	3.6
11	16	0.0	7.2	3.0	0.0	2.6	10.0	0.0	9.0	9.9	2.7
11	17	0.0	5.6	0.0	0.0	5.7	6.2	0.0	5.5	10.2	5.5
11	18	0.0	1.3	7.0	3.8	5.0	3.0	6.7	4.1	10.2	9.6
11	19	0.0	7.6	7.9	4.7	0.0	5.1	8.9	4.5	9.8	4.4
11	20	3.7	7.3	1.6	0.0	0.0	8.0	9.1	6.9	8.8	7.9
11	21	2.9	5.7	0.0	0.0	0.0	4.7	5.1	7.2	4.1	8.7
11	22	0.0	2.4	0.0	0.0	0.0	5.4	7.3	9.2	2.9	0.0
11	23	0.0	2.9	5.7	0.0	0.0	3.3	0.0	7.5	8.8	0.0
11	24	7.0	2.1	4.2	3.7	0.0	0.0	0.0	5.3	8.5	5.6
11	25	3.4	8.2	0.0	1.0	0.0	0.0	0.0	5.3	6.6	0.0
累计值		189.2	228.2	219.5	195.0	186.5	275.9	344.3	305.6	364.4	351.3
日照时数为0天数/d		19	17	13	17	21	9	9	8	7	5

由表6-7和表6-3相关数据制作成图6-6。图6-6和表6-7说明：儋州市上年10月1日到11月25日的每日日照时数为0天数≥13 d时，年型为大年。回归方程为$Y=-0.027X_{3(1)}^{2}+0.986X_{3(1)}-3.800(r=0.938^{**}, n=10)$。

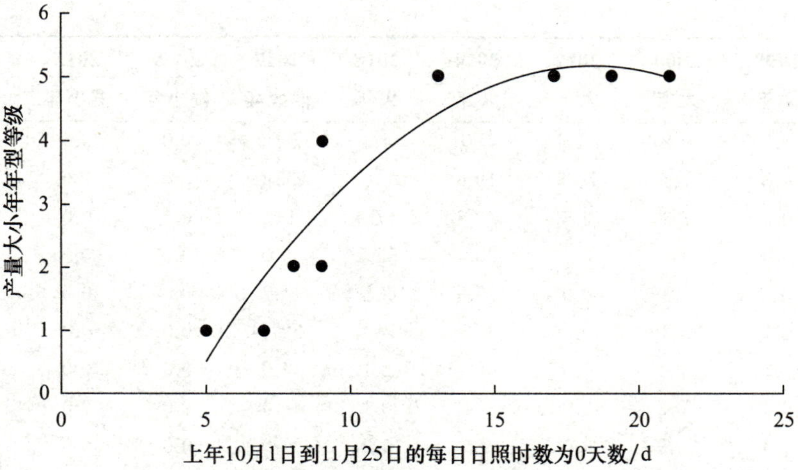

图 6-6　儋州市荔枝 $X_{3(1)}$ 与 Y 的关系

图 6-7 说明：随着 X_4 增加，儋州市荔枝产量大小年年型等级增大；当 $X_4>300$ mm 时，以大年为主。回归方程为 $Y=-1\text{E}-05X_4^2+0.014X_4+0.439(r=0.799^{**},n=10)$。

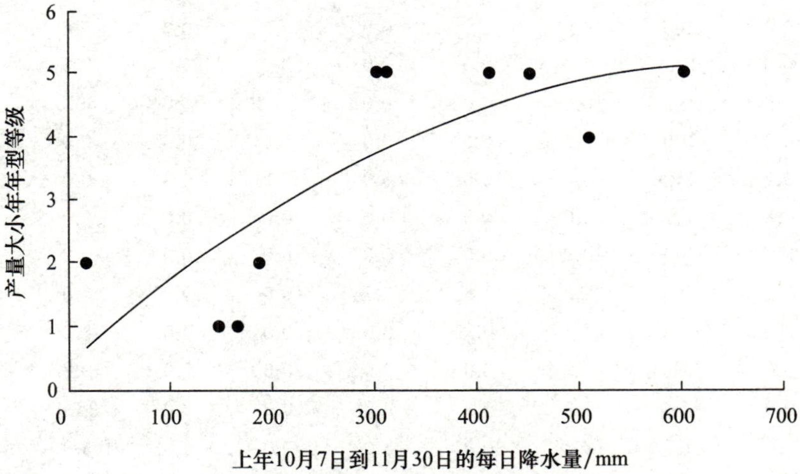

图 6-7　儋州市荔枝 X_4 与 Y 的关系

表 6-8 为儋州市上年 10 月 7 日到 11 月 30 日的每日降水量。

表 6-8　儋州市上年 10 月 7 日到 11 月 30 日的每日降水量　　mm

月	日	1997 大年	2000 大年	2012 大年	2014 大年	2018 大年	2017 偏大年	2005 偏小年	2015 偏小年	2016 小年	2019 小年
10	7	24.1	0.0	63.5	0.0	8.7	0.0	0.0	0.0	20.8	0.0
10	8	0.0	0.0	42.2	0.0	27.6	0.4	0.0	0.0	46.6	0.0
10	9	1.1	0.0	0.1	0.0	73.7	0.0	0.0	0.0	1.9	0.0
10	10	2.5	0.0	0.3	2.0	46.4	0.0	0.0	0.0	0.0	1.7
10	11	0.0	0.0	20.9	0.5	14.9	0.0	0.0	0.0	35.1	0.9
10	12	0.0	0.0	12.0	0.0	1.4	1.5	0.0	0.0	7.0	0.0

续表6-8

月	日	1997 大年	2000 大年	2012 大年	2014 大年	2018 大年	2017 偏大年	2005 偏小年	2015 偏小年	2016 小年	2019 小年
10	13	0.0	0.2	41.4	0.0	4.4	54.9	0.0	0.0	0.9	0.0
10	14	0.0	7.9	76.8	19.6	0.0	75.6	0.0	0.0	0.0	18.2
10	15	0.0	7.3	6.5	29.8	17.9	11.9	0.0	0.0	0.0	0.0
10	16	0.0	3.3	0.0	38.4	52.1	0.0	0.0	0.0	0.0	3.6
10	17	32.1	1.3	0.0	17.9	3.5	1.7	0.0	0.0	0.0	0.6
10	18	0.1	0.2	0.0	0.5	14.4	227.4	0.0	0.0	0.0	0.1
10	19	0.0	12.1	0.0	0.0	2.1	4.3	0.0	0.0	0.0	0.3
10	20	0.0	70.2	0.0	0.0	0.1	0.0	0.0	0.0	0.0	41.1
10	21	1.3	29.9	0.0	0.0	0.0	0.0	0.0	0.0	0.0	46.2
10	22	0.8	1.8	0.0	0.2	0.0	0.0	0.0	0.0	0.0	0.0
10	23	1.1	0.0	0.0	0.0	0.0	0.0	0.0	14.8	0.0	0.0
10	24	0.2	0.0	0.0	0.0	0.0	0.4	0.0	2.2	0.0	0.0
10	25	0.0	8.5	3.7	0.0	0.0	2.3	0.0	40.0	0.3	0.0
10	26	0.0	0.0	0.0	0.0	0.0	0.0	0.0	0.0	1.2	0.0
10	27	0.0	0.0	0.0	0.0	0.0	0.0	0.3	4.8	0.0	0.0
10	28	0.0	0.0	0.0	0.0	0.0	0.0	0.0	0.6	0.0	0.0
10	29	0.0	10.5	0.0	0.0	0.0	0.0	0.0	7.0	0.0	0.0
10	30	56.3	0.2	0.0	0.0	0.0	53.3	0.0	50.3	0.0	0.0
10	31	0.0	0.0	0.0	0.0	0.0	8.4	0.0	0.0	0.0	0.0
11	1	0.2	23.5	0.0	0.0	0.0	0.2	0.0	0.0	0.0	0.0
11	2	0.8	0.1	0.0	0.0	0.0	0.0	0.0	0.0	0.3	0.0
11	3	67.0	0.0	0.9	0.0	0.0	0.0	0.0	0.2	0.0	0.0
11	4	72.8	0.0	21.1	1.6	3.7	0.0	0.0	0.0	0.0	0.0
11	5	37.9	1.6	1.7	46.6	0.0	0.0	0.0	8.6	33.8	0.4
11	6	0.0	251.3	1.9	3.0	0.9	0.0	0.0	0.2	2.0	0.0
11	7	0.0	85.9	1.3	0.3	51.5	0.0	0.0	32.0	0.0	0.0
11	8	0.0	1.1	123.4	0.0	5.0	0.0	0.0	3.0	0.0	1.1
11	9	0.0	37.4	22.4	0.3	6.9	3.7	0.0	0.0	0.0	0.0
11	10	0.0	0.8	0.1	100.5	0.1	2.9	0.0	0.0	0.0	0.0
11	11	0.0	0.0	0.0	6.9	0.0	0.2	0.0	0.0	0.0	0.0
11	12	0.0	13.6	0.0	0.0	0.1	0.0	0.0	19.3	11.6	0.1
11	13	0.0	0.0	0.0	0.0	18.7	0.0	0.0	2.9	0.0	0.0
11	14	0.2	0.0	0.0	7.7	0.6	0.0	0.0	0.0	0.0	0.0
11	15	0.0	0.0	0.0	0.9	0.0	0.0	0.0	0.0	0.3	0.0
11	16	7.1	0.0	0.0	0.0	0.0	0.0	1.0	0.1	0.0	0.0
11	17	1.4	0.0	1.0	0.0	0.0	0.0	1.4	0.0	0.0	0.0
11	18	0.2	0.0	0.6	0.0	5.3	6.7	0.0	0.0	0.0	0.0
11	19	0.0	0.0	0.0	0.0	13.6	6.8	0.0	0.0	0.0	0.0
11	20	0.0	0.0	0.0	7.5	21.6	13.8	0.0	0.0	0.0	1.8
11	21	0.0	0.0	6.1	0.4	6.6	1.5	0.0	0.0	0.0	1.0

续表6-8

月	日	1997 大年	2000 大年	2012 大年	2014 大年	2018 大年	2017 偏大年	2005 偏小年	2015 偏小年	2016 小年	2019 小年
11	22	0.0	0.8	2.9	2.1	3.0	0.2	0.0	0.0	3.7	0.0
11	23	0.1	0.0	0.0	0.3	1.2	1.5	0.0	0.6	0.0	0.0
11	24	0.0	0.0	0.0	0.0	0.8	11.5	2.3	0.0	0.0	0.0
11	25	0.0	0.0	0.0	0.0	2.5	8.8	0.6	0.0	0.0	3.2
11	26	0.0	0.0	0.5	0.0	0.3	9.2	11.2	0.0	0.0	0.2
11	27	0.0	3.1	0.0	4.5	0.1	1.2	0.5	0.0	0.0	4.9
11	28	0.7	30.9	0.0	9.3	1.9	0.0	0.0	0.0	0.0	20.2
11	29	3.1	0.0	0.0	1.3	0.9	0.1	0.0	0.0	0.0	0.7
11	30	0.5	0.0	0.0	0.0	0.0	0.1	0.0	0.0	0.0	0.2
累计值		311.6	603.5	451.3	302.1	412.5	510.5	17.3	186.6	165.5	146.5
≥1 mm天数/d		13	19	17	16	25	21	4	11	10	11

由表6-8和表6-3相关数据制作成图6-8。图6-8和表6-8说明:儋州市上年10月7日到11月30日的每日降水量≥1 mm天数不少于13 d时,年型为大年和偏大年。回归方程为 $Y=-0.004X_{4(1)}^2+0.322X_{4(1)}-0.266$($r=0.758^*$,$n=10$)。

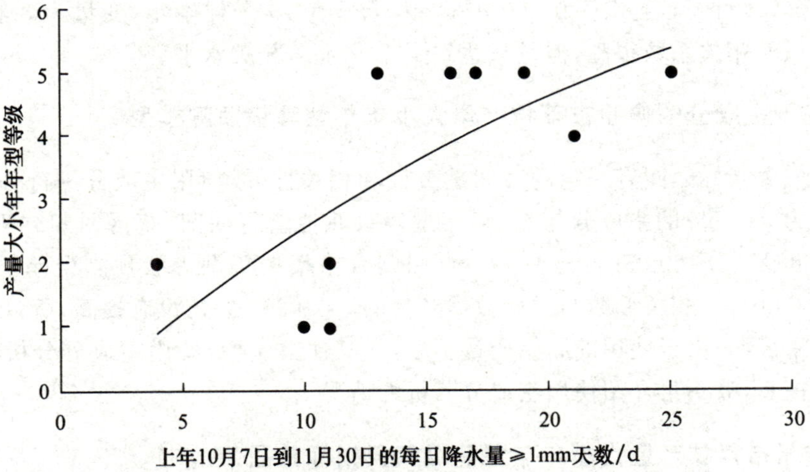

图6-8 儋州市荔枝 $X_{4(1)}$ 与 Y 的关系

6.1.5 儋州市荔枝产量大小年年型等级预测模型

(1)基于原始气象指标组合的综合预测模型　对表6-3中儋州市10年已知荔枝产量大小年年型等级赋值与确定的4个气象指标进行四元回归,得到预测模型:$Y=24.869-0.633X_1-0.013X_2-0.012X_3+0.002X_4$($r=0.992^{**}$,$n=10$),自回归合格率按年型等级预测误差±0.5个等级计算,合格率为100.0%,结果见表6-3。

(2)基于原始气象指标组合中某些指标被以天数指标替换后的综合预测模型　使用表6-9中4个以天数为指标的气象指标进行四元回归,得到回归方程 $Y=-2.131+0.154X_{1(1)}+0.031X_{2(1)}-0.020X_{3(1)}+0.028X_{4(1)}$($r=0.964^{**}$,$n=10$),模型自回归合格率按年型等级预测误差±1

个等级计算,合格率为70.0%。这一结果可见,转化为天数的指标最好与原始筛选出来的指标一起使用。

表6-9 影响儋州市荔枝产量大小年年型等级的转化后的气象指标数据和模型自回归结果

年份	$X_{1(1)}$/d	$X_{2(1)}$/d	$X_{3(1)}$/d	$X_{4(1)}$/d	Y	Y'	$Y'-Y$
1997	32	66	19	13	5	4.80	−0.20
2000	33	58	17	19	5	4.91	−0.09
2005	20	22	9	4	2	1.55	−0.45
2012	31	54	13	17	5	4.51	−0.49
2014	38	56	17	16	5	5.54	0.54
2015	16	47	8	11	2	1.92	−0.08
2016	12	45	7	10	1	1.24	0.24
2017	22	56	9	21	4	3.37	−0.63
2018	36	54	21	25	5	5.34	0.34
2019	16	42	5	11	1	1.82	0.82

(3)所有气象指标组合的综合预测模型　使用表6-3和表6-9中的8个气象指标进行八元回归,得到回归方程 $Y=43.796-1.621X_1+0.211X_2-0.011X_3+0.002X_4-0.090X_{1(1)}-0.056X_{2(1)}+0.041X_{3(1)}-0.057X_{4(1)}$($r=0.996$,$r_{0.10}=0.988$,$n=10$),模型自回归合格率按年型等级预测误差±0.5个等级计算,合格率为100.0%。由于只有10个样本年,变量为8和自由度为1,10−8−1=1,虽然相关系数很高,但是只达到了10%显著相关水平。

6.1.6 基于主成分的儋州市荔枝产量大小年年型等级预测模型

原始4个气象指标之间有一定的时间重叠性和相关性,故使用主成分进行分析后选择前2个累计贡献率为93.27%的主成分与10年年型等级赋值进行回归,获得回归方程:$Y=3.500-1.697X_1'-0.486X_2'$($r=0.958^{**}$,$n=10$),自回归合格率按年型等级预测误差±0.5个等级计算,合格率为100.0%。相关系数与原始数据结果的 $r=0.992$ 相比没有提高,所以不选择使用此结果。计算结果表明,由于使用的原始变量不多,在其他案例中,使用主成分分析结果再进行建模的效果没有提高,故不再介绍使用主成分分析的情况。

6.1.7 儋州市荔枝产量大小年年型等级气象指标范围

儋州市已知10年荔枝产量大小年年型等级的气象指标范围见表6-10。

表6-10 儋州市荔枝已知10年产量大小年年型等级的气象指标范围

变量	大年	偏大年	平年	偏小年	小年
X_1/℃	27.4~27.7	28.4		28.7~29.5	29.4~30.2
X_2/%	65.1~66.7	67.23		53.5~64.7	61.5~63.9
X_3/h	186.5~228.2	275.9		305.6~344.3	351.3~364.4
X_4/mm	302.1~603.5	510.5		17.3~186.6	146.5~165.5
$X_{1(1)}$/d	31~38	22		16~20	12~16
$X_{2(1)}$/d	54~66	56		22~47	42~45
$X_{3(1)}$/d	13~21	9		8~9	5~7
$X_{4(1)}$/d	13~25	21		4~11	10~11

6.2 灵山县荔枝产量大小年年型等级预测模型

钦州市灵山县为广西地标荔枝的代表，但是产量大小年年型等级难题一直没有得到解决，原因是没有找到影响产量大小年年型等级产生的关键原因。

6.2.1 数据和研究方法

灵山县荔枝产量大小年年型等级数据的取得：通过实地调查、公开信息和数据分析整理近年灵山县荔枝产量大小年年型等级数据，确定 14 年灵山县荔枝产量大小年年型等级，将其分为 5 级，并将大年、偏大年、平年、偏小年、小年分别赋值 5、4、3、2、1，结果见表 6-11。

表 6-11 灵山县荔枝产量大小年年型等级

大年年份	偏大年年份	平年年份	偏小年年份	小年年份
2004、2012、2014、2018	2005、2007、2015	2002、2011	1993、2010、2017	1995、2019

气象数据：本案例中所使用的气象数据主要包括逐日的平均温度、最高温度、最低温度、平均相对湿度、最小相对湿度、日照时数和降水量，数据来源于《国家气象科学数据中心中国气象数据网》(http://data.cma.cn/)中国 756 个基本、基准地面气象观测站气候资料年值数据集；灵山县逐年逐日气象数据来源于横州市气象站的气象数据。灵山荔枝收获时间为 6—7 月，因此将其生长周期确定为上年 8 月至收获当年 7 月，提取灵山县荔枝每个生长周期即上一年至收获当年上年 8 月至收获当年 7 月的 7 个气象指标(平均温度、最高温度、最低温度、平均相对湿度、最小相对湿度的月均值和日照时数、降水量的月累计值)的数据。此处 8—12 月为上年气象数据，1—7 月为收获当年气象数据。

模型建立方法：采用统计分析方法建立基于气象条件的灵山县荔枝产量大小年年型等级预测模型，统计方法包括一元和多元回归；使用 Excel 和自编软件进行数据分析和建模。

6.2.2 影响灵山县荔枝产量大小年年型等级的气象指标

经过多种算法和大数据计算，最后确定两个变量为影响灵山县荔枝产量大小年年型等级的气象指标，见表 6-12，相应的气象数据和模型自回归结果见表 6-13。

表 6-12 影响灵山县荔枝产量大小年年型等级的原始气象指标

变量	定义和与年型等级的关系
X_1/℃	上年 12 月每日最低温度的平均；负相关
X_2/%	上年 12 月每日平均湿度的平均；负相关

表 6-13 影响灵山县荔枝产量大小年年型等级的原始气象数据和模型自回归结果

年份	X_1/℃	X_2/%	Y	Y'	$Y'-Y$
1993	12.6	77.0	2	2.09	0.09
1995	13.3	82.6	1	1.11	0.11
2002	10.3	77.6	3	3.24	0.24

续表6-13

年份	X_1/℃	X_2/%	Y	Y'	$Y'-Y$
2004	8.8	67.3	5	5.13	0.13
2005	10.1	70.8	4	4.05	0.05
2007	10.4	69.8	4	4.04	0.04
2010	12.3	76.4	2	2.33	0.33
2011	11.3	73.7	3	3.11	0.11
2012	9.6	62.6	5	5.26	0.26
2014	7.7	73.5	5	5.03	0.03
2015	9.7	72.0	4	4.12	0.12
2017	12.8	75.2	2	2.20	0.20
2018	11.1	74.1	5	3.18	−1.82
2019	12.5	86.5	1	1.11	0.11

6.2.3 灵山县原始气象指标之间相关关系

表 6-13 为影响灵山县荔枝产量大小年年型等级原始气象指标之间的相关关系，表中可以看出：X_1 与 X_2 之间呈极显著正相关，说明温度越低、湿度越小，有利于荔枝大年的形成。回归方程为 $X_2=0.674X_1^2-12.027X_1+123.480(r=0.673^{**},n=14)$，当上年 12 月每日最低温度的平均低于 12 ℃时，平均湿度的平均低于 75%，见图 6-9。

表 6-14 灵山县原始气象指标之间相关关系

r	X_1/℃	X_2(%)
X_1/℃	1	
X_2/%	0.673**	1

注：$r_{0.05}=0.532$，$r_{0.01}=0.661$，$n=14$

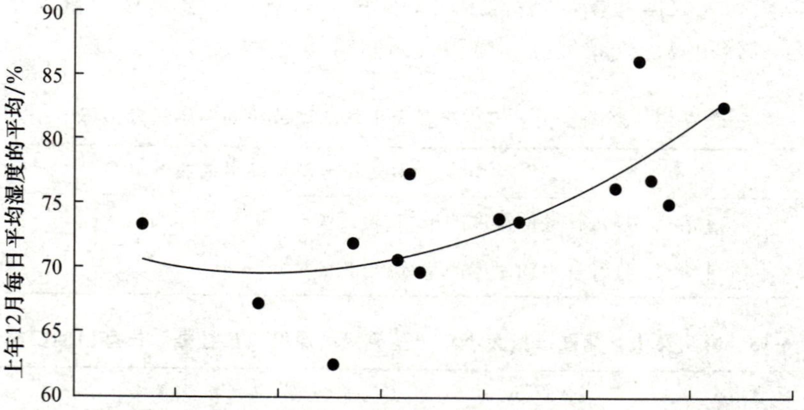

图 6-9 灵山县上年 12 月每日最低温度的平均与上年 12 月每日平均湿度的平均关系

6.2.4 灵山县单一气象指标与荔枝产量大小年年型等级的关系

分别做表 6-14 中的灵山县两个原始气象指标与荔枝产量大小年年型等级关系的散点图，并配回归方程，结果分别见图 6-10、图 6-12，而图 6-11、图 6-13 分别为对应的 2 个原始气象指标转化为天数的 2 个气象指标，合计 4 个气象指标。

图 6-10 说明：灵山县荔枝产量大小年年型等级与上年 12 月每日最低温度的平均呈极显著负相关关系；当 $X_1<11$ ℃时，产量年型以大年和偏大年为主。回归方程为 $Y=-0.114X_1^2+1.674X_1-1.055$（$r=-0.901^{**}$，$n=14$）。

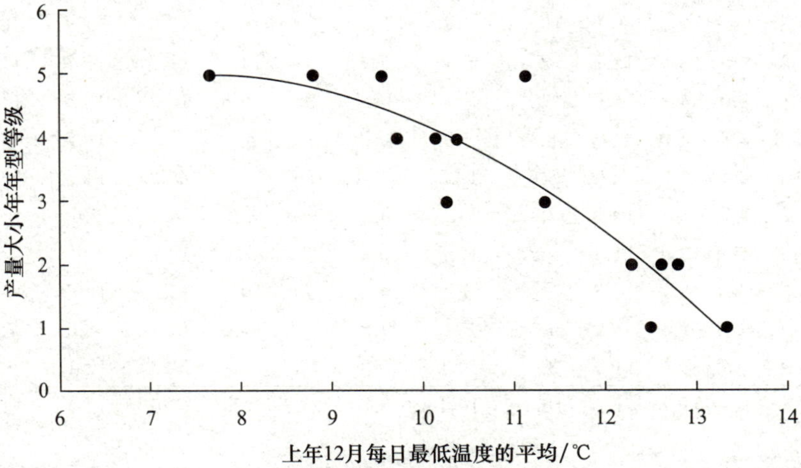

图 6-10 灵山县荔枝 X_1 与 Y 的关系

表 6-15 为灵山县上年 12 月每日最低温度。

表 6-15 灵山县上年 12 月每日最低温度 ℃

月	日	2004 大年	2012 大年	2014 大年	2018 大年	2005 偏大年	2007 偏大年	2015 偏大年	2002 平年	2011 平年	1993 偏小年	2010 偏小年	2017 偏小年	1995 小年	2019 小年
12	1	9.2	10.1	10.2	14.2	12.5	12.0	15.4	18.3	15.2	6.1	11.4	11.5	20.4	19.3
12	2	10.7	8.0	7.7	13.6	12.2	13.4	11.1	20.3	12.3	6.8	11.5	10.5	15.5	21.4
12	3	9.9	5.7	8.3	13.9	13.0	14.8	11.0	20.3	10.7	7.6	12.7	13.5	13.4	22.5
12	4	11.1	6.8	9.0	14.3	16.6	13.6	9.6	18.4	10.5	12.4	8.8	15.5	13.9	20.7
12	5	13.3	10.5	9.8	13.4	9.7	12.7	12.9	20.8	15.2	16.2	9.2	14.3	11.1	19.0
12	6	15.7	17.0	10.6	13.4	7.7	15.1	12.2	10.1	19.1	14.9	10.3	14.4	14.6	18.2
12	7	11.7	14.4	9.3	15.6	9.1	20.8	11.7	10.4	14.4	14.9	17.3	10.0	16.0	10.7
12	8	10.9	10.7	10.3	13.7	4.3	17.3	11.5	13.3	12.8	13.8	16.8	10.0	16.2	8.4
12	9	9.7	10.0	10.9	8.9	5.1	9.9	12.2	13.5	13.2	15.7	14.3	8.7	17.7	7.3
12	10	10.4	9.9	13.3	11.1	8.2	8.6	12.5	9.9	16.8	14.8	15.4	10.1	21.6	7.0
12	11	9.1	5.7	13.9	14.1	9.1	9.4	10.2	9.6	14.9	16.7	13.9	12.3	23.7	7.2
12	12	8.8	4.1	10.7	13.0	7.4	10.7	9.7	10.6	15.2	17.1	18.7	20.2	14.9	5.8
12	13	7.2	4.8	11.0	13.7	7.7	11.0	6.2	8.7	17.1	20.0	15.0	18.0	11.0	6.1
12	14	5.3	9.0	12.5	10.6	9.1	11.0	7.3	6.5	13.8	10.9	14.9	15.8	10.8	7.6

续表6-15

月	日	2004 大年	2012 大年	2014 大年	2018 大年	2005 偏大年	2007 偏大年	2015 偏大年	2002 平年	2011 平年	1993 偏小年	2010 偏小年	2017 偏小年	1995 小年	2019 小年
12	15	4.6	13.2	10.6	9.9	13.8	10.4	13.2	9.1	7.4	9.0	12.3	11.8	11.3	9.3
12	16	6.0	11.4	7.3	9.4	14.5	12.8	12.0	11.8	4.2	7.9	8.7	10.6	12.0	10.1
12	17	5.6	11.2	6.9	6.8	16.1	6.8	8.7	9.7	2.0	8.5	8.6	6.8	11.5	7.9
12	18	8.2	12.5	7.5	4.1	15.5	4.4	3.8	8.5	3.2	11.6	10.0	13.4	10.6	8.5
12	19	8.4	8.7	4.7	5.7	11.9	4.1	11.5	9.0	9.7	12.5	9.1	15.9	10.6	15.1
12	20	5.6	9.3	3.1	4.6	12.5	4.1	4.9	9.5	14.2	17.7	10.1	18.1	9.7	18.1
12	21	2.9	10.5	4.1	3.2	16.8	5.7	6.3	8.3	16.1	15.3	8.4	17.7	8.3	20.9
12	22	3.8	13.3	3.3	9.2	19.1	4.6	5.5	7.2	10.5	12.5	11.9	16.0	6.8	20.5
12	23	5.4	9.5	8.5	13.7	12.8	5.1	7.3	3.3	14.0	11.7	12.7	11.9	8.6	17.0
12	24	8.8	8.0	4.2	14.7	8.9	7.7	12.7	2.3	16.8	10.2	18.5	15.8	10.7	13.3
12	25	12.6	3.8	4.0	8.4	8.1	5.9	14.2	4.0	8.1	8.7	15.7	18.9	13.9	15.4
12	26	11.6	2.4	4.0	7.2	8.6	12.5	13.1	7.1	5.7	9.5	14.5	12.8	14.6	16.0
12	27	9.2	7.7	8.7	13.9	7.1	14.8	10.1	9.9	3.2	14.5	9.6	10.5	14.4	12.1
12	28	5.5	13.4	3.6	11.5	5.2	12.2	9.4	9.9	5.8	12.7	6.2	7.8	11.5	9.1
12	29	7.3	13.1	3.1	14.3	3.5	9.9	4.2	6.0	10.5	15.3	10.6	6.9	11.5	7.2
12	30	11.6	10.3	2.8	13.3	4.3	8.1	4.8	4.4	11.0	14.7	12.0	7.8	15.3	3.3
12	31	12.6	11.0	3.4	11.9	3.9	12.1	6.3	7.3	8.0	11.3	12.1	9.4	11.5	2.8
平均值		8.8	9.6	7.7	11.1	10.1	10.4	9.7	10.3	11.3	12.6	12.3	12.8	13.3	12.5
≤11 ℃天数/d		23	23	28	12	18	18	17	23	15	10	12	12	9	16

由表6-15和表6-12相关数据制作成图6-11。图6-11和表6-15说明:灵山县上年12月每日最低温度≤11 ℃天数不少于20 d时,年型好。回归方程为$Y=2.912\ln(X_{1(1)})-4.782$($r=0.674^{**}$,$n=14$)。

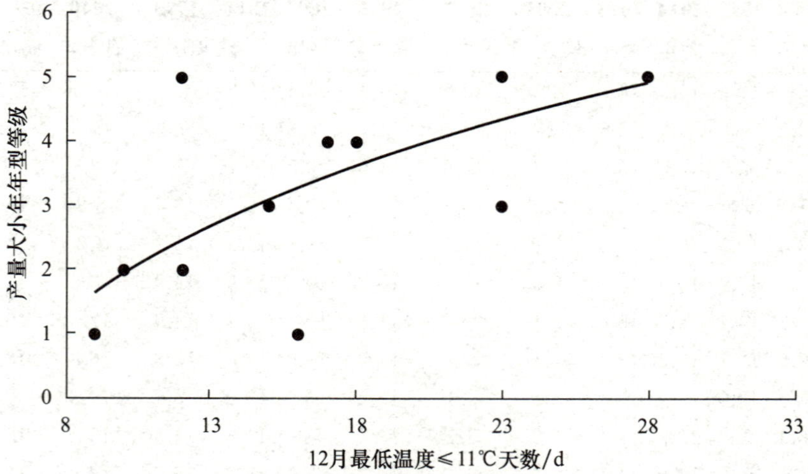

图6-11　灵山县荔枝$X_{1(1)}$与Y的关系

图 6-12 说明:灵山县荔枝产量大小年年型等级与上年 12 月每日平均湿度的平均呈极显著负相关关系;当 $X_2<75\%$时,产量年型以大年和偏大年为主。回归方程为 $Y=1219.5e^{-0.081\times Z}$,其中 $Z=X_2(r=-0.860^{**},n=14)$。

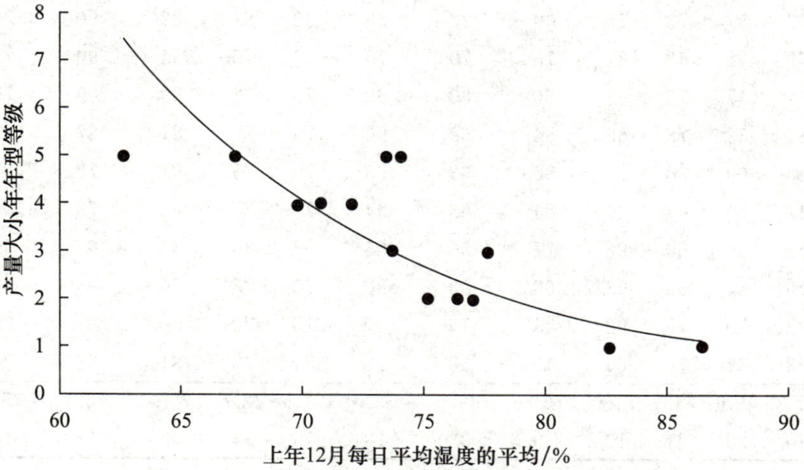

图 6-12　灵山县荔枝 X_2 与 Y 的关系

表 6-16 为灵山县上年 12 月每日平均湿度。

表 6-16　灵山县上年 12 月每日平均湿度　　%

月	日	2004 大年	2012 大年	2014 大年	2018 大年	2005 偏大年	2007 偏大年	2015 偏大年	2002 平年	2011 平年	1993 偏小年	2010 偏小年	2017 偏小年	1995 小年	2019 小年
12	1	69	61	67	70	76	84	65	82	70	68	76	69	85	90
12	2	67	70	68	75	75	69	87	77	79	67	77	78	92	90
12	3	76	77	69	86	76	66	96	80	75	72	68	78	89	83
12	4	72	78	70	73	54	64	80	82	78	77	79	73	75	85
12	5	78	76	73	68	53	72	60	86	82	73	80	77	79	89
12	6	76	87	73	88	68	76	85	74	77	78	75	66	81	84
12	7	63	92	73	85	49	87	86	67	36	83	75	80	93	88
12	8	74	74	74	60	65	82	72	69	39	81	84	79	96	93
12	9	89	53	69	64	66	78	74	76	57	83	74	80	91	93
12	10	80	36	60	72	66	76	79	92	72	81	83	82	88	92
12	11	71	43	62	63	64	79	69	95	92	77	88	81	84	88
12	12	57	67	88	87	70	75	55	93	89	84	73	79	88	92
12	13	65	72	92	91	62	79	50	87	79	76	79	86	73	85
12	14	68	61	96	99	68	73	68	75	89	85	76	71	90	92
12	15	71	50	94	98	69	62	73	73	92	63	80	63	85	90
12	16	70	55	91	67	71	48	50	88	61	69	65	56	84	81
12	17	76	51	78	53	65	59	39	95	65	77	62	79	85	78
12	18	65	53	69	47	91	67	64	88	76	76	61	73	70	74
12	19	36	63	72	49	87	69	50	85	80	82	54	91	80	91
12	20	41	73	83	44	84	68	77	91	73	79	52	84	82	91

续表6-16

月	日	2004 大年	2012 大年	2014 大年	2018 大年	2005 偏大年	2007 偏大年	2015 偏大年	2002 平年	2011 平年	1993 偏小年	2010 偏小年	2017 偏小年	1995 小年	2019 小年
12	21	54	64	73	74	69	67	70	59	78	85	65	80	65	87
12	22	67	51	73	75	69	70	53	52	82	82	90	72	77	83
12	23	72	58	68	81	76	70	75	70	76	54	90	71	83	82
12	24	80	47	76	64	76	66	69	75	73	39	80	77	83	73
12	25	81	52	78	66	84	69	96	75	77	81	87	87	85	95
12	26	43	69	68	77	86	63	95	70	65	91	78	91	82	96
12	27	47	60	43	70	84	63	94	70	75	92	78	58	75	86
12	28	67	55	60	96	77	60	65	63	80	86	65	60	74	86
12	29	75	61	66	93	69	63	80	60	78	76	95	68	78	76
12	30	72	70	75	92	83	75	80	75	70	90	91	70	87	84
12	31	63	61	76	69	42	65	77	81	70	81	88	73	83	83
平均值		67.3	62.6	73.5	74.1	70.8	69.8	72.0	77.6	73.7	77.0	76.4	75.2	82.6	86.5
≤75%天数/d		23	26	21	19	19	23	18	15	14	8	12	14	6	2

由表 6-16 和表 6-12 相关数据制作成图 6-13。图 6-13 和表 6-16 说明：灵山县上年 12 月每日平均湿度≤75%天数不少于 20 d 时，年型为大年和偏大年。回归方程为 $Y=0.869e^{0.0765\times Z}$，其中 $Z=X_{2(1)}$（$r=0.939^{**}$，$n=14$）。

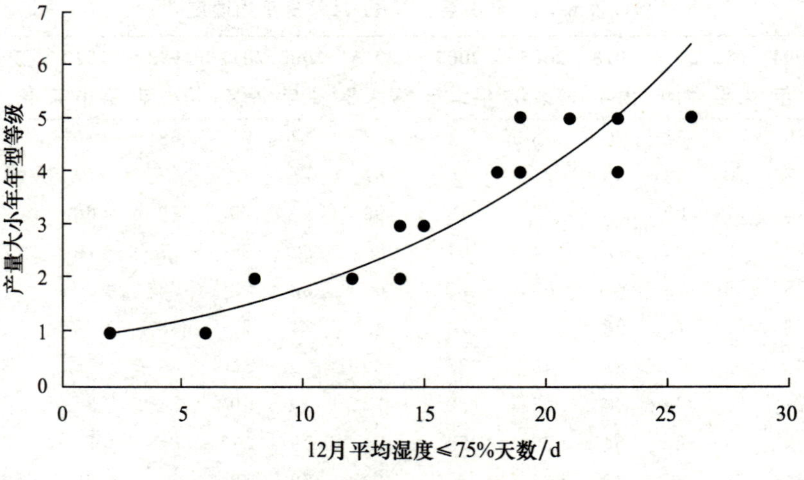

图 6-13　灵山县荔枝 $X_{2(1)}$ 与 Y 的关系

6.2.5　灵山县荔枝产量大小年年型等级预测模型

（1）基于原始气象指标组合的综合预测模型　对表 6-13 中灵山 14 年已知荔枝产量大小年年型等级赋值与确定的两个气象指标进行二元回归，得到预测模型：$Y=17.028-0.511X_1-0.110X_2$（$r=0.934^{**}$，$n=14$），自回归合格率按年型等级预测误差±1 个等级计算，合格率为 92.9%，结果见表 6-13。

（2）基于原始气象指标组合中某些指标被以天数指标替换后的综合预测模型　使用表 6-17 中两个以天数为指标的气象指标进行二元回归，得到回归方程 $Y=-0.117+0.032X_{1(1)}+0.182$

$X_{2(1)}$)($r=0.934^{**}$,$n=14$),模型自回归合格率按年型等级预测误差±1个等级计算,合格率为100.0%。

表 6-17　影响灵山县荔枝产量大小年年型等级的转化后的气象指标数据和模型自回归结果

年份	$X_{1(1)}$/d	$X_{2(1)}$/d	Y	Y'	$Y'-Y$
1993	10	8	2	1.66	−0.34
1995	9	6	1	1.26	0.26
2002	23	15	3	3.35	0.35
2004	23	23	5	4.81	−0.19
2005	18	19	4	3.92	−0.08
2007	18	23	4	4.65	0.65
2010	12	12	2	2.45	0.45
2011	15	14	3	2.91	−0.09
2012	23	26	5	5.36	0.36
2014	28	21	5	4.60	−0.40
2015	17	18	4	3.71	−0.29
2017	12	14	2	2.82	0.82
2018	12	19	5	3.73	−1.27
2019	16	2	1	0.76	−0.24

(3)所有气象指标组合的综合预测模型　使用表6-13和表6-17中的4个气象指标进行四元回归,得到回归方程 $Y=8.853-0.741X_1+0.030X_2-0.115X_{1(1)}+0.141X_{2(1)}$($r=0.971^{**}$,$n=14$),模型自回归合格率按年型等级预测误差±1个等级计算,合格率为100.00%,模型自回归合格率按年型等级预测误差±0.5个等级计算,合格率为92.90%。

6.2.6　灵山县荔枝产量大小年气象指标范围

灵山县已知14年荔枝产量大小年年型等级的气象指标范围见表6-18。

表 6-18　灵山县荔枝已知14年产量大小年年型等级的气象指标范围

变量	大年	偏大年	平年	偏小年	小年
X_1/℃	7.7～11.1	9.7～10.4	10.3～11.3	12.3～12.8	12.5～13.3
X_2/%	62.6～74.1	69.8～72.0	73.7～77.6	75.23～77.0	82.7～86.5
$X_{1(1)}$/d	12～28	17～18	15～23	10～12	9～16
$X_{2(2)}$/d	19～26	18～23	14～15	8～14	2～6

6.3　浦北县荔枝产量大小年年型等级预测模型

钦州市浦北县为广西地标荔枝的代表主产地,但是产量大小年年型等级难题一直没有得到解决,原因是没有找到影响产量大小年年型等级产生的关键原因。

6.3.1 数据和研究方法

浦北县荔枝产量大小年年型等级数据的取得：通过实地调查、公开信息和数据分析整理近年浦北县荔枝产量大小年年型等级数据，确定 9 年浦北县荔枝产量大小年年型等级，将其分为 5 级，并将大年、偏大年、平年、偏小年、小年分别赋值 5、4、3、2、1，结果见表 6-19。

表 6-19 浦北县荔枝产量大小年年型等级

大年年份	偏大年年份	平年年份	偏小年年份	小年年份
2007、2018	2014、2016	2012	1991	2000、2001、2019

气象数据：本案例中所使用的气象数据主要包括逐日的平均温度、最高温度、最低温度、平均相对湿度、最小相对湿度、日照时数和降水量，数据来源于《国家气象科学数据中心中国气象数据网》(http://data.cma.cn/)中国 756 个基本、基准地面气象观测站气候资料年值数据集；浦北县逐年逐日气象数据来源于灵山气象站的气象数据。浦北县荔枝收获时间为 6—7 月，因此将其生长周期确定为上年 8 月至收获当年 7 月，提取浦北县荔枝每个生长周期 8—7 月的 7 个气象指标(平均温度、最高温度、最低温度、平均相对湿度、最小相对湿度的月均值和日照时数、降水量的月累计值)的数据，此处 8—12 月为上年气象数据，1—7 月为收获当年气象数据。

模型建立方法：采用统计分析方法建立基于气象条件的浦北县荔枝产量大小年年型等级预测模型，统计方法包括一元和多元回归；使用 Excel 和自编软件进行数据分析和建模。

6.3.2 影响浦北县荔枝产量大小年年型等级的气象指标

经过多种算法和大数据计算，最后确定两个变量为影响浦北县荔枝产量大小年年型等级的气象指标，见表 6-20，相应的气象数据和模型自回归结果见表 6-21。

表 6-20 影响浦北县荔枝产量大小年年型等级的原始气象指标

变量	定义和与年型等级的关系
X_1/h	上年 10 月的日照时数；正相关
X_2/℃	收获当年 5 月的每日最高温度的平均；正相关

表 6-21 影响浦北县荔枝产量大小年年型等级的原始气象指标数据和模型自回归结果

年份	X_1/h	X_2/℃	Y	Y'	$Y'-Y$
1991	176.4	30.3	2	2.27	0.27
2000	164.2	30.1	1	1.69	0.69
2001	154.5	29.6	1	0.87	−0.13
2007	218.5	31.0	5	4.53	−0.47
2012	151.8	31.4	3	2.52	−0.48
2014	202.6	30.9	4	3.84	−0.16
2016	195.9	31.5	4	4.13	0.13
2018	206.9	32.3	5	5.35	0.35
2019	155.3	29.5	1	0.79	−0.21

6.3.3 浦北县原始气象指标之间相关关系

表 6-22 为影响浦北县荔枝产量大小年年型等级原始气象指标之间的相关关系，两个变量之间未达到显著相关。

表 6-22 浦北县原始气象指标之间相关关系

r	X_1/h	X_2/℃
X_1/h	1	
X_2/℃	0.616	1

注：$r_{0.05}=0.666(n=9)$，$r_{0.01}=0.798(n=9)$

6.3.4 浦北县单一气象指标与荔枝产量大小年年型等级的关系

分别做表 6-21 中的浦北县两个原始气象指标与荔枝产量大小年年型等级关系的散点图，并配回归方程，结果分别见图 6-14 和图 6-16。而图 6-15、图 6-17 分别为对应的 2 个原始气象指标转化为天数的 2 个气象指标，合计 4 个气象指标。

图 6-14 说明：浦北县荔枝产量大小年年型等级与上年 10 月的日照时数呈极显著正相关关系；当 $X_1>190$ h 时，年型等级为偏大年和大年。回归方程为 $Y=0.0008X_1^2-0.225X_1+17.841$ ($r=0.897^{**}$，$n=9$)。

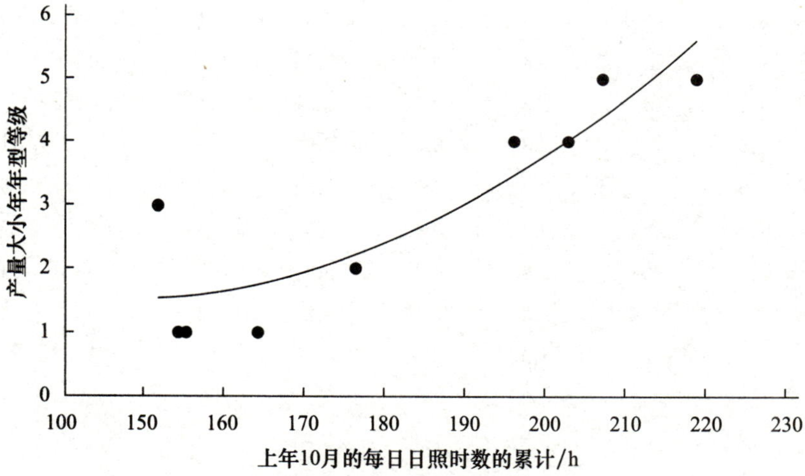

图 6-14 浦北县荔枝 X_1 与 Y 的关系

表 6-23 为浦北县上年 10 月的每日日照时数。

表 6-23 浦北县上年 10 月的每日日照时数 h

月	日	2007 大年	2018 大年	2014 偏大年	2016 偏大年	2012 平年	1991 偏小年	2000 小年	2001 小年	2019 小年
10	1	0.0	9.5	2.1	7.9	0.0	3.2	10.1	9.8	10.4
10	2	3.0	9.0	9.8	10.0	0.0	7.2	8.0	10.3	10.5
10	3	9.1	5.5	9.7	9.4	1.3	6.7	3.9	8.7	10.0

续表6-23

月	日	2007 大年	2018 大年	2014 偏大年	2016 偏大年	2012 平年	1991 偏小年	2000 小年	2001 小年	2019 小年
10	4	9.7	7.8	8.5	0.0	0.0	1.7	9.4	2.6	10.7
10	5	6.2	5.0	9.3	0.0	0.0	0.0	7.4	5.4	10.9
10	6	7.3	3.2	9.8	9.8	0.0	2.3	10.6	6.0	10.7
10	7	8.1	3.3	9.5	10.6	0.0	9.1	10.0	7.8	10.1
10	8	8.7	8.3	9.6	2.8	4.4	9.2	10.5	7.7	8.7
10	9	4.2	7.6	7.3	0.0	8.8	9.8	9.8	8.5	6.6
10	10	8.6	1.0	8.5	0.0	8.1	7.4	8.7	8.4	0.0
10	11	9.6	6.6	9.2	2.4	3.4	8.6	8.8	6.9	1.1
10	12	8.3	3.8	7.3	0.0	1.8	8.3	5.9	9.4	5.0
10	13	5.4	10.9	6.4	0.0	0.5	9.5	10.3	1.9	0.9
10	14	7.5	8.6	6.4	9.7	4.8	9.6	8.0	0.0	0.0
10	15	7.9	6.5	0.7	10.4	9.1	9.2	7.4	0.0	0.0
10	16	7.0	0.0	0.2	9.8	10.4	8.1	4.1	3.1	1.1
10	17	3.3	0.0	0.0	10.5	8.6	7.0	9.9	9.3	0.0
10	18	8.4	1.5	0.0	9.9	9.8	7.8	10.0	1.9	0.0
10	19	7.3	9.5	1.1	9.1	8.4	6.6	0.0	0.0	0.0
10	20	8.8	10.0	7.9	9.9	7.5	4.1	0.0	0.0	0.0
10	21	6.0	4.3	9.4	9.9	7.4	0.6	0.0	0.0	0.7
10	22	4.1	10.2	9.3	9.5	8.9	3.4	2.4	0.0	2.2
10	23	6.6	9.7	8.3	9.5	8.9	5.3	2.8	1.1	0.0
10	24	0.0	1.5	3.7	9.5	8.3	0.0	4.1	6.3	2.1
10	25	7.2	8.4	9.9	5.1	0.0	7.8	0.9	5.5	3.6
10	26	9.2	9.1	9.7	4.1	3.7	9.8	0.0	4.8	5.1
10	27	9.6	9.4	9.2	8.5	6.2	6.3	0.0	3.1	6.0
10	28	9.4	9.3	4.9	6.3	0.0	0.0	0.0	8.9	7.8
10	29	9.0	9.8	0.0	3.9	7.1	2.1	1.2	1.2	10.5
10	30	9.6	9.7	5.8	7.4	5.9	5.1	0.0	10.5	10.2
10	31	9.4	7.9	9.1	0.0	8.5	0.6	0.0	5.4	10.4
累计值		218.5	206.9	202.6	195.9	151.8	176.4	164.2	154.5	155.3
≥4 h天数/d		27	23	23	21	18	21	18	18	16

由表6-23和表6-21相关数据制作成图6-15。图6-15和表6-23说明：浦北县上年10月每日日照时数≥4 h天数不少于22 d，才能保证大年或偏大年。回归方程为 $Y=-0.018X_{1(1)}^{2}+1.188X_{1(1)}-13.742$（$r=0.861^{**}$，$n=9$）。

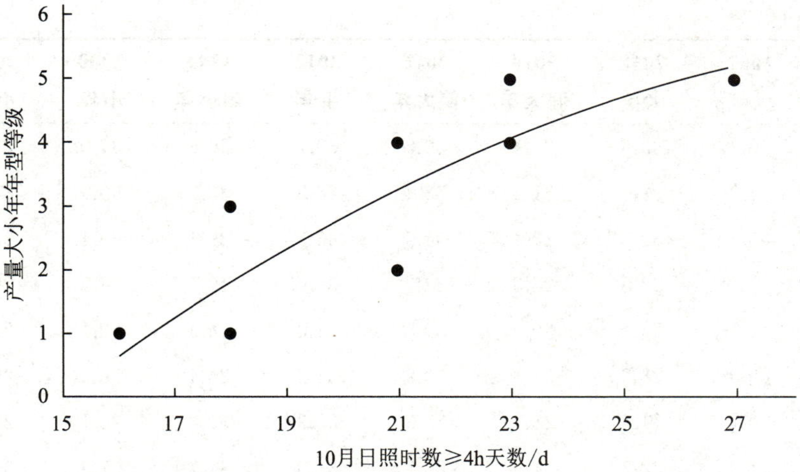

图 6-15　浦北县荔枝 $X_{1(1)}$ 与 Y 的关系

图 6-16 说明：浦北县荔枝产量大小年年型等级与收获当年 5 月的每日最高温度的平均呈极显著正相关关系；当 $X_2>30.7$ ℃时，年型等级好。回归方程为 $Y=-0.353X_2^2+23.303X_2-380.11(r=0.886^{**},n=9)$。

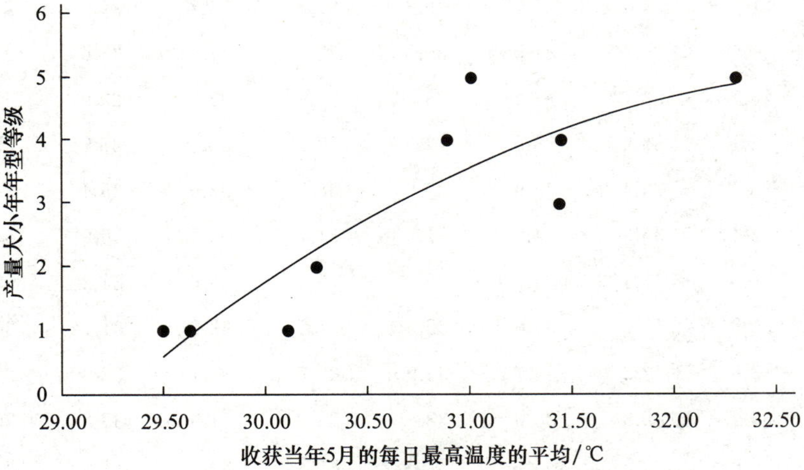

图 6-16　浦北县荔枝 X_2 与 Y 的关系

表 6-24 为浦北县收获当年 5 月的每日最高温度。

表 6-24　浦北县收获当年 5 月每日最高温度　　℃

月	日	2007 大年	2018 大年	2014 偏大年	2016 偏大年	2012 平年	1991 偏小年	2000 小年	2001 小年	2019 小年
5	1	32.3	31.5	28.7	30.7	33.6	29.7	32.4	28.0	25.8
5	2	32.4	33.3	26.0	32.2	34.5	21.1	27.1	26.3	24.8
5	3	30.9	31.3	30.4	32.1	32.9	22.8	30.1	28.4	26.3
5	4	27.5	31.6	31.3	32.1	35.0	29.2	32.2	26.8	23.1

续表6-24

月	日	2007 大年	2018 大年	2014 偏大年	2016 偏大年	2012 平年	1991 偏小年	2000 小年	2001 小年	2019 小年
5	5	26.3	32.6	21.1	30.5	33.7	30.8	31.0	28.6	25.0
5	6	32.0	32.0	21.2	33.4	28.3	33.2	30.7	31.7	23.2
5	7	33.3	32.3	22.1	34.3	33.5	29.4	29.4	33.3	22.8
5	8	31.7	28.8	26.8	33.9	34.0	19.5	28.5	29.4	21.3
5	9	32.7	25.4	30.9	32.8	34.0	26.5	29.1	26.5	22.1
5	10	29.5	28.2	31.8	30.9	34.2	24.4	25.5	26.2	28.7
5	11	29.7	31.3	28.7	33.2	33.3	30.2	28.1	29.4	32.1
5	12	28.2	32.3	31.5	28.3	33.0	31.7	31.3	31.4	30.9
5	13	26.8	29.1	32.9	28.9	29.4	30.2	31.6	32.7	32.6
5	14	31.6	32.6	32.8	32.4	32.9	33.0	32.0	32.2	31.8
5	15	32.2	32.7	29.0	29.9	24.6	30.8	32.3	30.6	33.3
5	16	33.2	33.0	33.9	26.7	30.9	27.2	33.1	26.9	33.6
5	17	31.6	33.0	34.0	30.8	32.6	30.5	28.6	28.4	34.3
5	18	27.2	34.4	31.3	29.3	32.3	30.7	25.9	27.1	34.7
5	19	27.9	35.1	31.5	30.8	32.5	31.5	23.6	31.8	35.4
5	20	28.7	34.7	33.2	28.5	33.9	33.1	29.9	31.1	32.6
5	21	32.1	33.9	33.5	27.9	32.7	33.1	27.9	29.9	27.0
5	22	33.4	33.4	32.9	30.6	28.3	32.0	25.4	31.7	28.5
5	23	33.4	35.9	34.9	31.3	31.1	33.1	26.9	34.3	32.5
5	24	34.2	33.1	34.5	29.0	28.5	33.6	31.2	33.0	34.3
5	25	30.5	33.6	34.0	32.5	31.6	33.8	31.7	30.4	31.1
5	26	33.8	32.8	34.7	33.9	25.7	32.7	32.9	32.6	34.1
5	27	33.5	32.3	33.0	33.8	29.5	31.9	33.2	26.4	32.8
5	28	29.9	32.0	33.1	32.0	31.7	31.4	31.9	26.6	31.7
5	29	31.0	32.8	31.2	34.2	32.2	33.3	32.9	29.5	28.9
5	30	31.2	34.2	34.9	33.8	29.5	33.7	32.6	29.5	29.1
5	31	32.6	32.1	31.8	34.2	24.8	33.7	34.4	27.8	30.4
平均值		31.0	32.3	30.9	31.5	31.4	30.3	30.1	29.6	29.5
≥31 ℃天数/d		20	28	21	18	22	16	16	11	15

由表6-24和表6-20相关数据制作成图6-17。图6-17和表6-23说明：浦北县收获当年5月的每日最高温度≥31 ℃天数不少于18 d时，才能保证大年或偏大年。回归方程为$Y=-0.009X_{2(1)}^2+0.614X_{2(1)}-5.374$（$r=0.821^{**}$，$n=9$）。

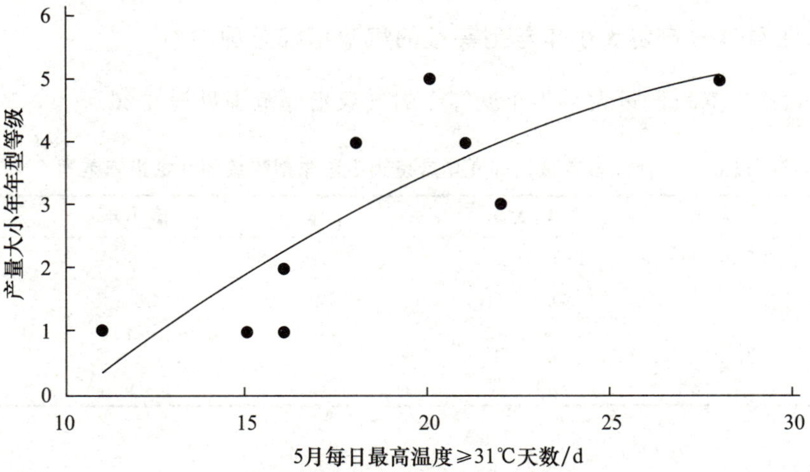

图 6-17 浦北县荔枝 $X_{2(1)}$ 与 Y 的关系

6.3.5 浦北县荔枝产量大小年年型等级预测模型

(1)基于原始气象指标组合的综合预测模型　对表 6-21 中浦北县 9 年已知荔枝产量大小年年型等级赋值后与确定的两个气象指标进行二元回归，得到预测模型：$Y=-33.333+0.036X_1+0.965X_2$（$r=0.973^{**}$，$n=9$）。自回归合格率按年型预测误差±1 个等级计算，合格率为 100%；自回归合格率按年型预测误差±0.5 个等级计算，合格率为 88.9%，见表 6-21。

(2)基于原始气象指标组合中某些指标被以天数指标替换后的综合预测模型　使用表 6-21 和表 6-25 中两个以天数为指标的气象指标进行二元回归，得到回归方程 $Y=-6.297+0.292X_{1(1)}+0.172X_{2(1)}$（$r=0.952^{**}$，$n=9$），模型自回归合格率按年型等级预测误差±1 个等级计算，合格率为 88.9%。这一结果可见，转化为天数的指标最好与原始筛选出来的指标一起使用。

表 6-25　影响浦北县荔枝产量大小年年型等级的转化后的气象指标数据和模型自回归结果

年份	$X_{1(1)}$/d	$X_{2(1)}$/d	Y	Y'	$Y'-Y$
1991	21	16	2	2.58	0.58
2000	18	16	1	1.70	0.70
2001	18	11	1	0.84	−0.16
2007	27	20	5	5.02	0.02
2012	18	22	3	2.74	−0.26
2014	23	21	4	4.02	0.02
2016	21	18	4	2.92	−1.08
2018	23	28	5	5.23	0.23
2019	16	15	1	0.95	−0.05

(3)所有气象指标组合的综合预测模型　使用表 6-21 和表 6-25 中的 4 个气象指标进行四元回归，得到回归方程 $Y=-30.786+0.015X_1+0.887X_2+0.165X_{1(1)}+0.021X_{2(1)}$（$r=0.978^{**}$，$n=9$）。模型自回归合格率按年型等级预测误差±1 个等级计算，合格率为 100.0%；模型自回归合格率按年型等级预测误差±0.5 个等级计算，合格率为 90.0%。

6.3.6 浦北县荔枝产量大小年年型等级的气象指标范围

浦北县已知 9 年荔枝产量大小年年型等级的气象指标范围见表 6-26。

表 6-26 浦北县荔枝已知 9 年产量大小年年型等级的气象指标范围

变量	大年	偏大年	平年	偏小年	小年
X_1/h	206.9～218.5	195.9～202.6	151.8	176.4	154.5～164.2
X_2/℃	31.0～32.3	30.9～31.5	31.4	30.3	29.5～30.1
$X_{1(1)}$/d	23～27	21～23	18	21	16～18
$X_{2(1)}$/d	20～28	18～21	22	16	11～16

6.4 钦北区荔枝产量大小年年型等级预测模型

钦州市钦北区为广西地标荔枝的代表主产地，但是产量大小年年型等级难题一直没有得到解决，原因是没有找到影响产量大小年年型等级产生的关键原因。

6.4.1 数据和研究方法

钦北区荔枝产量大小年年型等级数据的取得：通过实地调查、公开信息和数据分析整理近年钦北区荔枝产量大小年年型等级数据，确定 9 年钦北区荔枝产量大小年年型等级，将其分为 5 级，并将大年、偏大年、平年、偏小年、小年分别赋值 5、4、3、2、1，结果见表 6-27。

表 6-27 钦北区荔枝产量大小年年型等级

大年年份	偏大年年份	平年年份	偏小年年份	小年年份
1994、2012、2018	2005、2015			1991、1992、2002、2019

气象数据：本案例中所使用的气象数据主要包括逐日的平均温度、最高温度、最低温度、平均相对湿度、最小相对湿度、日照时数和降水量，数据来源于《国家气象科学数据中心中国气象数据网》(http://data.cma.cn/)中国 756 个基本、基准地面气象观测站气候资料年值数据集；钦北区逐年逐日气象数据来源于防城港气象站 1991—2016 年和灵山气象站 2017—2019 年的气象数据。钦北区荔枝收获时间为 6—7 月，因此将其生长周期确定为上年 8 月至收获当年 7 月，提取每个生长周期 8—7 月的 7 个气象指标(平均温度、最高温度、最低温度、平均相对湿度、最小相对湿度的月均值和日照时数、降水量的月累计值)的数据。此处 8—12 月为上年气象数据，1—7 月为收获当年气象数据。

模型建立方法：采用统计分析方法建立基于气象条件的钦北区荔枝产量大小年年型等级预测模型，统计方法包括一元和多元回归；使用 Excel 和自编软件进行数据分析和建模。

6.4.2 影响钦北区荔枝产量大小年年型等级的气象指标

经过多种算法和大数据计算，最后确定 3 个变量为影响钦北区荔枝产量大小年年型等级的气象指标，见表 6-28，相应的气象数据和模型自回归结果见表 6-29。

表 6-28 影响钦北区荔枝产量大小年年型等级的原始气象指标

变量	定义和与年型等级的关系
X_1/h	上年 9 月的日照时数;正相关
X_2/%	上年 12 月的每日平均湿度的平均;负相关
X_3/℃	收获当年 5 月的每日最高温度的平均;正相关

表 6-29 影响钦北区荔枝产量大小年年型等级的原始气象指标数据和模型自回归结果

年份	X_1/h	X_2/%	X_3/℃	Y	Y'	$Y'-Y$
1991	186.0	76.3	29.8	1	1.52	0.52
1992	245.0	76.9	29.6	1	1.22	0.22
1994	212.9	64.1	31.0	5	4.24	−0.76
2002	174.2	77.6	29.8	1	1.43	0.43
2005	232.3	69.4	30.9	4	3.74	−0.26
2012	219.9	58.6	31.5	5	5.31	0.31
2015	205.2	68.4	31.0	4	3.88	−0.12
2018	227.3	74.1	32.3	5	5.29	0.29
2019	179.1	86.5	29.5	1	0.37	−0.63

6.4.3 钦北区原始气象指标之间相关关系

表 6-30 为影响钦北区荔枝产量大小年年型等级原始气象指标之间的相关关系,指标之间均未达到显著相关。

表 6-30 钦北区原始气象指标之间相关关系

r	X_1/h	X_2/%	X_3/℃
X_1/h	1		
X_2/%	−0.447	1	
X_3/℃	0.466	−0.655	1

注:$r_{0.05}=0.666$,$r_{0.01}=0.798$($n=9$)

6.4.4 钦北区单一气象指标与荔枝产量大小年年型等级的关系

分别做表 6-29 中的钦北区 3 个原始气象指标与荔枝产量大小年年型等级关系的散点图,并配回归方程,结果分别见图 6-18、图 6-19 和图 6-21。X_1 未找到可以转化的对应天数的气象指标;图 6-20、图 6-22 分别为 X_2 和 X_3 对应的原始气象指标转化为天数的气象指标,包括 3 个原始气象指标在内被选中气象指标有 5 个。

图 6-18 说明:钦北区荔枝产量大小年年型等级与上年 9 月的每日日照时数的累计呈极显著正相关关系;当 X_1 在 210～230 h 之间时,年型等级为大年。回归方程为 $Y=-0.003X_1^2+1.323X_1-136.6$($r=0.916^{**}$,$n=9$)。

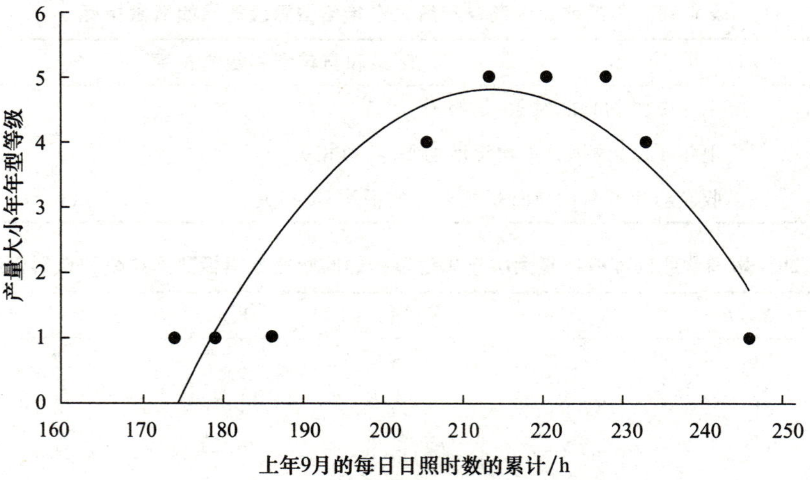

图 6-18 钦北区荔枝 X_1 与 Y 的关系

表 6-31 为钦北区上年 9 月的每日日照时数。

表 6-31 钦北区上年 9 月的每日日照时数 h

月	日	1994 大年	2012 大年	2018 大年	2005 偏大年	2015 偏大年	1991 小年	1992 小年	2002 小年	2019 小年
9	1	10.7	9.3	10.4	6.2	3.0	8.5	7.7	0.0	1.5
9	2	8.9	2.0	9.8	7.6	8.0	8.2	9.5	0.0	3.6
9	3	9.0	4.3	10.4	6.6	8.2	7.6	7.1	0.0	7.2
9	4	6.3	8.8	8.4	10.9	10.4	8.5	9.0	0.0	8.1
9	5	5.9	11.1	5.7	10.5	10.3	10.3	7.8	0.0	10.4
9	6	2.1	11.4	10.3	5.5	9.0	10.6	9.3	0.0	9.1
9	7	5.4	5.3	3.6	6.9	8.4	2.3	10.2	7.2	3.8
9	8	7.1	9.2	4.3	1.7	0.0	8.6	10.7	7.2	0.0
9	9	7.4	7.9	5.4	0.4	1.0	5.2	10.4	4.2	2.1
9	10	6.3	7.7	6.7	3.3	3.2	5.7	4.5	9.2	3.3
9	11	5.7	4.0	3.0	6.5	10.0	3.0	6.8	1.3	7.6
9	12	10.6	5.8	6.9	10.9	8.5	1.8	9.4	5.3	8.1
9	13	7.2	7.6	10.1	10.4	6.4	0.0	9.5	5.7	0.0
9	14	9.3	7.1	9.7	8.0	5.0	0.0	8.9	8.7	6.6
9	15	9.2	10.1	3.8	9.8	6.8	9.4	9.2	8.7	10.2
9	16	8.3	8.2	8.2	9.2	0.0	8.5	9.9	8.5	0.3
9	17	7.8	9.9	8.8	4.5	0.0	8.4	10.2	9.0	0.0
9	18	0.0	8.6	10.4	10.2	5.1	6.9	10.4	4.6	1.9
9	19	5.0	6.9	9.8	8.7	5.3	4.0	9.0	5.9	11.7
9	20	8.8	6.8	9.3	9.8	6.3	0.8	5.9	8.7	11.1
9	21	10.0	9.1	8.0	9.0	6.2	5.9	4.9	5.4	10.6

续表6-31

月	日	1994 大年	2012 大年	2018 大年	2005 偏大年	2015 偏大年	1991 小年	1992 小年	2002 小年	2019 小年
9	22	9.1	10.5	6.2	10.7	10.7	6.6	7.1	0.3	5.1
9	23	10.0	10.5	6.8	5.7	9.8	8.7	6.7	8.4	6.2
9	24	8.3	10.2	7.5	6.1	9.3	10.3	8.9	10.3	6.5
9	25	8.3	7.8	5.0	8.1	9.7	2.7	8.3	10.3	7.8
9	26	5.9	0.8	10.1	7.5	10.4	10.2	7.9	9.7	10.9
9	27	6.3	8.4	11.3	7.9	9.5	7.1	4.9	9.8	5.0
9	28	7.9	10.3	6.3	9.5	9.1	4.5	3.9	9.9	1.5
9	29	5.4	0.3	2.8	10.1	5.9	6.7	8.8	10.0	8.4
9	30	0.7	0.0	8.3	10.1	9.7	5.0	8.2	5.9	10.5
累计值		212.9	219.9	227.3	232.3	205.2	186.0	245.0	174.2	179.1

图 6-19 说明：钦北区荔枝产量大小年年型等级与上年 12 月的每日平均湿度的平均呈极显著负相关关系；当 $X_2 < 75\%$ 时，年型等级为偏大年和大年。回归方程为 $Y=-0.0003X_2^2-0.141X_2+14.961$（$r=-0.805^{**}$，$n=9$）。

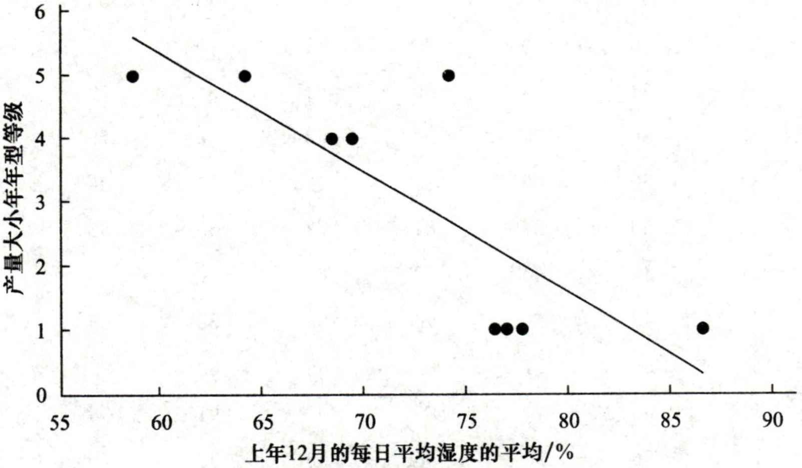

图 6-19 钦北区荔枝 X_2 与 Y 的关系

表 6-32 为钦北区上年 12 月的每日平均湿度。

表 6-32 钦北区上年 12 月的每日平均湿度 %

月	日	1994 大年	2012 大年	2018 大年	2005 偏大年	2015 偏大年	1991 小年	1992 小年	2002 小年	2019 小年
12	1	80	66	70	67	65	48	87	91	90
12	2	93	65	75	70	82	47	87	86	90
12	3	84	67	86	72	94	52	67	90	83
12	4	65	72	73	53	78	52	74	89	85

续表6-32

月	日	1994 大年	2012 大年	2018 大年	2005 偏大年	2015 偏大年	1991 小年	1992 小年	2002 小年	2019 小年
12	5	60	75	68	48	55	63	91	91	89
12	6	49	90	88	59	82	65	82	77	84
12	7	50	91	85	37	83	72	73	79	88
12	8	60	69	60	40	65	73	72	71	93
12	9	77	56	64	63	78	75	75	70	93
12	10	77	41	72	51	77	76	83	94	92
12	11	73	42	63	64	71	76	81	95	88
12	12	92	46	87	46	56	82	69	95	92
12	13	91	50	91	47	45	92	66	87	85
12	14	68	49	99	76	58	93	71	83	92
12	15	75	50	98	71	79	86	75	77	90
12	16	76	56	67	75	52	86	74	95	81
12	17	50	53	53	83	33	87	73	94	78
12	18	46	53	47	92	43	83	63	83	74
12	19	50	59	49	86	44	90	71	80	91
12	20	69	63	44	89	61	81	79	92	91
12	21	43	56	74	86	63	75	76	54	87
12	22	33	50	75	85	53	64	86	47	83
12	23	40	56	81	81	74	55	88	52	82
12	24	41	43	64	78	67	66	90	73	73
12	25	47	43	66	90	93	86	89	70	95
12	26	61	54	77	89	96	80	93	55	96
12	27	51	55	70	85	92	91	96	65	86
12	28	71	56	96	68	66	92	70	51	86
12	29	79	63	93	67	64	94	51	53	76
12	30	82	67	92	88	79	93	67	77	84
12	31	55	60	69	46	72	90	65	90	83
平均值		64.1	58.6	74.1	69.4	68.4	76.3	76.9	77.6	86.5
≤70%天数/d		18	27	14	15	16	9	8	9	0

由表6-32和表6-28相关数据制作图6-20。图6-20和表6-32说明：钦北区12月每日平均湿度≤70%天数大于12 d时，年型等级为大年和偏大年。回归方程 $Y=-0.0023X_{2(1)}^2+0.272X_{2(1)}-0.013$（$r=0.830^{**}$，$n=9$）。

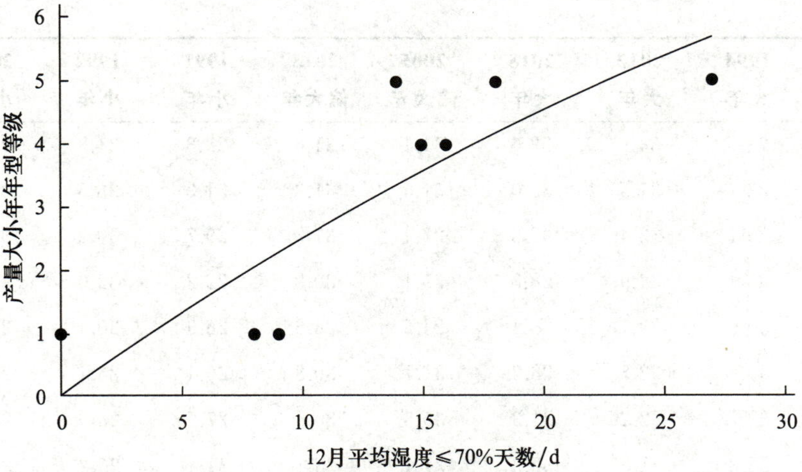

图 6-20 钦北区荔枝 $X_{2(1)}$ 与 Y 的关系

图 6-21 说明：钦北区荔枝产量大小年年型等级与收获当年 5 月的每日最高温度的平均呈极显著正相关关系；当 $X_3>31$ ℃时，年型等级为偏大年和大年。回归方程为 $Y=-0.675X_3^2+43.361X_3-690.97$（$r=0.979^{**}$，$n=9$）。

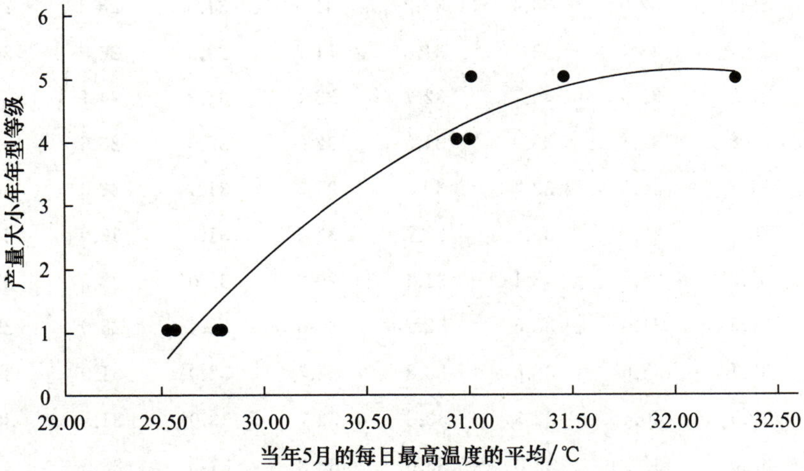

图 6-21 钦北区荔枝 X_3 与 Y 的关系

表 6-33 为钦北区当年 5 月每日最高温度。

表 6-33 钦北区当年 5 月每日最高温度　℃

月	日	1994 大年	2012 大年	2018 大年	2005 偏大年	2015 偏大年	1991 小年	1992 小年	2002 小年	2019 小年
5	1	32.0	31.8	31.5	30.6	29.3	32.9	29.3	28.6	25.8
5	2	31.6	32.4	33.3	31.1	30.1	22.7	30.8	29.7	24.8
5	3	34.5	32.6	31.3	31.5	31.1	20.9	32.4	31.0	26.3
5	4	29.3	33.2	31.6	30.9	32.0	25.9	30.0	29.4	23.1

续表6-33

月	日	1994 大年	2012 大年	2018 大年	2005 偏大年	2015 偏大年	1991 小年	1992 小年	2002 小年	2019 小年
5	5	21.7	34.9	32.6	31.1	31.6	28.8	31.8	29.5	25.0
5	6	23.7	31.5	32.0	31.5	31.3	31.3	28.5	31.3	23.2
5	7	29.1	32.4	32.3	27.4	31.8	29.7	30.8	31.9	22.8
5	8	30.4	32.9	28.8	25.1	30.8	22.2	32.0	27.6	21.3
5	9	30.0	33.1	25.4	24.5	28.6	26.9	30.4	27.9	22.1
5	10	30.8	32.8	28.2	31.1	30.8	26.4	26.4	24.9	28.7
5	11	32.7	32.2	31.3	30.8	30.5	27.5	25.9	29.8	32.1
5	12	32.2	31.3	32.3	31.1	28.1	31.1	26.2	30.8	30.9
5	13	33.0	30.6	29.1	32.4	29.0	30.7	29.0	28.0	32.6
5	14	33.4	31.7	32.6	32.6	29.6	33.0	29.8	27.5	31.8
5	15	33.5	27.5	32.7	32.5	30.7	31.7	30.4	30.3	33.3
5	16	32.9	32.5	33.0	32.4	27.9	27.6	29.0	30.0	33.6
5	17	29.6	34.3	33.0	32.3	29.1	31.0	31.2	26.9	34.3
5	18	29.7	32.0	34.4	33.2	31.5	31.0	28.2	29.8	34.7
5	19	29.1	33.1	35.1	31.8	31.7	29.3	26.0	30.0	35.4
5	20	30.2	32.9	34.7	32.7	32.1	31.2	24.7	31.0	32.6
5	21	30.8	32.8	33.9	31.5	32.0	32.0	26.6	32.5	27.0
5	22	31.8	28.5	33.4	30.8	31.5	31.4	32.0	30.7	28.5
5	23	30.7	28.7	35.9	28.7	32.6	31.5	33.0	31.1	32.5
5	24	31.7	28.7	33.1	31.4	29.2	32.0	28.5	27.9	34.3
5	25	31.6	31.0	33.6	32.2	30.5	32.4	28.0	29.4	31.1
5	26	33.7	27.6	32.8	30.8	32.7	32.0	31.0	31.5	34.1
5	27	29.5	30.4	32.3	33.5	32.7	33.0	31.5	30.9	32.8
5	28	33.0	32.9	32.0	33.0	33.3	31.5	28.5	31.2	31.7
5	29	35.4	31.9	32.8	30.9	33.6	29.7	29.0	31.9	28.9
5	30	32.9	28.6	34.2	30.9	33.8	32.5	32.0	29.1	29.1
5	31	30.7	28.4	32.1	28.6	31.3	32.8	33.1	30.9	30.4
平均值		31.0	31.5	32.3	30.9	31.0	29.8	29.6	29.8	29.5
＜30 ℃天数/d		8	7	4	5	8	12	16	15	14

由表 6-33 和表 6-29 相关数据制作图 6-22。图 6-22 和表 6-33 说明：钦北区当年 5 月每日最高温度＜30 ℃天数少于 9 d 时，年型等级为大年和偏大年。回归方程为：$Y=12.156e^{-0.167\times Z}$，其中 $Z=X_{3(1)}$（$r=0.925^{**}$，$n=9$）。

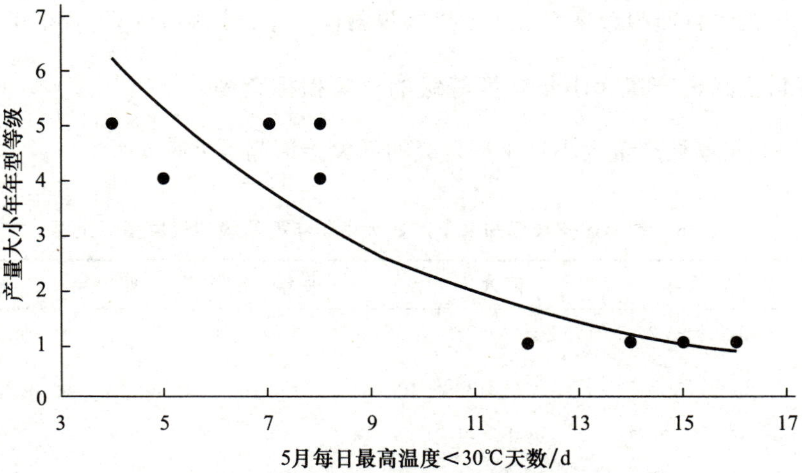

图 6-22 钦北区荔枝 $X_{3(1)}$ 与 Y 的关系

6.4.5 钦北区荔枝产量大小年年型等级预测模型

(1)基于原始气象指标组合的综合预测模型 对表 6-29 中钦北区 9 年已知荔枝产量大小年年型等级赋值并与确定的 3 个气象指标进行三元回归，得到预测模型：$Y=-34.483+0.001X_1-0.078X_2+1.406X_3$（$r=0.971^{**}$，$n=9$）。自回归合格率按年型预测误差±1 个等级计算，合格率为 100.0%；自回归合格率按年型预测误差±0.5 个等级计算，合格率为 66.7%，结果见表 6-34。

(2)基于原始气象指标组合中某些指标被以天数指标替换后的综合预测模型 使用表 6-34 中 1 个原始气象指标和 2 个以天数为指标的气象指标进行三元回归，得到回归方程 $Y=3.690+0.004X_1+0.093X_{2(1)}-0.279X_{3(1)}$）（$r=0.955^{**}$，$n=9$）。模型自回归合格率按年型等级预测误差±1 个等级计算，合格率为 100.0%。

表 6-34 影响钦北区荔枝产量大小年年型等级的转化后的气象指标数据和模型自回归结果

年份	X_1/h	$X_{2(1)}$/d	$X_{3(1)}$/d	Y	Y'	$Y'-Y$
1991	186.0	9	12	1	1.95	0.95
1992	245.0	8	16	1	0.99	−0.01
1994	212.9	18	8	5	4.02	−0.98
2002	174.2	9	15	1	1.07	0.07
2005	232.3	15	5	4	4.65	0.65
2012	219.9	27	7	5	5.16	0.16
2015	205.2	16	8	4	3.80	−0.20
2018	227.3	14	4	5	4.82	−0.18
2019	179.1	0	14	1	0.53	−0.47

(3)所有气象指标组合的综合预测模型 使用表 6-29 和表 6-34 中的 5 个气象指标进行五元回归，得到回归方程 $Y=-20.851-0.003X_1-0.342X_2+1.756X_3-0.329X_{2(1)}-0.026X_{3(1)}$（$r=$

0.988**，$n=9$）。模型自回归合格率按年型等级预测误差±1个等级计算，合格率为100.0%。

6.4.6 钦北区荔枝产量大小年年型等级的气象指标范围

钦北区已知9年荔枝产量大小年年型等级的气象指标范围见表6-35。

表 6-35 钦北区荔枝已知9年产量大小年年型等级的气象指标范围

变量	大年	偏大年	平年	偏小年	小年
X_1/h	212.9～227.3	205.2～232.3			174.2～245.0
X_2/%	58.6～74.1	68.4～69.4			76.3～86.5
X_3/℃	31.0～33.3	30.9～31.0			29.5～29.8
$X_{2(1)}$/d	14～27	15～16			0～9
$X_{3(1)}$/d	4～8	5～8			12～16

6.5 北海市合浦县香山鸡嘴荔枝产量大小年年型等级预测模型

北海市合浦县香山鸡嘴荔枝为广西地标荔枝的代表，但是产量大小年年型难题一直没有得到解决，原因是没有找到影响产量大小年年型等级产生的关键原因。

6.5.1 数据和研究方法

合浦县香山鸡嘴荔枝产量大小年年型等级数据的取得：通过实地调查、公开信息和数据分析整理近年合浦县香山鸡嘴荔枝产量大小年年型等级数据，确定9年合浦县香山鸡嘴荔枝产量大小年年型等级，将其分为5级，即大年、偏大年、平年、偏小年、小年（表6-36），并分别赋值5、4、3、2、1。

表 6-36 香山鸡嘴荔枝产量大小年年型等级

大年年份	偏大年年份	平年年份	偏小年年份	小年年份
2007、2018	2016	2012、2014	1991	2000、2001、2019

气象数据：本案例中所使用的气象数据主要包括逐日的平均温度、最高温度、最低温度、平均相对湿度、最小相对湿度、日照时数和降水量，数据来源于《国家气象科学数据中心中国气象数据网》(http://data.cma.cn/)中国756个基本、基准地面气象观测站气候资料年值数据集；合浦县逐年逐日气象数据来源于北海气象站的气象数据。合浦县香山鸡嘴荔枝收获时间为6—7月，因此将其生长周期确定为上年8月至收获当年7月，提取合浦县香山鸡嘴荔枝每个生长周期年8—7月的7个气象指标（平均温度、最高温度、最低温度、平均相对湿度、最小相对湿度的月均值和日照时数、降水量的月累计值）的数据。此处8—12月为上年气象数据，1—7月为收获当年气象数据。

模型建立方法：采用统计分析方法建立基于气象条件的合浦香山鸡嘴荔枝产量大小年年型等级预测模型，统计方法包括一元和多元回归；使用Excel和自编软件进行数据分析和建模。

6.5.2 影响合浦县香山鸡嘴荔枝产量大小年年型等级的气象指标

经过多种算法和大数据计算，最后确定 3 个变量为影响合浦县香山鸡嘴荔枝产量大小年年型等级的气象指标，结果见表 6-37，相应的气象数据和模型自回归结果见表 6-38。

表 6-37 影响香山鸡嘴荔产量大小年年型等级的原始气象指标

变量	定义和与年型等级的关系
X_1/℃	收获当年 1 月的每日最低温度的平均；负相关
X_2/h	收获当年 5 月 1 日到 6 月 25 日的日照时数；正相关
X_3/℃	收获当年 6 月 6 日到 7 月 31 日的每日最低温度的平均；正相关

表 6-38 影响香山鸡嘴荔产量大小年年型等级的原始气象数据和模型自回归结果

年份	X_1/℃	X_2/h	X_3/℃	Y	Y'	$Y'-Y$
1991	13.2	373.7	26.0	2	2.53	0.53
2000	13.5	321.8	26.2	1	1.47	0.47
2001	13.6	286.6	26.0	1	0.49	−0.51
2007	10.7	423.6	26.7	5	5.02	0.02
2012	9.9	307.4	26.8	3	3.22	0.22
2014	12.1	325.8	26.9	3	2.14	−0.86
2016	12.6	410.0	27.3	4	4.23	0.23
2018	12.9	420.0	27.1	5	4.47	−0.53
2019	13.0	249.2	27.8	1	1.42	0.42

6.5.3 合浦县原始气象指标之间相关关系

表 6-39 为影响合浦县香山鸡嘴荔产量大小年原始气象指标之间的相关关系，指标之间均未达到显著相关关系。

表 6-39 合浦县原始气象指标之间相关关系

r	X_1/℃	X_2/h	X_3/℃
X_1/℃	1		
X_2/h	−0.175	1	
X_3/℃	−0.170	−0.062	1

注：$r_{0.05}=0.666$，$r_{0.01}=0.798$，$n=9$

6.5.4 合浦县单一气象指标与香山鸡嘴荔枝产量大小年年型等级的关系

分别做表 6-38 中的合浦县 3 个原始气象指标与香山鸡嘴荔枝产量大小年年型等级关系的散点图，并配回归方程，结果分别见图 6-23、图 6-24 和图 6-26。X_1 和 X_3 未找到可以转化的对应天数的气象指标；图 6-25 为 X_2 转化为天数的气象指标，包括 3 个原始气象指标在内被选中气象指标有 4 个。

图 6-23 说明：以 13 ℃为界限，随 X_1 降低，香山鸡嘴荔枝产量大小年年型等级增大。

回归方程为 $Y=-0.688X_1^2+15.543X_1-83.239(r=-0.730^*, n=9)$。

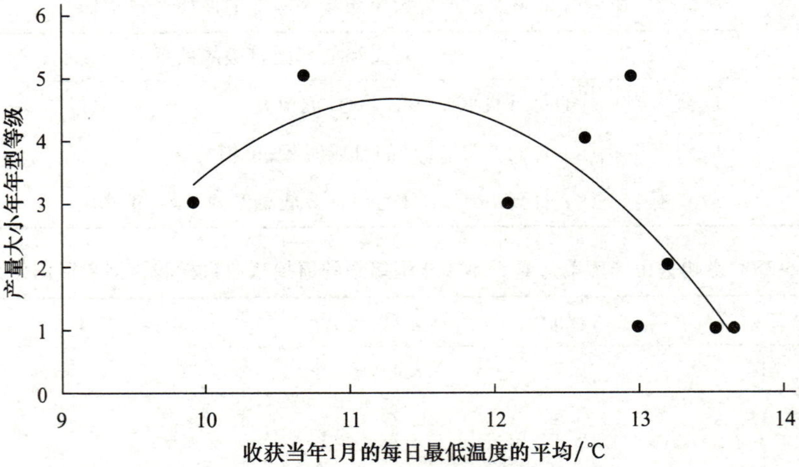

图 6-23　合浦县区荔枝 X_1 与 Y 的关系

表 6-40 为合浦县收获当年 1 月的每日最低温度。

表 6-40　合浦县收获当年 1 月的每日最低温度　℃

月	日	2007 大年	2018 大年	2016 偏大年	2012 平年	2014 平年	1991 偏小年	2000 小年	2001 小年	2019 小年
1	1	15.9	12.6	13.5	12.5	7.7	15.1	11.7	10.9	5.6
1	2	18.7	13.5	13.5	14.1	11.3	13.4	12.5	17.5	7.0
1	3	11.7	15.0	13.5	11.8	14.3	13.3	12.6	14.3	7.9
1	4	9.0	17.5	18.3	6.6	15.2	10.3	17.5	14.2	9.6
1	5	8.0	14.5	20.0	6.0	10.6	7.4	18.5	14.6	11.9
1	6	9.0	14.2	17.7	6.9	16.4	9.4	17.9	18.6	11.4
1	7	9.0	15.3	17.8	7.9	18.7	10.9	16.8	19.1	13.1
1	8	11.0	7.8	17.2	8.3	13.4	12.4	17.9	18.4	12.0
1	9	10.0	7.2	18.2	9.4	11.9	12.1	19.0	10.3	10.6
1	10	7.3	9.8	19.4	9.7	12.0	15.6	19.5	9.8	10.9
1	11	10.1	10.6	12.9	13.7	16.3	11.3	19.8	9.1	12.6
1	12	14.3	11.7	13.5	10.5	11.4	10.4	20.1	13.2	13.1
1	13	13.1	11.2	14.4	11.6	9.7	10.3	13.2	12.5	16.2
1	14	11.9	13.3	15.7	13.0	6.5	9.7	13.0	13.6	19.0
1	15	14.3	12.5	10.8	10.9	8.4	9.1	19.6	8.9	12.7
1	16	16.7	15.6	12.1	9.8	9.7	12.7	13.5	8.3	10.1

续表6-40

月	日	2007 大年	2018 大年	2016 偏大年	2012 平年	2014 平年	1991 偏小年	2000 小年	2001 小年	2019 小年
1	17	10.5	15.4	14.7	11.5	10.3	12.2	8.2	10.0	8.4
1	18	9.7	13.8	11.6	16.2	12.1	12.2	7.1	15.6	11.6
1	19	7.6	14.5	13.7	14.8	8.0	17.4	9.8	17.9	17.1
1	20	8.9	18.3	13.6	13.2	10.0	18.0	8.9	17.2	16.0
1	21	9.1	18.9	11.1	11.4	11.2	18.2	14.4	17.6	11.1
1	22	9.4	17.3	8.8	7.0	9.1	19.2	15.7	20.1	10.6
1	23	9.4	16.2	5.2	5.2	5.8	18.5	17.1	20.8	9.9
1	24	10.3	18.7	2.4	6.8	10.6	18.4	18.9	20.9	15.9
1	25	10.1	19.1	4.1	5.5	15.1	14.7	9.1	10.1	17.7
1	26	11.2	13.5	5.7	7.0	15.8	10.6	7.3	7.6	16.8
1	27	11.7	11.5	5.6	7.6	14.7	11.6	6.3	8.4	12.4
1	28	10.3	6.6	9.2	9.9	16.8	14.3	6.1	8.2	14.6
1	29	7.1	4.4	12.6	10.0	16.4	13.2	10.3	10.8	18.6
1	30	7.2	5.0	11.4	9.3	12.6	14.4	9.2	11.9	19.0
1	31	8.4	5.5	12.9	9.1	12.7	12.4	7.5	12.5	19.2
平均值		10.7	12.9	12.6	9.9	12.1	13.2	13.5	13.6	13.0

图 6-24 说明：合浦县收获当年 5 月 1 日到 6 月 25 日的日照时数与香山鸡嘴荔枝产量大小年年型等级呈极显著正相关关系；当 $X_2>400$ h 时，产量年型等级以大年和偏大年为主。回归方程为 $Y=0.1037\mathrm{e}^{0.0089\times Z}$，其中 $Z=X_2$（$r=0.874^{**}$，$n=9$）。

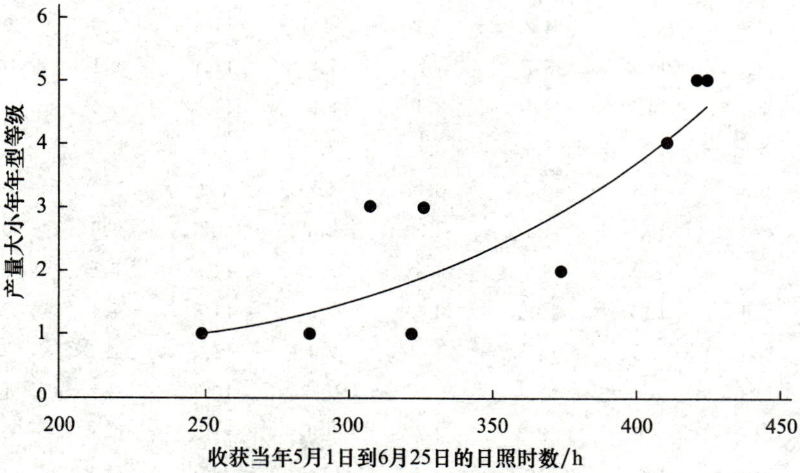

图 6-24 合浦县区荔枝 X_2 与 Y 的关系

表 6-41 为合浦县收获当年 5 月 1 日到 6 月 25 日的每日日照时数。

表 6-41　合浦县收获当年 5 月 1 日到 6 月 25 日的每日日照时数　h

月	日	2007 大年	2018 大年	2016 偏大年	2012 平年	2014 平年	1991 偏小年	2000 小年	2001 小年	2019 小年
5	1	8.8	5.5	9.3	11.3	0.0	8.8	11.3	1.3	0.5
5	2	5.9	9.3	9.7	9.7	0.0	0.0	3.7	0.0	0.5
5	3	5.0	8.8	5.9	7.6	9.1	0.0	10.6	0.0	0.2
5	4	0.0	10.6	9.5	10.6	7.6	6.0	9.3	0.4	0.0
5	5	0.0	9.3	9.1	4.9	2.2	9.2	10.4	7.6	1.6
5	6	6.0	11.3	10.3	3.4	0.0	11.4	10.0	9.5	0.0
5	7	9.8	11.2	8.9	9.6	0.0	1.6	1.6	9.6	0.0
5	8	10.7	4.5	6.4	11.7	0.9	0.0	0.0	8.6	0.0
5	9	9.6	0.3	8.8	10.3	5.6	5.3	2.0	6.3	0.0
5	10	0.0	1.2	5.0	11.5	10.0	1.5	0.0	7.5	1.1
5	11	4.3	8.4	10.4	10.0	7.7	7.5	0.0	4.4	8.7
5	12	1.8	8.3	0.0	10.1	9.8	8.3	4.5	5.5	6.5
5	13	8.7	8.2	0.0	0.0	10.1	8.8	3.5	4.9	6.2
5	14	6.1	11.9	10.4	9.3	11.5	7.5	3.3	6.6	6.9
5	15	9.6	9.1	2.7	2.4	10.7	7.1	6.8	9.6	8.7
5	16	11.0	8.9	11.6	10.6	8.6	0.6	8.7	0.0	11.0
5	17	11.1	9.8	11.4	0.0	9.8	8.8	0.0	1.1	11.8
5	18	8.5	10.9	5.2	2.9	7.1	11.1	0.0	1.9	11.8
5	19	0.0	11.7	8.6	10.6	4.9	8.0	0.0	11.1	11.6
5	20	2.3	10.3	0.0	8.4	6.9	9.6	0.8	8.3	2.9
5	21	7.0	10.3	11.3	8.7	11.0	11.4	0.0	9.1	0.0
5	22	10.1	8.2	7.4	0.7	10.7	10.5	0.0	6.1	0.0
5	23	11.0	9.8	4.2	3.3	11.6	11.3	0.5	9.6	11.1
5	24	11.3	11.8	3.7	4.7	7.8	11.4	9.1	10.5	8.6
5	25	0.0	11.7	9.1	8.6	8.8	11.3	9.4	0.8	2.1
5	26	8.6	12.0	7.4	5.7	7.7	7.4	11.6	2.8	5.7
5	27	6.3	1.3	0.4	8.1	4.7	7.2	10.2	0.0	3.6
5	28	3.3	10.6	4.1	8.5	2.3	3.2	4.6	0.2	2.3
5	29	9.4	4.9	8.6	4.6	3.2	11.5	6.1	6.4	2.0
5	30	7.6	10.7	10.2	0.4	7.3	11.8	7.4	3.1	1.4
5	31	12.0	5.8	11.5	1.4	7.7	11.9	11.8	3.1	1.9
6	1	11.0	6.4	11.4	0.2	10.8	10.9	2.1	1.3	0.0
6	2	12.0	8.0	12.2	2.7	9.9	11.5	12.0	0.0	1.7
6	3	11.6	10.8	11.5	3.3	11.6	9.7	11.8	4.5	7.3
6	4	10.7	8.3	2.3	1.4	10.9	11.5	11.2	0.5	6.6
6	5	8.6	0.0	0.0	6.8	0.0	9.6	11.6	6.2	0.6
6	6	10.5	3.8	7.1	7.8	0.0	9.5	11.6	0.0	8.2
6	7	7.7	6.8	7.9	8.6	3.0	3.0	10.3	0.0	11.0

续表6-41

月	日	2007 大年	2018 大年	2016 偏大年	2012 平年	2014 平年	1991 偏小年	2000 小年	2001 小年	2019 小年
6	8	11.6	11.9	1.6	7.5	3.9	2.7	8.0	2.4	11.0
6	9	9.7	11.6	3.9	1.7	0.0	0.0	8.6	8.3	9.4
6	10	6.3	2.9	2.9	8.4	1.6	0.0	8.9	6.6	1.8
6	11	5.2	5.5	0.0	3.8	0.0	4.3	3.5	0.0	5.2
6	12	7.7	5.6	8.2	6.8	0.0	1.7	0.0	3.6	9.7
6	13	0.0	3.6	7.2	0.6	6.9	8.9	0.0	0.0	0.2
6	14	3.8	1.6	11.2	3.2	8.9	11.4	4.3	9.6	4.0
6	15	9.2	0.0	10.6	0.0	8.0	9.7	7.0	9.3	2.0
6	16	2.1	0.0	4.6	8.7	8.8	2.6	0.0	9.1	0.1
6	17	1.8	10.2	9.7	5.0	5.3	8.3	0.0	11.6	5.0
6	18	10.1	4.4	7.3	9.1	3.9	7.9	7.1	8.1	5.0
6	19	9.9	10.9	11.0	7.7	1.7	5.8	7.2	10.1	3.1
6	20	11.6	10.4	7.7	0.0	10.0	0.0	0.0	6.0	6.6
6	21	12.2	7.0	8.6	2.2	1.3	4.5	5.4	9.0	10.0
6	22	12.2	6.1	12.0	0.0	0.0	0.0	5.8	0.0	10.5
6	23	10.7	6.5	11.8	0.0	0.8	1.0	10.4	10.9	0.6
6	24	11.7	1.0	8.4	1.2	6.8	9.2	8.9	11.5	0.2
6	25	9.9	10.1	9.8	1.1	6.4	0.0	8.9	2.1	0.7
累计值		423.6	420.0	410.0	307.4	325.8	373.7	321.8	286.6	249.2
≥8 h天数/d		32	33	30	21	20	28	23	19	15

由表6-41和表6-38相关数据制作成图6-25。图6-25和表6-40说明:合浦县收获当年5月1日到6月25日的每日日照时数≥8 h天数不少于30 d时,才能保证大年或偏大年年型。回归方程为$Y=0.012X_{2(1)}^2-0.396X_{2(1)}+4.680$($r=0.831^{**}$,$n=9$)。

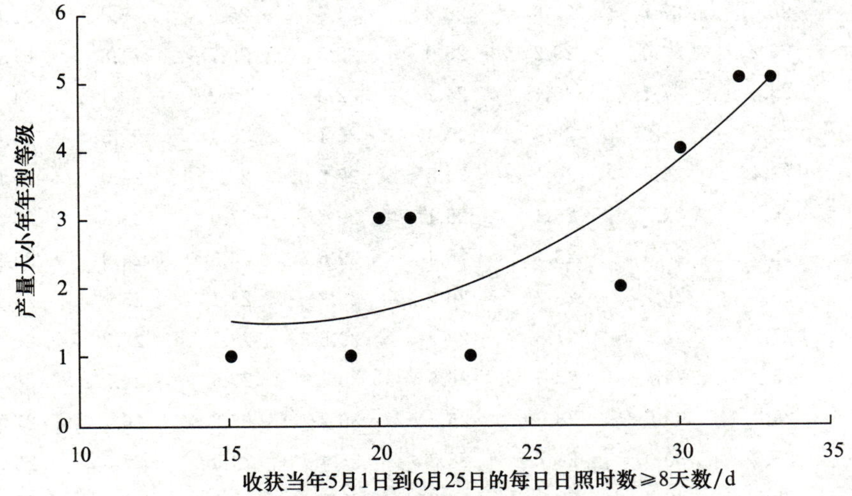

图6-25 合浦县荔枝 $X_{2(1)}$ 与 Y 的关系

图 6-26 说明：合浦县收获当年 6 月 6 日到 7 月 31 日的每日最低温度的平均与香山鸡嘴荔枝产量大小年年型等级呈极显著相关关系；以 27.5 ℃为界限，当 X_3 在 26.5～27.5 ℃时，荔枝产量大小年年型等级好。回归方程为 $Y=-3.563X_3^2+191.990X_3-2582.2(r=0.839^{**},n=9)$。

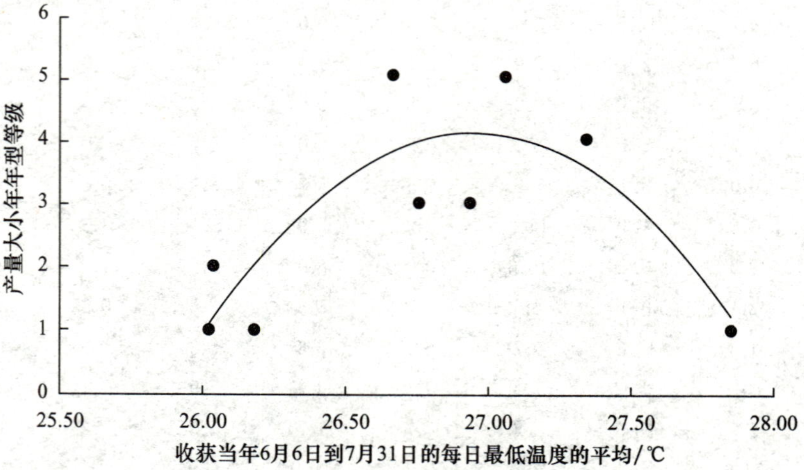

图 6-26　合浦县区荔枝 X_3 与 Y 的关系

表 6-42 为合浦县收获当年 6 月 6 日到 7 月 31 日的每日最低温度。

表 6-42　合浦县收获当年 6 月 6 日到 7 月 31 日的每日最低温度　℃

月	日	2007 大年	2018 大年	2016 偏大年	2012 平年	2014 平年	1991 偏小年	2000 小年	2001 小年	2019 小年
6	6	25.1	25.5	24.7	28.0	22.9	26.5	27.9	24.4	27.1
6	7	28.3	26.5	25.6	27.9	24.5	27.6	28.3	24.4	27.6
6	8	29.2	26.6	25.9	27.8	26.3	25.3	28.1	26.4	29.7
6	9	29.4	29.3	25.2	27.7	26.6	26.9	29.2	27.3	29.8
6	10	23.2	28.3	25.4	28.8	25.8	24.8	29.4	27.3	30.1
6	11	26.0	27.7	27.3	29.8	24.6	25.6	25.2	27.8	27.1
6	12	26.2	26.0	29.2	25.9	25.3	26.7	21.8	27.1	30.2
6	13	23.8	27.1	30.1	24.7	22.9	25.2	20.4	24.7	26.6
6	14	22.8	25.9	29.9	27.4	25.1	28.1	22.5	24.4	25.8
6	15	23.4	26.8	30.1	24.8	27.2	27.9	24.0	24.6	26.7
6	16	26.0	24.3	25.4	25.1	29.2	27.0	23.8	26.5	27.5
6	17	26.5	24.9	23.4	25.4	29.6	26.3	24.9	25.9	27.7
6	18	26.5	26.7	28.7	26.3	29.2	27.1	25.0	27.1	25.4
6	19	27.7	28.3	27.8	28.2	29.6	28.5	26.2	27.4	28.2
6	20	26.8	29.6	28.5	26.8	30.1	28.9	24.2	28.0	27.4
6	21	26.8	30.0	28.6	26.2	30.2	28.2	26.1	27.7	29.5
6	22	27.0	30.0	28.7	26.8	25.4	24.3	27.5	25.3	30.5
6	23	28.4	29.9	28.5	26.0	25.9	24.7	28.3	25.3	28.4
6	24	27.1	29.2	27.9	26.9	26.8	23.5	28.5	26.3	27.1

续表6-42

月	日	2007 大年	2018 大年	2016 偏大年	2012 平年	2014 平年	1991 偏小年	2000 小年	2001 小年	2019 小年
6	25	27.6	27.4	28.4	27.7	28.9	24.6	28.6	25.4	26.1
6	26	29.0	27.2	27.9	28.1	29.2	21.8	27.6	24.9	28.4
6	27	25.4	24.8	27.5	28.6	29.3	23.1	27.3	23.9	30.5
6	28	29.2	22.9	28.1	27.7	27.4	23.8	26.4	25.6	30.9
6	29	25.3	28.2	26.9	26.6	27.5	25.1	25.9	26.2	30.9
6	30	22.9	29.3	26.5	25.1	26.9	26.7	25.8	25.7	27.8
7	1	25.4	29.8	28.3	26.2	25.9	27.3	26.3	26.4	26.5
7	2	25.9	30.5	27.2	25.5	26.8	26.6	24.8	23.8	26.6
7	3	26.9	30.5	26.8	26.6	29.0	25.1	27.0	24.1	26.6
7	4	25.8	30.5	26.7	26.8	28.8	26.7	26.3	25.8	27.9
7	5	25.5	30.6	26.0	26.8	27.8	28.4	27.3	26.8	28.8
7	6	26.5	30.6	26.2	25.4	24.7	28.7	25.3	29.1	29.6
7	7	26.0	29.3	25.8	24.8	26.9	28.6	25.5	25.5	30.1
7	8	27.3	27.3	26.3	26.3	27.2	25.7	25.7	27.6	30.3
7	9	26.7	26.2	29.0	27.5	25.6	27.0	24.7	27.2	27.2
7	10	26.9	26.3	29.5	27.2	26.9	27.1	25.6	26.7	23.9
7	11	28.0	25.9	30.2	25.6	27.1	26.8	25.9	28.0	25.0
7	12	28.0	27.0	24.8	26.4	26.5	27.2	25.2	28.3	29.6
7	13	28.4	25.8	24.5	25.6	26.5	24.3	25.2	28.7	30.2
7	14	29.4	24.6	26.3	29.2	26.9	25.0	27.3	25.1	26.8
7	15	29.0	25.2	26.7	29.4	29.3	26.4	26.3	22.7	26.8
7	16	29.7	25.8	28.7	29.8	26.8	25.9	27.3	22.9	27.8
7	17	29.1	25.5	29.2	29.5	28.2	25.7	26.6	23.9	27.4
7	18	28.0	26.7	26.6	29.4	27.1	26.0	26.7	24.8	29.5
7	19	29.7	26.7	29.6	28.4	24.5	27.3	23.2	25.2	29.7
7	20	30.0	26.2	29.6	26.8	25.9	23.5	25.9	24.9	29.7
7	21	25.2	25.1	29.5	28.9	25.7	24.0	25.7	25.9	27.0
7	22	25.8	25.0	23.8	27.5	26.3	27.0	24.2	25.4	26.4
7	23	26.2	25.0	27.6	26.3	26.0	25.7	23.7	26.7	24.2
7	24	27.9	25.3	27.8	26.3	29.2	26.9	26.1	26.3	27.0
7	25	25.8	27.3	27.2	24.4	29.1	23.4	27.0	26.7	26.2
7	26	25.8	26.2	27.3	24.0	26.6	23.0	28.1	24.4	26.9
7	27	23.2	25.6	27.8	23.7	25.4	23.7	28.5	25.3	29.1
7	28	26.3	25.8	24.9	24.1	25.3	24.6	28.7	27.3	27.4
7	29	25.7	24.9	25.2	24.2	25.6	26.7	28.7	26.1	25.5
7	30	25.1	25.2	26.6	24.9	26.3	27.7	29.0	28.0	27.0
7	31	24.1	26.0	28.7	26.1	27.6	27.6	25.0	27.7	25.4
平均值		26.7	27.1	27.3	26.8	26.9	26.0	26.2	26.0	27.8

6.5.5 合浦县荔枝产量大小年年型等级预测模型

(1)基于原始气象指标组合的综合预测模型　对表 6-38 中合浦县 9 年已知荔枝产量大小年年型等级赋值，并与确定的 3 个气象指标进行三元回归，得到预测模型：$Y=-17.631-0.428X_1+0.021X_2+0.689X_3$（$r=0.963^{**}$，$n=9$）。自回归合格率按年型预测误差±1 个等级计算，合格率为 100.0%，见表 6-38。

(2)基于原始气象指标组合中某些指标被以天数指标替换后的综合预测模型　使用表 6-43 中 2 个原始气象指标和 1 个以天数为指标的气象指标进行三元回归，得到回归方程 $Y=-17.933-0.463X_1+0.201X_3+0.804X_{2(1)}$（$r=0.951^{**}$，$n=9$）。模型自回归合格率按年型等级预测误差±1 个等级计算，合格率为 100.0%。

表 6-43　影响合浦县荔枝产量大小年年型等级的转化后的气象指标数据和模型自回归结果

年份	X_1/℃	$X_{2(1)}$/d	X_3/℃	Y	Y'	$Y'-Y$
1991	13.2	28	26.0	2	2.49	0.49
2000	13.5	23	26.2	1	1.50	0.50
2001	13.6	19	26.0	1	0.49	−0.51
2007	10.7	32	26.7	5	5.01	0.01
2012	9.9	21	26.8	3	3.25	0.25
2014	12.1	20	26.9	3	2.11	−0.89
2016	12.6	30	27.3	4	4.21	0.21
2018	12.9	33	27.1	5	4.51	−0.49
2019	13.0	15	27.8	1	1.42	0.42

(3)所有气象指标组合的综合预测模型　使用表 6-38 和表 6-43 中的 4 个气象指标进行四元回归，得到回归方程 $Y=-18.333-0.411X_1+0.027X_2+0.688X_3-0.057X_{2(1)}$（$r=0.966^{**}$，$n=9$），模型自回归合格率按年型等级预测误差±1 个等级计算，合格率为 100.0%。

6.5.6 合浦县香山鸡嘴荔枝产量大小年气象指标范围

合浦县已知 9 年荔枝产量大小年年型等级的气象指标范围见表 6-44。

表 6-44　合浦县香山鸡嘴荔枝已知 9 年产量大小年年型等级的气象指标范围

变量	大年	偏大年	平年	偏小年	小年
X_1/℃	10.7～12.9	12.6	9.9～12.1	13.2	13.0～13.6
X_2/h	420.0～423.6	410.0	307.4～325.8	373.7	249.2～321.8
X_3/℃	26.7～27.1	27.3	26.8～26.9	26.0	26.0～27.8
$X_{2(1)}$/d	32～33	30	20～21	28	15～23

6.6　北流市荔枝产量大小年年型等级预测模型

北流市为广西地标荔枝的代表主产地，但是产量大小年年型等级难题一直没有得到解决，原因是没有找到影响产量大小年年型等级产生的关键原因。

6.6.1　数据和研究方法

北流市荔枝产量大小年年型等级数据的取得：通过实地调查、公开信息和数据分析整理近年北流市荔枝产量大小年年型等级数据，确定 9 年北流市荔枝产量大小年年型等级，将其分为 5 级（表 6-45），并将大年、偏大年、平年、偏小年、小年分别赋值 5、4、3、2、1。

表 6-45　北流市荔枝产量大小年年型等级

大年年份	偏大年年份	平年年份	偏小年年份	小年年份
2007、2018	2014、2016	2012	1991	2000、2001、2019

气象数据：本案例中所使用的气象数据主要包括逐日的平均温度、最高温度、最低温度、平均相对湿度、最小相对湿度、日照时数和降水量，数据来源于《国家气象科学数据中心中国气象数据网》(http://data.cma.cn/)中国 756 个基本、基准地面气象观测站气候资料年值数据集；北流市逐年逐日气象数据来源于玉林气象站 1991—2016 年和广东信宜气象站 2017—2019 年的气象数据。北流市荔枝收获时间为 6—7 月，因此将其生长周期确定为上年 8 月至收获当年 7 月，提取北流市荔枝每个生长周期年 8—7 月的 7 个气象指标（平均温度、最高温度、最低温度、平均相对湿度、最小相对湿度的月均值和日照时数、降水量的月累计值）的数据，此处 8—12 月为上年气象数据，1—7 月为收获当年气象数据。

模型建立方法：采用统计分析方法建立基于气象条件的北流市荔枝产量大小年年型等级预测模型，统计方法包括一元和多元回归；使用 Excel 和自编软件进行数据分析和建模。

6.6.2　影响北流市荔枝产量大小年年型等级的气象指标

经过多种算法和大数据计算，最后确定 4 个变量为影响北流市荔枝产量大小年年型等级的气象指标，结果见表 6-46，相应的气象数据和模型自回归结果见表 6-47。

表 6-46　影响北流市荔枝产量大小年年型等级的原始气象指标

变量	定义和与年型等级的关系
X_1/h	上年 12 月 1 日到 1 月 15 的日照时数；正相关
X_2/℃	收获当年 5 月 1 日到 6 月 30 日的每日最高温度的平均；正相关
X_3/%	收获当年 5 月 1 日到 6 月 20 日的每日最小湿度的平均；负相关
X_4/h	收获当年 5 月 1 日到 6 月 30 的日照时数；正相关

表 6-47 影响北流市荔枝产量大小年年型等级的原始气象数据和模型自回归结果

年份	X_1/h	X_2/℃	X_3/%	X_4/h	Y	Y'	$Y'-Y$
1991	160.1	31.4	64.4	307.1	2	2.37	0.37
2000	178.9	31.3	60.3	280.3	1	1.30	0.30
2001	171.9	30.9	65.8	237.7	1	0.79	−0.21
2007	212.1	32.5	53.8	396.1	5	4.77	−0.23
2012	136.4	32.0	60.9	264.5	3	3.12	0.12
2014	235.6	31.8	64.7	260.3	4	4.07	0.07
2016	76.2	32.3	61.0	341.7	4	3.98	−0.02
2018	207.6	32.3	58.1	398.4	5	4.93	−0.07
2019	134.8	30.9	67.7	213.7	1	0.68	−0.32

6.6.3 北流市原始气象指标之间相关关系

表 6-48 为影响北流市荔枝产量大小年原始气象指标之间的相关关系。从表中可以看出：收获当年 5 月 1 日到 6 月 30 日的每日最高温度的平均与当年 5 月 1 日到 6 月 20 日的每日最小湿度的平均呈极显著的负相关，即温度越高，湿度越小；同期的最高温度与日照时数呈显著正相关，说明日照时数越多，温度越高；同期的日照时数越多，湿度越小。

表 6-48 北流市原始气象指标之间相关关系

r	X_1/h	X_2/℃	X_3/%	X_4/h
X_1/h	1			
X_2/℃	0.117	1		
X_3/%	−0.249	-0.819^{**}	1	
X_4/h	0.121	0.727^{*}	-0.746^{*}	1

注：$r_{0.05}=0.666$，$r_{0.01}=0.798$，$n=9$

6.6.4 北流市单一气象指标与荔枝产量大小年年型等级的关系

分别做表 6-47 中的北流市 4 个原始气象指标与荔枝产量大小年年型等级关系的散点图，并配回归方程，结果分别见图 6-27、图 6-28、图 6-30 和图 6-32。X_1 未找到可以转化的对应天数的气象指标；图 6-29、图 6-31、图 6-33 分别为 X_2、X_3、X_4 转化为天数的气象指标，包括 4 个原始气象指标在内被选中气象指标有 7 个。

图 6-27 说明：扣除图中最左边的一个点，随 X_1 增大，北流市荔枝产量大小年年型等级增大，呈显著正相关；当 $X_1>200$ h 时，年型以大年和偏大年为主。回归方程为 $Y=0.0004X_1^2-0.129X_1+11.222$（$r=0.731^{*}$，$n=9$）。

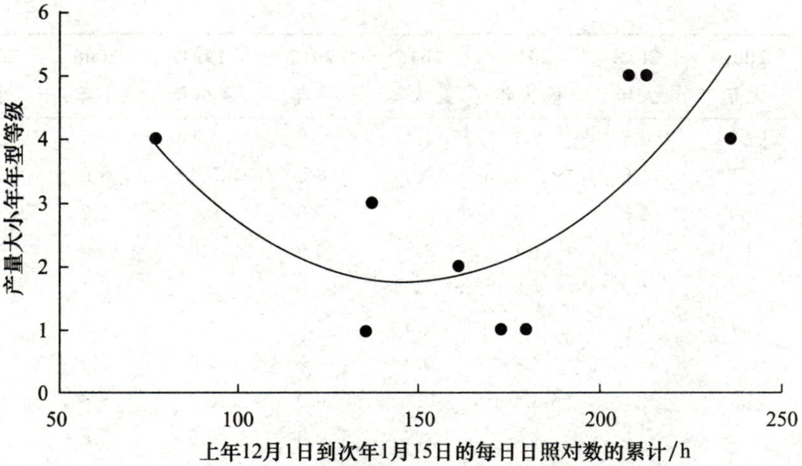

图 6-27 北流市荔枝 X_1 与 Y 的关系

表 6-49 为北流市上年 12 月 1 日到次年 1 月 15 日的每日日照时数。

表 6-49 北流市上年 12 月 1 日到次年 1 月 15 日的每日日照时数 h

月	日	2007 大年	2018 大年	2014 偏大年	2016 偏大年	2012 平年	1991 偏小年	2000 小年	2001 小年	2019 小年
12	1	0.0	10.0	8.7	0.0	2.3	7.5	9.0	3.8	0.3
12	2	4.8	8.1	9.3	0.0	8.2	9.5	9.1	0.0	4.3
12	3	1.6	3.9	9.2	0.0	9.2	9.4	0.5	0.0	2.0
12	4	4.6	9.1	8.9	0.0	8.2	9.3	0.0	8.9	8.2
12	5	6.2	9.4	8.3	0.0	7.8	9.4	0.0	4.3	7.4
12	6	7.7	0.5	7.7	0.0	0.0	9.1	0.0	7.8	5.5
12	7	0.5	5.5	7.7	0.0	0.7	9.0	0.0	0.0	0.0
12	8	2.8	8.2	6.9	0.0	0.5	8.3	8.9	7.5	0.4
12	9	0.0	6.5	7.3	0.0	1.3	9.1	9.3	5.9	0.0
12	10	2.0	0.0	6.0	0.0	2.6	8.7	9.0	0.0	0.0
12	11	0.0	1.2	0.0	0.0	9.6	6.3	4.1	5.1	0.0
12	12	5.8	0.0	0.0	0.0	9.4	3.4	0.0	0.0	0.0
12	13	0.0	0.7	0.0	0.0	8.4	0.9	0.0	0.0	0.0
12	14	2.1	0.6	0.0	0.0	4.7	2.7	0.0	8.0	3.4
12	15	8.2	0.0	0.0	0.4	0.8	0.9	4.4	0.0	5.2
12	16	8.5	2.8	0.0	5.8	1.8	7.0	0.0	5.8	0.0
12	17	8.7	9.4	0.0	8.7	6.3	6.0	0.0	7.5	9.2
12	18	9.1	9.3	3.1	7.4	3.4	0.0	0.0	5.4	9.0
12	19	9.2	9.5	4.1	3.1	5.7	4.0	7.6	1.2	5.0
12	20	8.2	9.5	8.6	8.3	3.9	0.0	8.3	0.0	0.0
12	21	8.3	7.0	8.3	2.6	2.2	0.8	8.9	7.8	3.3
12	22	8.6	3.8	7.4	0.0	3.3	4.6	9.1	7.7	9.0
12	23	7.7	5.3	7.3	0.0	0.0	1.6	9.0	8.4	8.5
12	24	8.7	8.2	7.8	0.0	7.5	7.7	9.0	8.5	0.0

续表6-49

月	日	2007 大年	2018 大年	2014 偏大年	2016 偏大年	2012 平年	1991 偏小年	2000 小年	2001 小年	2019 小年
12	25	8.3	8.3	8.1	4.1	7.6	4.1	9.4	7.1	2.8
12	26	6.1	1.6	7.5	0.0	8.5	5.4	8.9	8.9	5.1
12	27	0.0	6.8	5.5	0.4	0.0	0.0	7.2	4.1	5.4
12	28	6.6	0.0	7.7	3.8	0.0	0.0	0.0	7.0	3.0
12	29	7.2	4.9	7.8	0.0	0.0	2.4	2.4	5.2	0.0
12	30	7.4	0.0	7.2	0.0	0.0	1.5	7.0	0.0	0.0
12	31	6.0	8.1	7.8	0.0	0.0	3.8	7.7	7.0	0.0
1	1	0.9	4.5	8.4	0.2	0.0	0.0	8.6	7.1	0.0
1	2	0.0	7.8	4.5	7.6	0.0	0.5	7.6	0.0	0.4
1	3	0.0	0.0	4.8	7.9	0.0	0.0	6.4	0.0	0.4
1	4	0.0	7.2	6.8	0.4	0.0	0.0	0.0	0.6	0.0
1	5	0.0	0.0	7.8	6.2	0.0	0.0	2.0	5.2	0.5
1	6	1.8	0.0	0.6	5.9	0.0	0.0	0.0	2.5	0.0
1	7	8.2	0.0	0.0	1.9	0.0	0.0	0.0	3.4	0.0
1	8	4.5	0.0	0.0	0.4	0.0	0.0	0.0	3.8	1.9
1	9	9.0	0.0	0.0	0.0	5.1	0.0	0.0	0.0	6.2
1	10	8.6	0.0	5.5	0.0	7.4	0.0	2.2	0.0	2.9
1	11	5.3	7.6	0.2	0.0	0.0	0.0	0.0	0.0	0.0
1	12	0.0	4.6	0.0	0.0	0.0	0.0	3.3	0.0	7.4
1	13	3.4	4.8	0.0	1.1	0.0	0.0	0.0	4.1	4.8
1	14	4.1	4.5	9.4	0.0	0.0	0.0	0.0	2.3	6.3
1	15	1.4	8.4	9.4	0.0	0.0	7.2	0.0	0.0	7.0
累计值		212.1	207.6	235.6	76.2	136.4	160.1	178.9	171.9	134.8

图 6-28 说明：北流市收获当年 5 月 1 日到 6 月 30 日的每日最高温度的平均与荔枝大小年年型等级呈极显著正相关关系；随着 X_2 增加，年型等级增大，当 $X_2>32.2$ ℃时，年型以大年和偏大年为主。回归方程为 $Y=0.395X_2^2-22.309X_2+313.57$（$r=0.955^{**}$，$n=9$）。

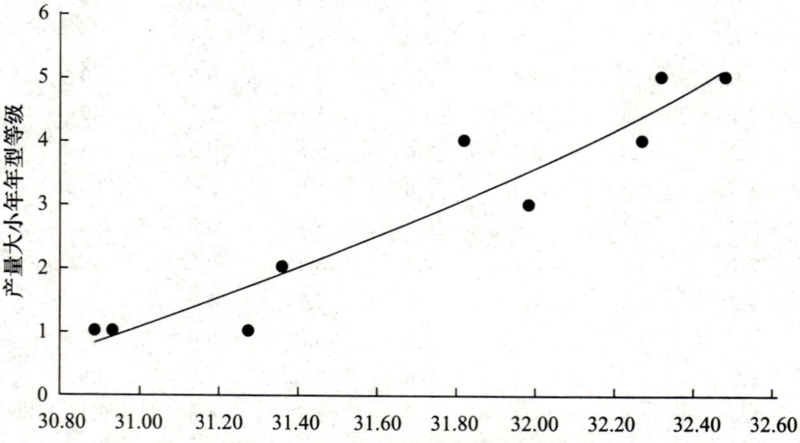

图 6-28 北流市荔枝 X_2 与 Y 的关系

表 6-50 为北流市收获当年 5 月 1 日到 6 月 30 日的每日最高温度。

表 6-50 北流市收获当年 5 月 1 日到 6 月 30 日的每日最高温度 ℃

月	日	2007 大年	2018 大年	2014 偏大年	2016 偏大年	2012 平年	1991 偏小年	2000 小年	2001 小年	2019 小年
5	1	31.9	31.1	25.9	29.9	35.5	30.2	31.2	30.8	27.5
5	2	32.8	32.4	27.2	32.4	35.2	21.4	27.4	26.0	23.6
5	3	31.2	34.1	30.3	33.0	32.5	22.6	29.4	28.7	24.5
5	4	26.6	30.4	30.0	32.1	35.1	27.8	31.5	26.7	24.2
5	5	27.4	31.6	22.8	31.6	33.0	31.3	30.7	30.4	28.1
5	6	32.5	32.2	21.4	33.1	29.4	32.0	31.1	33.2	24.5
5	7	33.7	31.9	21.9	32.9	33.0	28.5	30.3	34.0	24.0
5	8	32.7	27.9	23.9	32.4	34.3	20.0	28.5	30.9	23.2
5	9	33.5	29.1	31.2	31.7	34.8	25.9	27.6	25.9	25.6
5	10	30.3	27.5	32.1	29.4	35.4	24.6	25.4	26.7	29.1
5	11	29.6	30.4	29.0	33.2	34.6	30.3	30.4	29.8	31.7
5	12	30.1	30.2	29.8	29.3	33.0	31.6	31.4	31.4	30.7
5	13	28.5	28.7	33.6	27.6	28.3	29.6	32.4	32.3	32.8
5	14	32.0	31.6	33.8	31.6	33.1	32.2	32.9	32.2	31.7
5	15	33.0	32.7	31.7	30.3	24.6	30.8	33.1	32.1	33.4
5	16	34.0	32.6	33.3	27.3	31.5	29.2	34.3	27.0	32.5
5	17	32.6	33.3	33.6	30.5	32.9	30.1	30.4	29.0	34.3
5	18	28.0	34.1	31.5	29.3	32.5	31.7	26.2	29.6	34.4
5	19	27.4	33.4	32.7	31.2	33.6	33.2	23.5	32.0	34.6
5	20	29.3	33.8	33.9	27.6	32.8	33.8	29.5	32.2	34.9
5	21	32.8	34.0	32.7	28.5	32.9	33.8	27.9	30.3	28.5
5	22	34.9	34.8	29.6	31.1	29.9	33.7	25.9	31.2	29.7
5	23	35.4	35.9	34.3	31.4	31.0	34.1	28.6	33.6	32.0
5	24	35.5	34.1	33.8	29.7	30.0	34.7	30.7	32.0	30.7
5	25	30.8	33.8	33.3	30.8	33.2	35.0	33.0	29.0	29.9
5	26	32.9	34.5	33.0	34.6	28.2	33.5	34.4	31.2	30.4
5	27	32.9	32.7	33.0	32.6	30.2	32.5	32.7	31.5	29.3
5	28	30.8	32.2	31.7	29.2	32.9	33.0	32.3	29.3	29.9
5	29	30.1	32.8	32.6	33.9	31.4	33.6	32.4	29.7	30.1
5	30	34.1	34.5	34.6	34.6	31.9	33.7	33.9	31.0	29.7
5	31	33.9	34.9	33.7	33.9	28.1	34.0	34.4	28.4	28.7
6	1	34.4	33.5	33.9	34.8	29.3	34.1	31.9	26.9	29.0

续表6-50

月	日	2007 大年	2018 大年	2014 偏大年	2016 偏大年	2012 平年	1991 偏小年	2000 小年	2001 小年	2019 小年
6	2	34.7	33.5	34.3	35.1	30.7	34.8	32.9	27.9	27.9
6	3	32.2	34.5	35.6	35.4	29.8	35.7	34.6	29.9	33.3
6	4	34.7	33.8	34.2	32.3	30.4	35.3	35.1	27.2	31.9
6	5	33.2	29.4	31.6	28.1	32.9	33.5	34.9	32.7	31.5
6	6	34.7	28.6	26.9	33.3	33.4	33.6	35.5	29.0	33.2
6	7	32.5	26.8	33.1	33.4	34.4	32.1	33.0	27.4	33.1
6	8	34.1	31.6	33.8	32.4	31.1	30.6	32.2	30.8	32.7
6	9	30.0	34.9	32.0	31.3	32.3	29.2	33.7	33.1	32.7
6	10	31.6	35.4	29.6	33.3	34.2	30.6	33.2	33.1	32.1
6	11	33.5	34.1	31.9	31.5	30.3	30.8	29.9	29.7	33.1
6	12	33.9	30.5	31.5	33.2	31.8	32.0	23.4	30.9	33.4
6	13	26.7	29.7	33.8	31.5	33.6	33.0	25.3	26.7	31.5
6	14	32.0	32.5	34.0	33.6	33.2	33.5	28.4	32.1	33.7
6	15	34.0	33.0	35.7	33.3	32.5	33.8	29.2	33.5	31.3
6	16	33.3	31.5	35.6	30.7	32.7	33.0	28.9	33.9	31.6
6	17	31.5	34.5	32.0	32.7	32.1	32.5	33.3	34.5	32.9
6	18	32.9	33.1	33.3	34.4	34.6	32.4	34.0	34.1	31.7
6	19	34.7	34.8	33.4	34.1	34.7	32.9	33.1	35.4	31.8
6	20	34.7	33.6	33.4	33.6	31.3	31.9	32.8	34.0	33.4
6	21	35.0	31.2	30.8	35.7	31.2	32.9	31.2	34.7	33.9
6	22	35.3	30.7	30.8	34.9	29.7	31.2	31.5	32.6	34.5
6	23	35.7	32.4	30.7	33.2	27.3	29.5	33.9	33.2	32.1
6	24	34.9	31.5	33.1	35.4	29.5	30.9	32.2	34.1	28.1
6	25	35.1	30.3	30.7	35.3	29.0	33.4	32.4	33.7	31.9
6	26	35.8	31.5	34.6	35.4	31.0	28.9	32.2	30.6	30.8
6	27	31.6	32.8	35.5	35.0	33.0	25.8	32.0	29.4	33.8
6	28	32.4	33.0	35.5	35.6	31.8	31.0	34.4	30.7	34.0
6	29	32.6	32.9	35.8	31.8	35.9	32.6	34.2	33.0	34.5
6	30	31.9	32.1	31.7	31.0	32.1	33.0	35.2	34.1	34.7
平均值		32.5	32.3	31.8	32.3	32.0	31.4	31.3	30.9	30.9
≥32 ℃天数/d		41	38	36	35	34	34	32	26	26

由表6-50和表6-47相关数据制作成图6-29。图6-29和表6-50说明：当年5月1日到6月30日的每日最高温度≥32 ℃天数不少于35 d时，才能保证大年或偏大年。回归方程为 $Y=0.015X_{2(1)}^{2}-0.672X_{2(1)}+8.257(r=0.866^{**},n=9)$。

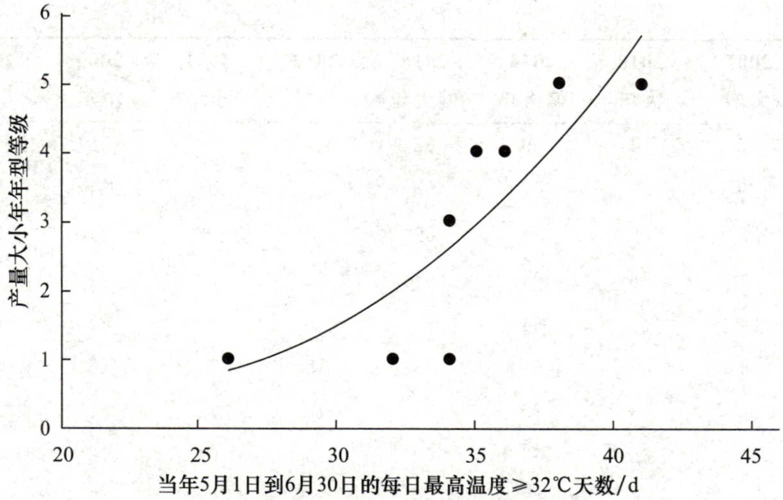

图 6-29　北流市荔枝 $X_{2(1)}$ 与 Y 的关系

图 6-30 说明：随着当年 5 月 1 日到 6 月 20 日的每日最小湿度的平均 X_3 的减少，北流市荔枝产量大小年年型等级增大，呈显著负相关关系；当 $X_3<60\%$ 时，为大年。回归方程为 $Y=0.00002X_3^2-0.297X_3+21.052(r=-0.705^*,n=9)$。

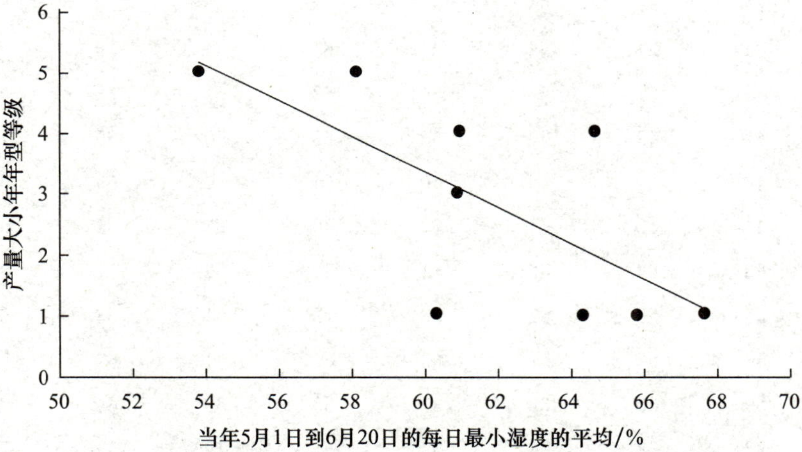

图 6-30　北流市荔枝 X_3 与 Y 的关系

表 6-51 为北流市当年 5 月 1 日到 6 月 20 日的每日最小湿度。

表 6-51　北流市当年 5 月 1 日到 6 月 20 日的每日最小湿度　　℃

月	日	2007 大年	2018 大年	2014 偏大年	2016 偏大年	2012 平年	1991 小年	2000 小年	2001 小年	2019 小年
5	1	34	64	72	67	43	74	69	71	59
5	2	37	58	72	58	46	68	85	67	73
5	3	57	48	59	56	60	76	56	76	72
5	4	78	61	65	61	48	77	49	88	83

续表6-51

月	日	2007 大年	2018 大年	2014 偏大年	2016 偏大年	2012 平年	1991 小年	2000 小年	2001 小年	2019 小年
5	5	58	54	69	63	56	60	58	70	77
5	6	29	56	77	58	67	64	61	59	82
5	7	25	62	87	60	54	78	65	58	79
5	8	27	78	94	57	46	75	74	65	88
5	9	29	76	64	66	46	62	85	65	71
5	10	51	80	62	56	45	72	89	58	65
5	11	66	63	70	36	49	74	61	54	58
5	12	62	65	68	49	56	64	48	48	61
5	13	53	70	62	76	75	68	47	43	56
5	14	51	63	58	61	58	65	48	50	64
5	15	54	56	63	65	81	67	52	61	60
5	16	48	51	63	44	57	74	49	81	65
5	17	51	57	64	42	51	69	69	78	54
5	18	64	54	70	54	56	63	81	75	58
5	19	71	57	65	64	53	58	73	56	58
5	20	64	51	58	81	61	61	50	56	58
5	21	59	51	68	66	57	55	62	67	72
5	22	47	43	77	53	63	59	65	70	70
5	23	47	41	56	60	61	54	69	60	60
5	24	44	52	61	67	70	53	65	66	67
5	25	63	52	60	71	50	52	57	82	72
5	26	56	52	62	53	72	61	53	67	77
5	27	58	63	59	62	67	61	67	55	79
5	28	59	60	68	81	55	59	64	70	79
5	29	72	58	64	59	66	49	59	73	76
5	30	52	47	57	56	61	50	56	62	74
5	31	58	49	64	59	76	52	48	64	82
6	1	54	58	61	54	73	57	62	87	81
6	2	49	56	60	56	59	57	57	89	87
6	3	66	50	56	55	73	51	45	66	49
6	4	51	51	57	65	73	48	44	89	65
6	5	55	75	72	75	58	60	49	55	68
6	6	50	79	85	57	59	55	44	77	58
6	7	64	88	61	56	54	62	59	86	60
6	8	57	60	53	61	71	71	61	69	65

续表6-51

月	日	2007 大年	2018 大年	2014 偏大年	2016 偏大年	2012 平年	1991 小年	2000 小年	2001 小年	2019 小年
6	9	79	48	69	67	66	82	58	61	68
6	10	55	42	77	61	64	76	58	58	66
6	11	50	54	64	70	82	73	71	78	65
6	12	52	76	65	68	70	70	82	69	62
6	13	85	72	48	76	60	64	64	88	76
6	14	47	52	55	64	70	63	53	58	50
6	15	38	53	47	62	65	64	55	43	62
6	16	55	45	50	73	67	69	63	47	65
6	17	64	46	68	61	66	70	49	52	61
6	18	58	55	63	55	54	71	53	56	65
6	19	47	54	63	55	52	72	58	54	66
6	20	45	59	67	57	66	73	58	61	65
累计值		2745	2965	3299	3109	3108	3282	3077	3358	3453
平均值		53.8	58.1	64.7	61.0	60.9	64.4	60.3	65.8	67.7
≤60%天数/d		38	35	15	25	26	17	28	19	13

由表 6-51 和表 6-47 相关数据制作成图 6-31。图 6-31 和表 6-51 说明：北流市当年 5 月 1 日到6 月 20 日的每日最小湿度≤60％天数大于 32 d 时，才能保证大年或偏大年。回归方程为 $Y=0.007X_{3(1)}^{2}-0.224X_{3(1)}+3.641(r=0.684^{*}, n=9)$。

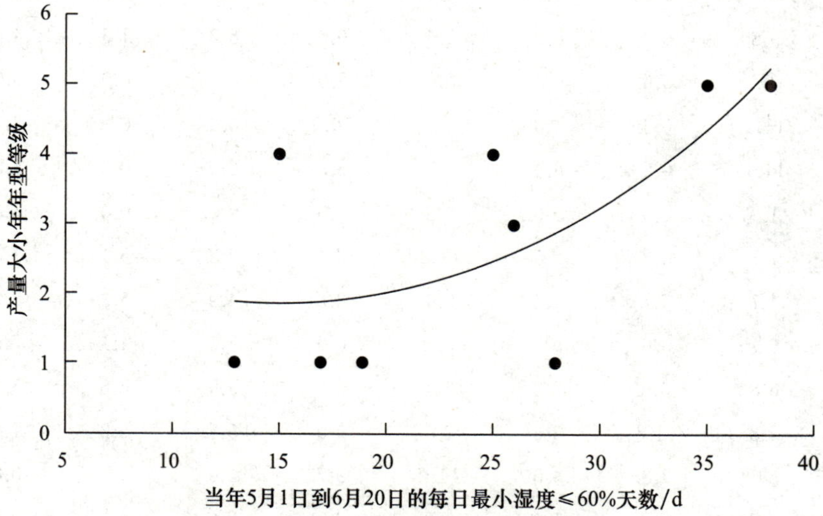

图 6-31 北流市荔枝 $X_{3(1)}$ 与 Y 的关系

图 6-32 说明：随着 X_4 增加，北流市荔枝产量大小年年型等级增大；当 $X_4>350$ h 时，为大年。回归方程为 $Y=0.0002X_4^2-0.085X_4+12.854(r=0.768^{*}, n=9)$。

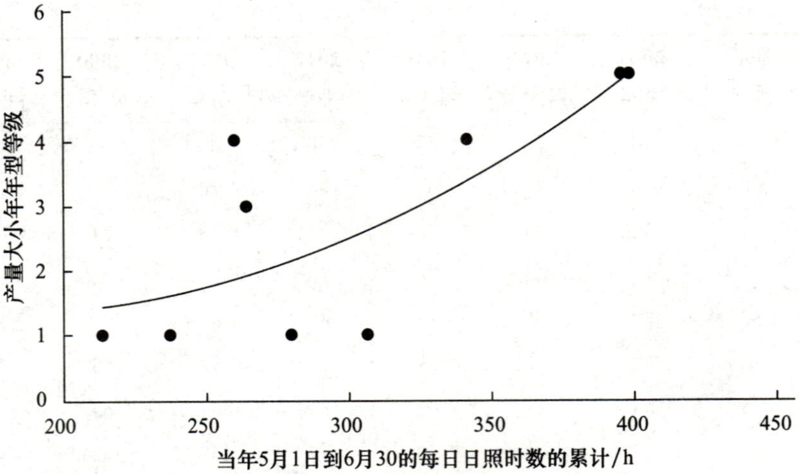

图 6-32 北流市荔枝 X_4 与 Y 的关系

表 6-52 为北流市当年 5 月 1 日到 6 月 30 的每日日照时数。

表 6-52 北流市当年 5 月 1 日到 6 月 30 的每日日照时数 h

月	日	2007 大年	2018 大年	2014 偏大年	2016 偏大年	2012 平年	1991 小年	2000 小年	2001 小年	2019 小年
5	1	11.0	2.2	1.4	1.2	10.6	0.7	3.2	0.0	3.8
5	2	10.8	5.5	1.0	6.9	9.1	0.0	0.0	0.0	0.0
5	3	4.6	7.6	4.2	7.6	5.3	0.0	4.9	0.0	0.2
5	4	0.0	6.0	4.1	6.1	10.0	0.4	9.8	0.0	0.0
5	5	4.3	9.3	0.5	4.5	8.5	4.6	3.8	1.9	0.1
5	6	9.8	6.9	0.0	5.6	0.6	6.0	1.5	4.9	0.6
5	7	10.9	3.6	0.0	5.6	8.0	0.0	0.0	8.0	0.1
5	8	11.1	0.3	0.0	5.1	10.5	0.0	0.0	3.1	0.0
5	9	11.4	0.6	8.4	0.7	8.3	6.9	0.0	1.5	0.8
5	10	1.0	0.0	5.6	5.3	8.0	0.0	0.0	6.8	3.2
5	11	1.7	3.3	2.5	11.8	7.4	2.3	5.1	7.0	5.4
5	12	4.7	5.7	4.4	0.0	2.2	4.9	5.3	8.7	9.5
5	13	6.7	3.6	9.5	0.3	0.0	5.5	4.1	7.6	9.6
5	14	6.8	6.6	8.2	6.0	6.0	5.9	4.6	5.6	3.6
5	15	5.8	11.6	3.6	2.8	0.0	5.5	5.2	1.6	3.8
5	16	6.5	7.3	4.5	11.0	9.7	0.0	9.7	0.0	4.6
5	17	7.7	7.7	1.9	9.2	6.9	2.6	4.0	0.2	7.1
5	18	0.9	9.9	0.0	0.5	5.8	8.1	0.0	3.8	8.6
5	19	0.0	10.9	5.1	3.7	7.2	6.5	0.0	7.0	6.9
5	20	3.4	10.1	5.8	0.0	9.9	7.5	5.2	2.1	0.0
5	21	6.0	10.1	5.2	4.5	2.9	9.1	0.0	1.9	0.5

续表6-52

月	日	2007 大年	2018 大年	2014 偏大年	2016 偏大年	2012 平年	1991 小年	2000 小年	2001 小年	2019 小年
5	22	11.4	11.6	3.1	9.8	1.0	8.2	0.0	4.9	0.0
5	23	12.4	10.1	8.8	4.2	4.4	9.9	1.1	6.9	6.7
5	24	11.4	10.6	5.6	3.6	0.0	11.2	4.4	4.6	5.9
5	25	2.9	10.5	4.3	1.4	9.8	11.6	7.7	0.0	0.0
5	26	5.7	11.6	3.2	8.9	1.6	3.9	7.0	3.7	4.6
5	27	4.3	4.1	4.8	2.5	4.5	6.8	1.3	2.2	2.1
5	28	4.8	5.6	2.9	0.0	3.1	8.1	3.2	5.2	1.2
5	29	2.0	5.0	3.5	5.3	2.4	10.7	7.9	3.0	3.5
5	30	8.6	10.8	6.1	7.6	1.1	11.5	8.7	6.3	2.4
5	31	3.4	11.7	4.6	9.8	0.9	11.1	9.1	0.0	1.2
6	1	9.9	6.3	4.7	12.0	1.5	8.3	4.7	0.0	0.0
6	2	7.5	9.1	7.7	12.0	1.2	7.8	7.6	0.0	0.3
6	3	6.4	9.5	10.8	12.2	1.2	9.7	11.1	2.3	8.3
6	4	8.1	8.4	7.5	1.0	1.4	9.6	8.4	0.0	2.4
6	5	6.2	0.8	0.0	0.0	4.7	7.2	11.7	10.8	1.7
6	6	8.7	0.2	0.0	10.5	7.7	9.0	9.0	0.3	8.4
6	7	3.2	0.0	6.6	7.3	6.0	0.5	3.1	0.0	5.2
6	8	3.0	5.0	8.4	2.8	2.0	3.5	5.5	0.0	6.2
6	9	0.0	11.4	3.7	2.0	4.9	0.0	6.0	5.2	3.3
6	10	7.7	10.2	0.0	2.5	8.1	0.9	7.3	4.5	2.8
6	11	12.0	2.9	3.4	2.8	0.0	1.7	0.0	0.4	4.6
6	12	2.1	0.0	2.2	2.5	1.7	3.3	0.0	4.1	3.6
6	13	0.0	0.0	8.4	0.3	3.7	8.5	0.0	0.0	2.3
6	14	9.6	6.4	4.4	6.9	2.0	6.2	1.2	8.4	8.3
6	15	8.6	9.0	7.3	5.8	1.4	5.3	0.5	9.3	2.0
6	16	4.8	7.5	7.2	0.0	7.0	3.9	0.0	7.0	3.0
6	17	2.1	9.4	3.5	0.3	6.4	2.7	5.2	10.6	5.1
6	18	6.7	10.0	2.9	8.1	9.8	4.1	5.8	6.0	3.8
6	19	10.2	7.1	2.1	8.4	4.7	3.2	4.6	6.2	5.0
6	20	12.4	9.0	3.7	8.5	0.0	5.2	3.3	4.6	5.4
6	21	8.8	0.0	0.0	11.2	0.0	6.3	4.8	7.9	4.2
6	22	11.8	4.3	0.0	10.3	0.0	1.2	2.6	7.6	6.3
6	23	8.0	2.4	0.0	7.6	0.0	0.7	7.6	4.5	1.3
6	24	9.6	7.2	7.2	12.0	0.8	3.1	5.9	7.5	0.0
6	25	10.3	1.0	1.2	8.9	0.0	7.1	3.7	3.1	0.5

续表6-52

月	日	2007 大年	2018 大年	2014 偏大年	2016 偏大年	2012 平年	1991 小年	2000 小年	2001 小年	2019 小年
6	26	8.1	9.8	9.7	8.6	2.4	0.0	8.2	1.7	0.2
6	27	5.8	9.1	10.6	9.9	2.6	0.0	6.0	0.3	5.6
6	28	4.4	11.0	5.6	7.6	5.7	4.4	10.7	2.1	5.8
6	29	3.9	7.4	7.3	5.5	11.5	6.1	8.2	8.3	6.2
6	30	4.2	3.6	1.4	2.7	0.4	8.1	10.8	6.5	5.9
累计值		396.1	398.4	260.3	341.7	264.5	307.1	280.3	237.7	213.7
平均值		6.5	6.5	4.3	5.6	4.3	5.0	4.6	3.9	3.5
≥6 h天数/d		34	37	17	28	22	27	20	20	12

由表6-52和表6-47相关数据制作成图6-33。图6-33和表6-52说明：北流市当年5月1日到6月30的每日日照时数≥6 h天数不少于32 d时，才能保证大年或偏大年。回归方程为 $Y=0.007\times X_{4(1)}^{2}-0.180\times X_{4(1)}+2.928(r=0.705^{*},n=9)$。

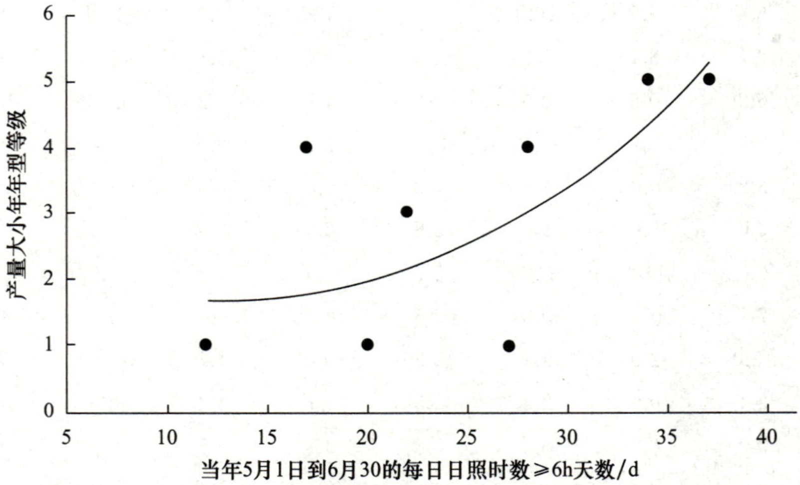

图6-33　北流市荔枝 $X_{4(1)}$ 与 Y 的关系

6.6.5　北流市荔枝产量大小年年型等级预测模型

(1)基于原始气象指标组合的综合预测模型　对表6-47中北流市9年已知荔枝产量大小年年型等级赋值，并与确定的4个气象指标进行四元回归，得到预测模型：$Y=-110.573+0.008X_1+3.111X_2+0.188X_3+0.006X_4(r=0.989^{**},n=9)$，自回归合格率按年型等级预测误差±0.5个等级计算，合格率为100.0%，见表6-47。

(2)基于原始气象指标组合中某些指标被以天数指标替换后的综合预测模型　使用表6-53中的1个原始气象指标和3个转化为天数的气象指标指标进行四元回归，得到回归方程 $Y=-6.934-0.001X_1+0.288X_{2(1)}-0.023X_{3(1)}+0.038X_{4(1)}(r=0.901^{**},n=9)$，模型自回归合格率按年型等级预测误差±1个等级计算，合格率为77.8%。这一结果可见，转化为天数的指标最好与原始筛选出来的指标一起使用。

表 6-53 影响北流市荔枝产量大小年年型等级的转化后的气象指标数据和模型自回归结果

年份	X_1/h	$X_{2(1)}$/d	$X_{3(1)}$/d	$X_{4(1)}$/d	Y	Y'	$Y'-Y$
1991	160.1	34	17	27	2	3.30	1.30
2000	178.9	32	28	20	1	2.18	1.18
2001	171.9	26	19	20	1	0.67	−0.33
2007	212.1	41	38	34	5	5.03	0.03
2012	136.4	34	26	22	3	2.93	−0.07
2014	235.6	36	15	17	4	3.45	−0.55
2016	76.2	35	25	28	4	3.57	−0.43
2018	207.6	38	35	37	5	4.36	−0.64
2019	134.8	26	13	12	1	0.55	−0.45

(3)所有气象指标组合的综合预测模型　使用表 6-47 和表 6-53 中的 7 个气象指标进行七元回归，得到回归方程 $Y=-125.906+0.015X_1+4.384X_2-0.072X_3+0.007X_4-0.251X_{2(1)}-0.113X_{3(1)}+0.030X_{4(1)}$（$r=0.999^{**}$，$n=9$），模型自回归合格率按年型等级预测误差±0.5 个等级计算，合格率为 100.0%。

6.6.6 北流市荔枝产量大小年年型等级气象指标范围

北流市已知 9 年荔枝产量大小年年型等级的气象指标范围见表 6-54。

表 6-54 北流市荔枝已知 9 年产量大小年年型等级的气象指标范围

变量	大年	偏大年	平年	偏小年	小年
X_1/h	207.6～212.1	76.2～235.6	136.4	160.1	134.8～178.9
X_2/℃	32.3～32.5	31.8～32.3	32.0	31.4	30.9～31.3
X_3/%	53.8～58.1	61.1～64.7	60.9	64.4	60.3～67.7
X_4/h	396.1～398.4	260.3～341.7	264.5	307.1	213.7～280.3
$X_{2(1)}$/d	38～41	35～36	34	34	26～32
$X_{3(1)}$/d	35～38	15～25	26	17	13～28
$X_{4(1)}$/d	34～37	17～28	22	27	12～20

6.7 麻垌荔枝产量大小年年型等级预测模型

广西贵港市桂平市的地标荔枝产地为麻垌镇，简称麻垌荔枝，其产量大小年年型等级难题一直没有得到解决，原因是没有找到影响产量大小年年型等级产生的关键原因。

6.7.1 数据和研究方法

麻垌荔枝产量大小年年型等级数据的取得：通过实地调查、公开信息和数据分析整理近年麻垌荔枝产量大小年年型等级数据，确定7年麻垌荔枝产量大小年年型等级，将其分为5级（表6-55），并将大年、偏大年、平年、偏小年、小年分别赋值5、4、3、2、1。

表6-55　桂平市麻垌荔枝产量大小年年型等级

大年年份	偏大年年份	平年年份	偏小年年份	小年年份
2012、2014	2016、2018		2013	2015、2017

气象数据：本案例中所使用的气象数据主要包括逐日的平均温度、最高温度、最低温度、平均相对湿度、最小相对湿度、日照时数和降水量，数据来源于《国家气象科学数据中心中国气象数据网》(http://data.cma.cn/)中国756个基本、基准地面气象观测站气候资料年值数据集；桂平市逐年逐日气象数据来源于桂平气象站的气象数据。麻垌荔枝收获时间为6—7月，因此将其生长周期确定为上年8月至收获当年7月，提取麻垌荔枝每个生长周期8—7月的7个气象指标（平均温度、最高温度、最低温度、平均相对湿度、最小相对湿度的月均值和日照时数、降水量的月累计值）的数据，此处8—12月为上年气象数据，1—7月为收获当年气象数据。

模型建立方法：采用统计分析方法建立基于气象条件的麻垌荔枝产量大小年年型等级预测模型，统计方法包括一元和多元回归；使用Excel和自编软件进行数据分析和建模。

6.7.2　影响麻垌荔枝产量大小年年型等级的气象指标

经过多种算法和大数据计算，最后确定两个变量为影响麻垌荔枝产量大小年年型等级的气象指标，见表6-56，相应的气象数据和模型自回归结果见表6-57。

表6-56　影响麻垌荔枝产量大小年年型等级的原始气象指标

变量	定义和与年型等级的关系
X_1/℃	上年10月的每日最低温度的平均；负相关
X_2/℃	收获当年2月的每日平均温度的平均；负相关

表6-57　影响麻垌荔枝产量大小年年型等级原始气象指标数据和模型自回归结果

年份	X_1/℃	X_2/℃	Y	Y'	$Y'-Y$
2012	20.4	12.4	5	5.07	0.07
2013	21.5	15.9	2	1.79	−0.21
2014	20.5	12.6	5	4.81	−0.19
2015	21.8	16.6	1	1.06	0.06
2016	21.2	12.8	4	4.00	0.00
2017	22.7	15.0	1	1.08	0.08
2018	20.3	14.0	4	4.19	0.19

注：表中Y为年型等级赋值、Y'为通过模型自回归预测的年型等级、$Y'-Y$为预测误差

6.7.3　桂平市原始气象指标之间相关关系

表6-58为影响麻垌荔枝产量大小年原始气象指标之间的相关关系。从表中可以看出：上年

10 月的每日最低温度的平均与当年 2 月的每日平均温度的平均呈正相关，但是未达到显著相关水平。

表 6-58 桂平市气象指标之间相关关系

r	X_1/mm	X_2/℃
X_1/mm	1	
X_2/℃	0.658	1

注：$r_{0.05}=0.754$，$r_{0.01}=0.874$，$n=7$

6.7.4 桂平市单一气象指标与麻垌荔枝产量大小年年型等级的关系

分别做表 6-57 中的桂平市 10 月的每日最低温度的平均、2 月的每日平均温度的平均与麻垌荔枝产量大小年年型等级关系的散点图，并配回归方程，结果分别见图 6-34 和图 6-36，而图 6-35 和图 6-37 分别为对应的 2 个原始气象指标转化为天数的 2 个气象指标，合计 4 个气象指标。

图 6-34 说明：麻垌荔枝产量大小年年型等级与桂平市上年 10 月的每日最低温度的平均呈极显著负相关关系；当 $X_1<20.7$ ℃时，年型等级为大年和偏大年。回归方程为
$Y=0.3166X_1^2-15.411X_1+187.34$（$r=0.906^{**}$，$n=7$）。

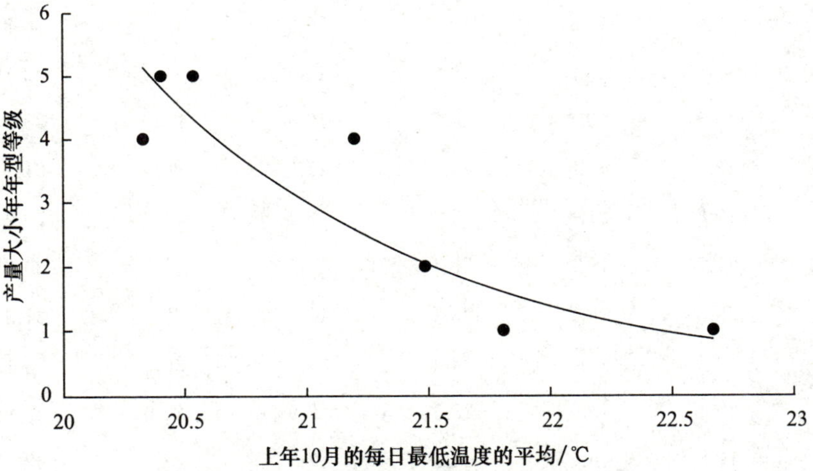

图 6-34 桂平市荔枝 X_1 与 Y 的关系

表 6-59 为桂平市上年 10 月的每日最低温度。

表 6-59 桂平市上年 10 月的每日最低温度 ℃

月	日	2012 大年	2014 大年	2016 偏大年	2018 偏大年	2013 偏小年	2015 小年	2017 小年
10	1	23.2	24.2	25.0	24.1	19.6	24.7	20.6
10	2	22.4	22.4	22.9	24.4	19.4	24.5	21.3
10	3	21.2	21.5	24.0	24.7	20.0	24.2	22.9
10	4	17.2	21.9	23.7	25.0	22.5	23.8	24.5

续表6-59

月	日	2012 大年	2014 大年	2016 偏大年	2018 偏大年	2013 偏小年	2015 小年	2017 小年
10	5	18.2	19.6	23.1	23.8	22.6	25.4	22.9
10	6	18.8	20.6	22.2	23.6	22.3	21.8	22.9
10	7	19.4	19.4	22.1	24.2	23.0	21.1	23.1
10	8	20.4	20.9	23.8	23.5	23.3	19.7	23.9
10	9	22.2	23.5	22.7	24.6	22.6	19.0	22.5
10	10	22.5	22.5	17.4	24.8	22.0	19.1	23.0
10	11	23.6	22.6	17.0	24.5	20.3	21.9	22.7
10	12	24.6	22.5	18.0	22.0	20.0	22.4	23.2
10	13	24.1	23.1	20.5	17.2	20.1	21.0	20.6
10	14	21.7	24.1	21.3	17.8	21.8	19.4	21.5
10	15	22.2	24.2	20.2	18.8	23.5	19.6	22.8
10	16	18.9	21.4	20.7	17.5	21.8	19.2	22.1
10	17	18.6	21.3	18.9	16.8	21.9	19.6	22.8
10	18	18.3	19.3	19.2	18.3	19.3	20.2	21.7
10	19	18.0	18.7	19.2	20.4	19.9	20.8	22.3
10	20	18.8	18.5	19.0	20.5	22.4	22.1	23.1
10	21	19.5	19.3	18.7	19.4	23.9	23.0	24.0
10	22	20.1	19.8	19.0	15.9	20.6	21.1	23.6
10	23	20.8	21.9	19.9	16.1	21.7	20.2	23.9
10	24	21.5	19.2	20.4	17.5	22.3	20.8	24.8
10	25	20.3	16.2	23.1	17.8	22.0	21.2	25.4
10	26	19.4	16.1	23.4	20.8	23.5	23.1	25.0
10	27	20.4	15.0	23.5	18.9	22.0	22.2	24.8
10	28	19.8	16.7	24.1	17.9	22.7	22.8	23.5
10	29	17.8	19.4	23.8	17.9	22.0	23.4	20.8
10	30	18.9	20.7	22.0	16.8	19.4	24.1	18.3
10	31	19.6	20.0	18.0	14.3	17.5	24.3	18.1
平均值		20.4	20.5	21.2	20.3	21.5	21.8	22.7
≤20 ℃天数/d		15	14	11	16	8	7	2

由表 6-57 和表 6-59 相关数据制作成图 6-35。图 6-35 和表 6-59 说明:桂平市上年 10 月的每日最低温度≤20 ℃天数不少于 11 d 时,才能保证大年或偏大年年型。回归方程为 $Y=0.005X_{1(1)}^{2}+0.229X_{1(1)}+0.145(r=0.904^{**},n=7)$。

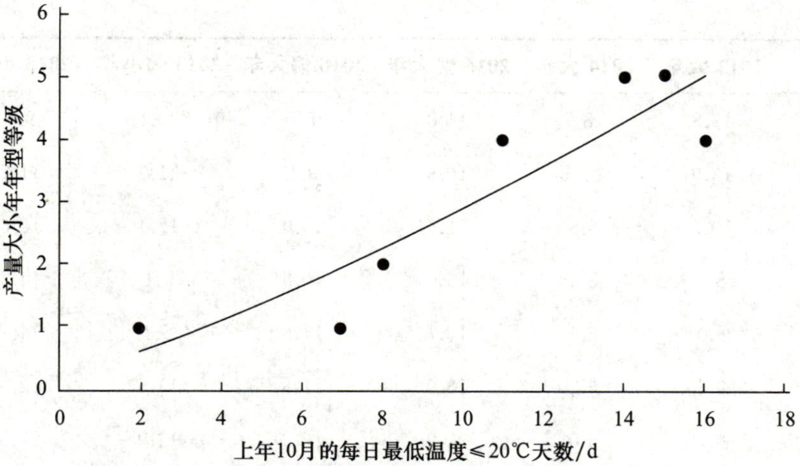

图 6-35　桂平市荔枝 $X_{1(1)}$ 与 Y 的关系

图 6-36 说明：桂平市麻垌荔枝产量大小年年型等级与桂平市收获当年 2 月的每日平均温度的平均呈极显著负相关关系；当 $X_2<13$ ℃时，年型等级为大年。回归方程为 $Y=0.107X_2^2-4.037X_2+38.546$（$r=-0.921^{**}$，$n=7$）。

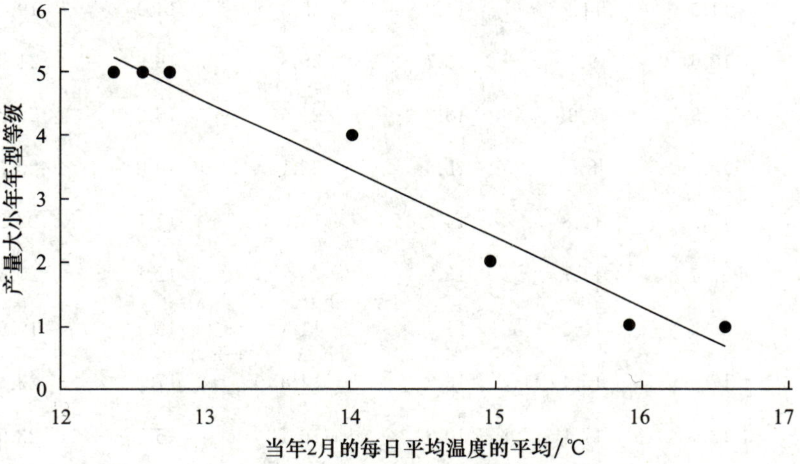

图 6-36　桂平市荔枝 X_2 与 Y 的关系

表 6-60 为桂平市收获当年 2 月的每日平均温度。

表 6-60　桂平市收获当年 2 月的每日平均温度　℃

月	日	2012 大年	2014 大年	2016 偏大年	2018 偏大年	2013 偏小年	2015 小年	2017 小年
2	1	11.8	18.2	8.8	6.6	19.5	8.7	16.6
2	2	11.3	19.0	7.5	8.2	20.8	12.6	14.5
2	3	9.0	19.7	8.4	8.4	23.0	14.1	16.3
2	4	9.8	18.5	9.1	8.4	20.3	10.1	15.7
2	5	13.0	19.0	11.3	7.7	20.8	9.2	14.5

续表6-60

月	日	2012 大年	2014 大年	2016 偏大年	2018 偏大年	2013 偏小年	2015 小年	2017 小年
2	6	17.8	18.7	11.8	7.7	22.1	9.6	16.0
2	7	13.9	14.4	10.8	9.1	21.9	11.2	17.8
2	8	10.9	8.8	11.6	10.9	12.4	12.6	13.1
2	9	8.0	8.5	13.0	10.8	8.1	14.2	9.8
2	10	8.0	6.4	13.7	11.8	8.3	14.1	9.9
2	11	6.6	6.2	18.9	11.8	11.6	12.9	10.8
2	12	8.7	5.0	22.0	13.2	11.9	12.6	11.1
2	13	13.5	5.5	20.8	14.0	11.3	15.1	12.4
2	14	18.7	7.2	15.9	16.4	14.0	14.4	14.8
2	15	16.6	8.7	9.8	18.4	13.3	17.4	16.4
2	16	11.3	8.7	10.2	19.8	12.1	18.9	18.4
2	17	11.5	11.2	11.0	19.3	14.9	19.4	19.7
2	18	10.6	9.1	13.7	20.8	18.9	21.7	20.9
2	19	11.3	7.2	13.7	21.5	16.2	20.2	20.5
2	20	14.5	8.5	15.3	22.1	10.8	20.7	21.5
2	21	15.9	12.8	14.2	15.0	11.1	22.2	21.7
2	22	19.4	11.7	13.2	9.8	12.1	20.3	19.8
2	23	20.2	12.5	11.5	11.4	15.4	19.8	9.5
2	24	17.5	15.4	10.2	14.8	17.2	22.4	8.4
2	25	13.9	17.1	10.3	16.4	16.7	23.9	8.4
2	26	10.2	16.4	10.7	17.5	18.7	21.5	11.6
2	27	6.8	18.5	12.2	19.7	21.5	22.8	15.0
2	28	7.8	19.0	14.1	20.8	20.8	21.6	14.0
2	29	10.3		16.1				
平均值		12.4	12.6	12.8	14.0	15.9	16.6	15.0
≤14 ℃天数/d		21	16	21	15	12	9	11

由表 6-57 和表 6-60 相关数据制作成图 6-37。图 6-37 和表 6-60 说明：桂平市收获当年 2 月的每日平均温度≤14 ℃天数不少于 15 d 时，才能保证大年或偏大年年型。回归方程为 $Y=-0.041X_{2(1)}^{2}+1.576X_{2(1)}-10.595(r=0.931^{**},n=7)$。

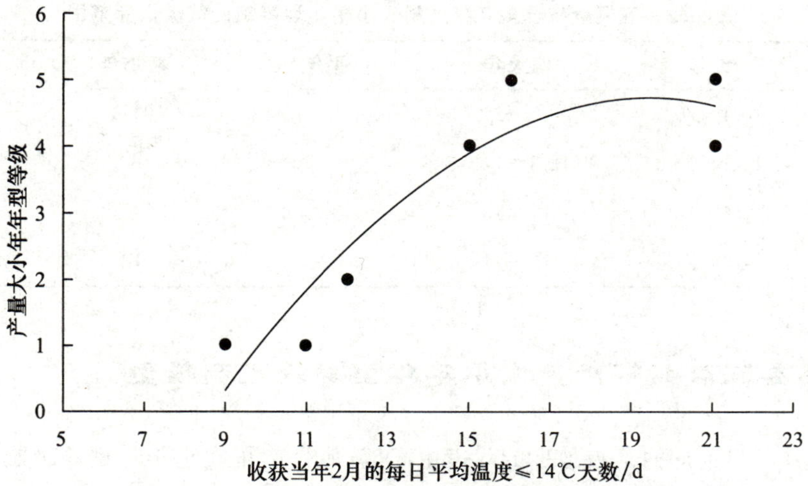

图 6-37 桂平市荔枝 $X_{2(1)}$ 与 Y 的关系

6.7.5 麻垌荔枝产量大小年年型等级预测模型

(1)基于原始气象指标组合的综合预测模型 对表 6-57 中桂平市麻垌 7 年已知荔枝产量大小年年型等级赋值，并与确定的 2 个气象指标进行二元回归，得到预测模型：$Y=34.467-1.080X_1-0.595X_2$（$r=0.997^{**}$，$n=7$），自回归合格率按年型预测误差±0.5 个等级计算，合格率为 100%，回归结果见表 6-56。

(2)基于原始气象指标组合中某些指标被以天数指标替换后的综合预测模型 使用表 6-61 中的 2 个转化为天数的气象指标进行二元回归，得到回归方程 $Y=-1.604+0.209X_{1(1)}+0.171X_{2(1)}$（$r=0.964^{**}$，$n=7$），模型自回归合格率按年型等级预测误差±1 个等级计算，合格率为 100.0%。

表 6-61 影响桂平市荔枝产量大小年年型等级的转化后的气象指标数据和模型自回归结果

年份	$X_{1(1)}$/d	$X_{2(1)}$/d	Y	Y'	$Y'-Y$
2012	15	21	5	5.13	0.13
2013	8	12	2	2.12	0.12
2014	14	16	5	4.06	−0.94
2015	7	9	1	1.40	0.40
2016	11	21	4	4.29	0.29
2017	2	11	1	0.70	−0.30
2018	16	15	4	4.31	0.31

(3)所有气象指标组合的综合预测模型 使用表 6-57 和表 6-61 中的 4 个气象指标进行四元回归，得到回归方程 $Y=72.897-2.750X_1-0.600X_2-0.308X_{1(1)}+0.018X_{2(1)}$（$r=0.999^{**}$，$n=7$），模型自回归合格率按年型等级预测误差±0.2 个等级计算，合格率为 100.0%。

6.7.6 麻垌荔枝产量大小年年型等级的气象指标范围

桂平市麻垌已知 7 年荔枝产量大小年年型等级的气象指标范围见表 6-62。

表 6-62 麻垌荔枝已知 7 年产量大小年年型等级的气象指标范围

变量	大年	偏大年	平年	偏小年	小年
X_1/℃	20.4～20.5	20.3～21.2		21.5	21.8～22.7
X_2/℃	12.4～12.6	12.8～14.0		15.9	15.0～16.6
$X_{1(1)}$/d	14～15	11～16		8	2～7
$X_{2(2)}$/d	16～21	15～21		12	9～11

6.8 藤县江口荔枝产量大小年年型等级预测模型

梧州市藤县江口为广西荔枝地标的代表主产地，但是产量大小年年型等级难题一直没有得到解决，原因是没有找到影响产量大小年年型等级产生的关键原因。

6.8.1 数据和研究方法

藤县江口荔枝产量大小年年型等级数据的取得：通过实地调查、公开信息和数据分析整理近年藤县江口荔枝产量大小年年型等级数据，确定 9 年藤县江口荔枝产量大小年年型等级，将其分为 5 级（表 6-63），并将大年、偏大年、平年、偏小年、小年分别赋值 5、4、3、2、1。

表 6-63 藤县江口荔枝产量大小年年型等级

大年年份	偏大年年份	平年年份	偏小年年份	小年年份
2007、2018	2016	2012、2014	2001	1991、2000、2019

气象数据：本案例中所使用的气象数据主要包括逐日的平均温度、最高温度、最低温度、平均相对湿度、最小相对湿度、日照时数和降水量，数据来源于《国家气象科学数据中心中国气象数据网》(http://data.cma.cn/)中国 756 个基本、基准地面气象观测站气候资料年值数据集；藤县逐年逐日气象数据来源于梧州气象站的气象数据。藤县江口荔枝收获时间为 7 月，因此确定其生长周期为上年 8 月至收获当年 7 月，提取藤县江口荔枝每个生长周期 8—7 月的 7 个气象指标（平均温度、最高温度、最低温度、平均相对湿度、最小相对湿度的月均值和日照时数、降水量的月累计值）的数据，此处 8—12 月为上年气象数据，1—7 月为收获当年气象数据。

模型建立方法：采用统计分析方法建立基于气象条件的江口荔枝产量大小年年型等级预测模型，统计方法包括一元和多元回归；使用 Excel 和自编软件进行数据分析和建模。

6.8.2 影响藤县江口荔枝产量大小年年型等级的气象指标

经过多种算法和大数据计算，最后确定两个变量为影响藤县江口荔枝产量大小年年型等级的气象指标，见表 6-64，相应的原始气象数据和模型自回归结果见表 6-65。

表 6-64 影响藤县江口荔枝产量大小年年型等级的原始气象指标

变量	定义和与年型等级的关系
X_1/h	收获当年 2 月的日照时数；正相关
X_2/h	收获当年 5 月的日照时数；正相关

表 6-65 影响藤县江口荔枝产量大小年年型等级的原始气象指标数据和模型自回归结果

年份	X_1/h	X_2/h	Y	Y'	$Y'-Y$
1991	55.6	114.0	1	1.66	0.66
2000	36.5	131.4	1	1.49	0.49
2001	72.3	119.8	2	2.32	0.32
2007	107.6	190.1	5	5.15	0.15
2012	47.2	171.6	3	2.81	−0.19
2014	58.2	126.7	3	2.05	−0.95
2016	106.7	141.3	4	3.92	−0.08
2018	89.3	204.7	5	4.93	−0.07
2019	45.4	85.9	1	0.66	−0.34

注：表中 Y 为年型等级赋值、Y' 为通过模型自回归预测的年型等级、$Y'-Y$ 为预测误差

6.8.3 藤县原始气象指标之间相关关系

表 6-66 为影响藤县江口荔枝产量大小年原始气象指标之间的相关关系，指标之间未达到显著相关水平。

表 6-66 藤县气象指标之间相关关系

r	X_1/h	X_2/h
X_1/h	1	
X_2/h	0.557	1

注：$r_{0.05}=0.666$，$r_{0.01}=0.798$，$n=9$

6.8.4 藤县单一气象指标与江口荔枝产量大小年年型等级的关系

分别做表 6-65 中的藤县两个气象指标与江口荔枝产量大小年年型等级关系的散点图，并配回归方程，结果分别见图 6-38 和图 6-40，而图 6-39 和图 6-41 分别为对应的两个原始气象指标转化为天数的两个气象指标，合计 4 个气象指标。

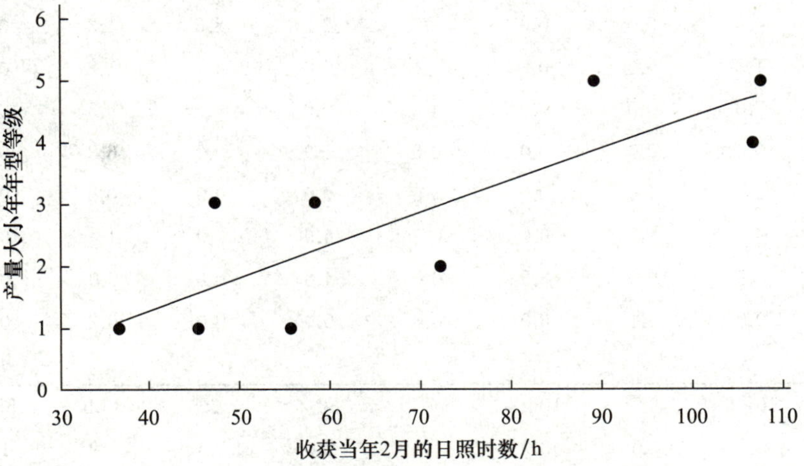

图 6-38 藤县江口荔枝 X_1 与 Y 的关系

图 6-38 说明:江口荔枝产量大小年年型等级与藤县收获当年 2 月的日照时数呈极显著正相关关系;当 $X_1>85$ h 时,年型等级为大年和偏大年。回归方程为 $Y=-6E-05X_1^2+0.060X_1-1.030(r=0.828^{**},n=9)$。

表 6-67 为江口荔枝收获当年藤县 2 月的每日日照时数。

表 6-67　江口荔枝收获当年藤县 2 月的每日日照时数　　h

月	日	2007 大年	2018 大年	2016 偏大年	2012 平年	2014 平年	2001 偏小年	1991 小年	2000 小年	2019 小年
2	1	8.2	9.2	0.0	0.0	9.7	0.0	5.2	0.0	2.6
2	2	9.1	0.0	0.0	0.0	7.6	0.0	5.9	8.5	2.0
2	3	9.3	9.5	0.0	0.0	7.8	0.0	0.0	9.0	0.2
2	4	8.5	2.2	0.0	0.0	3.5	0.0	0.0	3.5	0.0
2	5	8.7	6.7	7.2	4.0	0.9	0.0	3.7	0.0	8.0
2	6	8.6	9.0	8.9	7.3	0.0	0.0	0.0	4.0	8.3
2	7	9.6	0.0	9.2	5.7	0.0	0.0	0.9	0.0	8.4
2	8	8.9	4.0	8.9	0.0	0.0	0.0	4.4	4.3	3.7
2	9	7.7	0.0	9.4	0.0	0.0	0.0	1.2	0.0	0.0
2	10	7.6	0.0	7.7	0.0	0.0	0.0	0.0	0.0	0.0
2	11	0.0	0.0	2.9	0.0	0.0	2.4	2.6	5.6	0.0
2	12	0.5	4.3	8.1	0.0	0.0	8.1	0.0	1.6	0.0
2	13	6.2	9.5	8.2	3.2	0.0	0.0	2.9	0.0	0.5
2	14	0.0	6.7	0.0	8.0	6.0	9.3	0.0	0.0	4.5
2	15	0.0	0.0	0.0	2.7	0.0	7.1	8.4	0.0	2.7
2	16	0.9	4.1	0.0	0.0	0.0	8.0	0.0	0.0	0.0
2	17	0.0	8.1	5.1	0.0	0.0	8.7	0.0	0.0	0.0
2	18	0.0	0.5	0.0	0.0	0.0	4.6	0.0	0.0	0.0
2	19	0.0	2.3	0.0	0.0	0.0	0.0	0.0	0.0	0.0
2	20	0.0	5.3	8.2	1.8	8.9	6.9	0.0	0.0	4.5
2	21	0.0	0.0	0.0	3.7	2.2	8.6	1.3	0.0	0.0
2	22	1.8	0.0	0.0	6.6	0.0	4.1	1.2	0.0	0.0
2	23	7.0	0.0	0.0	4.2	0.0	4.5	9.5	0.0	0.0
2	24	0.0	0.0	0.0	0.0	1.9	0.0	6.8	0.0	0.0
2	25	0.9	1.6	0.0	0.0	0.0	0.0	0.0	0.0	0.0
2	26	3.2	1.2	0.0	0.0	4.9	0.0	1.4	0.0	0.0
2	27	0.9	0.0	8.5	0.0	4.8	0.0	0.0	0.0	0.0
2	28	0.0	5.1	6.0	0.0	0.0	0.0	0.2	0.0	0.0
2	29			8.4						
累计值		107.6	89.3	106.7	47.2	58.2	72.3	36.5	55.6	45.4
平均值		3.7	3.1	3.7	1.6	2.0	2.5	1.9	1.3	1.6
≥2 h 天数/d		13	14	14	9	9	11	9	6	9

由表 6-67 和表 6-65 相关数据制作成图 6-39。图 6-39 和表 6-67 说明:江口荔枝收获当年藤县 2 月的每日日照时数≥2 h 天数不少于 13 d 时,才能保证大年或偏大年年型等级。回归方程为 $Y=0.035X_{1(1)}^2-0.237X_{1(1)}+1.209$($r=0.842^{**}$,$n=9$)。

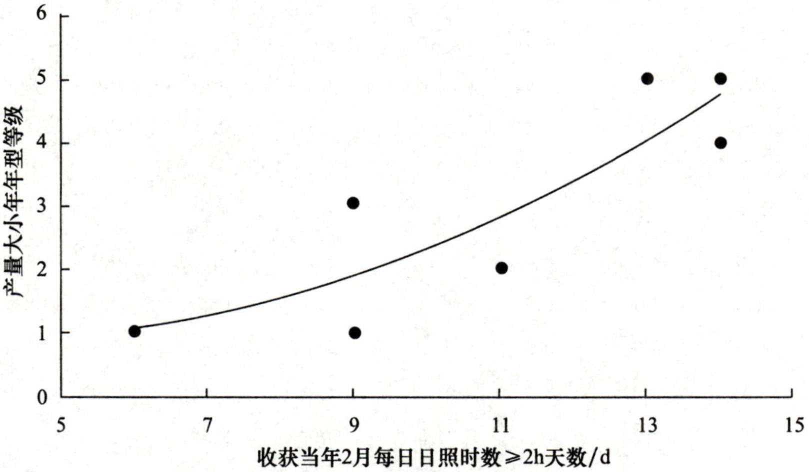

图 6-39　藤县江口荔枝 $X_{1(1)}$ 与 Y 的关系

图 6-40 说明:藤县江口荔枝产量大小年年型等级与收获当年 5 月的日照时数呈极显著正相关关系;当 $X_2>180$ h 时,年型等级为大年。回归方程为 $Y=5\text{E}-05X_2^2+0.022X_2-1.407$($r=0.859^{**}$,$n=9$)。

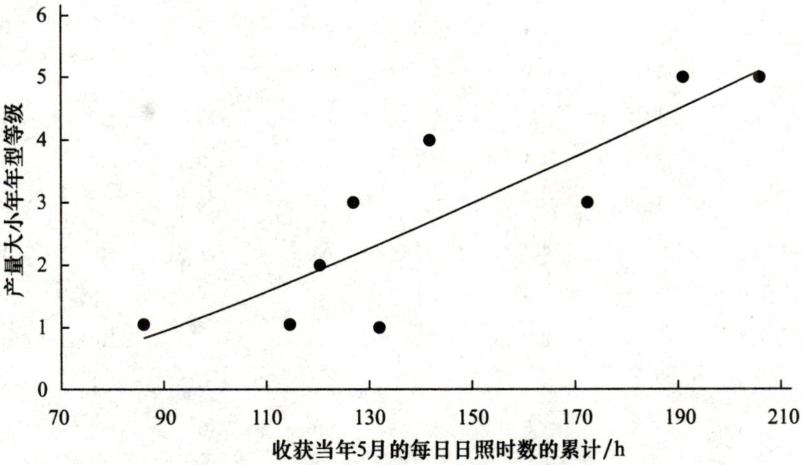

图 6-40　藤县江口荔枝 X_2 与 Y 的关系

表 6-68 为收获当年藤县 5 月的每日日照时数。

表 6-68 收获当年藤县 5 月的每日日照时数 h

月	日	2007 大年	2018 大年	2016 偏大年	2012 平年	2014 平年	2001 偏小年	1991 小年	2000 小年	2019 小年
5	1	10.0	5.3	3.7	10.5	0.9	0.0	0.5	2.4	3.0
5	2	10.7	8.5	7.2	5.8	1.3	0.0	0.0	0.0	0.0
5	3	10.1	5.0	5.8	6.8	6.7	0.0	0.0	2.1	0.0
5	4	0.0	0.0	2.8	9.7	4.6	0.0	0.5	9.6	0.0
5	5	4.8	6.0	5.8	7.4	0.0	0.4	3.4	8.3	0.0
5	6	8.9	8.2	0.0	4.5	0.0	6.2	4.5	0.0	0.0
5	7	11.3	2.8	6.0	7.5	0.0	5.1	0.0	0.0	0.0
5	8	11.4	2.0	0.3	9.4	0.0	0.2	0.0	0.8	0.0
5	9	10.6	0.0	0.9	11.0	5.2	0.6	5.3	0.0	0.8
5	10	5.5	0.0	8.4	10.6	2.4	2.7	0.0	0.0	2.5
5	11	4.1	2.4	11.6	4.0	0.0	9.2	0.0	9.5	8.8
5	12	1.0	2.4	5.0	5.6	0.7	8.0	1.0	6.2	5.5
5	13	0.7	1.3	0.0	1.5	6.3	10.8	1.9	9.1	10.9
5	14	5.2	7.9	5.2	6.6	9.7	8.6	4.7	4.3	5.5
5	15	8.2	9.6	3.2	5.6	5.6	2.0	2.4	8.5	1.6
5	16	6.0	9.8	11.7	9.7	6.7	0.0	0.0	10.1	5.1
5	17	9.8	5.8	11.1	8.9	2.2	0.0	0.0	4.4	7.6
5	18	0.8	8.0	1.1	6.8	0.9	5.5	3.6	0.0	8.4
5	19	0.0	11.7	0.0	4.4	2.8	2.5	4.5	0.0	7.5
5	20	3.5	11.6	0.0	4.8	7.6	7.8	8.0	4.9	0.2
5	21	0.5	11.2	4.1	0.7	4.1	1.0	7.8	6.3	0.6
5	22	8.6	10.9	10.9	1.9	0.0	9.9	3.8	2.3	0.0
5	23	11.6	8.2	4.2	3.4	7.3	9.7	6.0	1.3	2.2
5	24	6.0	10.8	0.3	4.7	5.8	4.7	6.3	1.9	3.3
5	25	3.6	10.9	2.7	9.0	5.5	0.0	4.0	5.5	2.4
5	26	0.5	8.5	8.1	1.4	2.9	9.0	4.1	8.8	4.5
5	27	5.5	6.6	3.6	0.6	8.0	4.0	4.2	0.7	2.5
5	28	6.7	4.4	0.0	4.9	8.2	5.1	6.4	1.5	0.6
5	29	7.6	6.6	3.4	1.7	5.5	0.0	10.8	1.8	0.0
5	30	10.2	10.2	3.5	2.2	7.1	3.7	11.0	10.0	1.3
5	31	6.7	8.1	10.7	0.0	8.7	3.1	9.3	11.1	1.1
累计值		190.1	204.7	141.3	171.6	126.7	119.8	114.0	131.4	85.9
平均		6.1	6.6	4.6	5.5	4.1	3.9	3.7	4.2	2.8
≥6 h 天数/d		17	19	9	13	10	9	8	11	5

由表 6-68 和表 6-65 相关数据制作成图 6-41。图 6-41 和表 6-68 说明:收获当年藤县 2 月的每日日照时数≥6 h 天数不少于 12 d 时,才能保证大年或偏大年年型等级。回归方程为 $Y=0.005X_{2(1)}^2+0.161X_{2(1)}+0.196(r=0.799^{**},n=9)$。

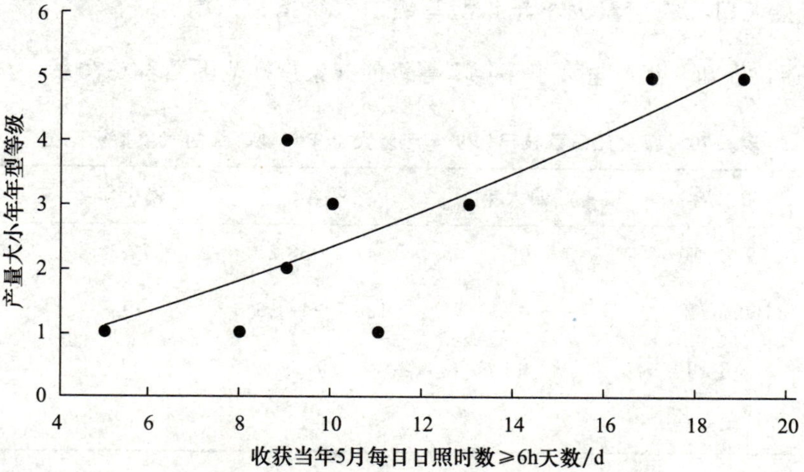

图 6-41 藤县江口荔枝 $X_{2(1)}$ 与 Y 的关系

6.8.5 藤县江口荔枝产量大小年年型等级预测模型

(1)基于原始气象指标组合的综合预测模型　对表 6-65 中藤县 9 年已知荔枝产量大小年年型等级赋值,并与确定的 2 个气象指标进行二元回归,得到预测模型:$Y=-2.861+0.031X_1+0.024X_2(r=0.956^{**},n=9)$。自回归合格率按年型预测误差±1 个等级计算,合格率为 100%,见表 6-69。

(2)基于原始气象指标组合中某些指标被以天数指标替换后的综合预测模型　使用表 6-69 中的 2 个转化为天数的气象指标指标进行二元回归,得到回归方程 $Y=-2.989+0.347X_{1(1)}+0.191X_{2(1)}(r=0.945^{**},n=9)$,模型自回归合格率按年型等级预测误差±1 个等级计算,合格率为 100.0%。

表 6-69 影响藤县江口荔枝产量大小年年型等级的转化后的气象指标数据和模型自回归结果

年份	$X_{1(1)}$/d	$X_{2(1)}$/d	Y	Y'	$Y'-Y$
1991	9	8	1	1.66	0.66
2000	6	11	1	1.19	0.19
2001	11	9	2	2.55	0.55
2007	13	17	5	4.77	−0.23
2012	9	13	3	2.62	−0.38
2014	9	10	3	2.04	−0.96
2016	14	9	4	3.59	−0.41
2018	14	19	5	5.50	0.50
2019	9	5	1	1.09	0.09

(3)所有气象指标组合的综合预测模型　使用表6-65和表6-69中的4个气象指标进行四元回归,得到回归方程 $Y=-3.472+0.018X_1+0.028X_2+0.134X_{1(1)}-0.033X_{2(1)}$ ($r=0.959^{**}$, $n=9$)。模型自回归合格率按年型等级预测误差±1个等级计算,合格率为88.9%。

6.8.6 藤县江口荔枝产量大小年年型等级的气象指标范围

藤县江口荔枝已知9年产量大小年年型等级的气象指标范围见表6-70。

表6-70 藤县江口荔枝已知9年产量大小年年型等级的气象指标范围

变量	大年	偏大年	平年	偏小年	小年
X_1/h	89.3～107.6	106.7	47.2～58.2	72.3	36.5～55.6
X_2/h	190.1～204.7	141.3	126.7～171.6	119.8	85.9～131.4
$X_{1(1)}$/d	13～14	14	9	11	6～9
$X_{2(1)}$/d	17～19	9	10～13	9	5～11

6.9 与以往研究结果的对比

荔枝属无患子科荔枝属植物,原产于中国南部,是典型的亚热带树种,其地理分布和经济栽培区域十分狭窄,在世界范围内仍属小宗树种,适宜种植区域仅在南纬和北纬17°～26°,在该区域内的海拔从海岸到1 100 m区间[1]。另一些"飞地"则因毗邻大的水体,如沿海和沿大江地带,可延伸至32°的纬度[2],因此,荔枝对气象条件的要求十分苛刻,主产区年平均温度为20～23 ℃。荔枝小花在10 ℃以上才能开花,18～24 ℃开花最盛[1-3],期间如遭遇低温则易引发寒害而导致减产[4]。荔枝树分为秋梢抽生期(9—11月),越冬期(12—2月),花芽抽生授粉期(2—4月),幼果形成果熟期(4—6月)4个阶段[3]。荔枝是中国华南地区名优佳果之一,但是生产中大小年现象比较常见,对种植者影响较大。荔枝大小年结果现象长期困扰荔枝生产,影响稳产高产。因此,如何避免大小年现象是一个值得探讨的问题,也是一个亟需解决的难题[5]。李月兰[6]通过对龙眼、荔枝长期观察结果的分析,认为树体和花序受寒(冻)害、冬季连阴雨寡照致使成花率低,花期低温阴雨或高温干旱天气,可使果树不能正常开花坐果,或引起果实败育等,是荔枝生产上的主要农业气象问题。王润林[7]通过1964—1998年35年的东莞荔枝生产资料和气象资料进行分析,结果表明,冬季天气状况与来年荔枝年成情况有密切关系,特别是气温关系较大;降雨量、日照虽有一定影响,但相关不显著,一般表现在降雨多、日照少的年份多成为荔枝小年。蔡世同等人[8]通过荔枝产量与同期温度资料进行对比分析,发现荔枝丰歉的关键在于冬季低温,日极端值最低≤15 ℃的天数可作为衡量适度低温的指标,12月中下旬日平均气温≥18℃的天数可作为衡量高温的指标,也认证了农谚"春前暖,花变梢,春前冷,梢变花"。荔枝既需要较高的温度培育秋梢,又需要适度低温才能花芽分化。每年12月到次年1月适度低温有利于荔枝丰产,温度过高形成暖害,造成荔枝歉收。高素华等人[9-10]研究结果表明,气温是荔枝花芽分化的主导因子,而荔枝花芽分化对荔枝产量起决定性作用。傅汝强[11]研究表明,低温、干旱、日照对荔枝成花有重要促进作用。尹金华等[12]的研究表明,影响荔枝产量高低的主要原因不是冬季温度的高低,而是低温出现的时间。彭晓丹等人[13]的研究表明,荔枝果实发育需天气晴朗、干湿适宜,忌阴连绵雨、高温干旱和暴雨，低于15℃的气温会引起严重落果。罗森波[14]通过线性回归等方法，建立荔枝丰歉年气候指标，以便为荔枝预测提供依据。周剑锋[15]统计龙海县1960—1990年的气象资料和荔枝产量资料，采用线性回归分析、测验，分析气象因子与产量的相互关系，建立微机模型，进行产量预测，以达到减少损失的目的。蔡大鑫等人[16]采用线性滑动平均、回归分析、信息扩散等方法，构建荔枝的理论收获面积模型和气象灾害指数，并建立产量风险评价模型，结合海南地区间荔枝种植规模风险的差异，对荔枝寒害综合风险进行区划。研究表明，海南荔枝产量风险较高的区域主要分布于北部和中部，西北部相对较低，南部、东部和西南部沿海地区最低。李娜和刘锦銮等[4,17]对华南荔枝寒害风险的区域分异规律进行了研究。其中，李娜等人[4]通过选取寒害过程为研究尺度进行分析，建立气候风险估算模型以及综合气候风险区划指数模型，结果表明，随着气候变暖，研究区香蕉、荔枝抗寒性降低，寒害致灾风险增加；香蕉、荔枝寒害各等级气候风险概率均呈纬向分布。刘锦銮[17]依据自然灾害风险分析原理、历年气候、种植面积和产量资料，分别对华南地区各县荔枝的灾损率、易灾性和防寒抗灾能力进行了分析，并以综合的风险指数为区划指标，对华南地区荔枝寒害风险进行了空间区域分划和分区评述。研究结果表明，0 ℃左右的温度容易使荔枝遭受寒害，但同时也有利于花芽分化。

本部分就广西7个地标荔枝和海南儋州市荔枝产量大小年年型等级与每年的气象条件关系进行了系统研究，研究结果与以往诸多研究结果基本吻合。本部分的主要结果是将影响荔枝产量大小年年型等级的气象影响因素进行了定量化，确定了影响指标、影响指标的时间段和具体数据范围，为生产调控提供了基于大数据分析的科学依据，特别是转化为天的气象指标更容易被生产者掌握和应用。

参考文献

[1]王云惠.热带南亚热带果树栽培技术[M].海南：海南出版社，2006.

[2]陈厚彬，庄丽娟，黄旭明，等.荔枝龙眼产业发展现状与前景[J].中国热带农业，2013(02)：12-18.

[3]郑德龙.漳州市荔枝产量与气象条件关系的分析[J].福建热作科技，2001(01)：13-18，21.

[4]李娜，霍治国，贺楠，等.华南地区香蕉、荔枝寒害的气候风险区划[J].应用生态学报，2010，21(5)：1244-1251.

[5]鲁勇，王春会，武竞超.荔枝大小年现象原因探析[J].世界热带农业信息，2019(08)：21-22.

[6]李月兰.论龙眼、荔枝生产的若干农业气象问题及对策[J].广西气象，2000(01)：43-46，52.

[7]王润林.试析东莞荔枝产量与冬春天气的关系[J].中国南方果树，2001(01)：23-27.

[8]蔡世同，肖天贵，邓晓瑶.温度对荔枝生产的影响分析[J].气象研究与应用，2012，33(S1)：198-199.

[9]高素华，林日暖，黄增明.广东冬季气温、冻害对荔枝产量的影响[J].应用气象学报，2003(04)：496-498.

[10]高素华，黄增明.荔枝花芽分化期的冷暖气候指标及对产量的影响[J].气象，2004(03)：17-21.

[11]傅汝强.冬季气候变化对荔枝大小年的影响[J].广西农业科学，1982(09)：23-25.

[12]尹金华,罗诗,赖永超,等.冬季温度和降雨对荔枝大小年的影响[J]. 中国南方果树,2002(01):28-29.

[13]彭晓丹,欧善国.广东增城荔枝产量预报方法研究[J].农业工程,2021,11(01):119-122.

[14]罗森波.荔枝大小年的气象条件分析[J].农业气象,1987(03):25-28.

[15]周剑锋,谢水添,黄秋娥.荔枝产量与气候关系及微机模型预测[J].福建果树,1991(04):34-35.

[16]蔡大鑫,张京红,刘少军.海南荔枝产量的寒害风险分析与区划[J].中国农业气象,2013,34(05):595-601.

[17]刘锦銮,杜尧东,毛慧琴.华南地区荔枝寒害风险分析与区划[J]. 自然灾害学报,2003(03):126-130.

7　基于气象条件的柑橘产量大小年年型等级预测模型

本部分研究内容包括桂林市平乐县柑橘和桂林市柑橘 8 个品种的产量大小年年型等级与气象条件关系的研究结果。

7.1　平乐县柑橘产量大小年年型等级预测模型

桂林市是广西柑橘主产地，平乐县为桂林市柑橘主产县，但是柑橘产量大小年年型等级难题一直没有得到解决，原因是没有找到影响柑橘产量大小年年型等级产生的关键原因。

7.1.1　数据和研究方法

平乐县柑橘产量大小年年型等级数据的取得：通过实地调查、公开信息和数据分析整理近年平乐县柑橘产量大小年年型等级数据，确定平乐县 12 年柑橘产量大小年年型等级，将其分为 5 级（表 7-1），并将大年、偏大年、平年、偏小年、小年分别赋值 5、4、3、2、1。根据对广西农垦源头农场有限公司和该农场农户冯建国的 30 多年生产实践的调查结果发现：小年产量为大年产量的 60%～80%；大年越大，下一年如果是小年就越小；气候好的情况下可以连续大年；大小年平均产量与稳产年产量相近。根据张锦松的研究结果[1]：柑橘的花芽形态分化期是从上年 11 月下旬开始到收获当年 3 月下旬结束，4—5 月是春梢生长期。因此影响柑橘产量大小年年型的气象条件周期确定为上年 11 月到收获当年 10 月。

表 7-1　平乐县柑橘产量大小年年型等级

大年年份	偏大年年份	平年年份	偏小年年份	小年年份
2011	2017、2018	2013、2014、2015、2016	1991、2000	1998、2010、2019

气象数据：本案例中所使用的气象数据主要包括逐日的平均温度、最高温度、最低温度、平均相对湿度、最小相对湿度、日照时数和降水量，数据来源于《国家气象科学数据中心中国气象数据网》(http://data.cma.cn/)中国 756 个基本、基准地面气象观测站气候资料年值数据集；平乐县逐年逐日气象数据来源于桂林气象站的气象数据。提取平乐县柑橘每个生长周期 11—10 月的 7 个气象指标（平均温度、最高温度、最低温度、平均相对湿度、最小相对湿度的月均值和日照时数、降水量的月累计值）的数据，此处 11—12 月为上年气象数据，1—10 月为收获当年气象数据。

模型建立方法：采用统计分析方法建立基于气象条件的平乐县柑橘产量大小年年型等级预测模型，统计方法包括一元和多元回归；使用 Excel 和自编软件进行数据分析和建模。

7.1.2　影响平乐县柑橘产量大小年年型等级的气象指标

经过多种算法和大数据计算，最后确定 3 个变量为影响平乐县柑橘产量大小年年型等级的气象指标，见表 7-2，相应的气象数据和模型自回归结果见表 7-3。

表 7-2　影响平乐县柑橘产量大小年年型等级的原始气象指标

变量	定义和与年型等级的关系
X_1/%	上年 12 月到当年 1 月之后再加 30 天的每日平均相对湿度的平均；负相关
X_2/%	收获当年 4 月到 5 月之后再加 25 天的每日平均相对湿度的平均；负相关
X_3/h	收获当年 5 月之前再加 5 天的每日日照时数的累计；正相关

注：柑橘一般 3—6 月开花，开花那一年为收获当年，之前的一年为上年。

表 7-3　影响平乐县柑橘产量大小年年型等级的原始气象指标数据和模型自回归结果

年份	X_1/%	X_2/%	X_3/h	Y	Y'	$Y'-Y$
1991	74.4	79.3	95.8	2	2.31	0.31
1998	78.2	82.0	141.5	1	1.11	0.11
2000	66.5	80.8	141.2	2	2.06	0.06
2010	74.4	82.4	88.2	1	1.11	0.11
2011	68.3	73.5	185.8	5	4.85	−0.15
2013	74.4	78.0	124.8	3	2.84	−0.16
2014	61.1	79.2	80.0	3	2.90	−0.10
2015	65.8	79.3	91.0	3	2.69	−0.31
2016	71.1	78.9	111.0	3	2.60	−0.40
2017	66.6	76.0	188.5	4	3.94	−0.06
2018	61.6	75.0	135.3	4	4.54	0.54
2019	78.4	82.1	75.1	1	1.06	0.06

注：表中 Y 为年型等级赋值、Y' 为通过模型自回归预测的年型等级、$Y'-Y$ 为预测误差，下同

7.1.3　平乐县原始气象指标之间相关关系

平乐县原始气象指标之间相关关系见表 7-4。由于 X_2 和 X_3 在 5 月时间段重叠，呈显著负相关关系，即日照时数多时，湿度就小。

表 7-4　平乐县原始气象指标之间相关关系

r	X_1/%	X_2/%	X_3/h
X_1/%	1		
X_2/%	0.568	1	
X_3/h	−0.201	−0.661*	1

注：$r_{0.05}=0.576$，$r_{0.01}=0.708(n=12)$

7.1.4　平乐县单一气象指标与柑橘产量大小年年型等级的关系

分别做表 7-3 中的平乐县 3 个气象指标与柑橘产量大小年年型等级关系的散点图，并配回

归方程，结果分别见图 7-1、图 7-3、图 7-5，而图 7-2、图 7-4、图 7-6 分别为对应的 3 个原始气象指标转化为天数的 3 个气象指标，合计 6 个气象指标。

图 7-1 说明：平乐县柑橘产量大小年年型等级与上年 12 月到当年 1 月之后再加 30 d 的每日平均相对湿度的平均呈极显著负相关，回归方程为 $Y=-0.015X_1^2+1.886X_1-57.560$（$r=-0.753^{**}$，$n=12$）；当 $X_1<70\%$时，产量年型相对较高，反之相对低。

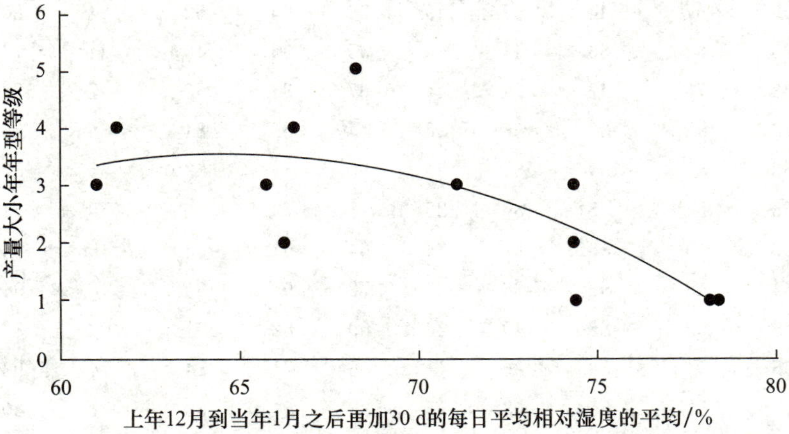

图 7-1 平乐县柑橘 X_1 与 Y 的关系

表 7-5 为平乐县 12 年上年 12 月到当年 1 月之后再加 30 d 的每日平均相对湿度。

表 7-5 平乐县 12 年上年 12 月到当年 1 月之后再加 30 d 的每日平均相对湿度 %

月	日	2011 大年	2017 偏大年	2018 偏大年	2013 平年	2014 平年	2015 平年	2016 平年	1991 偏小年	2000 偏小年	1998 小年	2010 小年	2019 小年
12	1	74	65	72	83	37	56	93	38	65	84	72	89
12	2	68	58	71	69	56	52	82	31	74	55	81	96
12	3	50	58	73	67	61	87	61	33	71	72	56	86
12	4	65	63	71	63	36	52	78	37	66	88	50	83
12	5	76	70	59	58	46	45	94	57	59	93	46	78
12	6	57	35	64	57	43	66	75	63	34	90	55	79
12	7	33	45	62	61	59	76	70	64	44	70	85	73
12	8	56	53	36	50	71	50	75	68	48	45	84	80
12	9	58	66	30	56	69	63	92	69	51	37	79	84
12	10	76	66	48	87	52	74	79	74	51	38	85	84
12	11	90	63	35	75	49	58	71	64	43	51	85	80
12	12	95	78	38	77	51	39	98	69	55	65	79	60
12	13	90	74	87	90	55	34	90	75	56	65	78	69
12	14	75	71	95	92	81	42	80	77	48	74	78	70
12	15	88	58	86	85	87	63	72	82	56	95	83	83
12	16	60	50	57	78	84	34	48	84	47	97	71	67
12	17	68	56	36	84	74	25	35	80	48	85	68	62
12	18	62	64	33	79	59	30	36	71	48	91	62	61

续表7-5

月	日	2011 大年	2017 偏大年	2018 偏大年	2013 平年	2014 平年	2015 平年	2016 平年	1991 偏小年	2000 偏小年	1998 小年	2010 小年	2019 小年
12	19	68	92	29	78	56	45	49	84	50	98	55	83
12	20	71	85	26	91	58	56	66	75	29	93	55	96
12	21	56	91	34	79	56	45	78	74	26	87	45	88
12	22	59	67	44	57	49	39	96	52	24	80	61	82
12	23	65	62	66	41	45	55	95	40	34	75	98	72
12	24	83	76	42	51	44	67	84	52	47	77	99	71
12	25	79	92	32	68	38	44	62	84	55	86	65	85
12	26	68	85	39	85	34	56	84	62	55	82	91	81
12	27	68	54	48	86	25	78	76	86	55	91	85	74
12	28	60	45	86	84	24	64	61	88	46	94	62	73
12	29	64	43	92	86	23	72	95	90	48	94	90	70
12	30	45	53	85	49	26	69	82	91	62	87	63	83
12	31	35	54	53	36	47	56	71	84	74	93	52	73
1	1	47	52	65	43	55	32	64	60	71	80	78	82
1	2	69	72	71	54	68	44	87	54	55	83	92	74
1	3	82	70	73	67	62	55	89	78	67	92	80	83
1	4	84	74	80	84	32	76	96	91	81	78	89	95
1	5	88	90	82	85	46	94	94	72	82	71	89	89
1	6	72	86	90	75	60	82	81	84	81	87	75	85
1	7	55	81	90	74	81	74	80	77	71	94	79	90
1	8	61	76	72	68	74	62	92	72	92	81	77	83
1	9	58	70	47	53	62	65	99	76	86	89	93	93
1	10	56	80	35	52	74	87	91	92	85	82	91	94
1	11	74	87	39	85	84	89	81	70	87	75	84	88
1	12	43	90	34	81	74	84	74	66	82	74	53	87
1	13	48	67	38	85	75	73	79	79	82	88	56	82
1	14	67	58	60	61	63	72	94	83	88	80	57	85
1	15	43	64	74	77	54	72	83	67	85	71	89	77
1	16	28	67	78	86	48	67	93	75	80	84	72	83
1	17	44	79	71	68	46	58	78	84	79	73	69	75
1	18	68	87	69	62	46	58	65	94	71	63	82	82
1	19	88	78	66	68	54	50	59	96	53	66	79	96
1	20	82	64	66	79	45	51	74	93	51	84	93	82
1	21	74	54	72	84	35	60	73	84	57	82	92	64
1	22	73	52	74	71	39	57	77	80	84	90	89	53
1	23	74	43	72	63	51	67	51	91	83	78	91	54
1	24	67	44	85	78	60	59	38	90	79	56	98	70
1	25	72	48	82	62	66	77	35	87	70	58	79	76
1	26	80	63	73	80	38	72	50	85	76	83	63	56

续表7-5

月	日	2011 大年	2017 偏大年	2018 偏大年	2013 平年	2014 平年	2015 平年	2016 平年	1991 偏小年	2000 偏小年	1998 小年	2010 小年	2019 小年
1	27	85	64	83	56	46	80	90	78	56	87	97	63
1	28	78	65	80	57	71	83	93	83	51	54	94	69
1	29	54	68	71	74	69	82	76	76	64	48	81	69
1	30	63	54	68	86	70	74	69	74	49	75	89	71
1	31	49	64	62	89	67	75	86	80	75	94	84	73
2	1	73	68	45	79	59	75	78	76	74	81	70	58
2	2	69	74	46	78	64	85	67	78	71	89	74	80
2	3	64	84	28	76	62	89	58	86	68	85	77	79
2	4	70	87	30	84	66	71	67	76	80	66	78	47
2	5	66	80	24	79	77	55	55	79	81	66	80	59
2	6	63	77	26	74	79	54	43	91	60	72	84	69
2	7	63	87	29	78	74	64	41	87	51	70	81	78
2	8	69	79	37	78	74	39	60	85	54	61	89	75
2	9	82	58	45	74	72	42	62	87	59	86	78	74
2	10	81	51	60	81	64	48	72	81	98	90	64	77
2	11	79	44	48	95	59	66	81	77	92	94	74	79
2	12	80	52	44	80	65	82	75	91	91	79	61	89
2	13	75	52	47	79	60	81	79	88	94	75	75	90
2	14	59	53	67	94	53	91	65	78	70	81	80	86
2	15	86	61	78	78	55	92	44	69	52	77	70	86
2	16	91	73	65	75	93	81	33	73	88	85	63	82
2	17	73	78	69	96	85	81	41	66	86	82	62	90
2	18	64	64	71	95	87	90	43	82	98	80	58	87
2	19	68	58	82	80	65	91	49	76	91	81	35	82
2	20	59	70	79	76	61	80	30	55	77	80	47	88
2	21	52	84	75	89	59	84	43	50	81	71	64	80
2	22	76	78	76	71	89	72	85	42	83	82	82	76
2	23	91	65	72	64	92	75	77	49	74	87	83	84
2	24	95	76	94	69	95	77	69	53	66	76	62	75
2	25	92	69	70	94	93	85	68	59	69	65	69	71
2	26	81	60	72	95	76	83	78	96	46	68	62	87
2	27	73	62	85	80	80	81	82	97	80	79	68	85
2	28	71	79	88	85	88	76	73	92	82	75	65	82
2	29							51		70			
3	1	70	60	78	85	85	59	56	77	72	82	64	91
3	2	62	40	88	74	77	81	61	79	84	94	76	91
平均值		68.3	66.6	61.6	74.4	61.1	65.8	71.0	74.4	66.5	78.2	74.4	78.4
≤70%天数/d		51	58	50	30	63	48	38	28	49	20	35	19

表 7-5 中的平均相对温度≤70%天数这一指标是由表 7-3 中的上年 12 月到当年 1 月之后再加 30 d 的每日平均相对湿度的平均即原始指标 X_2，通过逐日数据定义出的新变量，其以天数为单位，可以作为田间微气象条件调控的直接指标，也便于理解和掌握。本书中将对所有可能转化为天数的原始气象指标进行试算，凡是能转化为天数的原始气象指标都将重新定义为 $X_{n(1)}$，其中 n 为原始指标的序号，(1)为以天数的指标，以 X_1 为例为 $X_{1(1)}$，以 X_2 为例为 $X_{2(1)}$。由此可能产生 3 套气象指标，即原始气象指标组合、原始气象指标组合中某些指标被以天数指标替换后的指标组合（转化后的气象指标组合）和所有气象指标的组合。由此产生 3 类综合模型，即基于原始气象指标组合的综合预测模型、原始气象指标组合中某些指标被以天数指标替换后的综合预测模型和所有气象指标组合的综合预测模型。

由表 7-5 和表 7-3 相关数据制作成图 7-2。图 7-2 说明：平乐县上年 12 月到当年 1 月之后再加 30 d 的每日平均相对湿度≤70%天数至少为 50 d 以上时，年型好。回归方程为 $Y=-0.0014X_{1(1)}^2+0.176X_{1(1)}-1.890$（$r=0.736^{**}$，$n=12$）。

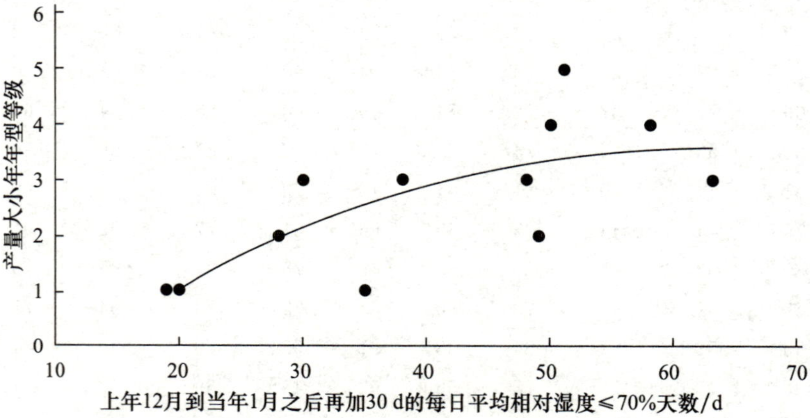

图 7-2　平乐县柑橘 $X_{1(1)}$ 与 Y 的关系

图 7-3 说明：平乐县柑橘产量大小年年型等级与当年 4 月到 5 月之后再加 25 d 的每日平均相对湿度的平均呈极显著负相关，回归方程为 $Y=-0.019X_2^2+2.566X_2-79.923$（$r=-0.974^{**}$，$n=12$）；当 $X_2<77\%$时，产量大小年年型等级为偏大年和大年。

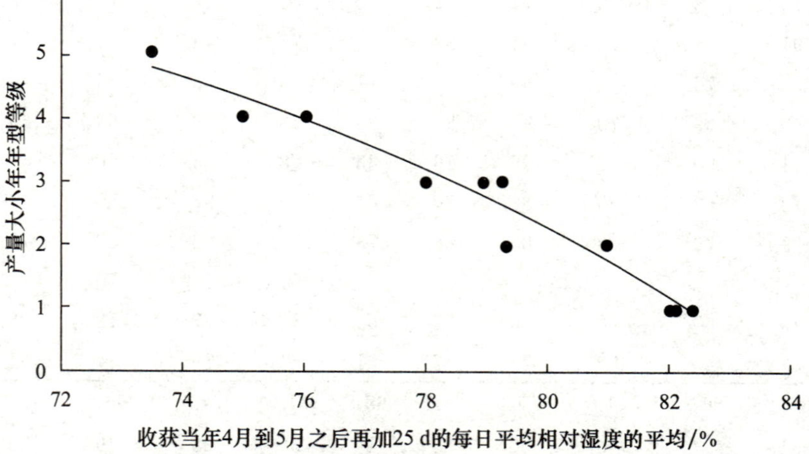

图 7-3　平乐县柑橘 X_2 与 Y 的关系

表7-6为平乐县柑橘12年逐年4月至5月之后再加25 d的每日平均相对湿度。

表7-6　平乐县柑橘12年逐年4月至5月之后再加25 d的每日平均相对湿度　　%

月	日	2011 大年	2017 偏大年	2018 偏大年	2013 平年	2014 平年	2015 平年	2016 平年	1991 偏小年	2000 偏小年	1998 小年	2010 小年	2019 小年
4	1	66	53	77	93	73	78	86	50	81	77	88	79
4	2	84	54	75	89	71	66	86	55	86	63	73	95
4	3	83	58	68	90	67	65	79	85	81	76	86	86
4	4	81	64	66	93	56	70	79	92	75	95	100	91
4	5	83	88	68	84	65	73	83	97	71	86	100	82
4	6	93	93	76	61	94	72	93	77	82	78	92	90
4	7	93	82	48	48	87	75	88	70	90	70	79	82
4	8	79	88	59	68	83	72	80	85	93	90	82	81
4	9	76	85	57	67	84	80	80	77	99	82	83	71
4	10	74	80	65	56	96	71	86	76	71	84	99	67
4	11	71	72	96	83	90	65	72	74	67	79	98	73
4	12	69	61	91	83	92	55	91	75	95	84	86	74
4	13	67	57	85	83	80	46	80	72	96	74	86	92
4	14	72	65	74	78	68	45	75	69	83	65	93	85
4	15	86	91	51	66	83	63	81	83	54	77	84	84
4	16	89	89	54	74	85	68	69	92	57	68	71	80
4	17	80	91	62	84	85	67	75	90	59	70	96	79
4	18	61	78	55	77	81	75	62	80	80	61	100	96
4	19	46	85	65	73	80	76	75	76	86	65	100	93
4	20	50	85	93	79	73	72	88	75	83	82	100	89
4	21	71	73	86	71	88	59	81	74	68	93	97	88
4	22	74	50	87	88	75	61	85	80	81	82	87	82
4	23	52	54	89	93	91	71	88	75	84	69	64	85
4	24	57	71	75	88	92	81	82	74	93	84	68	85
4	25	59	95	78	87	91	66	89	81	92	83	95	87
4	26	58	85	82	70	81	66	83	81	79	90	78	86
4	27	63	73	73	82	75	78	72	78	86	84	78	88
4	28	52	59	73	86	62	93	65	86	91	75	74	91
4	29	79	58	90	92	75	79	82	82	97	84	82	90
4	30	75	73	87	85	73	85	89	84	80	90	84	83
5	1	89	94	80	71	75	79	94	84	86	81	88	65
5	2	87	85	82	70	59	84	88	66	85	82	81	63
5	3	84	85	85	88	62	75	57	84	76	68	77	76
5	4	70	69	87	87	85	88	78	96	71	67	83	96
5	5	81	57	89	88	69	77	85	93	69	73	91	96

续表7-6

月	日	2011 大年	2017 偏大年	2018 偏大年	2013 平年	2014 平年	2015 平年	2016 平年	1991 偏小年	2000 偏小年	1998 小年	2010 小年	2019 小年
5	6	92	56	84	85	73	87	88	83	78	75	88	86
5	7	82	78	85	92	81	91	89	85	80	75	69	86
5	8	88	89	66	88	90	93	86	69	95	89	85	82
5	9	86	70	81	89	91	70	88	75	95	87	82	77
5	10	80	70	85	83	84	78	67	75	62	91	70	65
5	11	84	75	94	69	84	86	61	94	63	80	70	70
5	12	84	81	91	64	68	61	68	86	67	80	89	84
5	13	69	66	89	63	86	79	79	78	71	91	84	83
5	14	78	62	83	81	82	89	85	81	64	87	84	81
5	15	79	87	72	83	75	95	85	81	65	73	78	85
5	16	82	68	68	79	77	86	54	68	83	81	82	87
5	17	79	61	69	74	89	90	57	69	84	77	79	93
5	18	64	63	68	88	82	96	80	79	86	76	76	87
5	19	60	91	65	84	84	92	91	88	75	79	84	84
5	20	64	91	63	82	76	88	89	87	71	93	85	65
5	21	82	86	62	76	87	72	71	84	59	93	87	56
5	22	81	83	63	71	86	86	65	72	65	96	86	68
5	23	66	89	65	61	83	90	78	69	79	94	60	65
5	24	62	71	67	69	87	76	86	62	92	82	60	76
5	25	59	55	63	89	81	75	84	61	91	63	59	88
5	26	58	55	70	85	84	93	88	84	95	61	62	88
5	27	58	48	83	77	75	85	74	86	88	67	71	93
5	28	53	46	70	81	77	82	85	82	96	84	88	69
5	29	53	51	84	81	78	71	88	77	92	90	85	73
5	30	57	63	88	88	80	79	81	71	90	84	72	87
5	31	65	73	87	88	85	82	73	69	90	91	75	76
6	1	60	77	77	82	75	89	63	62	90	88	85	90
6	2	64	76	75	83	80	86	65	68	80	89	75	78
6	3	67	88	77	69	88	81	88	80	73	83	70	71
6	4	68	83	83	82	89	86	84	76	70	85	65	74
6	5	67	87	69	77	94	79	78	72	67	68	61	83
6	6	84	93	72	74	86	78	70	74	76	68	70	93
6	7	93	86	77	81	73	90	72	95	77	79	85	90
6	8	84	85	77	91	70	95	77	94	79	96	88	85
6	9	79	87	66	93	70	94	71	93	94	83	79	98
6	10	81	85	58	87	75	96	77	94	97	77	76	96
6	11	78	85	54	63	71	92	85	88	94	87	81	86

续表7-6

月	日	2011 大年	2017 偏大年	2018 偏大年	2013 平年	2014 平年	2015 平年	2016 平年	1991 偏小年	2000 偏小年	1998 小年	2010 小年	2019 小年
6	12	82	81	74	53	62	84	91	88	83	82	86	95
6	13	87	87	75	50	53	96	88	91	79	76	91	77
6	14	77	90	70	48	60	99	94	81	78	80	90	67
6	15	87	91	67	60	64	85	95	82	75	93	85	64
6	16	92	90	69	86	65	76	84	92	78	93	93	89
6	17	85	77	71	78	82	72	80	83	71	92	90	87
6	18	80	72	64	73	89	82	79	86	65	98	87	89
6	19	75	75	70	71	88	92	70	87	74	90	84	81
6	20	70	92	72	71	92	89	74	88	90	95	91	79
6	21	70	86	94	74	91	86	65	77	96	97	85	76
6	22	68	86	88	70	79	83	64	77	96	96	90	81
6	23	65	87	89	82	78	83	63	73	94	97	84	94
6	24	64	82	87	79	82	81	66	70	87	98	85	75
6	25	75	83	81	85	88	76	69	68	85	94	76	78
平均值		73.5	76.0	75.0	78.0	79.2	79.3	78.8	79.3	80.8	82.0	82.4	82.1
≤75%天数/d		44	37	46	31	31	29	30	30	27	21	20	19

由表 7-6 和表 7-3 相关数据制作成图 7-4。图 7-4 说明：平乐县收获当年 4 月到 5 月之后再加 25 d 的每日平均相对湿度≤75%天数至少为 25 d 以上时，年型为偏大年和大年。回归方程为 $Y=-0.003X_{2(1)}^2+0.320X_{2(1)}-4.343$（$r=0.953^{**}$，$n=12$）。

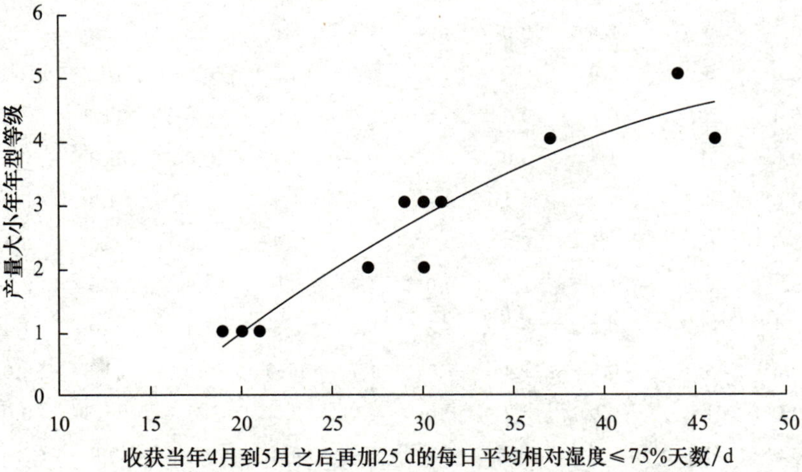

图 7-4　平乐县柑橘 $X_{2(1)}$ 与 Y 的关系

图 7-5 说明：平乐县柑橘产量大小年年型等级与当年 5 月再加之前 5 d 的每日日照时数的累计呈显著正相关，回归方程为 $Y=0.0002X_3^2-0.024X_3+2.876$（$r=0.631^{*}$，$n=12$）；在 X_3 不断增大超过 170 h 时，产量年型为偏大年或大年。

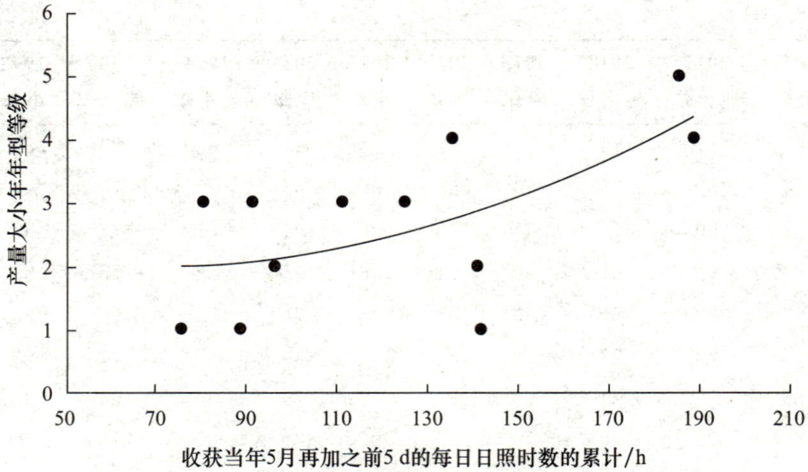

图 7-5　平乐县柑橘 X_3 与 Y 的关系

表 7-7 为平乐县柑橘 12 年逐年收获当年 5 月再加之前 5 d 的每日日照时数。

表 7-7　平乐县柑橘 12 年逐年收获当年 5 月再加之前 5 d 的每日日照时数　　h

月	日	2011 大年	2017 偏大年	2018 偏大年	2013 平年	2014 平年	2015 平年	2016 平年	1991 偏小年	2000 偏小年	1998 小年	2010 小年	2019 小年
4	26	10.0	0.0	0.3	7.9	1.9	5.4	0.0	0.7	4.5	0.0	0.9	3.5
4	27	9.3	1.8	6.0	1.1	0.0	0.0	3.9	5.5	0.2	5.2	8.4	1.4
4	28	8.2	10.8	2.8	0.6	1.8	1.1	4.1	0.0	0.0	7.1	6.6	0.0
4	29	0.0	10.8	0.0	0.2	0.0	7.8	0.0	0.0	0.0	0.3	0.3	0.0
4	30	3.9	0.0	4.1	0.4	2.0	0.2	0.0	0.0	0.0	0.0	6.0	0.0
5	1	1.6	0.0	5.6	6.2	11.1	7.7	0.0	0.0	0.0	7.3	0.0	11.5
5	2	0.6	0.0	2.6	0.0	10.4	1.5	2.5	2.8	0.0	4.9	9.0	0.6
5	3	0.0	5.0	0.0	0.0	3.3	0.0	9.5	0.0	10.7	10.6	4.9	0.4
5	4	6.4	10.1	0.0	0.0	0.0	0.0	0.0	0.0	11.2	10.9	0.0	0.0
5	5	0.8	11.2	1.6	0.0	0.8	0.0	3.4	0.0	4.3	7.8	0.0	0.0
5	6	0.0	4.4	4.7	4.1	3.9	0.0	1.4	0.0	4.9	6.2	0.0	0.0
5	7	3.3	0.0	3.1	2.9	0.0	0.0	1.3	0.0	0.0	6.1	0.0	0.0
5	8	0.1	2.1	1.6	1.9	0.0	4.1	0.0	0.6	0.0	3.3	0.0	0.2
5	9	3.1	11.7	0.0	3.5	3.3	5.0	0.6	4.4	0.0	1.4	0.9	0.4
5	10	0.5	9.0	0.0	1.4	7.0	1.7	11.6	0.0	11.3	0.0	0.7	10.1
5	11	0.0	1.8	0.0	6.7	0.0	4.0	9.5	0.0	11.3	0.0	3.6	2.8
5	12	0.0	5.3	0.0	11.2	4.7	11.9	6.3	0.0	9.0	0.0	0.0	0.1
5	13	3.6	9.4	2.1	11.3	0.0	1.0	0.0	1.1	10.3	0.0	1.0	0.7
5	14	0.0	10.9	5.4	1.5	3.5	0.0	0.8	4.3	11.0	0.0	0.0	4.4
5	15	0.0	0.0	4.5	2.3	0.0	0.0	1.9	0.0	11.4	8.0	0.0	0.3
5	16	3.8	7.9	5.0	4.8	0.0	3.5	11.0	6.0	2.2	0.0	0.0	0.9

续表7-7

月	日	2011 大年	2017 偏大年	2018 偏大年	2013 平年	2014 平年	2015 平年	2016 平年	1991 偏小年	2000 偏小年	1998 小年	2010 小年	2019 小年
5	17	7.8	6.6	5.8	0.0	0.0	1.8	10.2	4.1	0.0	10.6	1.1	0.0
5	18	11.6	3.7	7.8	0.0	0.0	0.0	0.0	1.1	0.0	7.2	0.0	0.8
5	19	11.6	0.0	9.6	0.0	0.0	0.8	0.0	2.7	6.1	7.9	3.2	3.9
5	20	9.5	0.0	11.0	3.8	0.0	3.2	0.0	3.0	4.6	0.0	0.0	1.1
5	21	0.0	0.5	9.8	3.3	0.0	2.1	9.2	2.7	11.0	0.0	2.9	0.0
5	22	0.0	5.3	9.8	10.7	0.0	0.0	8.8	7.0	11.1	0.0	0.8	4.2
5	23	9.0	0.0	5.0	10.8	0.0	0.0	0.0	4.1	0.0	0.0	10.3	11.7
5	24	10.3	1.3	9.6	10.3	2.3	4.3	0.0	7.7	0.0	1.0	11.1	6.7
5	25	8.7	2.6	7.4	0.0	0.5	7.1	0.0	7.1	0.0	11.7	8.1	0.3
5	26	10.5	12.0	1.4	0.0	0.0	0.7	2.0	0.0	0.8	11.7	0.0	1.5
5	27	10.6	11.8	1.6	9.8	3.1	1.9	8.6	0.0	0.0	11.7	0.0	0.7
5	28	10.7	12.0	4.7	4.1	3.3	5.4	0.0	4.2	0.0	0.0	0.0	1.6
5	29	10.8	9.5	1.9	1.8	6.5	4.1	0.0	6.2	2.8	0.0	0.0	0.0
5	30	10.3	9.0	0.0	0.0	3.2	3.7	4.4	10.7	1.5	0.0	7.1	0.0
5	31	9.2	2.0	0.5	2.2	7.4	1.0	7.8	9.8	0.0	0.6	1.3	5.3
累计值		185.8	188.5	135.3	124.8	80.0	91.0	118.8	95.8	140.2	141.5	88.2	75.1
≥8 h天数/d		15	13	5	6	2	1	8	2	10	7	5	3

由表7-7和表7-3相关数据制作成图7-6。图7-6说明：平乐县收获当年5月再加之前5 d的每日日照时数≥8 h天数至少为12 d以上时，年型为偏大年和大年。回归方程为 $Y=0.032X_{3(1)}^2-0.350X_{3(1)}+3.023(r=0.671^*, n=12)$。

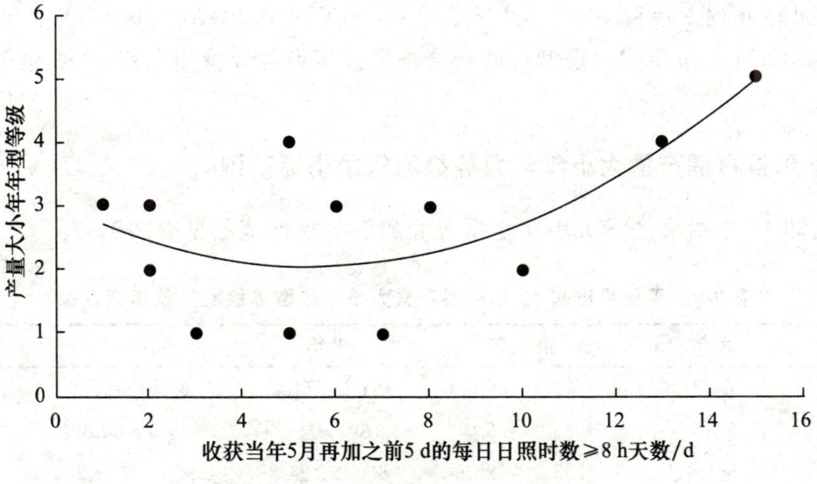

图7-6 平乐县柑橘 $X_{3(1)}$ 与 Y 的关系

7.1.5 平乐县柑橘产量大小年年型等级预测模型

(1)基于原始气象指标组合的综合预测模型 对表7-3中平乐县已知12年柑橘产量大小年年

型等级赋值与确定的 3 个气象指标进行三元回归，得到预测模型：$Y=36.401-0.041X_1-0.391X_2+0.0001X_3$（$r=0.980^{**}$，$n=12$），自回归合格率按年型预测误差±1 个等级计算，合格率为 100.0%，自回归合格率按年型预测误差±0.5 个等级计算，合格率为 91.7%，结果见表 7-3。

（2）基于原始气象指标组合中某些指标被以天数指标替换后的综合预测模型　使用表 7-8 中 3 个以天数为指标的气象指标进行三元回归，得到回归方程 $Y=-1.784+0.017X_{1(1)}+0.117X_{2(1)}+0.033X_{3(1)}$（$r=0.956^{**}$，$n=12$）。模型自回归合格率按年型等级预测误差±1 个等级计算，合格率为 100.0%；模型自回归合格率按年型等级预测误差±0.5 个等级计算，合格率为 75.0%。从这一结果可见，转化为天数的指标最好与原始筛选出来的指标一起使用。

表 7-8　影响平乐县柑橘产量大小年年型等级的转化后的气象指标数据和模型自回归结果

年份	$X_{1(1)}$/%	$X_{2(2)}$/%	$X_{3(3)}$/h	Y	Y'	$Y'-Y$
1991	28	30	2	2	2.26	0.26
1998	20	21	7	1	1.24	0.24
2000	49	27	10	2	2.52	0.52
2010	35	20	5	1	1.30	0.30
2011	51	44	15	5	4.71	−0.29
2013	30	31	6	3	2.54	−0.46
2014	63	31	2	3	2.96	−0.04
2015	48	29	1	3	2.44	−0.56
2016	38	30	8	3	2.62	−0.38
2017	58	37	13	4	3.94	−0.06
2018	50	46	5	4	4.60	0.60
2019	19	19	3	1	0.86	−0.14

（4）所有气象指标组合的综合预测模型　使用表 7-3 和表 7-8 中的 6 个气象指标进行六元回归，得到回归方程 $Y=87.889-0.148X_1-0.864X_2-0.004X_3-0.025X_{1(1)}-0.180X_{2(1)}+0.046X_{3(1)}$（$r=0.994^{**}$，$n=12$），模型自回归合格率按年型等级预测误差±0.3 个等级计算，合格率为 100.0%。

7.1.6　平乐县柑橘产量大小年年型等级的气象指标范围

平乐县已知 12 年柑橘产量大小年年型等级的气象指标范围见表 7-9。

表 7-9　平乐县已知 12 年柑橘产量大小年年型等级的气象指标范围

变量	大年	偏大年	平年	偏小年	小年
X_1/%	68.3	61.6～66.6	61.1～74.4	66.5～74.4	74.4～78.4
X_2/%	73.5	75.0～76.0	78.0～79.3	79.3～80.8	82.0～82.4
X_3/h	185.8	135.3～188.5	80.0～124.8	95.8～140.2	75.1～141.5
$X_{1(1)}$/d	51	50～58	30～63	28～49	19～35
$X_{2(2)}$/d	44	37～46	29～31	27～30	19～21
$X_{3(3)}$/d	15	5～13	1～8	2～10	3～7

7.2 桂林市柑橘8个品种产量大小年年型等级预测模型

以下采用与本书7.1同样的方法，对广西桂林市柑橘8个品种产量大小年年型等级预测模型进行研究，不同的是将柑橘8个品种的研究结果放在一起进行分析。

7.2.1 数据和研究方法

使用数据包括近年桂林市柑橘8个品种全市平均产量大小年年型等级数据和对应年的桂林气象站的逐日气象数据。

桂林市柑橘8个品种产量大小年年型等级数据的取得：通过实地调查、公开信息和数据分析整理出9年(其中夏橙为8年)桂林市柑橘8个品种产量大小年年型等级数据，将其分为5级，并将大年、偏大年、平年、偏小年、小年分别赋值5、4、3、2、1，基本数据分别见表7-10、表7-11、表7-12。

表7-10 桂林市柑橘8个品种的主产地

	金柑	南丰蜜橘	普通甜橙	脐橙	沙糖橘	沙田柚	夏橙	早温
恭城			★	★		★	★	
临桂					★		★	
永福					★			
全州		★	★	★	★			★
兴安		★						★
灵川	★	★	★					
资源								
平乐						★	★	★
荔浦					★		★	
阳朔	★				★	★	★	
雁山								
灌阳				★				
龙胜								
市区								

注：表中“★”表示产量和面积较大的产地县

表7-11 桂林市柑橘8个品种产量大小年年型等级

品种	大年年份	偏大年年份	平年年份	偏小年年份	小年年份
金柑	无	2009	2011、2012、2013、2014、2016、2019	2010、2015	无
南丰蜜橘	无	2009	2012、2013、2015、2016、2019	2010、2011、2014	无
普通甜橙	无	2012	2009、2010、2011、2013、2015、2016、2019	2014	无
脐橙	无	2011	2009、2010、2012、2013、2014、2015、2016、2019	无	无
沙糖橘	2010	无	2009、2012、2013、2014、2015、2016、2019	2011	无
沙田柚	2014	2015	2010、2011、2012、2013、2016	2009、2019	无
夏橙	无	2009、2010	2011、2013、2014、2015、2016	2012	无
早温	2016	无	2010、2011、2012、2013、2014	2009、2015	2019

表 7-12 桂林市柑橘 8 个品种关键生长时段

品种	关键生长时段	已有气象数据年份	已知产量年型等级数量年份
金柑	收获当年 4 月—9 月	1990—2019 年	2009—2016、2019(9 年)
南丰蜜橘	上年 9 月—收获当年 6 月	1991—2019 年	2009—2016,2019(9 年)
普通甜橙	上年 9 月—收获当年 6 月	1991—2019 年	2009—2016、2019(9 年)
脐橙	上年 9 月—收获当年 6 月	1991—2019 年	2009—2016、2019(9 年)
沙糖橘	上年 9 月—收获当年 7 月	1991—2019 年	2009—2016、2019(9 年)
沙田柚	上年 9 月—收获当年 6 月	1991—2019 年	2009—2016、2019(9 年)
夏橙	上年 9 月—收获当年 6 月	1990—2018 年	2009—2016(8 年)
早温	上年 9 月—收获当年 6 月	1991—2019 年	2009—2016、2019(9 年)

7.2.2 影响桂林市柑橘 8 个品种产量大小年年型等级的原始气象指标

经过多种算法和大数据计算,最后确定影响桂林市柑橘 8 个品种产量大小年年型等级的气象指标,见表 7-13;相应的气象数据和模型自回归结果分布见表 7-14 至表 7-21。从表 7-13 中的时段可以看出,除夏橙向前推 1 个月提前至 8 月外,其他 7 个品种所有气象指标都在表 7-12 中的关键生长时段内。

表 7-13 影响桂林市柑橘 8 个品种产量大小年年型等级的原始气象指标

品种	变量定义和最佳范围	r	时段	与以往结果一致性
金柑	收获当年 6 月的每日日照时数的累计 X_1/h:(>136 h)	0.688*	收获当年 4—9 月	一致
	收获当年 9 月的每日最小相对湿度的平均 X_2/%:(<45%)	−0.823**		一致
南丰蜜橘	上年 10 月中旬的每日降雨量的累计 X_1/mm:(>17 mm)	0.768*	上年 9 月—收获当年 6 月	一致
	上年 11 月下旬的每日最低气温的平均 X_2/℃:(<8.6 ℃)	−0.880**		
	上年 12 月中旬的每日日照时数的累计 X_3/h:(<10 h)	−0.754*		
	收获当年 2 月中旬的每日最低气温的平均 X_4/℃:(>14 ℃)	0.812**		
	收获当年 5 月中旬的每日平均温度的平均 X_5/℃:(>24 ℃)	0.838**		
普通甜橙	收获当年 1 月的每日最高温度的平均 X_1/℃:(<7.9 ℃)	−0.768*	上年 9 月—收获当年 6 月	一致
	收获当年 1 月的每日日照时数的累计 X_2/h:(>118 h)	−0.690*		一致
脐橙	收获当年 1 月的每日最低温度的平均 X_1/℃:(<2.5 ℃)	−0.971**	上年 9 月—收获当年 6 月	一致
	收获当年 3 月的每日最低温度的平均 X_2/℃:(<8.7 ℃)	−0.975**		不一致
	收获当年 5 月的每日最低温度的平均 X_3/℃:(<19 ℃)	−0.976**		
	收获当年 5 月的每日最小相对湿度的平均 X_4/%:(<54%)	−0.915**		一致
	收获当年 5 月的每日日照时数的累计 X_5/h:(>154 h)	0.987**		一致

续表7-13

品种	变量定义和最佳范围	r	时段	与以往结果一致性
沙糖橘	上年 9 月的每日最小相对湿度的平均 X_1/%:(<45%)	-0.872^{**}	上年 9 月—收获当年 7 月	一致
	上年 9 月的每日日照时数的累计 X_2/h:(>260 h)	0.804^{**}		一致
	上年 11 月的每日最低气温的平均 X_3/℃:(<9.9℃)	-0.880^{**}		一致
	收获当年 1 月的每日平均相对湿度的平均 X_4/%:(>85%)	0.828^{**}		不清楚
	收获当年 4 月的每日平均相对湿度的平均 X_5/%:(>87%)	0.798^{**}		相反
	收获当年 4 月的每日降雨量的累计 X_6/mm:(>456)	0.740^{*}		相反
沙田柚	上年 10 月的每日最小相对湿度的平均 X_1/%:(<41%)	-0.692^{*}	上年 9 月—收获当年 6 月	一致
	上年 10 月的每日降水量的累计 X_2/mm:(<13 mm)	-0.762^{*}		一致
	收获当年 1 月的每日平均温度的平均 X_3/℃:(>11.2 ℃)	0.866^{**}		不清楚
	收获当年 3 月的每日最小相对湿度的平均 X_4/%:(>67%)	0.685^{*}		相反
	收获当年 3 月的每日日照时数的累计 X_5/h:(<30 h)	-0.819^{**}		不清楚
夏橙	上年 8 月的每日平均温度的平均 X_1/℃:(>29 ℃)	0.783^{*}	上年 9 月—收获当年 6 月	相反
	上年 8 月的每日降水量的累计 X_2/mm:(<18 mm)	-0.738^{*}		
	收获当年 2 月的每日最小相对湿度的平均 X_3/%:(<53%)	-0.895^{**}		
早温	上年 10 月到 12 月的每日降水量的累计 X_1/mm:(>775 mm)	0.829^{**}	上年 9 月—收获当年 6 月	一致
	收获当年 2 月的每日平均相对湿度的平均 X_2/%:(<61%)	-0.871^{**}		不清楚
	收获当年 6 月的每日平均相对湿度的平均 X_3/%:(<75%)	-0.811^{**}		相反

注:$r_{0.05}=0.666$,$r_{0.01}=0.798$,$n=9$;$r_{0.05}=0.707$,$r_{0.01}=0.834$,$n=8$。

表 7-14 影响桂林市金柑产量大小年年型等级的原始气象指标数据和模型自回归结果

年份	X_1/h	X_2/%	Y	Y'	$Y'-Y$
2009	136.5	45.6	4	3.33	−0.67
2010	41.4	54.6	2	2.06	0.06
2011	108.6	48.2	3	2.96	−0.04
2012	81.8	48.9	3	2.68	−0.32
2013	139.1	50.6	3	3.14	0.14
2014	100.8	52.4	3	2.71	−0.29
2015	91.2	58.3	2	2.37	0.37
2016	149.5	45.6	3	3.45	0.45
2019	94.3	36.7	3	3.31	0.31

表 7-15 影响桂林市南丰蜜橘产量大小年年型等级的原始气象指标数据和模型自回归结果

年份	X_1/mm	X_2/℃	X_3/h	X_4/℃	X_5/℃	Y	Y'	$Y'-Y$
2009	17.4	8.6	10.0	13.7	24.1	4	3.94	−0.06
2010	5.2	13.2	26.9	3.3	22.5	2	2.20	0.20
2011	0.0	15.0	37.9	5.4	22.4	2	2.04	0.04
2012	3.2	11.4	12.0	5.7	24.4	3	2.81	−0.19
2013	10.4	11.7	29.0	6.8	23.9	3	2.97	−0.03
2014	0.0	15.0	51.0	2.1	22.6	2	1.83	−0.17
2015	0.0	11.5	15.1	12.0	24.1	3	3.08	0.08
2016	6.2	8.4	21.3	8.7	22.8	3	3.00	0.00
2019	7.1	11.0	34.9	4.6	25.8	3	3.12	0.12

表 7-16 影响桂林市普通甜橙产量大小年年型等级的原始气象指标数据和模型自回归结果

年份	X_1/℃	X_2/h	Y	Y'	$Y'-Y$
2009	13.2	117.4	3	2.61	−0.39
2010	12.8	38.1	3	3.06	0.06
2011	6.0	26.3	3	3.42	0.42
2012	7.9	15.8	4	3.39	−0.61
2013	11.9	39.3	3	3.09	0.09
2014	16.0	137.2	2	2.39	0.39
2015	14.7	84.9	3	2.72	−0.28
2016	11.3	46.5	3	3.08	0.08
2019	10.8	21.0	3	3.24	0.24

表 7-17 影响桂林市脐橙产量大小年年型等级的原始气象指标数据和模型自回归结果

年份	X_1/℃	X_2/℃	X_3/℃	X_4/%	X_5/h	Y	Y'	$Y'-Y$
2009	5.1	11.8	20.6	56.9	86.4	3	2.98	−0.02
2010	7.4	11.9	20.3	61.0	66.0	3	2.95	−0.05
2011	2.6	8.7	19.1	53.9	154.4	4	3.92	−0.08
2012	4.8	10.8	21.8	60.2	96.2	3	3.13	0.13
2013	6.7	14.0	21.2	61.5	114.6	3	2.95	−0.05
2014	7.6	12.3	20.5	63.5	74.3	3	3.08	0.08
2015	8.4	12.7	22.0	65.9	76.5	3	2.85	−0.15
2016	7.2	12.3	20.3	61.0	110.8	3	3.16	0.16
2019	6.8	12.4	20.9	62.5	70.2	3	2.99	−0.01

表 7-18 影响桂林市沙糖橘产量大小年年型等级的原始气象指标数据和模型自回归结果

年份	X_1/%	X_2/h	X_3/℃	X_4/%	X_5/%	X_6/mm	Y	Y'	$Y'-Y$
2009	53.0	187.5	12.7	57.2	76.2	189.3	3	2.96	−0.04
2010	45.6	209.5	9.9	81.7	86.8	455.9	5	4.54	−0.46
2011	54.6	136.7	13.0	65.4	71.4	58.6	2	2.14	0.14
2012	48.2	135.0	16.0	72.5	72.1	285.1	3	2.79	−0.21
2013	49.0	154.0	12.2	71.2	79.0	413.7	3	3.55	0.55
2014	50.6	162.5	14.3	58.6	79.9	222.9	3	2.78	−0.22
2015	52.4	192.8	14.3	68.7	69.8	138.7	3	2.94	−0.06
2016	58.3	84.2	13.7	77.1	80.8	386.7	3	2.71	−0.29
2019	50.5	170.8	13.3	78.2	84.5	356.6	3	3.59	0.59

表 7-19 影响桂林市沙田柚产量大小年年型等级的原始气象指标数据和模型自回归结果

年份	X_1/%	X_2/mm	X_3/℃	X_4/%	X_5/h	Y	Y'	$Y'-Y$
2009	47.5	69.1	8.5	59.8	72.5	2	2.53	0.53
2010	40.1	21.3	9.7	54.5	66.9	3	3.64	0.64
2011	46.6	6.0	3.9	56.6	38.6	3	3.06	0.06
2012	49.7	43.0	6.1	60.9	45.4	3	2.67	−0.33
2013	45.0	32.8	8.8	52.9	102.8	3	2.35	−0.65
2014	40.7	12.7	11.2	67.1	29.8	5	4.37	−0.63
2015	42.9	6.6	10.9	68.3	21.7	4	4.28	0.28
2016	47.0	178.6	8.8	59.4	51.8	3	2.77	−0.23
2019	49.6	94.6	8.5	64.7	67.6	2	2.34	0.34

表 7-20 影响桂林市夏橙产量大小年年型等级的原始气象指标数据和模型自回归结果

年份	X_1/℃	X_2/mm	X_3/%	Y	Y'	$Y'-Y$
2009	29.4	24.4	53.3	4	3.79	−0.21
2010	29.3	18.6	55.6	4	3.71	−0.29
2011	29.1	63.0	63.4	3	3.18	0.18
2012	28.8	141.7	68.5	2	2.61	0.61
2013	29.2	194.4	60.0	3	2.75	−0.25
2014	27.9	252.8	61.5	3	2.40	−0.60
2015	27.6	270.3	40.0	3	3.22	0.22
2016	29.0	153.4	50.3	3	3.33	0.33

表 7-21 影响桂林市早温产量大小年年型等级的原始气象指标数据和模型自回归结果

年份	X_1/mm	X_2/%	X_3/%	Y	Y'	$Y'-Y$
2009	290.2	77.1	80.6	2	2.11	0.11
2010	128.4	69.8	82.2	3	2.64	−0.36
2011	149.5	73.8	76.2	3	3.53	0.53
2012	92.9	75.6	78.6	3	2.82	−0.18
2013	263.8	81.3	76.6	3	2.55	−0.45
2014	203.4	73.1	78.2	3	3.15	0.15
2015	142.7	74.6	82.9	2	1.94	−0.06
2016	774.9	61.0	75.2	5	4.95	−0.05
2019	284.9	78.4	83.6	1	1.31	0.31

7.2.3 桂林市单一气象指标与柑橘不同品种产量大小年年型等级的关系

分别做桂林市表 7-13 中的每个柑橘品种确定的影响指标与产量大小年年型等级的散点图，并配回归方程，结果分别见图 7-7 到图 7-54。其中部分图为原始气象指标转化为天数的气象指标散点图。

7.2.3.1 金柑

图 7-7 说明：桂林市金柑产量大小年年型等级与当年 6 月的每日日照时数的累计呈显著正相关，回归方程为 $Y=-7E-05X_1^2+0.026X_1+1.012(r=0.688^*, n=9)$；当 $X_1>100$ h 时，年型等级高。

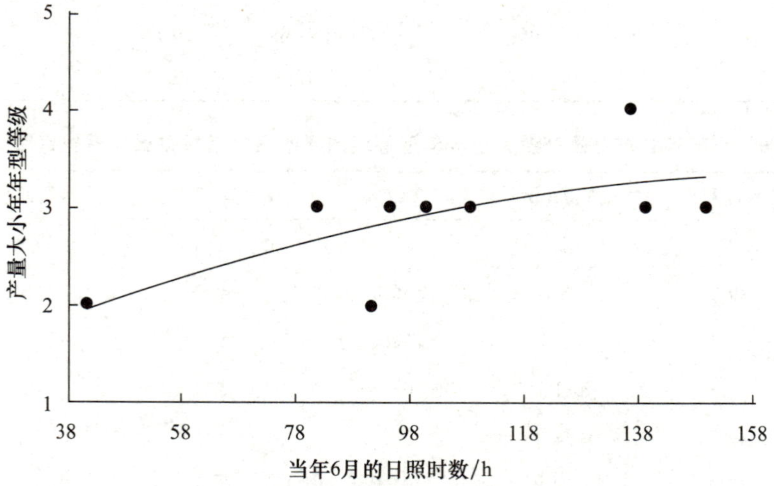

图 7-7 桂林市金柑 X_1 与 Y 的关系

表 7-22 为桂林市金柑 9 年当年 6 月的每日日照时数。

表 7-22 桂林市金柑 9 年当年 6 月的每日日照时数 h

月	日	2009 偏大年	2011 平年	2012 平年	2013 平年	2014 平年	2016 平年	2019 平年	2010 偏小年	2015 偏小年
6	1	1.2	0.0	0.0	4.4	4.8	6.1	0.0	0.0	2.1
6	2	0.0	3.7	0.0	5.8	0.0	9.3	7.9	0.3	2.6
6	3	9.9	1.7	2.5	9.7	0.0	1.1	11.8	0.0	5.4
6	4	11.7	0.9	0.0	0.3	0.0	2.7	10.1	7.5	3.9
6	5	11.6	1.7	0.0	6.5	0.0	7.0	1.5	8.7	0.0
6	6	11.4	0.3	1.0	1.6	1.6	9.1	0.4	0.0	5.9
6	7	1.0	0.0	4.8	0.0	8.3	6.8	0.5	0.5	0.0
6	8	0.0	4.6	1.5	0.0	5.0	6.2	0.5	0.0	0.0
6	9	0.0	6.9	4.7	0.0	3.4	2.8	0.0	0.9	0.0
6	10	0.0	0.5	2.4	0.0	0.0	2.5	0.0	0.0	1.4
6	11	0.8	3.7	0.5	3.5	0.0	0.4	3.9	0.0	0.0
6	12	2.7	5.5	0.0	11.8	4.9	0.0	0.2	0.0	2.5
6	13	3.9	0.0	4.8	12.0	10.6	0.9	7.9	0.0	0.0
6	14	10.4	7.4	4.4	12.0	8.9	0.0	11.9	0.0	0.0
6	15	8.6	0.0	1.5	3.9	9.2	0.0	9.0	0.3	7.4
6	16	5.7	0.4	4.6	2.6	8.1	0.0	0.0	0.0	6.0
6	17	7.3	3.3	4.7	4.1	0.7	4.1	1.4	0.5	2.4
6	18	7.1	5.6	10.8	5.7	0.6	4.7	4.4	0.5	0.0
6	19	9.2	7.2	4.2	8.2	2.3	6.3	4.1	0.2	0.0
6	20	4.1	9.6	6.0	8.3	0.0	5.4	1.9	0.0	0.5
6	21	9.9	5.7	3.2	5.4	0.0	10.5	0.3	0.7	2.3
6	22	0.0	8.2	0.3	7.6	1.0	9.0	0.3	0.0	6.4
6	23	0.6	6.4	0.0	6.1	0.0	10.0	0.0	1.2	3.0
6	24	0.0	6.4	0.0	7.7	2.0	4.7	5.6	0.0	4.6
6	25	1.5	3.5	0.0	2.0	5.2	8.4	0.0	4.8	3.9
6	26	6.0	4.3	0.0	0.0	1.9	9.4	0.2	3.0	2.1
6	27	10.4	1.6	0.0	0.0	5.8	9.6	0.2	0.0	5.5
6	28	0.0	6.1	6.8	0.0	4.6	5.9	2.2	0.9	11.4
6	29	0.0	0.3	7.4	3.4	10.7	3.5	0.2	7.0	6.6
6	30	1.5	3.1	5.7	6.5	1.2	3.1	7.9	4.4	5.3
累计值		136.5	108.6	81.8	139.1	100.8	149.5	94.3	41.4	91.2
>4 h 天数/d		14	13	12	16	12	18	10	5	10

图 7-8 是对桂林市金柑产量大小年年型等级与当年 6 月的每日日照时数＞4 h 天数所做的散点图，说明 6 月每日日照时数＞4 h 天数要大于 12 d，才能为产量年型形成创造好的气象条件。回归方程为 $Y=1.027X_{1(1)}^{0.414}$（$r=0.703^{*}$，$n=9$）。

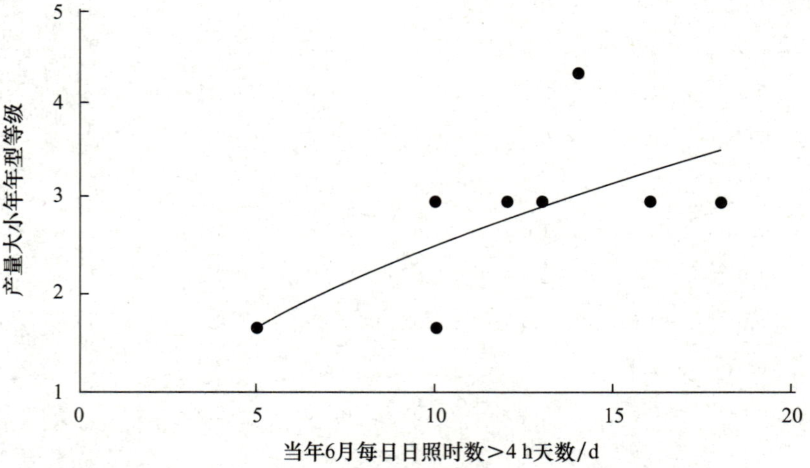

图 7-8　桂林市金柑 $X_{1(1)}$ 与 Y 的关系

图 7-9 说明：桂林市金柑产量大小年年型等级与当年 9 月的每日最小相对湿度的平均呈极显著负相关，回归方程为 $Y=-0.007X_2^2+0.585X_2-9.255$（$r=-0.823^{**}$，$n=9$）；当 $X_2<50\%$ 时，年型等级高。

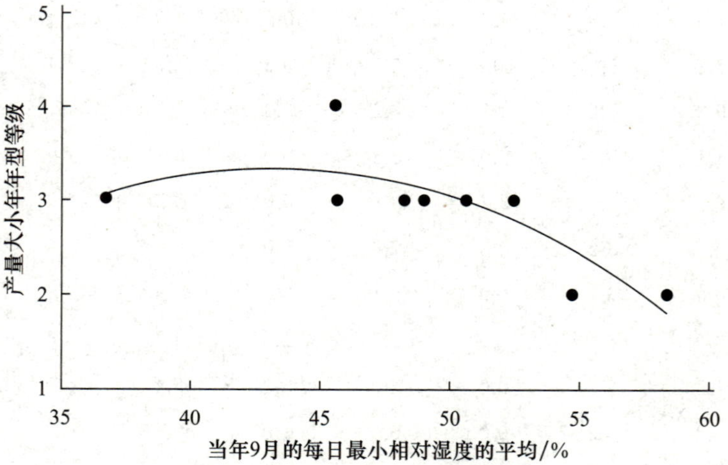

图 7-9　桂林市金柑 X_2 与 Y 的关系

表 7-23 为桂林市金柑 9 年当年 9 月的每日最小相对湿度。

表 7-23 桂林市金柑 9 年当年 9 月的每日最小相对湿度 %

月	日	2009 偏大年	2011 平年	2012 平年	2013 平年	2014 平年	2016 平年	2019 平年	2010 偏小年	2015 偏小年
9	1	44	54	48	46	50	64	41	31	63
9	2	45	73	44	54	43	26	55	39	63
9	3	40	60	60	63	63	30	51	53	70
9	4	35	65	41	72	52	42	43	65	65
9	5	37	42	40	85	53	50	37	71	63
9	6	39	50	43	83	51	53	32	61	68
9	7	39	50	49	65	45	42	39	46	60
9	8	37	47	53	57	47	40	45	38	64
9	9	47	60	39	42	52	56	57	50	58
9	10	51	55	47	38	63	73	60	44	57
9	11	43	51	55	47	54	71	51	41	59
9	12	50	42	47	48	44	49	43	45	62
9	13	45	45	63	37	57	43	37	56	57
9	14	40	47	32	39	61	40	37	41	34
9	15	52	36	22	35	58	43	44	44	34
9	16	65	35	28	52	70	42	42	40	40
9	17	58	42	45	36	62	42	48	37	48
9	18	41	58	32	30	58	39	50	34	54
9	19	47	65	43	28	71	37	38	33	55
9	20	42	56	88	34	53	39	37	35	75
9	21	59	53	81	39	42	35	33	50	62
9	22	41	36	74	45	38	33	26	85	66
9	23	40	37	75	55	38	37	21	78	59
9	24	39	37	73	82	50	44	20	82	57
9	25	38	30	57	74	44	50	15	85	78
9	26	44	34	52	64	43	48	24	77	74
9	27	47	35	59	52	55	38	18	80	58
9	28	54	33	36	41	50	49	18	64	51
9	29	54	50	19	32	48	56	19	69	44
9	30	54	67	23	42	57	57	20	65	52
平均值		45.6	48.2	48.9	50.6	52.4	45.6	36.7	54.6	58.3
≤45%天数/d		18	13	14	14	8	18	23	13	4

图 7-10 是对桂林市金柑产量大小年年型等级与当年 9 月的每日最小相对湿度≤45%天数所做的散点图，说明 9 月的每日最小相对湿度≤45%天数要大于 15 d，才能为产量年型形成创造好的气象条件。回归方程为 $Y=1.479X_{2(1)}^{0.256}$（$r=0.610,n=9$）。

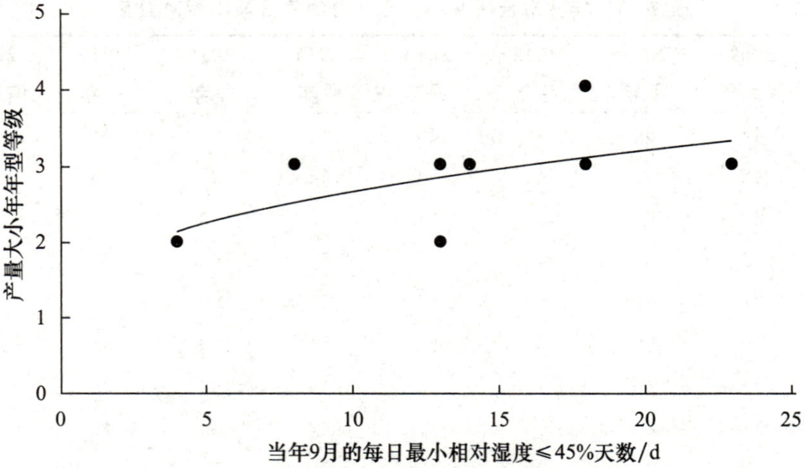

图 7-10　桂林市金柑 $X_{2(1)}$ 与 Y 的关系

7.2.3.2　南丰蜜橘

图 7-11 说明：桂林市南丰蜜橘产量大小年年型等级与上年 10 月中旬的每日降雨量的累计呈显著正相关，回归方程为 $Y=0.003X_1^2+0.043X_1+2.376(r=0.768^*, n=9)$；当 $X_1>10$ mm 时，年型等级高。

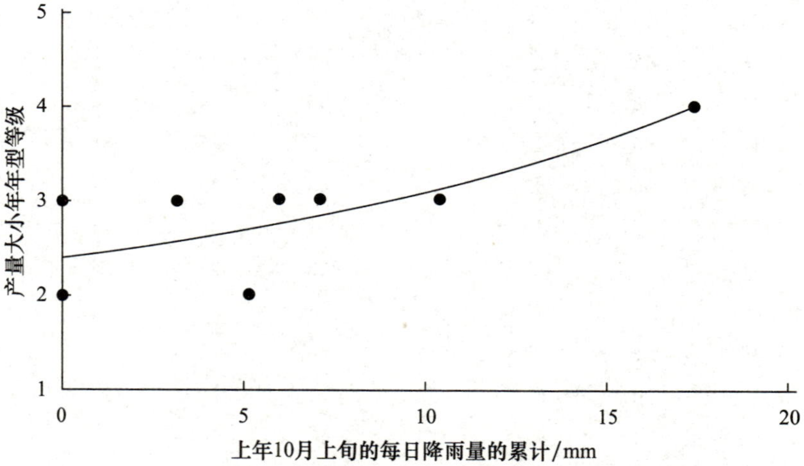

图 7-11　桂林市南丰蜜橘 X_1 与 Y 的关系

表 7-24 为桂林市 9 年上年 10 月中旬的每日降雨量。

表 7-24　桂林市 9 年上年 10 月中旬的每日降雨量　　mm

月	日	2009 偏大年	2012 平年	2013 平年	2015 平年	2016 平年	2019 平年	2010 偏小年	2011 偏小年	2014 偏小年
10	11	0.0	0.0	0.0	0.0	0.0	0.0	0.0	0.0	0.0
10	12	0.0	0.0	0.0	0.0	0.0	0.0	4.8	0.0	0.0
10	13	7.8	0.0	0.0	0.0	0.0	1.0	0.4	0.0	0.0
10	14	9.6	0.0	0.0	0.0	0.0	2.8	0.0	0.0	0.0
10	15	0.0	0.0	0.0	0.0	0.0	0.0	0.0	0.0	0.0

续表7-24

月	日	2009 偏大年	2012 平年	2013 平年	2015 平年	2016 平年	2019 平年	2010 偏小年	2011 偏小年	2014 偏小年
10	16	0.0	0.0	0.0	0.0	0.0	0.4	0.0	0.0	0.0
10	17	0.0	3.2	0.0	0.0	0.0	2.9	0.0	0.0	0.0
10	18	0.0	0.0	7.0	0.0	0.6	0.0	0.0	0.0	0.0
10	19	0.0	0.0	3.4	0.0	5.4	0.0	0.0	0.0	0.0
10	20	0.0	0.0	0.0	0.0	0.2	0.0	0.0	0.0	0.0
累计值		17.4	3.2	10.4	0.0	6.2	7.1	5.2	0.0	0.0

图 7-12 说明：桂林市南丰蜜橘产量大小年年型等级与上年 11 月下旬的每日最低温度的平均呈极显著负相关，回归方程为 $Y=-0.011X_2^2+0.003X_2+4.249(r=-0.880^{**},n=9)$；当 $X_2<12$ ℃时，年型等级高。

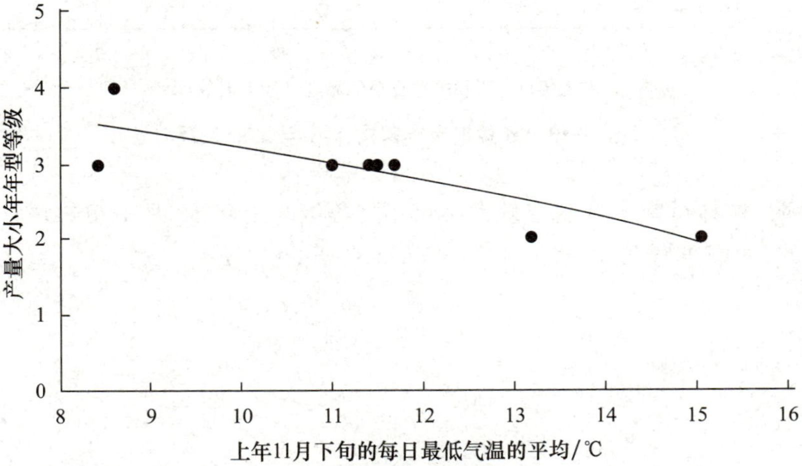

图 7-12 桂林市南丰蜜橘 X_2 与 Y 的关系

表 7-25 为桂林市 9 年上年 11 月下旬的每日最低温度。

表 7-25 桂林市 9 年上年 11 月下旬的每日最低温度 ℃

月	日	2009 偏大年	2012 平年	2013 平年	2015 平年	2016 平年	2019 平年	2010 偏小年	2011 偏小年	2014 偏小年
11	21	4.5	14.4	14.4	14.5	19.0	14.5	15.8	14.7	14.9
11	22	3.8	13.3	15.0	17.3	11.7	12.3	14.9	14.7	14.5
11	23	4.1	11.4	15.8	18.0	3.7	14.0	14.1	15.8	18.4
11	24	6.2	10.9	12.3	13.2	3.7	17.2	11.7	13.2	15.6
11	25	11.2	11.6	8.9	6.5	4.5	10.3	11.3	11.1	13.4
11	26	12.7	9.2	11.2	7.2	5.6	8.1	12.6	15.5	13.2
11	27	15.3	9.6	11.7	8.7	7.1	8.6	12.5	18.2	14.8
11	28	11.1	10.8	9.8	9.0	9.5	7.6	12.3	17.8	16.9
11	29	8.5	11.7	7.0	9.7	10.1	7.3	13.2	18.8	15.1
11	30	8.6	11.0	10.6	10.7	9.3	10.0	13.2	10.5	13.4
平均值		8.6	11.4	11.7	11.5	8.4	11.0	13.2	15.0	15.0
≤10 ℃天数/d		6	2	3	5	7	5	0	0	0

图 7-13 说明:桂林市南丰蜜橘产量大小年年型等级与上年 11 月下旬的每日最低温度≤10 ℃天数呈极显著正相关,回归方程为 $Y=-0.042X_{2(1)}^2+0.464X_{2(1)}+2.022$($r=0.886^{**}$,$n=9$),当上年 11 月下旬的每日最低温度≤10 ℃天数大于 6 d 时,产量年型好。

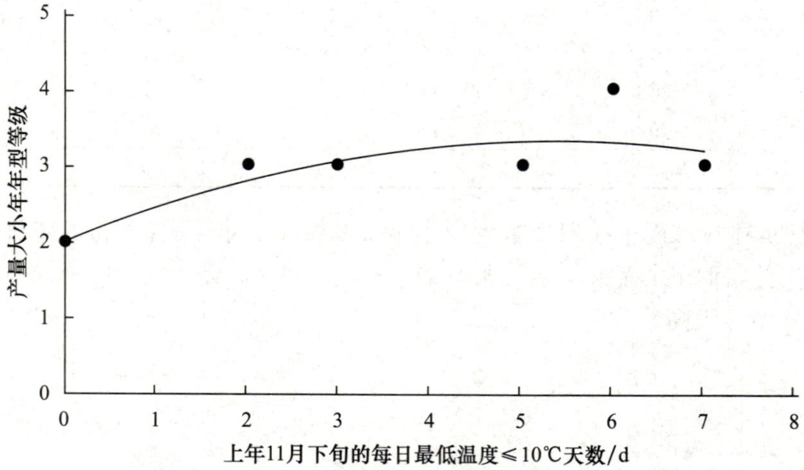

图 7-13　桂林市南丰蜜橘 $X_{2(1)}$ 与 Y 的关系

图 7-14 说明:桂林市南丰蜜橘产量大小年年型等级与上年 12 月中旬的每日日照时数的累计呈显著负相关,回归方程为 $Y=0.001X_3^2-0.071X_3+4.149$($r=-0.754^*$,$n=9$);当 $X_3<20$ h 时,年型等级高。

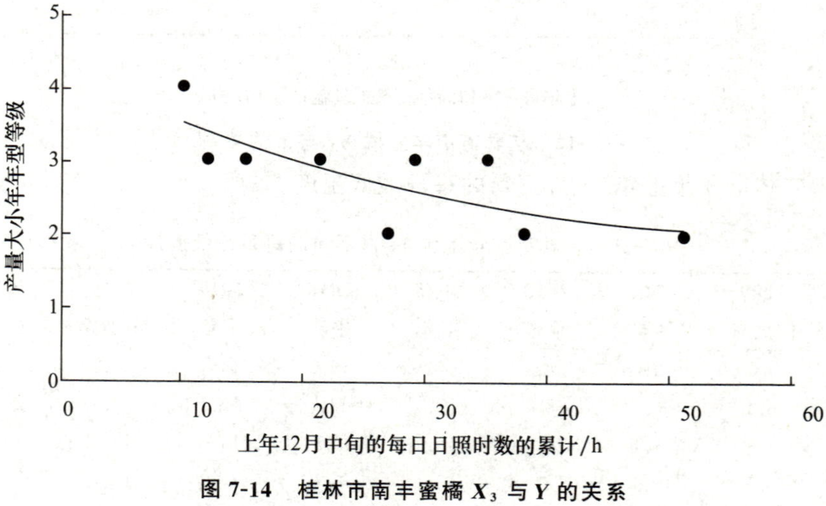

图 7-14　桂林市南丰蜜橘 X_3 与 Y 的关系

表 7-26 为桂林市 9 年上年 12 月中旬的每日日照时数。

表 7-26　桂林市 9 年上年 12 月中旬的每日日照时数　h

月	日	2009 偏大年	2012 平年	2013 平年	2015 平年	2016 平年	2019 平年	2010 偏小年	2011 偏小年	2014 偏小年
12	11	0.3	1.2	0.0	0.0	1.6	9.2	0.0	8.8	0.7
12	12	0.0	0.0	0.0	0.0	0.0	9.2	0.0	1.1	0.7
12	13	0.0	0.0	4.0	0.0	4.0	8.7	0.0	2.2	7.8
12	14	0.0	1.7	0.0	1.8	0.0	0.1	0.0	6.5	0.0
12	15	3.2	7.7	0.0	0.0	3.8	3.2	0.0	7.2	0.0
12	16	0.2	0.0	0.0	4.2	8.5	1.9	9.4	6.3	6.7
12	17	5.2	0.0	0.6	9.1	3.0	1.5	9.3	3.8	9.2
12	18	0.0	1.0	7.7	0.0	0.0	0.0	7.5	0.0	8.5
12	19	1.1	0.4	8.7	0.0	0.0	1.1	0.7	2.0	8.3
12	20	0.0	0.0	8.0	0.0	0.4	0.0	0.0	0.0	9.1
累计值		10.0	12.0	29.0	15.1	21.3	34.9	26.9	37.9	51.0

图 7-15 说明：桂林市南丰蜜橘产量大小年年型等级与当年 2 月中旬的每日最低温度的平均呈极显著正相关，回归方程为 $Y=-0.003X_4^2+0.186X_4+1.670(r=0.812^{**},n=9)$；当 $X_4>8$ ℃时，年型等级高。

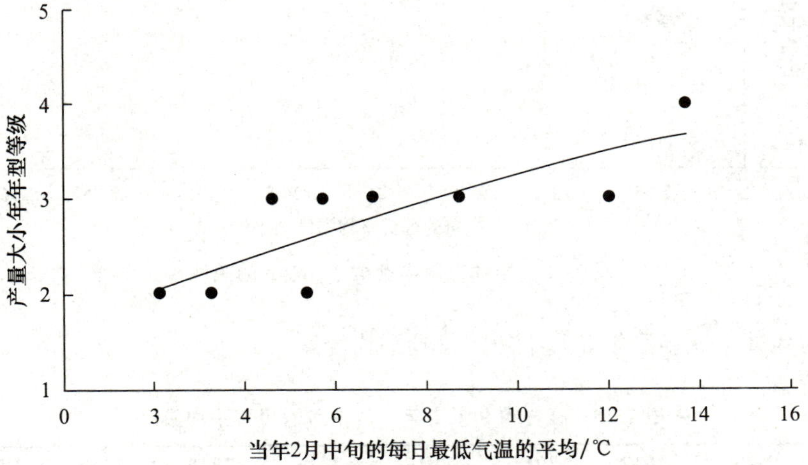

图 7-15　桂林市南丰蜜橘 X_4 与 Y 的关系

表 7-27 为桂林市 9 年当年 2 月中旬的每日最低温度。

表 7-27　桂林市 9 年当年 2 月中旬的每日最低温度　℃

月	日	2009 偏大年	2012 平年	2013 平年	2015 平年	2016 平年	2019 平年	2010 偏小年	2011 偏小年	2014 偏小年
2	11	12.9	2.9	5.2	8.6	13.4	2.9	3.3	4.1	−0.2
2	12	20.1	3.3	5.9	3.8	12.4	4.1	2.0	5.1	1.2
2	13	21.0	6.0	5.6	6.8	14.6	5.2	1.8	4.0	1.1
2	14	18.5	7.0	5.6	11.1	5.1	5.4	2.2	4.2	0.5
2	15	17.5	6.0	7.1	12.0	3.6	5.2	2.4	4.4	4.2

续表7-27

月	日	2009 偏大年	2012 平年	2013 平年	2015 平年	2016 平年	2019 平年	2010 偏小年	2011 偏小年	2014 偏小年
2	16	11.7	5.9	7.4	13.6	6.2	4.9	2.7	3.7	4.0
2	17	10.4	5.8	8.2	13.7	3.8	4.5	3.7	5.6	5.1
2	18	8.6	5.8	12.0	15.2	5.6	3.9	5.4	7.5	1.8
2	19	9.1	5.8	6.3	16.2	11.3	4.7	5.5	8.2	1.6
2	20	7.5	8.6	5.0	19.4	11.2	5.2	3.7	6.9	2.0
平均值		13.7	5.7	6.8	12.0	8.7	4.6	3.3	5.4	2.1

图 7-16 说明：桂林市南丰蜜橘产量大小年年型等级与当年 5 月中旬的每日平均温度的平均呈极显著正相关，回归方程为 $Y=-0.282X_5^2+13.829X_5-166.44$（$r=0.838^{**}$，$n=9$）；当 $X_5>24$ ℃时，年型等级高。

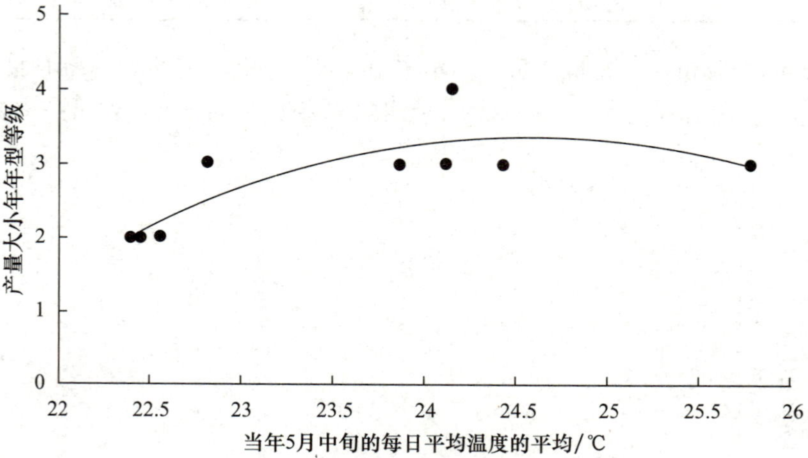

图 7-16　桂林市南丰蜜橘 X_5 与 Y 的关系

表 7-28 为桂林市 9 年当年 5 月中旬的每日平均温度。

表 7-28　桂林市 9 年当年 5 月中旬的每日平均温度　　℃

月	日	2009 偏大年	2012 平年	2013 平年	2015 平年	2016 平年	2019 平年	2010 偏小年	2011 偏小年	2014 偏小年
5	11	24.6	24.7	22.2	20.4	24.9	24.2	22.1	23.5	21.5
5	12	26.9	24.9	24.3	21.5	25.2	24.9	21.1	19.4	22.5
5	13	25.1	21.6	26.2	24.4	25.6	26.2	24.6	21.7	22.9
5	14	25.9	20.3	26.5	25.7	25.4	24.7	20.0	21.6	26.9
5	15	27.3	20.9	27.4	23.1	20.7	27.5	19.7	19.8	20.6
5	16	25.7	23.5	24.4	24.6	20.7	27.5	21.6	19.7	20.5
5	17	23.3	25.9	23.0	24.5	22.0	25.5	26.3	21.9	22.6
5	18	20.4	27.7	20.9	25.3	21.0	25.9	26.6	24.8	21.8
5	19	20.0	27.5	21.3	26.3	20.9	28.0	21.6	25.4	22.1
5	20	22.2	27.2	22.4	25.3	21.7	23.3	20.9	26.1	24.1
平均值		24.1	24.4	23.9	24.1	22.8	25.8	22.5	22.4	22.6

7.2.3.3 普通甜橙

图 7-17 说明:桂林市普通甜橙产量大小年年型等级与当年 1 月的每日最高温度的平均呈显著负相关,回归方程为 $Y=-0.021X_1^2+0.351X_1+1.912$($r=-0.768^*$,$n=9$);当 $X_1<10$ ℃时,年型等级高。

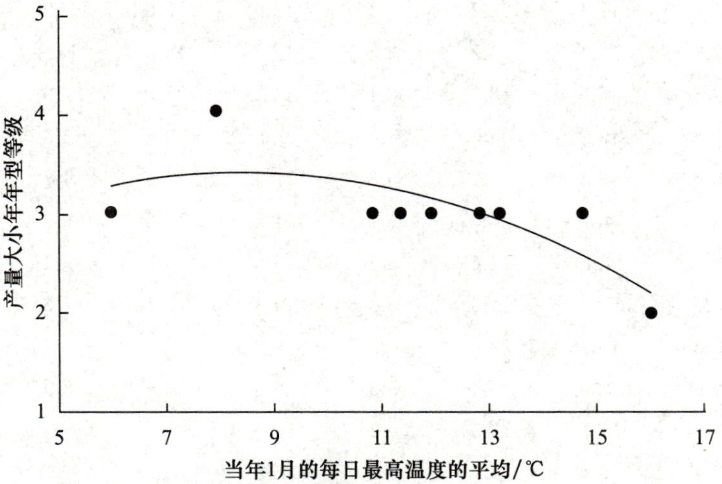

图 7-17 桂林市普通甜橙 X_1 与 Y 的关系

表 7-29 为桂林市 9 年当年 1 月的每日最高温度。

表 7-29 桂林市 9 年当年 1 月的每日最高温度 ℃

月	日	2012 偏大年	2009 平年	2010 平年	2011 平年	2013 平年	2015 平年	2016 平年	2019 平年	2014 偏小年
1	1	10.9	10.4	11.5	10.0	14.9	16.9	15.1	2.8	17.9
1	2	10.1	10.6	12.9	4.6	11.9	18.2	16.7	7.3	12.1
1	3	8.0	15.3	17.4	2.0	9.4	19.9	21.0	7.1	19.6
1	4	4.7	13.9	15.7	2.4	2.0	14.7	20.0	7.3	18.6
1	5	3.2	11.1	15.1	3.0	1.9	16.0	16.9	8.9	16.4
1	6	7.0	8.8	7.6	4.8	4.7	15.8	16.5	8.7	13.8
1	7	7.4	5.7	5.7	4.4	7.0	10.4	12.5	8.2	13.1
1	8	8.6	9.9	7.4	5.5	9.0	12.1	9.8	7.5	9.6
1	9	9.5	14.0	6.6	7.2	10.4	11.8	8.1	5.8	9.6
1	10	11.0	14.4	7.9	4.9	8.6	9.8	10.4	6.2	8.4
1	11	9.6	16.6	6.4	3.4	7.7	9.3	12.2	7.9	7.9
1	12	8.9	13.3	11.5	12.3	8.7	10.0	9.5	10.0	7.6
1	13	8.3	13.2	10.3	9.6	13.1	14.1	8.4	10.1	8.3
1	14	8.3	14.9	11.5	8.0	17.6	14.1	7.2	8.8	14.4
1	15	6.4	15.9	10.3	11.7	13.5	16.0	11.5	8.3	16.2
1	16	8.2	18.5	14.3	7.2	11.4	16.7	9.7	7.7	16.8

续表7-29

月	日	2012 偏大年	2009 平年	2010 平年	2011 平年	2013 平年	2015 平年	2016 平年	2019 平年	2014 偏小年
1	17	6.9	21.3	15.2	7.6	10.0	16.8	13.7	12.2	18.4
1	18	7.8	16.7	16.8	5.6	9.7	14.8	15.1	10.9	17.9
1	19	7.9	17.4	22.7	2.1	13.0	19.8	15.9	11.4	18.4
1	20	7.7	19.1	20.2	2.3	17.3	15.6	11.9	10.3	16.1
1	21	7.3	15.5	18.1	6.1	14.1	21.6	7.6	9.6	17.2
1	22	5.3	15.2	9.3	4.6	9.9	20.7	5.3	17.3	18.0
1	23	6.4	13.1	5.3	5.8	12.3	20.9	4.7	14.6	19.3
1	24	3.5	4.3	6.9	6.5	11.8	17.8	6.9	14.5	18.4
1	25	8.0	4.4	12.6	5.5	15.8	20.5	9.4	14.1	15.7
1	26	5.8	3.5	14.3	5.3	14.3	19.7	7.5	14.8	15.4
1	27	5.3	10.2	12.0	4.9	19.2	16.4	7.1	14.8	20.1
1	28	9.0	7.3	19.1	5.8	16.6	10.6	8.9	17.3	17.3
1	29	10.3	15.3	17.3	8.2	17.0	6.3	9.4	14.8	22.6
1	30	9.4	19.6	15.6	6.1	16.5	4.3	13.4	19.9	25.0
1	31	14.6	19.3	18.9	7.4	19.5	4.6	9.1	16.3	25.5
平均值		7.9	13.2	12.8	6.0	11.9	14.7	11.3	10.8	16.0
<10 ℃天数/d		26	7	9	28	11	5	16	15	6

图 7-18 说明：桂林市普通甜橙产量大小年年型等级与<10 ℃天数呈正相关，回归方程为 $Y=-0.001X_{1(1)}^2+0.070X_{1(1)}+2.308$($r=0.601$，$r_{0.10}=0.582$；$n=9$)，说明在 10%水平下显著相关。当<10 ℃天数在 20 d 以上时，产量年型好。

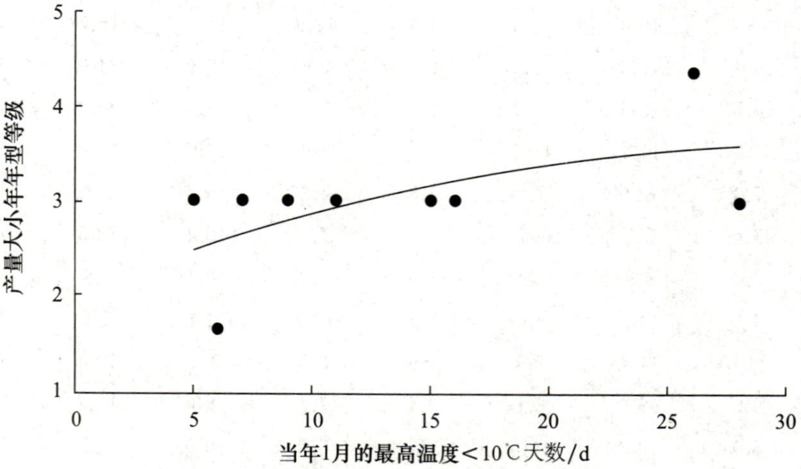

图 7-18　桂林市普通甜橙 $X_{1(1)}$ 与 Y 的关系

图 7-19 说明：桂林市普通甜橙产量大小年年型等级与当年 1 月的日照时数呈显著负相关。回归方程 $Y=-0.00002X_2^2+0.005X_2+3.3864$($r=-0.690^*$，$n=9$)。

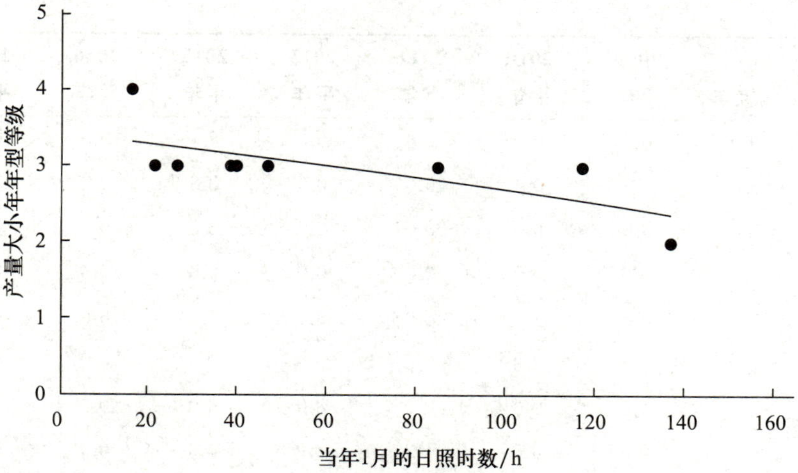

图 7-19 桂林市普通甜橙 X_2 与 Y 的关系

表 7-30 为桂林市 9 年中当年 1 月的每日日照时数。

表 7-30 桂林市 9 年中当年 1 月的每日日照时数

h

月	日	2012 偏大年	2009 平年	2010 平年	2011 平年	2013 平年	2015 平年	2016 平年	2019 平年	2014 偏小年
1	1	0.0	0.0	0.0	0.0	7.7	6.9	0.0	0.0	8.2
1	2	0.0	0.2	0.0	0.0	0.0	8.7	0.0	1.2	0.0
1	3	0.0	7.3	8.6	0.0	0.0	8.4	0.6	0.0	2.0
1	4	0.0	4.5	0.0	0.0	0.0	0.0	0.0	0.0	7.3
1	5	0.0	0.0	0.0	0.0	0.0	0.0	0.0	0.0	3.3
1	6	0.0	0.0	3.0	0.0	0.0	0.0	6.9	0.0	0.0
1	7	0.0	0.0	0.0	0.0	0.0	0.0	0.0	0.0	0.0
1	8	0.0	2.4	0.0	0.0	0.0	0.0	0.0	0.0	0.9
1	9	0.0	8.7	0.0	0.0	2.1	0.0	0.0	0.0	0.0
1	10	0.0	8.9	0.0	0.0	0.0	0.0	0.0	0.0	0.0
1	11	0.0	8.9	0.0	0.0	0.0	0.0	3.4	0.0	0.0
1	12	0.0	5.4	4.1	8.2	0.0	0.0	0.0	0.0	0.3
1	13	0.0	8.5	0.0	0.0	5.6	2.6	0.0	0.0	1.5
1	14	0.0	8.5	0.0	0.0	8.7	6.9	0.0	0.0	8.9
1	15	0.0	7.6	0.0	7.5	0.0	9.2	0.6	0.0	9.0
1	16	0.0	8.0	7.2	0.7	0.0	3.3	0.0	0.0	6.2
1	17	0.0	8.4	0.2	0.0	0.0	6.3	4.7	4.7	6.1
1	18	0.0	0.0	1.1	0.0	0.0	0.3	9.3	0.0	8.5
1	19	0.0	1.6	4.9	0.0	0.0	9.0	4.4	0.0	8.6
1	20	0.0	1.0	0.0	0.0	0.0	0.0	0.0	0.0	7.3

续表7-30

月	日	2012 偏大年	2009 平年	2010 平年	2011 平年	2013 平年	2015 平年	2016 平年	2019 平年	2014 偏小年
1	21	0.0	0.0	0.0	6.6	0.0	8.5	0.0	0.3	9.3
1	22	0.0	4.4	0.0	0.0	0.0	8.8	0.0	8.9	9.2
1	23	5.0	0.0	0.0	0.0	0.0	3.6	0.0	0.0	9.4
1	24	0.0	0.0	0.0	0.0	0.0	0.0	2.3	0.0	7.0
1	25	3.3	0.0	1.0	0.0	3.1	1.5	6.9	0.0	0.0
1	26	0.0	0.0	2.3	0.0	0.3	0.9	0.0	0.0	0.0
1	27	0.0	0.0	0.0	0.0	8.9	0.0	0.0	0.0	4.4
1	28	0.0	0.0	0.0	1.2	2.9	0.0	0.0	0.3	0.0
1	29	0.0	4.5	0.0	2.1	0.0	0.0	0.0	0.0	4.6
1	30	0.0	9.8	0.0	0.0	0.0	0.0	7.4	1.5	7.6
1	31	7.5	8.8	5.7	0.0	0.0	0.0	0.0	4.1	7.6
累计值		15.8	117.4	38.1	26.3	39.3	84.9	46.5	21.0	137.2
日照时数为0天数/d		28	12	21	25	23	16	21	24	9

图 7-20 说明：桂林市普通甜橙产量大小年年型等级与日照时数为 0 的天数呈极显著正相关，回归方程为 $Y=1.939e^{0.0213\times Z}$，这里 $Z=X_{2(1)}$（$r=0.760^{**}$，$n=9$）；当日照时数为 0 的天数>25 d 时，产量年型好。

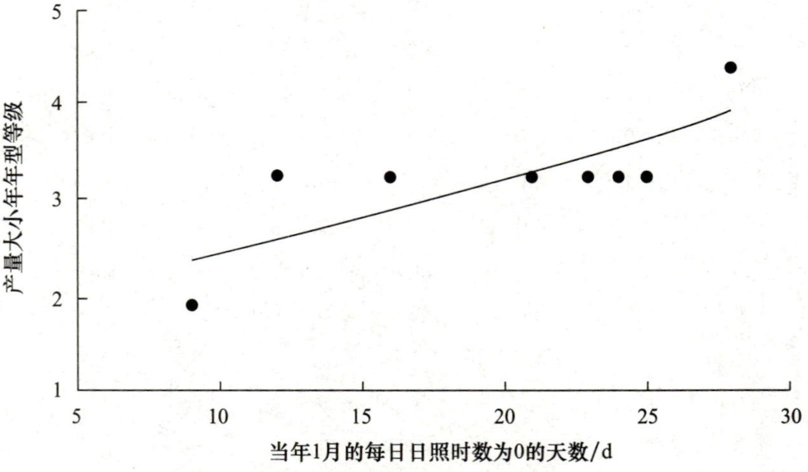

图 7-20　桂林市普通甜橙 $X_{2(1)}$ 与 Y 的关系

7.2.3.4　脐橙

图 7-21 说明：桂林市脐橙产量大小年年型等级与当年 1 月的每日最低温度的平均呈极显著负相关，回归方程为 $Y=0.063X_1^2-0.828X_1+5.650$（$r=-0.971^{**}$，$n=9$）；当 $X_1<5$ ℃时，年型等级高。

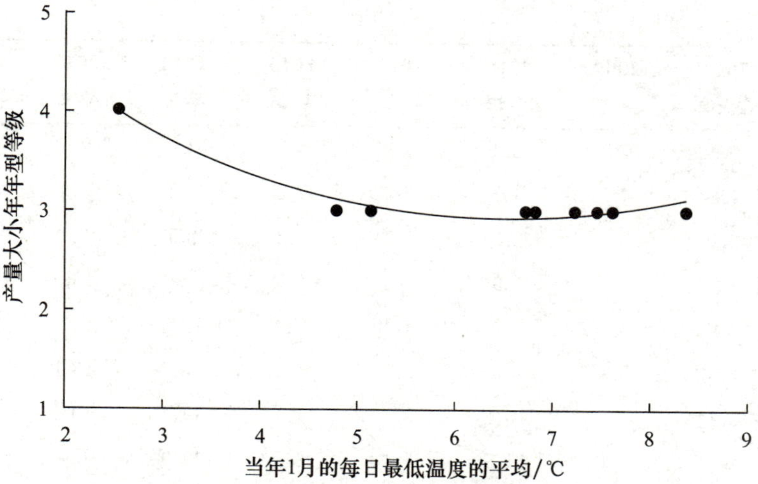

图 7-21 桂林市脐橙 X_1 与 Y 的关系

表 7-31 为桂林市 9 年中当年 1 月的每日最低温度。

表 7-31 桂林市 9 年中当年 1 月的每日最低温度

℃

月	日	2011 偏大年	2009 平年	2010 平年	2012 平年	2013 平年	2014 平年	2015 平年	2016 平年	2019 平年
1	1	4.6	6.0	7.7	7.7	3.8	3.8	10.5	11.0	1.2
1	2	1.3	4.0	8.7	8.0	7.2	4.8	7.6	12.2	1.4
1	3	0.7	4.5	6.4	4.7	1.8	9.2	6.4	11.2	4.1
1	4	0.2	5.7	8.9	2.3	−0.2	10.6	9.4	15.3	5.2
1	5	1.6	7.7	4.7	2.1	−0.4	5.6	12.4	12.9	5.6
1	6	2.5	4.4	3.0	2.2	0.9	11.8	10.0	10.8	6.4
1	7	1.9	3.0	3.9	4.2	2.0	9.6	7.3	9.8	6.3
1	8	2.5	3.8	2.8	5.0	4.2	7.4	7.7	7.8	5.4
1	9	2.6	3.6	5.0	6.2	5.1	7.1	8.0	7.1	4.5
1	10	1.4	4.7	6.4	6.3	5.5	5.7	6.7	7.6	4.7
1	11	0.3	1.8	4.7	7.2	5.0	6.2	7.5	7.9	5.5
1	12	1.6	8.8	4.2	7.0	5.8	5.1	7.9	7.4	6.6
1	13	5.8	4.2	3.2	5.9	1.9	3.2	8.9	5.9	7.7
1	14	5.7	3.6	5.5	6.4	5.8	0.8	7.2	5.7	7.2
1	15	5.2	6.3	9.0	5.1	9.8	3.7	4.0	6.1	7.3
1	16	3.5	2.8	8.8	4.7	9.3	6.4	7.0	8.1	4.7
1	17	3.5	4.0	9.4	5.3	8.9	10.5	9.3	8.6	4.1
1	18	1.4	10.3	7.5	5.6	7.2	8.3	10.5	5.5	5.9
1	19	1.0	10.9	9.8	6.0	8.0	4.3	7.5	8.7	9.1
1	20	1.2	11.7	16.6	6.0	10.7	8.2	10.4	7.6	7.7

续表7-31

月	日	2011 偏大年	2009 平年	2010 平年	2012 平年	2013 平年	2014 平年	2015 平年	2016 平年	2019 平年
1	21	0.9	7.7	8.9	5.3	8.7	3.9	7.5	5.0	5.4
1	22	1.3	4.7	4.2	2.2	7.2	3.3	7.9	3.2	4.9
1	23	2.1	3.9	2.6	1.3	7.2	2.5	9.1	2.2	7.6
1	24	3.6	0.7	3.9	1.4	8.5	4.7	15.9	1.5	10.2
1	25	4.2	2.2	6.9	1.2	7.4	12.5	13.9	1.2	11.0
1	26	3.4	2.3	6.8	3.7	9.3	13.6	13.1	4.7	11.6
1	27	3.2	1.7	10.1	3.3	8.6	11.6	10.5	3.9	9.6
1	28	2.8	5.4	11.8	4.4	9.5	12.9	6.0	6.5	11.3
1	29	2.9	6.7	13.1	6.1	12.3	13.5	3.5	6.9	10.7
1	30	2.8	5.0	12.3	6.0	12.8	12.4	2.7	5.5	10.6
1	31	3.2	7.3	13.5	5.6	14.9	12.3	2.4	6.1	8.3
平均值		2.6	5.1	7.4	4.8	6.7	7.6	8.4	7.2	6.8
≤4 ℃天数/d		26	13	6	9	7	7	4	5	2

图 7-22 说明:桂林市脐橙产量大小年年型等级与当年 1 月最低温度≤4 ℃的天数呈极显著正相关,回归方程为 $Y=0.003X_{1(1)}^2-0.041X_{1(1)}+3.120$($r=0.994^{**}$,$n=9$);当收获当年 1 月的最低温度≤4 ℃天数在 20 d 以上时,产量年型好。

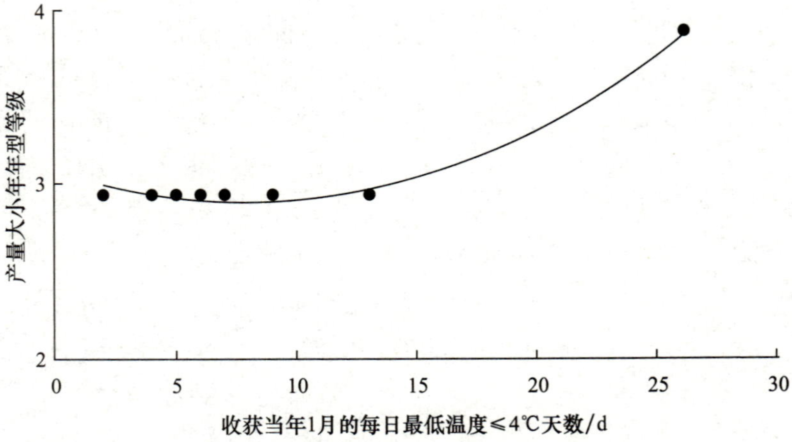

图 7-22 桂林市脐橙 $X_{1(1)}$ 与 Y 的关系

图 7-23 说明:桂林市脐橙产量大小年年型等级与当年 3 月的每日最低温度的平均呈极显著负相关,回归方程为 $Y=0.067X_2^2-1.686X_2+13.592$($r=-0.975^{**}$,$n=9$);当 $X_2<12$ ℃时,年型等级高。但现有知识中未发现此规律,可能由于样本只分 2 个等级,且其中的一个级别只有一个样本的缘故,因此,需要做进一步研究。

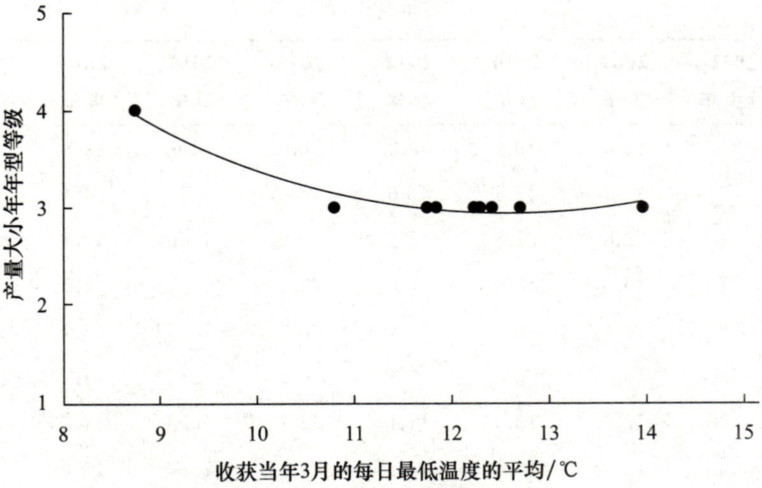

图 7-23　桂林市脐橙 X_2 与 Y 的关系

表 7-32 为桂林市 9 年中收获当年 3 月的每日最低温度。

表 7-32　桂林市 9 年中收获当年 3 月的每日最低温度　℃

月	日	2011 偏大年	2009 平年	2010 平年	2012 平年	2013 平年	2014 平年	2015 平年	2016 平年	2019 平年
3	1	6.3	5.3	22.3	6.9	11.4	9.6	5.8	10.1	7.6
3	2	7.4	4.9	11.9	7.2	5.6	8.2	7.8	11.4	8.6
3	3	6.9	5.3	8.8	6.2	5.6	7.1	8.4	13.1	8.8
3	4	6.0	4.6	7.4	6.4	4.7	8.0	9.3	14.9	9.8
3	5	6.9	6.1	8.9	6.6	7.8	10.1	7.8	16.6	11.0
3	6	8.2	7.0	7.4	7.8	8.6	9.1	5.9	16.6	11.1
3	7	8.6	7.2	5.6	7.3	11.7	8.7	6.8	17.7	10.2
3	8	9.1	10.7	4.7	8.2	13.8	7.7	7.7	19.8	9.7
3	9	9.7	8.7	3.6	6.4	16.8	8.4	10.6	8.9	9.1
3	10	10.6	10.0	3.7	6.2	18.6	9.4	10.4	4.4	10.1
3	11	10.1	13.7	8.0	8.7	15.4	9.8	8.8	3.9	10.6
3	12	10.2	14.4	12.9	10.8	18.8	11.9	8.5	6.3	10.9
3	13	12.4	7.8	12.5	10.8	15.9	13.5	12.3	8.9	16.3
3	14	14.9	5.1	14.1	10.8	13.1	10.4	14.0	9.9	14.8
3	15	4.5	5.4	12.7	11.2	13.8	10.4	14.9	12.3	14.1
3	16	3.8	10.3	12.3	14.0	14.4	10.4	15.2	12.0	13.6
3	17	6.4	14.7	12.5	13.5	16.9	12.9	15.6	13.4	11.8
3	18	7.7	17.1	11.2	15.1	14.2	14.7	18.9	14.1	12.8
3	19	9.8	19.5	13.2	16.1	15.6	16.9	16.6	13.9	14.3

续表7-32

月	日	2011 偏大年	2009 平年	2010 平年	2012 平年	2013 平年	2014 平年	2015 平年	2016 平年	2019 平年
3	20	12.3	20.0	20.1	14.2	16.8	11.6	14.8	17.2	17.0
3	21	9.9	21.9	17.5	10.0	16.2	8.7	14.4	15.7	21.2
3	22	7.9	22.8	21.5	11.3	18.5	10.4	14.5	14.4	11.4
3	23	7.7	16.8	12.1	8.8	21.1	11.6	14.2	13.5	9.0
3	24	7.3	13.4	8.9	10.1	16.9	13.0	14.9	11.6	9.5
3	25	10.4	13.5	8.3	11.4	16.2	15.0	14.2	10.3	9.2
3	26	6.7	15.8	12.6	11.1	13.2	16.4	14.7	8.5	14.1
3	27	6.6	16.3	14.3	13.1	11.1	18.9	16.4	10.6	15.6
3	28	6.3	12.7	11.4	16.1	14.3	19.9	15.1	10.9	17.7
3	29	9.5	10.3	14.9	15.8	14.3	20.4	16.3	13.4	16.9
3	30	13.2	11.2	15.9	17.3	14.7	18.7	18.4	13.2	15.6
3	31	13.7	11.8	16.7	15.7	16.9	17.9	20.8	14.2	12.8
平均值		8.7	11.8	11.9	10.8	14.0	12.3	12.7	12.3	12.4
≤10 ℃天数/d		9	20	20	19	26	20	21	24	22

图 7-24 说明：桂林市脐橙产量大小年年型等级与 3 月最低温度≤10 ℃的天数呈极显著负相关，回归方程为 $Y=0.006X_{2(1)}^2-0.251X_{2(1)}+5.804$（$r=-0.998^{**}$，$n=9$），当 3 月最低温度≤10 ℃天数在 20 d 以上时，产量年型好。

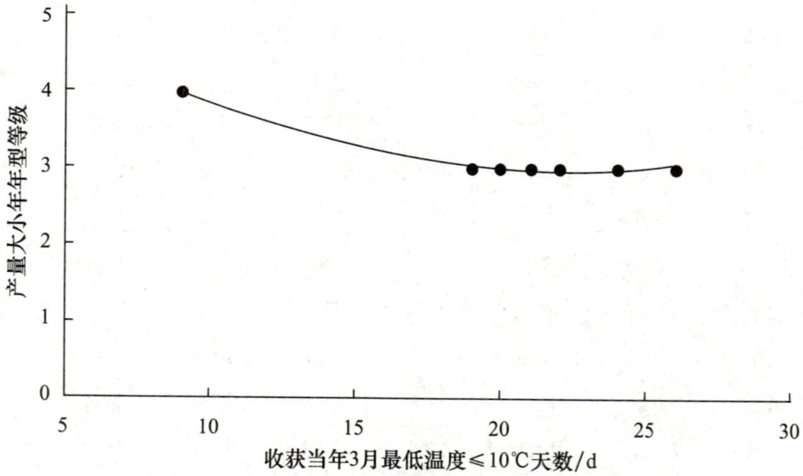

图 7-24 桂林市脐橙 $X_{2(1)}$ 与 Y 的关系

图 7-25 说明：桂林市脐橙产量大小年年型等级与当年 5 月的每日最低温度的平均呈极显著负相关，回归方程为 $Y=0.249X_3^2-10.533X_3+114.42$（$r=-0.976^{**}$，$n=9$）；当 $X_3<20$ ℃时，年型等级高。

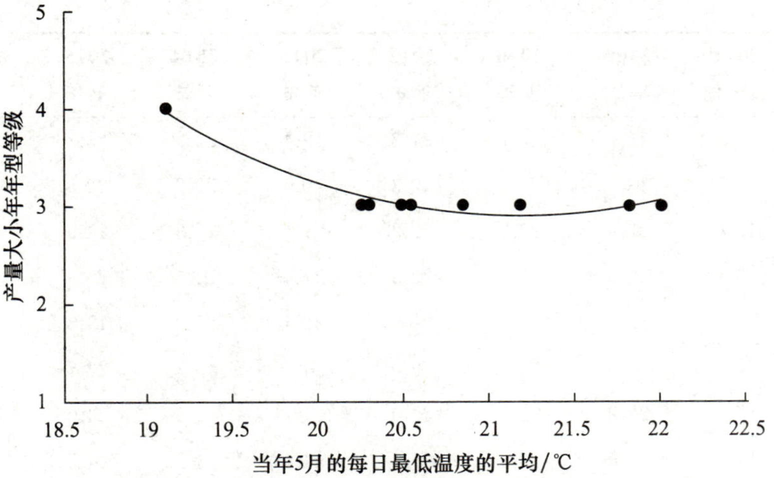

图 7-25 桂林市脐橙 X_3 与 Y 的关系

表 7-33 为桂林市 9 年中收获当年 5 月的每日最低温度。

表 7-33 桂林市 9 年中收获当年 5 月的每日最低温度 ℃

月	日	2011 偏大年	2009 平年	2010 平年	2012 平年	2013 平年	2014 平年	2015 平年	2016 平年	2019 平年
5	1	20.9	19.6	21.2	24.4	18.0	14.2	22.8	18.6	15.4
5	2	20.9	18.5	19.2	20.6	19.1	17.5	21.5	20.2	19.6
5	3	14.0	18.4	21.2	20.5	18.9	20.7	21.2	22.1	16.4
5	4	15.2	17.6	21.6	20.1	18.5	17.5	20.1	22.1	18.7
5	5	18.3	18.2	21.7	20.9	19.6	16.9	18.7	20.7	18.9
5	6	20.7	20.3	20.8	21.8	20.7	15.2	18.8	20.6	18.7
5	7	22.4	18.8	18.3	24.4	22.4	18.1	21.7	21.8	17.7
5	8	22.3	18.3	18.0	25.0	21.1	19.7	20.9	18.8	15.9
5	9	22.5	20.5	19.1	25.1	21.9	19.9	21.1	17.1	17.4
5	10	25.4	23.4	16.9	24.7	20.2	22.8	22.1	17.6	16.5
5	11	20.7	22.6	18.5	22.9	18.1	19.7	17.8	18.7	19.5
5	12	18.2	23.1	20.3	22.1	17.7	17.3	14.4	19.6	22.2
5	13	17.9	21.8	20.9	20.8	19.9	20.9	21.7	23.8	24.3
5	14	19.8	23.2	18.6	19.7	24.1	23.3	24.1	23.2	20.6
5	15	18.4	23.9	18.0	18.3	25.7	19.1	22.0	17.1	25.1
5	16	16.8	24.4	19.0	17.0	22.7	18.0	21.7	16.0	25.4
5	17	16.7	21.5	22.4	20.2	22.1	21.1	21.9	15.4	24.0
5	18	18.3	19.0	23.7	22.7	20.1	20.4	24.4	20.1	23.3
5	19	18.8	19.3	19.4	25.4	19.4	20.5	24.2	19.2	24.7

续表7-33

月	日	2011 偏大年	2009 平年	2010 平年	2012 平年	2013 平年	2014 平年	2015 平年	2016 平年	2019 平年
5	20	20.8	18.7	20.7	24.3	19.4	20.5	23.2	20.4	20.0
5	21	22.0	18.7	20.9	22.3	20.0	22.2	23.8	20.9	20.6
5	22	15.8	22.9	20.3	22.2	21.1	22.9	21.9	20.1	19.9
5	23	14.4	22.5	18.5	22.3	21.4	21.7	20.4	19.8	18.5
5	24	14.8	19.0	17.1	20.9	22.4	22.3	19.8	19.7	23.0
5	25	16.7	20.0	18.6	19.0	24.0	23.7	22.3	19.9	23.9
5	26	17.5	22.2	22.5	20.0	24.7	21.5	24.0	23.0	25.2
5	27	17.4	20.8	24.5	20.4	24.6	21.2	24.5	22.6	23.9
5	28	19.3	20.4	22.3	22.5	25.8	22.7	26.3	21.8	23.0
5	29	20.9	19.5	20.3	23.4	24.0	23.5	28.7	20.4	22.2
5	30	21.5	19.2	21.3	22.1	19.5	25.2	24.4	21.4	20.6
5	31	22.9	20.6	23.3	20.6	19.8	24.9	22.0	25.2	21.2
平均值		19.1	20.6	20.3	21.8	21.2	20.5	22.0	20.3	20.9
≤20 ℃天数/d		18	15	13	5	13	12	5	13	14

图 7-26 是根据表 7-1 和表 7-33 相关数据制作的。图 7-26 说明：桂林市脐橙产量大小年年型等级与 5 月最低温度≤20 ℃的天数呈极显著正相关，回归方程为 $Y=0.015X_{3(1)}^2-0.275X_{3(1)}+4.015$（$r=0.941^{**}$，$n=9$）；当 5 月最低温度≤20 ℃天数在 16 d 以上时，产量年型好。

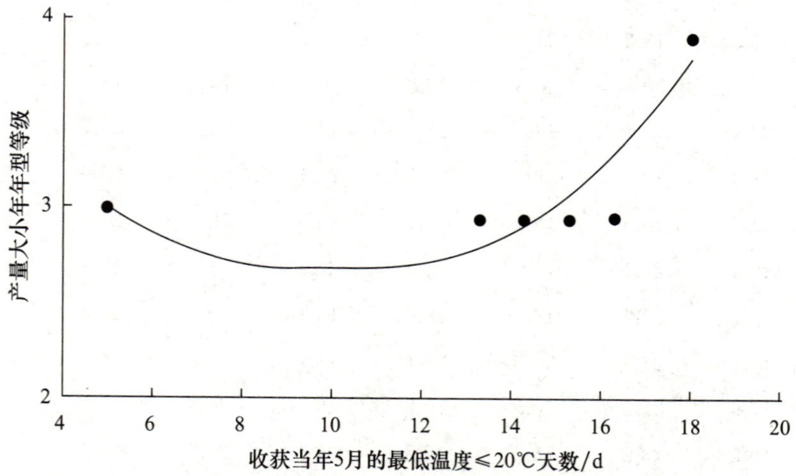

图 7-26　桂林市脐橙 $X_{3(1)}$ 与 Y 的关系

图 7-27 说明：桂林市脐橙产量大小年年型等级与收获当年 5 月的每日最小相对湿度的平均呈极显著负相关，回归方程为 $Y=0.013X_4^2-1.633X_4+53.819$（$r=-0.915^{**}$，$n=9$）；当 $X_4<60\%$时，年型等级高。

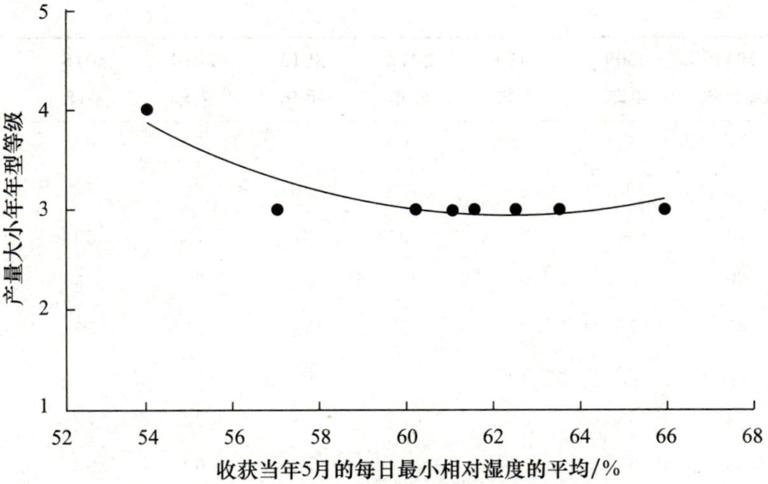

图 7-27 桂林市脐橙 X_4 与 Y 的关系

表 7-34 为桂林市 9 年中收获当年 5 月的每日最小相对湿度。

表 7-34 桂林市 9 年中收获当年 5 月的每日最小相对湿度 %

月	日	2011 偏大年	2009 平年	2010 平年	2012 平年	2013 平年	2014 平年	2015 平年	2016 平年	2019 平年
5	1	65	56	67	61	51	47	50	87	31
5	2	73	65	45	71	56	38	60	63	44
5	3	75	39	52	75	69	41	68	27	60
5	4	47	30	57	73	78	77	78	47	80
5	5	65	45	87	56	76	54	70	61	86
5	6	86	55	74	59	60	50	71	66	72
5	7	61	64	63	50	73	66	75	73	82
5	8	76	54	71	45	74	75	67	80	68
5	9	69	40	66	41	69	63	50	82	60
5	10	71	59	57	64	68	64	63	44	41
5	11	75	63	54	75	46	67	69	33	51
5	12	75	48	71	68	33	51	34	48	68
5	13	54	60	62	76	34	66	53	61	62
5	14	63	57	79	77	56	58	75	67	66
5	15	62	48	70	48	71	70	85	62	67
5	16	63	59	71	35	65	68	63	28	70
5	17	45	53	62	34	69	79	64	35	80
5	18	24	60	61	44	75	74	86	55	77
5	19	28	83	66	56	73	77	75	83	60

续表7-34

月	日	2011 偏大年	2009 平年	2010 平年	2012 平年	2013 平年	2014 平年	2015 平年	2016 平年	2019 平年
5	20	36	52	78	36	63	59	67	74	44
5	21	58	47	69	47	56	65	57	54	43
5	22	74	64	72	59	32	73	69	51	49
5	23	50	62	29	75	29	77	75	68	39
5	24	45	75	28	75	41	70	59	81	56
5	25	39	80	26	70	80	67	59	71	71
5	26	34	68	45	67	79	72	79	67	70
5	27	32	65	56	60	53	62	68	58	80
5	28	28	80	72	56	64	54	58	72	61
5	29	25	57	76	69	63	58	57	81	67
5	30	33	43	48	70	81	63	67	60	75
5	31	41	34	57	73	70	63	73	53	57
平均值		53.9	56.9	61.0	60.2	61.5	63.5	65.9	61.0	62.5
≤55%天数/d		15	13	8	9	8	7	4	11	8

图 7-28 是根据表 7-17 和表 7-34 相关数据制作的，图 7-2 说明：桂林市脐橙产量大小年年型等级与 5 月最小相对湿度≤55%的天数呈极显著正相关，回归方程为 $Y=0.015X_{4(1)}^2-0.230X_{4(1)}+3.796$（$r=0.853^{**}$，$n=9$）；当 5 月最小相对湿度≤55%天数在 14 d 以上时，产量年型好。

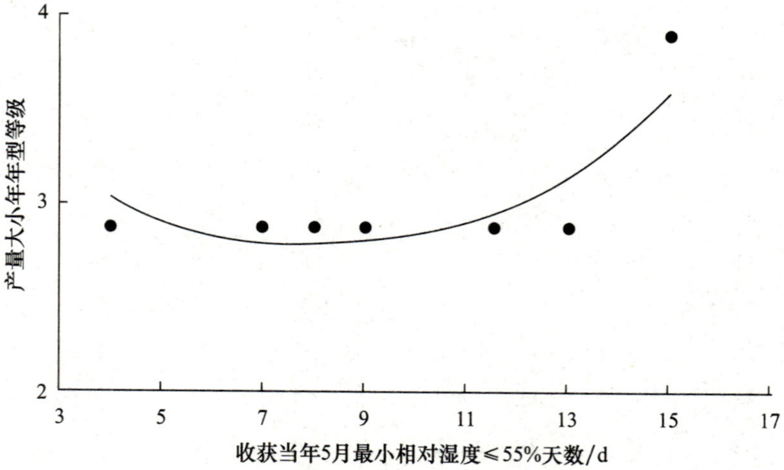

图 7-28　桂林市脐橙 $X_{4(1)}$ 与 Y 的关系

图 7-29 说明：桂林市脐橙产量大小年年型等级与当年 5 月的日照时数呈极显著正相关，回归方程为 $Y=0.0002X_5^2-0.045X_5+4.921$（$r=0.987^{**}$，$n=9$）；当 $X_5>120$ h 时，年型等级高。

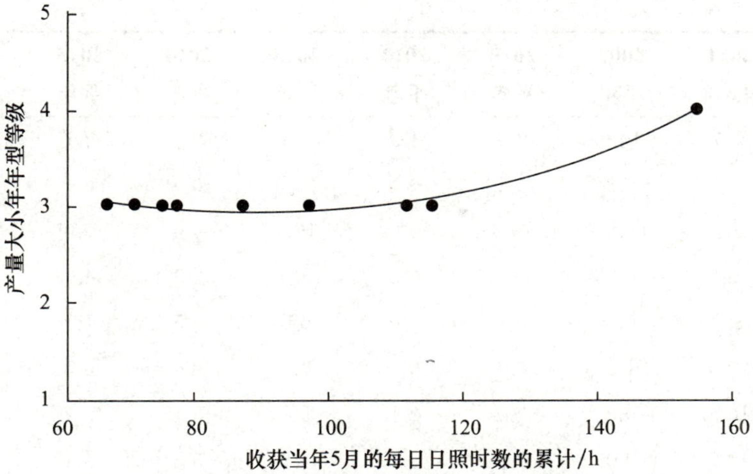

图 7-29 桂林市脐橙 X_5 与 Y 的关系

表 7-35 为桂林市 9 年中收获当年 5 月的每日日照时数。

表 7-35 桂林市 9 年中收获当年 5 月的每日日照时数 h

月	日	2011 偏大年	2009 平年	2010 平年	2012 平年	2013 平年	2014 平年	2015 平年	2016 平年	2019 平年
5	1	1.6	3.4	0.0	4.7	6.2	11.1	7.7	0.0	11.5
5	2	0.6	0.0	9.0	0.0	0.0	10.4	1.5	2.5	0.6
5	3	0.0	10.2	4.9	0.5	0.0	3.3	0.0	9.5	0.4
5	4	6.4	11.3	0.0	0.0	0.0	0.0	0.0	0.0	0.0
5	5	0.8	7.2	0.0	4.7	0.0	0.8	0.0	3.4	0.0
5	6	0.0	0.0	0.0	4.1	4.1	3.9	0.0	1.4	0.0
5	7	3.3	0.0	0.0	7.5	2.9	0.0	0.0	1.3	0.0
5	8	0.1	0.4	0.0	7.6	1.9	0.0	4.1	0.0	0.2
5	9	3.1	4.6	0.9	9.0	3.5	3.3	5.0	0.6	0.4
5	10	0.5	0.0	0.7	4.1	1.4	7.0	1.7	11.6	10.1
5	11	0.0	0.2	3.6	0.0	6.7	0.0	4.0	9.5	2.8
5	12	0.0	6.5	0.0	0.5	11.2	4.7	11.9	6.3	0.1
5	13	3.6	4.1	1.0	0.0	11.3	0.0	1.0	0.0	0.7
5	14	0.0	2.0	0.0	0.0	1.5	3.5	0.0	0.8	4.4
5	15	0.0	6.2	0.0	0.3	2.3	0.0	0.0	1.9	0.3
5	16	3.8	0.0	0.0	11.0	4.8	0.0	3.5	11.0	0.9
5	17	7.8	1.1	1.1	9.2	0.0	0.0	1.8	10.2	0.0
5	18	11.6	0.0	0.0	8.4	0.0	0.0	0.0	0.0	0.8
5	19	11.6	0.0	3.2	3.5	0.0	0.0	0.8	0.0	3.9
5	20	9.5	5.6	0.0	10.3	3.8	0.0	3.2	0.0	1.1

续表7-35

月	日	2011 偏大年	2009 平年	2010 平年	2012 平年	2013 平年	2014 平年	2015 平年	2016 平年	2019 平年
5	21	0.0	10.9	2.9	1.9	3.3	0.0	2.1	9.2	0.0
5	22	0.0	0.8	0.8	0.1	10.7	0.0	0.0	8.8	4.2
5	23	9.0	2.5	10.3	0.0	10.8	0.0	0.0	0.0	11.7
5	24	10.3	0.0	11.1	0.0	10.3	2.3	4.3	0.0	6.7
5	25	8.7	0.2	8.1	0.0	0.0	0.5	7.1	0.0	0.3
5	26	10.5	1.5	0.0	0.0	0.0	0.0	0.7	2.0	1.5
5	27	10.6	0.9	0.0	2.1	9.8	3.1	1.9	8.6	0.7
5	28	10.7	0.0	0.0	5.7	4.1	3.3	5.4	0.0	1.6
5	29	10.8	1.2	0.0	1.0	1.8	6.5	4.1	0.0	0.0
5	30	10.3	2.6	7.1	0.0	0.0	3.2	3.7	4.4	0.0
5	31	9.2	3.0	1.3	0.0	2.2	7.4	1.0	7.8	5.3
累计值		154.4	86.4	66.0	96.2	114.6	74.3	76.5	110.8	70.2
≥5 h天数/d		14	7	5	8	8	5	5	10	5

图 7-30 是根据表 7-17 和表 7-35 相关数据制作的。图 7-30 说明：桂林市脐橙产量大小年年型等级与 5 月日照时数≥5 h 的天数呈极显著正相关，回归方程为 $Y=0.021X_{5(1)}^2-0.293X_{5(1)}+3.951$（$r=0.985^{**}$，$n=9$）；当 5 月日照时数≥5 h 天数在 12 d 以上时，产量年型好。

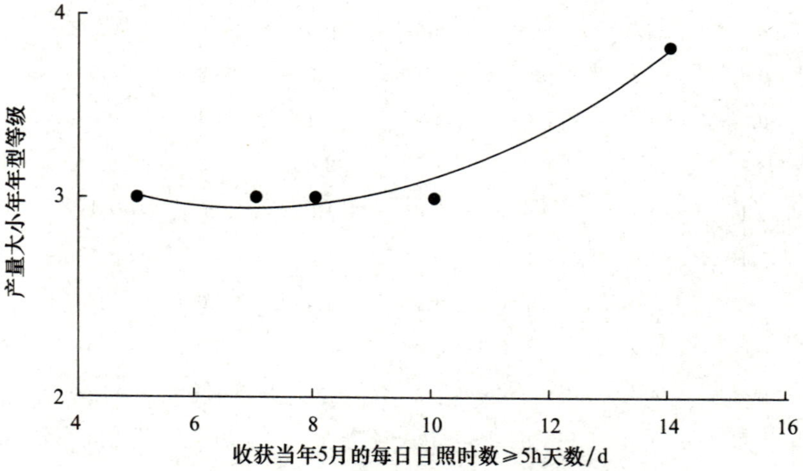

图 7-30 桂林市脐橙 $X_{5(1)}$ 与 Y 的关系

7.2.3.5 沙糖橘

图 7-31 说明：桂林市沙糖橘产量大小年年型等级与上年 9 月的每日最小相对湿度的平均呈极显著负相关，回归方程为 $Y=0.029X_1^2-3.137X_1+89.535$（$r=-0.872^{**}$，$n=9$）；当 $X_1<50\%$ 时，年型等级高。

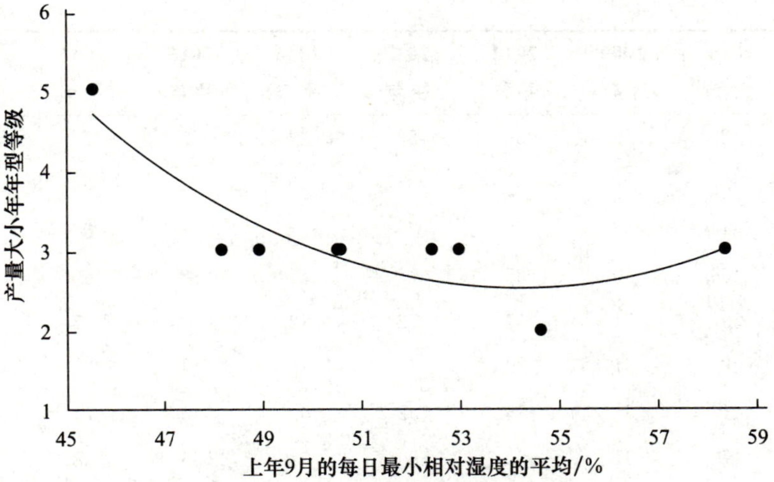

图 7-31　桂林市沙糖橘 X_1 与 Y 的关系

表 7-36 为桂林市 9 年中上年 9 月的每日最小相对湿度。

表 7-36　桂林市 9 年中上年 9 月的每日最小相对湿度　　%

月	日	2010 大年	2009 平年	2012 平年	2013 平年	2014 平年	2015 平年	2016 平年	2019 平年	2011 偏小年
9	1	44	53	54	48	46	50	63	74	31
9	2	45	50	73	44	54	43	63	66	39
9	3	40	65	60	60	63	63	70	50	53
9	4	35	82	65	41	72	52	65	45	65
9	5	37	80	42	40	85	53	63	47	71
9	6	39	83	50	43	83	51	68	60	61
9	7	39	53	50	49	65	45	60	52	46
9	8	37	53	47	53	57	47	64	32	38
9	9	47	54	60	39	42	52	58	36	50
9	10	51	47	55	47	38	63	57	42	44
9	11	43	52	51	55	47	54	59	39	41
9	12	50	49	42	47	48	44	62	39	45
9	13	45	44	45	63	37	57	57	44	56
9	14	40	42	47	32	39	61	34	50	41
9	15	52	45	36	22	35	58	34	43	44
9	16	65	47	35	28	52	70	40	56	40
9	17	58	44	42	45	36	62	48	67	37
9	18	41	45	58	32	30	58	54	66	34
9	19	47	49	65	43	28	71	55	47	33

续表7-36

月	日	2010 大年	2009 平年	2012 平年	2013 平年	2014 平年	2015 平年	2016 平年	2019 平年	2011 偏小年
9	20	42	48	56	88	34	53	75	40	35
9	21	59	39	53	81	39	42	62	38	50
9	22	41	36	36	74	45	38	66	57	85
9	23	40	40	37	75	55	38	59	51	78
9	24	39	51	37	73	82	50	57	53	82
9	25	38	57	30	57	74	44	78	55	85
9	26	44	58	34	52	64	43	74	67	77
9	27	47	61	35	59	52	55	58	78	80
9	28	54	55	33	36	41	50	51	57	64
9	29	54	57	50	19	32	48	44	43	69
9	30	54	50	67	23	42	57	52	21	65
平均值		45.6	53	48.2	48.9	50.6	52.4	58.3	50.5	54.6
≤50%天数/d		22	15	18	18	17	13	5	16	16

图 7-32 是对桂林市沙糖橘产量大小年年型等级与上年 9 月的每日最小相对湿度≤50%天数所做的散点图，说明上年 9 月的每日最小相对湿度≤50%天数大于 20 d，才能为产量年型形成创造好的气象条件。回归方程为 $Y=0.020X_{1(1)}^2-0.453X_{1(1)}+4.883$（$r=0.841^{**}$，$n=9$）。

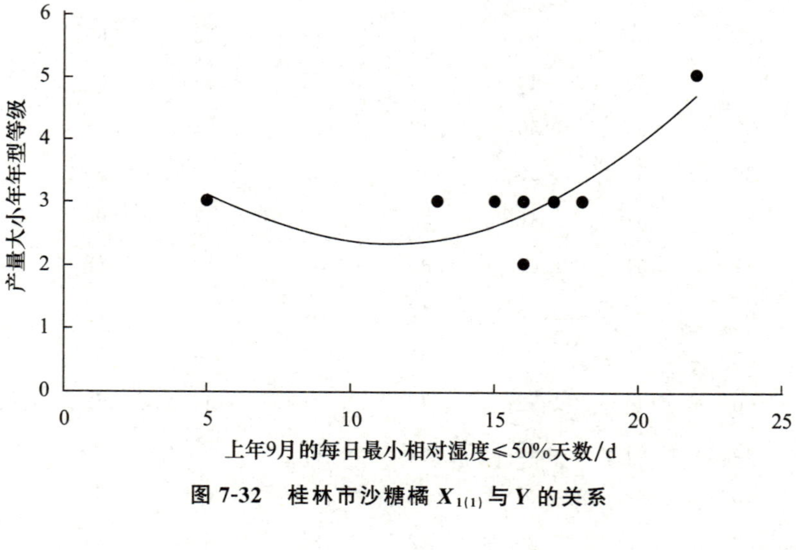

图 7-32　桂林市沙糖橘 $X_{1(1)}$ 与 Y 的关系

图 7-33 说明：桂林市沙糖橘产量大小年年型等级与上年 9 月的日照时数呈极显著正相关，回归方程为 $Y=0.0003X_2^2-0.078X_2+7.502$（$r=0.804^{**}$，$n=9$）；当 $X_2>160$ h 时，年型等级高。

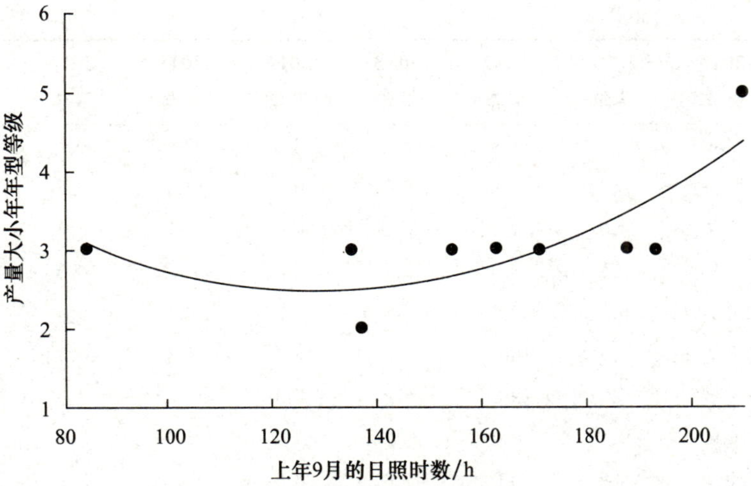

图 7-33 桂林市沙糖橘 X_2 与 Y 的关系

表 7-37 为桂林市 9 年中上年 9 月的每日日照时数。

表 7-37 桂林市 9 年中上年 9 月的每日日照时数 h

月	日	2010 大年	2009 平年	2012 平年	2013 平年	2014 平年	2015 平年	2016 平年	2019 平年	2011 偏小年
9	1	7.2	3.1	0.0	6.4	7.9	5.8	0.5	0.0	9.3
9	2	8.3	8.1	0.0	8.6	0.0	11.1	1.3	3.2	8.4
9	3	10.3	0.2	0.7	0.0	0.0	2.0	1.7	9.5	0.0
9	4	10.4	0.5	1.6	6.4	0.0	5.8	4.8	10.6	0.8
9	5	10.1	0.0	7.4	7.3	0.0	6.6	3.3	8.5	0.0
9	6	7.5	0.0	4.5	6.8	0.0	9.7	0.3	4.1	3.7
9	7	8.1	6.7	4.7	4.3	1.7	8.7	0.6	0.5	6.0
9	8	9.4	4.0	5.1	6.3	8.0	9.6	1.3	3.4	6.2
9	9	9.9	8.4	8.0	9.9	9.4	7.8	0.2	5.1	9.5
9	10	9.3	6.4	5.9	8.6	9.8	3.4	1.3	3.1	8.1
9	11	9.1	9.3	4.1	6.1	7.0	8.1	2.4	8.8	9.2
9	12	5.1	10.6	7.8	7.9	9.2	7.9	0.0	10.0	6.6
9	13	7.7	10.0	7.4	0.0	8.4	3.1	0.0	8.2	0.2
9	14	9.0	9.5	7.0	4.2	9.8	8.0	4.3	5.8	9.4
9	15	1.4	8.9	8.9	11.1	9.6	7.4	10.4	10.5	9.0
9	16	0.0	9.2	9.8	8.9	4.3	0.7	10.2	0.6	9.0
9	17	3.1	9.7	5.6	0.0	8.3	1.9	2.7	0.0	9.5
9	18	7.5	8.9	6.9	6.7	9.6	3.6	2.5	2.1	10.9
9	19	8.3	6.5	0.0	0.0	10.0	0.0	2.5	9.1	9.3
9	20	8.9	8.6	0.4	0.0	10.4	4.3	0.0	10.8	8.2
9	21	1.7	9.1	1.1	0.0	9.4	9.0	0.0	10.3	0.0

续表7-37

月	日	2010 大年	2009 平年	2012 平年	2013 平年	2014 平年	2015 平年	2016 平年	2019 平年	2011 偏小年
9	22	9.8	9.5	8.5	2.1	3.4	9.9	0.8	4.4	0.0
9	23	10.1	8.9	7.2	0.0	0.0	8.6	3.5	6.7	0.0
9	24	9.3	0.0	1.0	0.6	0.0	6.1	3.9	5.3	0.0
9	25	7.9	2.8	3.6	7.2	0.0	10.4	0.0	4.9	0.0
9	26	8.1	6.7	0.0	6.8	0.3	9.4	0.0	0.9	0.0
9	27	8.3	1.5	8.0	1.5	6.9	5.3	4.3	0.0	0.0
9	28	2.1	5.0	9.8	8.2	7.9	5.2	9.0	4.6	1.9
9	29	0.0	9.4	0.0	10.5	10.7	7.7	8.7	9.9	0.0
9	30	1.6	6.0	0.0	7.6	0.5	5.7	3.7	9.9	1.5
累计值		209.5	187.5	135.0	154.0	162.5	192.8	84.2	170.8	136.7

图 7-34 说明：桂林市沙糖橘产量大小年年型等级与上年 11 月的每日最低温度的平均呈极显著负相关，回归方程为 $Y=0.128X_3^2-3.581X_3+27.801(r=-0.880^{**},n=9)$；当 $X_3<12$ ℃时，年型等级高。

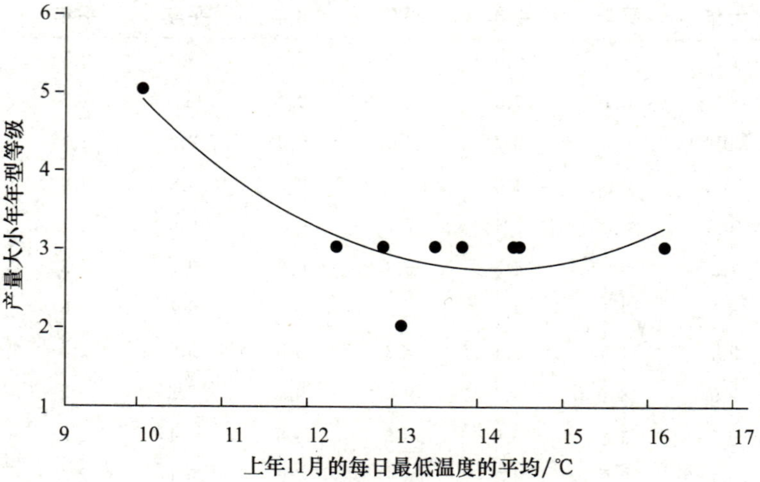

图 7-34 桂林市沙糖橘 X_3 与 Y 的关系

表 7-38 为桂林市 9 年中上年 11 月的每日日照时数。

表 7-38 桂林市 9 年中上年 11 月的每日最低温度 ℃

月	日	2010 大年	2009 平年	2012 平年	2013 平年	2014 平年	2015 平年	2016 平年	2019 平年	2011 偏小年
11	1	17.9	17.5	15.9	12.8	17.4	16.8	11.6	18.0	11.8
11	2	15.1	16.4	17.8	12.0	18.3	14.4	11.9	18.5	13.3
11	3	8.0	16.9	18.1	14.9	16.9	14.1	14.9	15.7	13.2
11	4	10.0	18.0	19.7	13.9	16.2	16.0	15.5	14.6	13.5

续表7-38

月	日	2010 大年	2009 平年	2012 平年	2013 平年	2014 平年	2015 平年	2016 平年	2019 平年	2011 偏小年
11	5	10.0	19.2	19.6	15.1	17.3	15.7	15.9	18.8	13.5
11	6	11.9	20.5	20.6	13.1	18.2	16.5	19.5	16.3	12.5
11	7	15.5	15.7	19.3	12.9	17.2	13.1	21.9	11.4	11.0
11	8	21.7	14.1	14.3	13.1	19.9	13.1	13.7	10.9	15.4
11	9	22.4	12.8	13.5	12.1	22.5	12.9	12.9	11.4	15.7
11	10	18.4	12.5	13.5	12.5	16.5	12.8	13.5	16.4	10.7
11	11	12.9	11.8	10.6	13.1	13.4	13.6	12.9	15.5	10.8
11	12	6.8	11.4	11.5	11.8	12.5	13.5	11.6	13.5	15.2
11	13	6.3	10.6	15.1	11.7	10.9	14.4	12.2	14.0	13.0
11	14	6.9	11.7	15.5	15.1	11.8	11.1	13.2	14.2	17.7
11	15	7.5	13.3	14.7	16.0	13.2	15.0	15.3	14.8	11.6
11	16	4.5	17.5	17.4	10.5	14.3	13.1	16.5	14.2	10.0
11	17	2.5	13.4	18.3	9.1	11.7	12.6	15.8	13.5	11.1
11	18	3.2	10.8	20.8	6.9	15.8	12.7	16.1	12.0	11.2
11	19	4.9	12.1	19.5	11.3	15.9	13.4	15.4	11.0	12.4
11	20	4.6	10.5	14.8	13.7	13.4	12.8	14.9	10.9	13.2
11	21	4.5	11.5	14.7	14.4	14.4	14.9	14.5	12.1	15.8
11	22	3.8	11.9	14.7	13.3	15.0	14.5	17.3	11.0	14.9
11	23	4.1	10.5	15.8	11.4	15.8	18.4	18.0	8.6	14.1
11	24	6.2	9.0	13.2	10.9	12.3	15.6	13.2	10.2	11.7
11	25	11.2	11.8	11.1	11.6	8.9	13.4	6.5	15.1	11.3
11	26	12.7	10.6	15.5	9.2	11.2	13.2	7.2	12.8	12.6
11	27	15.3	10.8	18.2	9.6	11.7	14.8	8.7	12.0	12.5
11	28	11.1	5.9	17.8	10.8	9.8	16.9	9.0	10.5	12.3
11	29	8.5	5.6	18.8	11.7	7.0	15.1	9.7	10.3	13.2
11	30	8.6	7.8	10.5	11.0	10.6	13.4	10.7	12.1	13.2
平均值		9.9	12.7	16.0	12.2	14.3	14.3	13.7	13.3	13.0
≤12 ℃天数/d		21	16	4	15	9	1	9	12	10

图 7-35 是对桂林市沙糖橘产量大小年年型等级与上年 11 月每日最低温度≤12 ℃天数所做的散点图，说明上年 11 月每日最低温度≤12 ℃天数大于>20 d，才能为产量年型形成创造好的气象条件。回归方程为 $Y=0.013X_{3(1)}^2-0.211X_{3(1)}+3.441(r=0.877^{**},n=9)$。

图 7-36 说明：桂林市沙糖橘产量大小年年型等级与当年 1 月的每日平均相对湿度的平均呈极显著正相关，回归方程为 $Y=0.008X_4^2-1.067X_4+37.658(r=0.828^{**},n=9)$；当 $X_4>75\%$ 时，年型等级高。

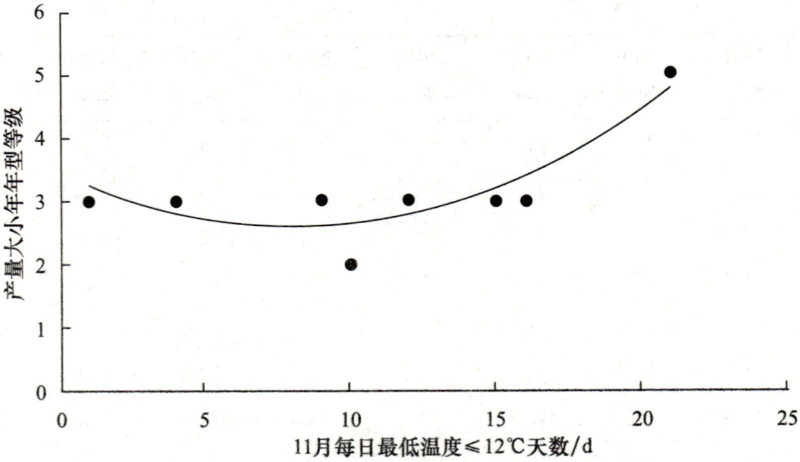

图 7-35　桂林市沙糖橘 $X_{3(1)}$ 与 Y 的关系

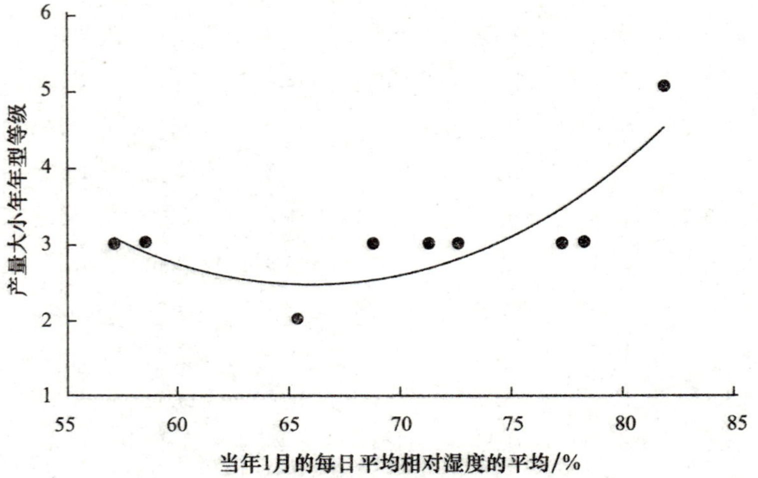

图 7-36　桂林市沙糖橘 X_4 与 Y 的关系

表 7-39 为桂林市 9 年中当年 1 月的每日平均相对湿度。

表 7-39　桂林市 9 年中当年 1 月的每日平均相对湿度　%

月	日	2010 大年	2009 平年	2012 平年	2013 平年	2014 平年	2015 平年	2016 平年	2019 平年	2011 偏小年
1	1	78	39	72	43	55	32	64	82	47
1	2	92	34	82	54	68	44	87	74	69
1	3	80	46	82	67	62	55	89	83	82
1	4	89	54	78	84	32	76	96	95	84
1	5	89	65	84	85	46	94	94	89	88
1	6	75	79	77	75	60	82	81	85	72
1	7	79	81	61	74	81	74	80	90	55
1	8	77	65	62	68	74	62	92	83	61
1	9	93	51	60	53	62	65	99	93	58
1	10	91	44	61	52	74	87	91	94	56

续表7-39

月	日	2010 大年	2009 平年	2012 平年	2013 平年	2014 平年	2015 平年	2016 平年	2019 平年	2011 偏小年
1	11	84	45	59	85	84	89	81	88	74
1	12	53	34	61	81	74	84	74	87	43
1	13	56	22	90	85	75	73	79	82	48
1	14	57	29	90	61	63	72	94	85	67
1	15	89	35	87	77	54	72	83	77	43
1	16	72	53	76	86	48	67	93	83	28
1	17	69	60	79	68	46	58	78	75	44
1	18	82	59	84	62	46	58	65	82	68
1	19	79	56	78	68	54	50	59	96	88
1	20	93	59	77	79	45	51	74	82	82
1	21	92	81	76	84	35	60	73	64	74
1	22	89	83	70	71	39	57	77	53	73
1	23	91	51	66	63	51	67	51	54	74
1	24	98	31	73	78	60	59	38	70	67
1	25	79	59	56	62	66	77	35	76	72
1	26	63	91	67	80	38	72	50	56	80
1	27	97	75	88	56	46	80	90	63	85
1	28	94	88	77	57	71	83	93	69	78
1	29	81	82	56	74	69	82	76	69	54
1	30	89	62	63	86	70	74	69	71	63
1	31	84	60	56	89	67	75	86	73	49
平均值		81.7	57.2	72.5	71.2	58.5	68.7	77.1	78.2	65.4
≤80%天数/d		13	25	23	22	29	24	16	14	25

图 7-37 是对桂林市沙糖橘产量大小年年型等级与 1 月每日平均湿度≤80%天数所做的散点图，说明 1 月每日平均湿度≤80%天数不多于 14 d，才能为产量年型形成创造好的气象条件。回归方程为 $Y=0.012X_{4(1)}^2-0.581X_{4(1)}+9.559(r=-0.691^*, n=9)$。

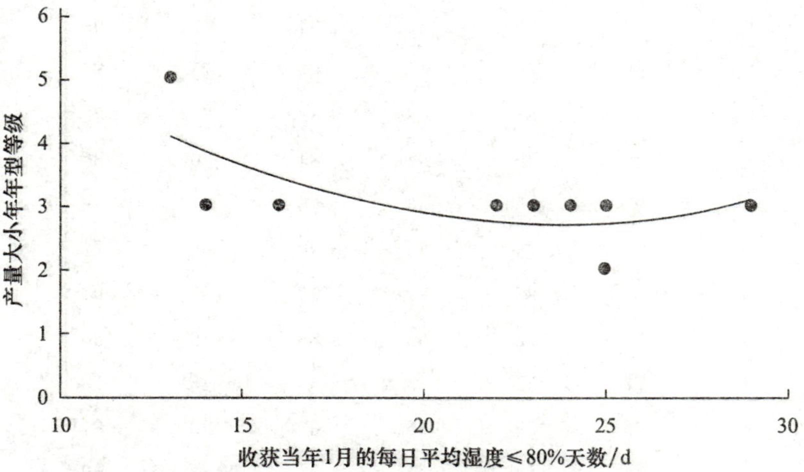

图 7-37 桂林市沙糖橘 $X_{4(1)}$ 与 Y 的关系

图 7-38 说明：桂林市沙糖橘产量大小年年型等级与当年 4 月的每日平均相对湿度的平均呈极显著正相关，回归方程为 $Y=0.012X_5^2-1.829X_5+70.621(r=0.798^{**},n=9)$；当 $X_5>80\%$ 时，年型等级高。但现有知识中未发现此规律，由于样本分布不均匀，需要做进一步研究。

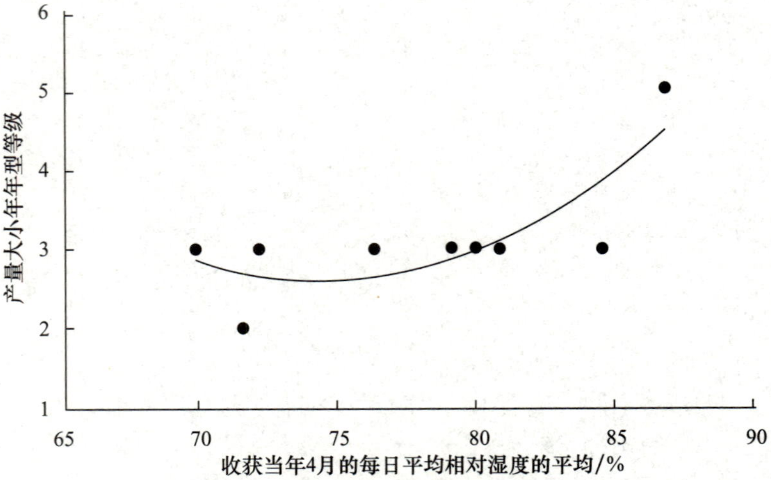

图 7-38　桂林市沙糖橘 X_5 与 Y 的关系

表 7-40 为桂林市 9 年中收获当年 4 月的每日平均相对湿度。

表 7-40　桂林市 9 年中收获当年 4 月的每日平均相对湿度　　%

月	日	2010 大年	2009 平年	2012 平年	2013 平年	2014 平年	2015 平年	2016 平年	2019 平年	2011 偏小年
4	1	88	83	50	93	73	78	86	79	66
4	2	73	95	63	89	71	66	86	95	84
4	3	86	93	38	90	67	65	79	86	83
4	4	100	96	59	93	56	70	79	91	81
4	5	100	79	75	84	65	73	83	82	83
4	6	92	68	70	61	94	72	93	90	93
4	7	79	55	85	48	87	75	88	82	93
4	8	82	66	84	68	83	72	80	81	79
4	9	83	100	79	67	84	80	80	71	76
4	10	99	97	75	56	96	71	86	67	74
4	11	98	98	74	83	90	65	72	73	71
4	12	86	98	83	83	92	55	91	74	69
4	13	86	93	72	83	80	46	80	92	67
4	14	93	77	65	78	68	45	75	85	72
4	15	84	75	69	66	83	63	81	84	86
4	16	71	76	74	74	85	68	69	80	89
4	17	96	67	78	84	85	67	75	79	80

续表7-40

月	日	2010 大年	2009 平年	2012 平年	2013 平年	2014 平年	2015 平年	2016 平年	2019 平年	2011 偏小年
4	18	100	92	85	77	81	75	62	96	61
4	19	100	82	83	73	80	76	75	93	46
4	20	100	55	78	79	73	72	88	89	50
4	21	97	56	57	71	88	59	81	88	71
4	22	87	55	57	88	75	61	85	82	74
4	23	64	82	79	93	91	71	88	85	52
4	24	68	97	74	88	92	81	82	85	57
4	25	95	52	75	87	91	66	89	87	59
4	26	78	47	56	70	81	66	83	86	58
4	27	78	49	83	82	75	78	72	88	63
4	28	74	48	84	86	62	93	65	91	52
4	29	82	72	82	92	75	79	82	90	79
4	30	84	83	76	85	73	85	89	83	75
平均值		86.8	76.2	72.1	79.0	79.9	69.8	80.8	84.5	71.4
≤80%天数/d		8	16	22	13	14	27	13	7	22

表 7-39 说明：4 月的每日平均相对湿度≤80%天数不大于 10 d，才能为产量年型形成创造好的气象条件。回归方程为 $Y=0.007X_{5(1)}^2-0.281X_{5(1)}+5.646(r=-0.620, n=9; r_{0.10}=0.549)$，未达到极显著相关水平。

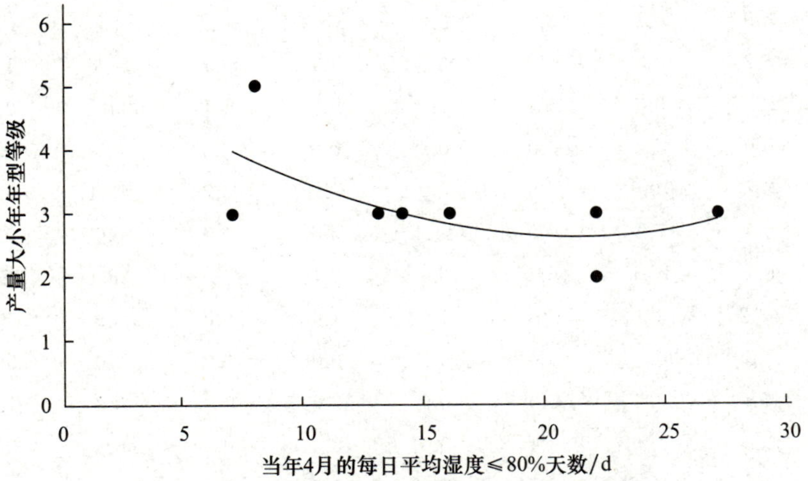

图 7-39 桂林市沙糖橘 $X_{5(1)}$ 与 Y 的关系

图 7-40 说明：桂林市沙糖橘产量大小年年型等级与当年 4 月的降雨量呈显著正相关，回归方程为 $Y=2E-05X_6^2-0.009X_6+3.429(r=0.740^*, n=9)$；当 $X_6>300$ mm 时，年型等级高。但现有知识中未发现此规律，由于样本分布不均匀，需要做进一步研究。

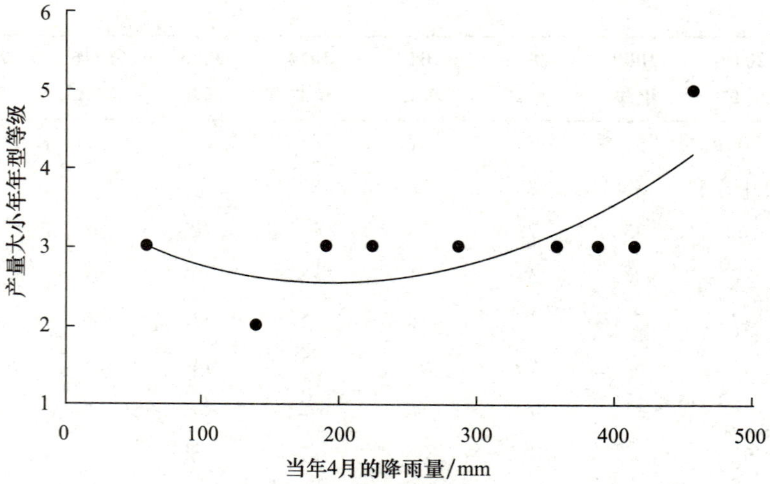

图 7-40　桂林市沙糖橘 X_6 与 Y 的关系

表 7-41 为桂林市 9 年中当年 4 月的每日降雨量。

表 7-41　桂林市 9 年中当年 4 月的每日降雨量　　mm

月	日	2010 大年	2009 平年	2012 平年	2013 平年	2014 平年	2015 平年	2016 平年	2019 平年	2011 偏小年
4	1	34.9	4.7	0.0	28.1	7.5	1.7	0.0	0.0	0.0
4	2	0.7	27.0	0.0	9.5	3.0	0.0	0.1	2.4	0.0
4	3	2.3	6.7	0.0	30.3	8.8	0.0	0.0	19.5	0.1
4	4	4.8	7.9	2.0	4.5	0.0	1.0	63.8	21.5	6.7
4	5	0.7	6.5	76.5	34.5	0.3	0.0	0.1	0.0	0.4
4	6	6.9	0.1	3.8	2.2	67.1	0.0	1.7	0.5	8.0
4	7	5.2	0.0	17.5	0.0	3.1	8.1	55.8	1.8	5.0
4	8	22.9	0.0	4.4	0.0	0.0	1.1	11.0	0.0	0.7
4	9	0.0	45.6	0.0	0.2	0.9	8.3	0.0	0.0	0.0
4	10	3.7	10.6	0.5	0.0	52.1	3.7	43.4	0.0	0.0
4	11	0.4	7.9	0.0	11.4	5.6	0.0	0.0	0.5	0.0
4	12	0.1	15.1	6.6	0.4	2.1	0.0	38.1	12.3	0.0
4	13	83.2	3.9	17.8	1.5	1.6	0.0	6.9	35.4	0.0
4	14	3.8	0.0	0.0	0.0	0.0	0.0	0.0	5.9	0.0
4	15	15.9	0.0	0.0	0.0	6.6	0.0	0.2	1.5	0.1
4	16	0.0	1.0	2.4	0.0	0.0	0.0	6.3	25.7	0.2
4	17	2.4	0.0	6.7	32.3	0.7	0.0	58.5	0.0	15.0
4	18	20.6	4.9	26.1	0.0	0.1	0.0	1.5	24.4	0.0
4	19	72.0	14.2	26.9	0.0	1.9	0.0	0.0	4.0	0.0
4	20	80.5	0.0	34.4	6.2	1.7	65.0	25.4	35.0	0.0
4	21	62.1	0.0	0.0	0.0	8.1	0.0	1.9	13.9	0.4

续表7-41

月	日	2010 大年	2009 平年	2012 平年	2013 平年	2014 平年	2015 平年	2016 平年	2019 平年	2011 偏小年
4	22	7.1	0.0	0.0	1.6	1.6	0.6	24.5	53.6	5.3
4	23	0.3	5.9	11.1	1.2	8.4	0.0	1.3	1.4	0.0
4	24	0.0	22.7	3.5	55.5	10.1	4.7	2.6	0.0	0.0
4	25	3.1	0.4	22.0	16.7	5.5	0.0	24.3	21.5	0.0
4	26	22.0	0.0	0.0	0.0	20.5	0.0	0.8	3.8	0.0
4	27	0.0	0.0	0.5	0.4	0.7	0.0	0.0	8.8	0.0
4	28	0.0	0.0	0.0	0.0	0.0	35.6	0.0	13.1	0.0
4	29	0.3	1.3	20.7	65.0	4.8	3.9	3.5	28.6	14.8
4	30	0.0	2.9	1.7	112.2	0.1	5.0	15.0	21.5	1.9
累计值		455.9	189.3	285.1	413.7	222.9	138.7	386.7	356.6	58.6

7.2.3.6 沙田柚

图 7-41 说明：桂林市沙田柚产量大小年年型等级与上年 10 月的每日最小相对湿度的平均呈显著负相关，回归方程为 $Y=-0.003X_1^2+0.050X_1+6.171(r=-0.690^*, n=9)$；当 $X_1<44\%$ 时，年型等级高。

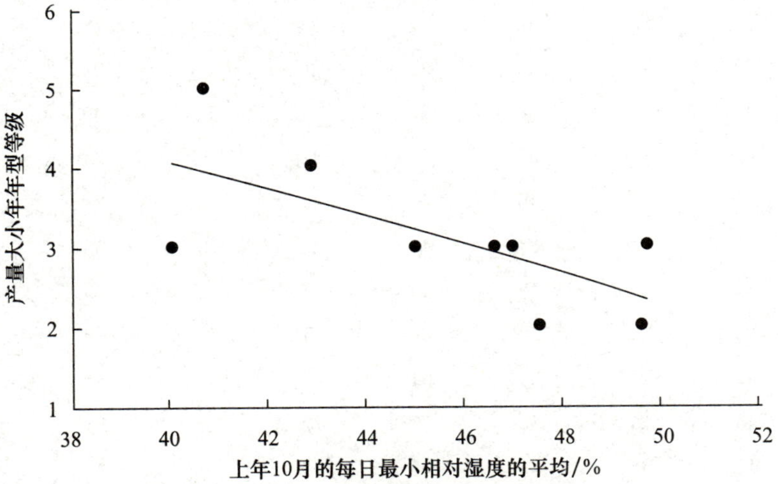

图 7-41 桂林市沙田柚 X_1 与 Y 的关系

表 7-42 为桂林市 9 年中上年 10 月的每日最小相对湿度。

表 7-42 桂林市 9 年中上年 10 月的每日最小相对湿度 %

月	日	2015 大年	2014 偏大年	2010 平年	2011 平年	2012 平年	2013 平年	2016 平年	2009 偏小年	2019 偏小年
10	1	53	50	41	59	67	19	54	47	29
10	2	56	28	27	61	71	24	32	43	24

续表7-42

月	日	2015 大年	2014 偏大年	2010 平年	2011 平年	2012 平年	2013 平年	2016 平年	2009 偏小年	2019 偏小年
10	3	49	38	27	37	65	33	39	41	23
10	4	45	29	28	24	71	46	52	42	31
10	5	34	27	17	19	69	49	81	35	27
10	6	35	31	15	28	73	61	85	30	26
10	7	32	31	18	37	53	42	55	32	28
10	8	24	34	29	29	47	48	47	38	35
10	9	26	45	43	42	38	60	62	37	57
10	10	27	32	51	60	35	37	74	42	69
10	11	34	23	43	70	46	30	25	54	39
10	12	48	30	47	76	57	33	26	51	32
10	13	45	32	62	76	60	38	33	49	43
10	14	40	29	81	72	35	46	31	33	87
10	15	35	45	41	63	17	53	33	34	73
10	16	37	51	33	50	19	49	29	31	72
10	17	38	54	31	46	20	24	28	30	61
10	18	41	59	38	42	24	22	27	36	64
10	19	38	67	55	34	26	43	22	36	71
10	20	43	53	56	39	34	55	29	43	86
10	21	64	67	57	50	42	69	25	56	89
10	22	43	52	46	44	41	55	33	57	76
10	23	33	30	38	40	42	35	38	80	77
10	24	34	16	49	46	58	46	39	60	81
10	25	42	22	30	60	61	53	48	63	95
10	26	47	25	33	61	65	43	57	75	53
10	27	45	31	45	55	72	55	51	57	17
10	28	41	45	57	45	79	69	65	52	24
10	29	53	56	40	36	54	82	80	58	18
10	30	71	71	37	27	51	50	74	58	17
10	31	76	59	28	17	48	25	82	72	13
平均值		42.9	40.7	40.1	46.6	49.7	45.0	47.0	47.5	49.6

图 7-42 说明：桂林市沙田柚产量大小年年型等级与上年 10 月的降水量呈显著负相关，回归方程为 $Y=0.0002X_2^2-0.042X_2+4.206(r=-0.762^*, n=9)$；当 $X_2<50$ mm 时，年型等级高。

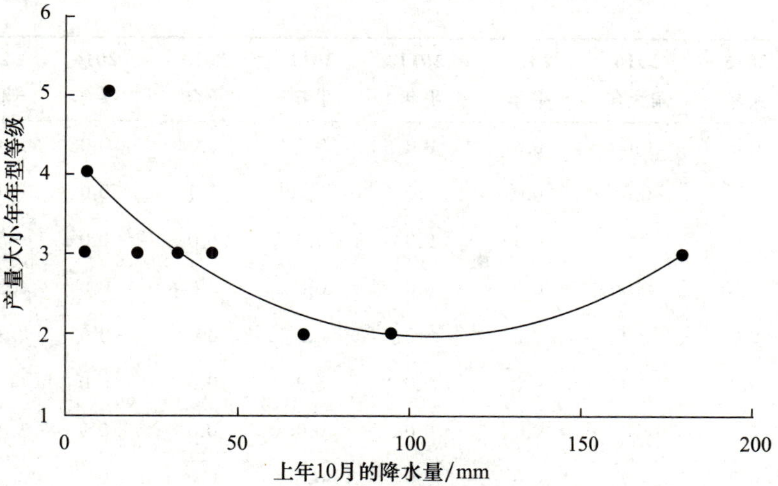

图 7-42 桂林市沙田柚 X_2 与 Y 的关系

表 7-43 为桂林市 9 年中上年 10 月的每日降水量。

表 7-43 桂林市 9 年中上年 10 月的每日降水量

mm

月	日	2015 大年	2014 偏大年	2010 平年	2011 平年	2012 平年	2013 平年	2016 平年	2009 偏小年	2019 偏小年
10	1	0.0	0.0	0.0	0.0	0.4	0.0	0.0	0.0	0.0
10	2	0.9	0.0	0.0	0.0	3.6	0.0	0.0	0.0	0.0
10	3	0.0	0.0	0.0	0.0	0.0	0.0	0.0	0.0	0.0
10	4	0.0	0.0	0.0	0.0	10.1	0.8	9.8	0.0	0.0
10	5	0.0	0.0	0.0	0.0	0.4	0.0	27.0	0.0	0.0
10	6	0.0	0.0	0.0	0.0	7.5	0.0	40.6	0.0	0.0
10	7	0.0	0.0	0.0	0.0	2.7	0.0	0.1	0.0	0.0
10	8	0.0	0.0	0.0	0.0	0.0	0.0	0.1	0.0	0.0
10	9	0.0	0.0	0.0	0.0	0.0	0.0	0.3	0.0	7.4
10	10	0.0	0.0	0.0	0.8	0.0	0.0	2.3	0.0	5.5
10	11	0.0	0.0	0.0	0.0	0.0	0.0	0.0	0.0	0.0
10	12	0.0	0.0	0.0	4.8	0.0	0.0	0.0	0.0	0.0
10	13	0.0	0.0	7.8	0.4	0.0	0.0	0.0	0.0	2.5
10	14	0.0	0.0	9.6	0.0	0.0	0.0	0.0	0.0	15.9
10	15	0.0	0.0	0.0	0.0	0.0	0.0	0.0	0.0	5.7
10	16	0.0	0.0	0.0	0.0	0.0	0.0	0.0	0.0	2.5
10	17	0.0	0.0	0.0	0.0	0.0	3.2	0.0	0.0	0.0
10	18	0.0	7.0	0.0	0.0	0.0	0.0	0.0	0.0	0.0
10	19	0.0	3.4	0.0	0.0	0.0	0.0	0.0	0.0	5.4

续表7-43

月	日	2015 大年	2014 偏大年	2010 平年	2011 平年	2012 平年	2013 平年	2016 平年	2009 偏小年	2019 偏小年
10	20	0.0	0.0	0.0	0.0	0.0	0.0	0.0	0.0	6.6
10	21	1.8	0.5	0.0	0.0	0.0	1.5	0.0	0.0	27.5
10	22	0.0	0.0	0.6	0.0	0.0	0.0	0.0	1.0	3.4
10	23	0.0	0.0	0.0	0.0	0.0	0.0	0.0	30.9	1.3
10	24	0.0	0.0	3.3	0.0	0.2	0.0	0.0	36.8	8.2
10	25	0.0	0.0	0.0	0.0	5.9	0.0	0.0	0.1	2.7
10	26	0.0	0.0	0.0	0.0	0.0	0.0	0.0	0.3	0.0
10	27	0.0	0.0	0.0	0.0	0.8	0.0	0.0	0.0	0.0
10	28	0.0	0.0	0.0	0.0	11.4	4.0	5.7	0.0	0.0
10	29	0.0	1.3	0.0	0.0	0.0	18.3	1.2	0.0	0.0
10	30	2.6	0.4	0.0	0.0	0.0	5.0	56.9	0.0	0.0
10	31	1.3	0.1	0.0	0.0	0.0	0.0	34.6	0.0	0.0
累计值		6.6	12.7	21.3	6.0	43.0	32.8	178.6	69.1	94.6

图 7-43 说明：桂林市沙田柚产量大小年年型等级与当年 1 月的每日平均温度的平均呈极显著正相关，回归方程为 $Y=0.126X_3^2-1.722X_3+8.095$（$r=0.866^{**}$，$n=9$）；当 $X_3>10$ ℃时，年型等级高。现有的知识中认为此规律不显著，需要进一步研究。

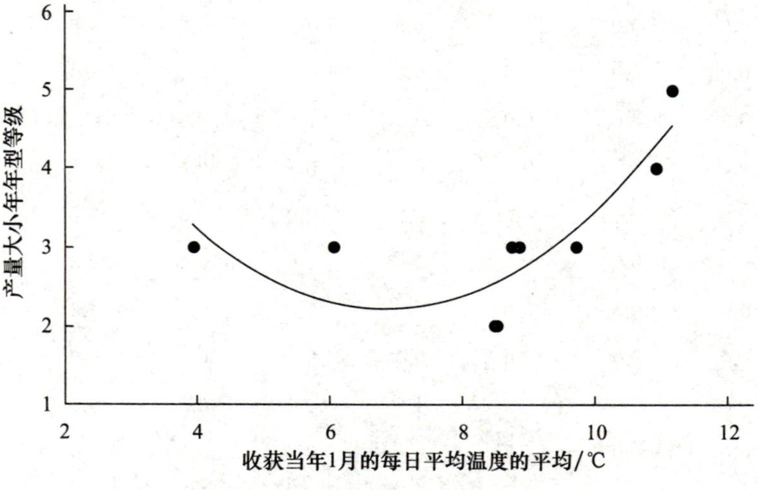

图 7-43　桂林市沙田柚 X_3 与 Y 的关系

表 7-44 为桂林市 9 年中收获当年 1 月的每日平均温度。

表 7-44 桂林市 9 年中收获当年 1 月的每日平均温度 ℃

月	日	2015 大年	2014 偏大年	2010 平年	2011 平年	2012 平年	2013 平年	2016 平年	2009 偏小年	2019 偏小年
1	1	12.8	9.3	9.1	6.6	9.3	8.0	12.7	7.9	1.7
1	2	11.5	8.7	10.5	2.5	8.9	9.4	13.4	6.9	3.7
1	3	12.0	13.4	11.4	1.3	6.2	3.9	15.5	9.5	5.4
1	4	11.9	13.8	12.3	1.2	3.3	0.2	16.8	9.8	6.2
1	5	14.2	10.9	8.4	2.2	2.5	0.6	14.6	8.9	6.8
1	6	12.1	12.3	4.7	3.2	4.2	2.3	12.8	5.8	7.5
1	7	8.7	11.5	4.5	2.8	5.9	4.0	10.9	4.3	7.3
1	8	9.6	8.1	5.2	3.5	6.6	6.1	8.5	6.3	6.5
1	9	9.7	8.0	5.8	4.6	7.5	6.9	7.7	7.6	4.8
1	10	8.0	7.3	7.0	2.7	8.6	6.8	8.8	8.4	5.4
1	11	8.2	6.8	5.3	1.7	8.2	6.0	9.3	8.3	6.7
1	12	8.7	6.6	6.7	6.3	7.7	6.8	8.2	10.5	8.0
1	13	10.7	5.5	6.7	7.5	6.9	6.6	7.1	8.0	8.6
1	14	9.5	6.4	8.7	6.5	7.2	11.0	6.2	8.8	8.2
1	15	8.9	8.9	9.7	7.6	5.4	10.8	8.3	10.3	7.8
1	16	11.2	11.1	10.8	5.1	6.1	10.2	8.9	8.9	5.6
1	17	12.4	13.1	11.7	5.1	6.0	9.3	10.1	10.9	7.6
1	18	11.8	12.2	11.8	2.6	6.5	8.5	9.1	13.3	8.4
1	19	12.7	10.5	15.6	1.4	6.8	10.0	11.1	13.5	10.2
1	20	12.6	11.2	18.0	1.7	6.7	13.3	8.9	14.3	8.6
1	21	13.6	10.0	12.4	2.5	6.4	11.3	5.7	8.9	7.6
1	22	13.3	9.5	5.8	2.5	3.1	8.2	4.1	8.8	9.6
1	23	14.3	9.5	4.0	3.9	3.0	9.5	3.4	8.3	11.0
1	24	16.9	11.5	5.4	4.9	2.3	10.2	3.6	3.0	11.6
1	25	16.3	14.0	9.3	4.8	3.5	11.4	4.5	3.4	12.5
1	26	15.6	14.4	10.2	4.4	4.3	11.1	5.5	3.0	12.8
1	27	12.3	14.3	11.2	4.0	4.1	12.9	5.2	5.7	11.5
1	28	7.3	14.8	14.5	3.7	6.0	12.8	7.8	6.3	13.4
1	29	4.3	16.8	14.6	5.1	7.8	14.2	7.8	9.4	12.4
1	30	3.4	17.6	13.8	4.4	7.6	14.5	8.2	10.9	14.3
1	31	3.6	18.0	15.4	5.3	9.3	16.8	6.7	12.7	11.9
平均值		10.9	11.2	9.7	3.9	6.1	8.8	8.8	8.5	8.5
≥10 ℃天数/d		19	19	15	0	0	14	9	8	10

图 7-44 是对桂林市沙田柚产量大小年年型等级与 1 月平均温度≥10 ℃天数所做的散点图，说明 1 月平均温度≥10 ℃天数至少为 15 d 以上，才能为产量大年形成创造好的气象条件。回归方程为 $Y=0.016X_{3(1)}^{2}-0.222X_{3(1)}+3.015$($r=0.905^{**}$，$n=9$)。

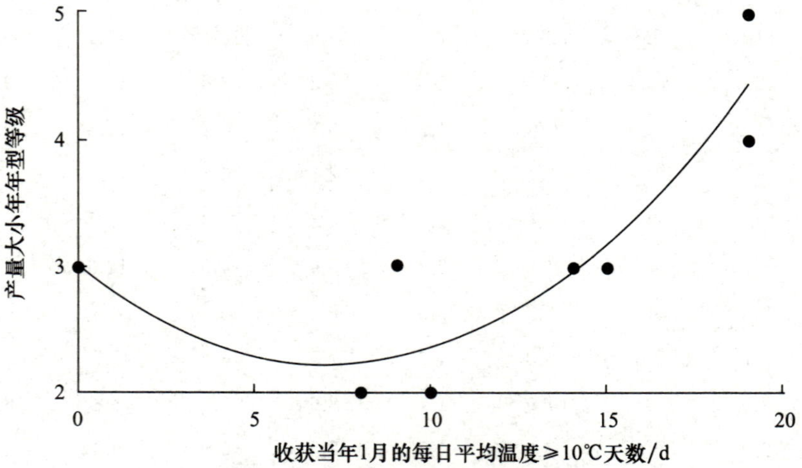

图 7-44　桂林市沙田柚 $X_{3(1)}$ 与 Y 的关系

图 7-45 说明：桂林市沙田柚产量大小年年型等级与当年 3 月的每日最小相对湿度的平均呈显著正相关，回归方程为 $Y=0.020X_{4}^{2}-2.381X_{4}+72.614$($r=0.685^{*}$，$n=9$)；当 $X_{4}>65\%$时，年型等级高。

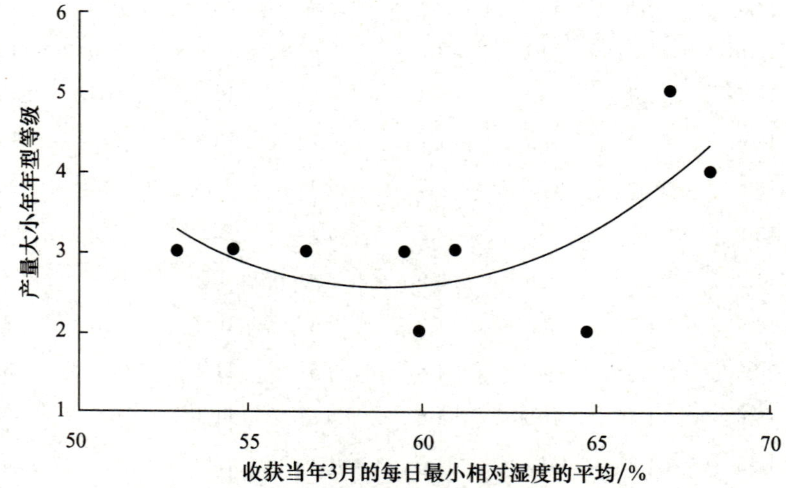

图 7-45　桂林市沙田柚 X_4 与 Y 的关系

表 7-45 为桂林市 9 年中收获当年 3 月的每日最小相对湿度。

表 7-45　桂林市 9 年中收获当年 3 月的每日最小相对湿度　%

月	日	2015 大年	2014 偏大年	2010 平年	2011 平年	2012 平年	2013 平年	2016 平年	2009 偏小年	2019 偏小年
3	1	44	76	45	57	79	73	32	74	82
3	2	54	74	64	50	73	71	29	72	85
3	3	60	76	70	62	75	26	45	74	52
3	4	60	59	64	56	79	12	64	87	68
3	5	75	61	71	74	64	16	73	73	84
3	6	70	75	68	80	76	25	65	55	60
3	7	68	76	66	40	65	35	67	36	74
3	8	88	67	73	34	71	38	64	45	74
3	9	56	55	34	57	64	36	65	25	61
3	10	70	67	19	64	52	52	62	57	42
3	11	77	93	24	67	38	43	55	77	18
3	12	53	82	35	77	38	53	71	81	30
3	13	72	38	68	85	43	53	68	68	44
3	14	91	47	100	76	61	53	40	30	57
3	15	85	56	66	62	92	66	53	29	68
3	16	80	84	39	29	89	81	65	51	71
3	17	71	88	56	51	86	94	86	66	82
3	18	53	86	53	89	83	55	64	65	78
3	19	70	71	52	91	65	69	64	69	85
3	20	71	58	65	85	61	52	82	85	67
3	21	50	49	58	75	73	56	85	53	53
3	22	51	57	68	66	83	54	82	47	66
3	23	60	74	74	63	60	62	70	52	71
3	24	71	73	74	64	16	55	50	48	67
3	25	67	76	27	31	20	71	35	42	60
3	26	69	56	20	30	22	66	38	56	76
3	27	73	60	25	48	29	44	27	92	99
3	28	75	74	21	16	48	61	41	74	73
3	29	88	48	32	13	85	39	55	47	55
3	30	79	59	57	27	78	61	86	62	45
3	31	65	64	100	35	19	67	59	62	57
平均值		68.3	67.1	54.5	56.6	60.9	52.9	59.4	59.8	64.6

图 7-46 说明：桂林市沙田柚产量大小年年型等级与收获当年 3 月的每日日照时数的累计呈极显著负相关，回归方程为 $Y=0.001X_5^2-0.114X_5+6.708$（$r=-0.819^{**}$，$n=9$）；当 $X_5<35$ h 时，年型等级高。但现有知识中未发现此规律，或许是新知识，需要进一步研究规律的客观性。

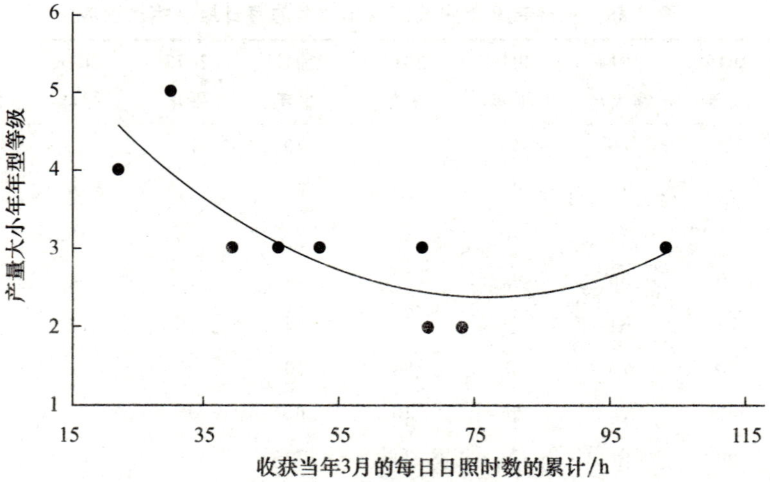

图 7-46　桂林市沙田柚 X_5 与 Y 的关系

表 7-46 为桂林市 9 年中收获当年 3 月的每日日照时数。

表 7-46　桂林市 9 年中收获当年 3 月的每日日照时数　　h

月	日	2015 大年	2014 偏大年	2010 平年	2011 平年	2012 平年	2013 平年	2016 平年	2009 偏小年	2019 偏小年
3	1	0.0	0.0	3.5	0.5	0.0	0.0	9.6	0.0	0.0
3	2	0.0	0.0	0.0	0.9	0.0	0.0	9.9	0.0	0.0
3	3	0.0	0.0	0.0	0.0	0.0	6.9	0.0	0.0	8.4
3	4	0.0	5.0	0.0	0.0	0.0	9.5	0.0	0.0	0.0
3	5	0.0	0.0	0.0	0.0	0.0	9.8	0.0	0.5	0.0
3	6	0.0	0.0	0.0	0.0	0.0	9.5	1.9	0.5	1.2
3	7	0.0	0.0	0.0	6.0	0.0	7.8	0.0	5.3	0.0
3	8	0.0	0.0	0.0	5.9	0.0	8.0	0.0	4.7	0.0
3	9	0.0	0.5	6.5	0.0	0.0	3.5	0.0	10.0	2.4
3	10	0.0	0.0	5.6	0.0	0.0	0.0	2.8	0.0	7.1
3	11	0.0	0.0	6.7	0.0	0.8	5.0	2.6	0.0	9.3
3	12	7.8	0.0	0.0	0.0	0.0	0.0	0.0	0.0	9.5
3	13	0.0	5.7	0.0	0.0	2.1	1.2	0.5	0.0	0.0
3	14	0.0	0.0	0.0	0.0	0.0	0.0	4.7	10.6	3.1
3	15	0.0	0.0	0.0	0.0	0.0	0.0	0.0	10.3	0.0
3	16	0.0	0.0	4.7	0.0	0.0	0.0	0.0	0.0	0.0
3	17	0.0	0.0	0.0	0.0	0.0	0.0	0.0	0.0	0.0
3	18	5.7	0.0	4.3	0.0	0.0	0.0	0.6	0.0	0.0
3	19	0.0	0.0	3.5	0.0	3.6	0.0	0.0	0.0	0.0

续表7-46

月	日	2015 大年	2014 偏大年	2010 平年	2011 平年	2012 平年	2013 平年	2016 平年	2009 偏小年	2019 偏小年
3	20	0.0	0.0	0.0	0.0	3.1	7.5	0.0	0.0	3.7
3	21	4.9	4.7	2.1	0.0	0.0	0.0	0.0	2.3	6.4
3	22	1.0	0.0	0.0	0.0	0.0	4.9	0.0	4.5	0.0
3	23	1.1	0.0	0.0	0.0	0.0	3.4	0.8	1.7	0.0
3	24	0.0	0.0	0.0	0.0	9.7	9.5	1.6	6.6	0.0
3	25	0.0	0.5	5.9	0.0	7.5	0.0	9.2	6.7	5.1
3	26	0.0	3.5	10.4	0.0	5.9	2.1	1.4	0.0	0.0
3	27	0.0	1.5	4.7	3.7	5.9	6.3	3.3	0.0	0.0
3	28	0.0	0.2	9.0	10.1	0.0	0.4	0.0	0.0	0.0
3	29	0.0	7.2	0.0	7.6	0.0	7.5	0.0	8.8	2.8
3	30	0.0	0.0	0.0	0.0	0.0	0.0	0.0	0.0	8.6
3	31	1.2	1.0	0.0	3.9	6.8	0.0	2.9	0.0	0.0
累计值		21.7	29.8	66.9	38.6	45.4	102.8	51.8	72.5	67.6

7.2.3.7 夏橙

图 7-47 说明：桂林市夏橙产量大小年年型等级与上年 8 月的每日平均温度的平均呈显著正相关，回归方程为 $Y=2.459X_1^2-139.740X_1+1987.100(r=0.783^*,n=8)$；当 $X_1>29$ ℃时，年型等级高。但现有知识中未发现此规律，需要进一步研究规律的客观性。

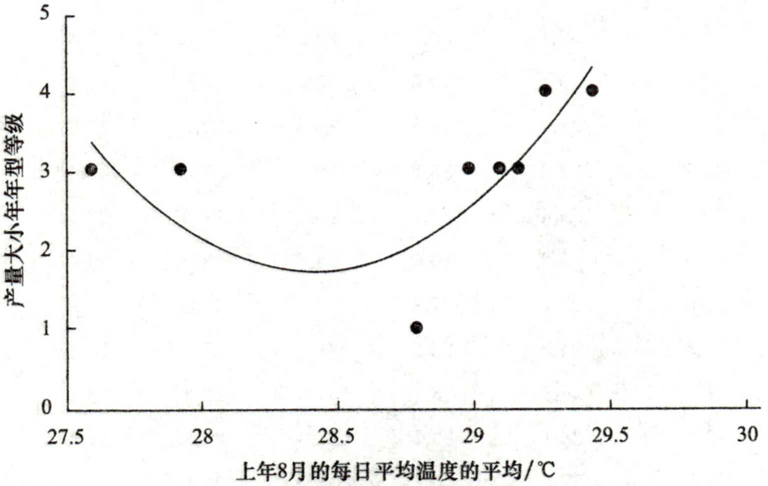

图 7-47 桂林市夏橙 X_1 与 Y 的关系

表 7-47 为桂林市 8 年中上年 8 月的每日平均温度。

表 7-47　桂林市 8 年中上年 8 月的每日平均温度　　℃

月	日	2009 偏大年	2010 偏大年	2011 平年	2013 平年	2014 平年	2015 平年	2016 平年	2012 小年
8	1	30.2	28.0	29.6	32.1	30.5	28.7	30.9	30.2
8	2	30.2	29.8	30.6	31.7	28.7	28.7	29.8	30.9
8	3	30.8	29.3	31.4	29.6	28.8	28.5	25.5	30.4
8	4	31.2	30.2	30.9	28.3	29.5	27.9	28.9	29.7
8	5	29.0	31.8	31.7	30.1	29.3	28.0	29.0	26.3
8	6	27.8	27.8	30.8	31.5	30.6	29.4	29.2	25.4
8	7	28.7	30.1	28.4	30.1	29.5	29.7	27.6	28.9
8	8	29.2	28.9	27.9	29.4	28.8	30.3	28.5	30.1
8	9	30.2	30.4	28.0	30.6	29.4	30.3	29.1	29.8
8	10	29.5	31.5	26.1	31.2	28.3	30.3	29.5	29.9
8	11	29.7	31.8	26.4	31.9	28.6	29.5	26.6	30.4
8	12	30.4	31.2	28.2	32.1	27.1	30.2	27.9	28.2
8	13	29.1	30.9	30.0	31.7	23.9	26.4	29.4	27.7
8	14	27.4	31.0	31.0	28.7	24.0	26.4	29.3	28.7
8	15	28.3	31.2	31.6	27.7	24.2	27.8	29.2	29.5
8	16	29.8	30.5	31.3	25.6	26.7	25.7	30.8	31.7
8	17	30.3	29.3	30.3	25.0	27.6	25.1	31.6	30.7
8	18	30.7	29.0	28.6	25.0	26.8	27.4	31.6	29.7
8	19	30.8	30.7	28.8	25.0	23.3	28.8	30.9	30.0
8	20	30.4	29.3	30.0	28.4	25.8	26.6	31.2	30.6
8	21	30.5	30.1	30.1	29.3	26.5	27.8	29.6	29.8
8	22	30.8	30.4	30.8	30.6	28.6	28.8	29.7	24.4
8	23	29.3	28.4	30.8	26.0	29.0	28.5	30.3	23.4
8	24	29.4	27.9	23.2	26.0	29.0	28.4	31.1	24.6
8	25	29.1	28.4	25.8	27.4	27.0	29.0	31.5	26.4
8	26	30.0	27.9	26.8	28.8	28.9	26.4	28.2	28.5
8	27	30.0	23.7	27.2	30.0	29.8	24.8	24.7	28.8
8	28	30.8	24.2	28.2	31.1	27.5	23.3	25.6	29.0
8	29	31.4	26.8	28.9	31.0	28.4	23.0	26.1	29.7
8	30	25.1	28.1	29.2	29.3	29.8	24.3	27.3	29.6
8	31	22.5	28.8	29.5	29.0	29.7	25.4	28.0	29.5
平均值		29.4	29.3	29.1	29.2	27.9	27.6	29.0	28.8

图 7-48 说明：桂林市夏橙产量大小年年型等级与上年 8 月的降水量呈显著负相关，回归方程为 $Y=9\text{E}-05X_2^2-0.028X_2+4.467$（$r=-0.738^*$，$n=8$）；当 $X_2<50$ mm 时，年型等级高。但现有知识中未发现此规律，需要进一步研究规律的客观性。

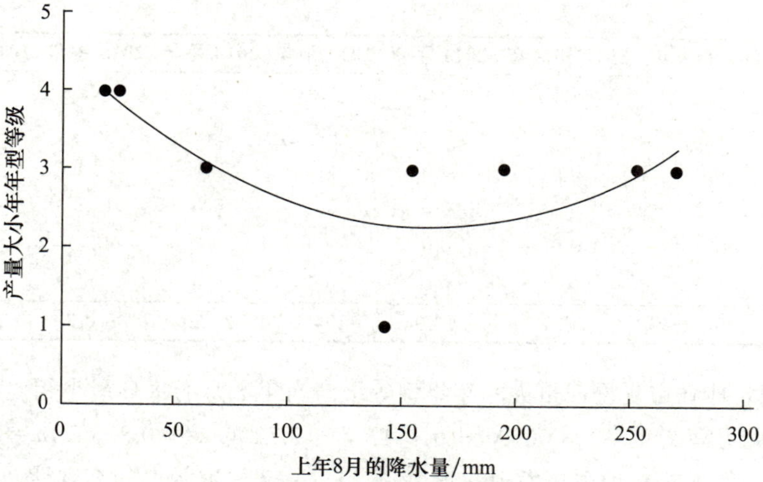

图 7-48 桂林市夏橙 X_2 与 Y 的关系

表 7-48 为桂林市 8 年中上年 8 月的每日降水量。

表 7-48 桂林市 8 年中上年 8 月的每日降水量

mm

月	日	2009 偏大年	2010 偏大年	2011 平年	2013 平年	2014 平年	2015 平年	2016 平年	2012 偏小
8	1	0.0	0.1	6.6	0.0	0.0	0.0	0.0	0.0
8	2	0.0	0.0	0.0	0.0	20.3	0.0	7.9	0.0
8	3	0.0	0.0	0.0	0.6	0.0	0.0	46.2	0.0
8	4	0.0	0.0	0.0	0.0	0.0	1.0	10.9	0.0
8	5	0.3	0.0	0.0	0.0	3.8	0.0	0.0	31.3
8	6	0.0	11.8	0.0	0.0	0.0	0.0	0.2	10.9
8	7	1.1	0.0	0.0	0.2	3.1	0.0	2.9	0.0
8	8	0.0	0.0	0.0	0.0	4.3	0.0	17.4	0.0
8	9	0.0	0.0	0.0	0.0	3.0	0.7	6.7	0.0
8	10	0.0	0.0	3.4	0.0	59.9	0.0	28.2	0.0
8	11	0.0	0.0	19.8	0.0	3.7	0.0	11.3	0.0
8	12	0.0	0.0	0.8	0.0	3.5	0.0	0.0	11.3
8	13	0.0	0.0	0.2	0.0	8.9	64.3	7.3	0.4
8	14	0.1	0.0	0.0	1.6	0.0	35.2	3.0	0.3
8	15	0.9	0.0	0.0	3.6	0.3	5.5	0.0	0.0
8	16	0.8	0.2	0.0	18.8	0.0	7.7	0.0	0.0
8	17	0.0	0.0	0.0	42.8	0.3	30.7	0.0	0.3
8	18	0.0	0.0	0.0	22.9	8.3	4.9	0.0	0.6
8	19	0.0	0.0	0.0	31.0	124.2	0.4	0.0	0.0
8	20	0.0	1.3	0.0	0.0	0.0	29.1	0.0	0.0
8	21	0.0	0.0	0.0	0.0	0.0	0.0	1.8	0.0
8	22	0.0	0.0	0.0	0.0	0.0	0.0	0.1	86.3
8	23	0.0	0.0	0.0	34.5	0.1	0.0	0.1	0.0
8	24	0.0	1.1	32.2	33.0	0.0	0.0	0.0	0.0
8	25	0.0	0.0	0.0	5.4	7.1	0.0	0.0	0.0

续表7-48

月	日	2009 偏大年	2010 偏大年	2011 平年	2013 平年	2014 平年	2015 平年	2016 平年	2012 偏小
8	26	0.0	4.1	0.0	0.0	0.0	0.6	9.4	0.0
8	27	2.4	0.0	0.0	0.0	0.0	0.7	0.0	0.3
8	28	0.0	0.0	0.0	0.0	2.0	72.9	0.0	0.0
8	29	0.0	0.0	0.0	0.0	0.0	15.9	0.0	0.0
8	30	18.8	0.0	0.0	0.0	0.0	0.7	0.0	0.0
8	31	0.0	0.0	0.0	0.0	0.0	0.0	0.0	0.0
累计值		24.4	18.6	63.0	194.4	252.8	270.3	153.4	141.7

图 7-49 说明：桂林市夏橙产量大小年年型等级与当年 2 月的每日最小相对湿度的平均呈极显著负相关，回归方程为 $Y=-0.008X_3^2+0.844X_3-17.723$（$r=-0.895^{**}$，$n=8$）；当 $X_3<60\%$ 时，年型等级高。但现有知识中未发现此规律，需要进一步研究规律的客观性。

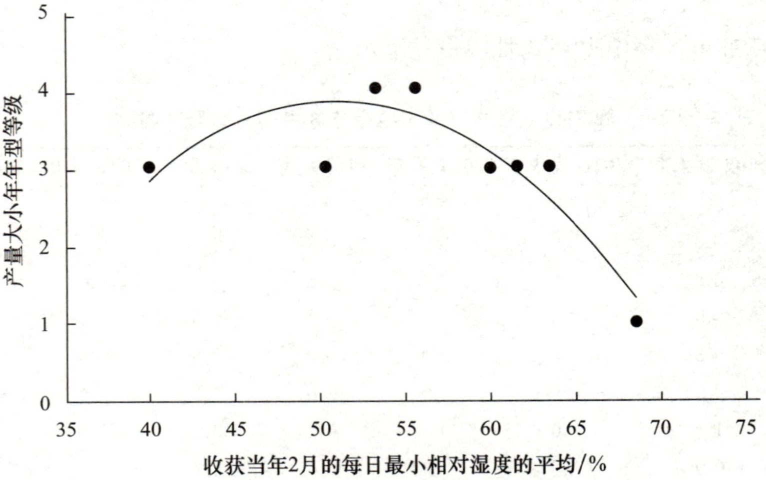

图 7-49　桂林市夏橙 X_3 与 Y 的关系

表 7-49 为桂林市 8 年中收获当年 2 月的每日最小相对湿度。

表 7-49　桂林市 8 年中收获当年 2 月的每日最小相对湿度　　%

月	日	2009 偏大年	2010 偏大年	2011 平年	2013 平年	2014 平年	2015 平年	2016 平年	2012 偏小年
2	1	58	47	52	36	70	71	61	51
2	2	60	33	70	52	75	45	65	62
2	3	72	41	60	40	80	41	71	57
2	4	73	45	70	49	53	53	73	71
2	5	74	35	85	68	44	30	60	50
2	6	77	30	76	75	37	24	67	67
2	7	72	38	48	67	54	16	74	72
2	8	73	52	32	68	22	19	65	70
2	9	42	70	30	64	30	24	47	62
2	10	35	76	69	58	38	51	40	69

续表7-49

月	日	2009 偏大年	2010 偏大年	2011 平年	2013 平年	2014 平年	2015 平年	2016 平年	2012 偏小年
2	11	53	76	54	51	52	68	30	89
2	12	54	74	72	56	55	47	11	72
2	13	55	56	90	42	65	54	20	65
2	14	69	41	76	36	78	58	29	88
2	15	59	51	74	48	73	26	35	59
2	16	55	84	66	55	51	18	58	57
2	17	45	52	62	77	52	13	50	94
2	18	48	47	54	81	80	20	39	90
2	19	11	55	29	39	74	31	29	73
2	20	26	37	37	28	72	13	45	70
2	21	42	34	65	46	68	22	73	78
2	22	45	50	90	61	61	74	67	47
2	23	60	76	77	88	69	73	57	34
2	24	44	91	71	93	69	57	65	55
2	25	38	82	67	86	77	53	47	74
2	26	49	63	64	62	76	55	30	93
2	27	53	57	67	72	76	48	44	71
2	28	49	63	64	81	70	29	57	77
2	29			67			27		
平均值		53.3	55.6	63.4	60.0	61.5	40.0	50.3	68.5

7.2.3.8　早温

图 7-50 说明:桂林市早温产量大小年年型等级与上年 10 月到 12 月的降水量呈极显著正相关,回归方程为 $Y=2\mathrm{E}-05X_1^2-0.012X_1+4.070(r=0.829^{**},n=9)$;当 $X_1>600$ mm 时,年型等级高。在图 7-32 中,如果剔除最右侧的一个点,规律将不复存在,因此,此规律无数据依据。

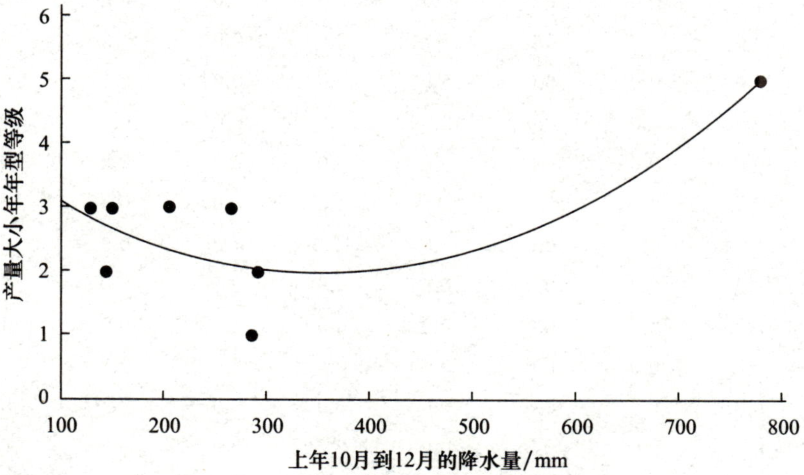

图 7-50　桂林市早温 X_1 与 Y 的关系

表 7-50 为桂林市 9 年中上年 10 月到 12 月的每日降水量。

表 7-50　桂林市 9 年中上年 10 月到 12 月的每日降水量　　mm

月	日	2016 大年	2010 平年	2011 平年	2012 平年	2013 平年	2014 平年	2009 偏小年	2015 偏小年	2019 小年
10	1	0.0	0.0	0.0	0.4	0.0	0.0	0.0	0.0	0.0
10	2	0.0	0.0	0.0	3.6	0.0	0.0	0.0	0.9	0.0
10	3	0.0	0.0	0.0	0.0	0.0	0.0	0.0	0.0	0.0
10	4	9.8	0.0	0.0	10.1	0.8	0.0	0.0	0.0	0.0
10	5	27.0	0.0	0.0	0.4	0.0	0.0	0.0	0.0	0.0
10	6	40.6	0.0	0.0	7.5	0.0	0.0	0.0	0.0	0.0
10	7	0.1	0.0	0.0	2.7	0.0	0.0	0.0	0.0	0.0
10	8	0.1	0.0	0.0	0.0	0.0	0.0	0.0	0.0	0.0
10	9	0.3	0.0	0.0	0.0	0.0	0.0	0.0	0.0	7.4
10	10	2.3	0.0	0.8	0.0	0.0	0.0	0.0	0.0	5.5
10	11	0.0	0.0	0.0	0.0	0.0	0.0	0.0	0.0	0.0
10	12	0.0	0.0	4.8	0.0	0.0	0.0	0.0	0.0	0.0
10	13	0.0	7.8	0.4	0.0	0.0	0.0	0.0	0.0	2.5
10	14	0.0	9.6	0.0	0.0	0.0	0.0	0.0	0.0	15.9
10	15	0.0	0.0	0.0	0.0	0.0	0.0	0.0	0.0	5.7
10	16	0.0	0.0	0.0	0.0	0.0	0.0	0.0	0.0	2.5
10	17	0.0	0.0	0.0	0.0	3.2	0.0	0.0	0.0	0.0
10	18	0.0	0.0	0.0	0.0	0.0	7.0	0.0	0.0	0.0
10	19	0.0	0.0	0.0	0.0	0.0	3.4	0.0	0.0	5.4
10	20	0.0	0.0	0.0	0.0	0.0	0.0	0.0	0.0	6.6
10	21	0.0	0.0	0.0	0.0	1.5	0.5	0.0	1.8	27.5
10	22	0.0	0.6	0.0	0.0	0.0	0.0	1.0	0.0	3.4
10	23	0.0	0.0	0.0	0.0	0.0	0.0	30.9	0.0	1.3
10	24	0.0	3.3	0.0	0.2	0.0	0.0	36.8	0.0	8.2
10	25	0.0	0.0	0.0	5.9	0.0	0.0	0.1	0.0	2.7
10	26	0.0	0.0	0.0	0.0	0.0	0.0	0.3	0.0	0.0
10	27	0.0	0.0	0.0	0.8	0.0	0.0	0.0	0.0	0.0
10	28	5.7	0.0	0.0	11.4	4.0	0.0	0.0	0.0	0.0
10	29	1.2	0.0	0.0	0.0	18.3	1.3	0.0	0.0	0.0
10	30	56.9	0.0	0.0	0.0	5.0	0.4	0.0	2.6	0.0
10	31	34.6	0.0	0.0	0.0	0.0	0.1	0.0	1.3	0.0
11	1	5.1	0.0	0.0	0.0	0.0	0.0	2.8	2.4	0.0
11	2	0.0	0.0	0.0	0.0	0.0	0.0	63.8	10.5	0.0
11	3	0.2	0.0	0.0	0.0	2.2	0.0	9.4	0.0	0.0
11	4	0.0	0.0	0.0	0.0	0.0	0.0	0.2	0.0	0.0
11	5	0.0	0.0	0.0	0.0	0.0	0.0	36.3	3.2	0.0

续表7-50

月	日	2016 大年	2010 平年	2011 平年	2012 平年	2013 平年	2014 平年	2009 偏小年	2015 偏小年	2019 小年
11	6	1.2	0.0	0.0	0.0	9.4	0.0	0.3	0.0	0.0
11	7	8.3	0.0	0.0	4.1	12.4	0.0	81.0	60.6	0.7
11	8	101.2	0.0	0.0	22.4	27.5	0.0	0.0	3.2	0.0
11	9	0.1	0.3	0.0	2.2	7.8	0.0	0.0	4.4	0.0
11	10	27.6	5.1	0.0	0.0	23.2	3.5	0.0	4.3	0.3
11	11	50.0	23.7	0.0	0.0	0.0	50.4	0.0	6.5	35.9
11	12	78.9	8.3	0.0	0.0	0.0	31.0	0.0	1.9	10.9
11	13	1.5	0.0	0.0	0.0	0.0	0.0	0.0	0.0	0.0
11	14	0.0	0.0	0.0	0.0	0.2	0.0	0.0	0.0	0.6
11	15	2.1	6.8	0.0	0.0	1.3	0.0	0.0	0.0	29.0
11	16	34.4	3.3	0.0	0.0	11.8	0.2	0.0	1.5	7.7
11	17	39.0	0.0	0.2	0.0	0.4	0.0	12.0	0.1	3.5
11	18	0.4	0.0	4.8	0.0	0.0	0.0	0.3	0.0	15.6
11	19	0.0	0.0	0.0	0.0	0.0	0.0	0.0	0.0	0.4
11	20	82.9	0.8	0.0	0.0	2.6	0.0	0.0	0.0	12.8
11	21	0.7	4.5	2.7	0.0	4.5	0.0	0.0	0.1	11.2
11	22	0.0	0.0	0.1	0.0	2.1	6.6	0.0	0.0	0.0
11	23	0.0	0.0	0.0	0.0	0.6	3.3	1.6	0.2	0.0
11	24	0.0	0.0	4.8	0.0	0.0	29.2	0.0	1.8	0.0
11	25	4.1	0.0	0.0	0.0	50.9	0.0	0.0	0.0	0.0
11	26	0.0	0.0	0.5	0.0	1.3	0.0	0.0	0.0	0.0
11	27	0.0	0.0	0.3	0.3	0.0	5.0	0.0	0.0	0.0
11	28	2.7	0.0	7.6	0.0	1.0	0.0	0.0	1.3	0.0
11	29	5.6	0.0	0.0	0.0	0.0	0.0	0.0	0.0	0.0
11	30	0.0	0.0	1.4	7.8	2.9	0.0	0.0	1.1	0.4
12	1	3.4	0.0	0.0	9.1	1.7	0.0	0.0	0.0	3.3
12	2	18.2	0.1	0.0	0.1	0.0	0.0	0.0	0.0	12.2
12	3	0.0	0.0	0.0	0.0	0.3	0.0	0.0	17.0	5.3
12	4	10.2	0.0	0.0	0.0	0.0	0.0	0.0	0.5	0.7
12	5	42.8	0.0	0.0	0.0	0.8	0.0	0.0	0.0	0.0
12	6	0.0	0.0	0.0	0.0	0.0	0.0	0.0	1.7	1.7
12	7	0.0	1.1	0.0	1.7	0.0	0.0	0.0	8.4	0.0
12	8	0.0	2.3	0.0	0.6	0.0	0.0	0.0	0.0	13.0
12	9	15.3	0.0	0.0	0.0	0.0	0.0	0.0	0.0	7.1
12	10	0.0	1.1	2.2	0.0	9.6	0.0	0.0	0.0	0.4
12	11	0.0	0.0	2.4	0.0	3.5	0.0	0.0	0.0	3.2
12	12	11.4	0.0	31.8	0.0	0.0	0.0	0.0	0.0	0.0
12	13	8.7	0.0	22.2	0.0	1.6	0.0	0.0	0.0	0.0

续表7-50

月	日	2016 大年	2010 平年	2011 平年	2012 平年	2013 平年	2014 平年	2009 偏小年	2015 偏小年	2019 小年
12	14	0.0	0.0	2.5	0.0	1.9	26.1	0.0	0.0	0.0
12	15	0.1	6.3	43.0	0.0	0.0	18.3	0.0	0.0	0.0
12	16	0.1	0.0	0.1	0.0	0.0	16.8	0.0	0.0	0.0
12	17	0.0	0.0	0.0	0.0	1.6	0.3	0.0	0.0	0.0
12	18	0.0	0.0	0.0	0.0	4.1	0.0	0.0	0.0	0.0
12	19	0.0	0.0	0.0	0.0	0.3	0.0	0.0	0.0	0.0
12	20	0.0	0.0	0.0	0.0	3.8	0.0	0.0	0.0	9.5
12	21	0.0	0.0	0.0	0.0	3.3	0.0	0.0	0.0	0.6
12	22	18.4	0.0	0.0	0.0	0.0	0.0	0.1	0.0	0.2
12	23	1.6	1.9	0.0	0.0	0.0	0.0	0.4	0.0	0.0
12	24	2.5	4.4	5.7	0.0	0.0	0.0	0.0	0.0	0.0
12	25	0.0	0.1	7.9	0.0	0.0	0.0	0.0	0.0	0.0
12	26	7.2	16.7	0.0	0.0	2.5	0.0	0.2	0.1	0.0
12	27	0.0	19.0	0.0	0.0	23.9	0.0	2.3	5.3	0.0
12	28	0.0	0.0	0.0	0.0	0.2	0.0	9.0	0.0	0.5
12	29	8.1	1.3	0.0	1.6	9.8	0.0	0.3	0.0	0.0
12	30	1.0	0.0	3.3	0.0	0.0	0.0	1.1	0.0	3.6
12	31	1.3	0.0	0.0	0.0	0.0	0.0	0.0	0.0	0.0
累计值		774.9	128.4	149.5	92.9	263.8	203.4	290.2	142.7	284.9

图 7-51 说明：桂林市早温产量大小年年型等级与当年 2 月的每日平均相对湿度的平均呈极显著负相关，回归方程为 $Y=0.008X_2^2-1.272X_2+52.990$（$r=-0.871^{**}$，$n=9$）；当 $X_2<65\%$ 时，年型等级高。

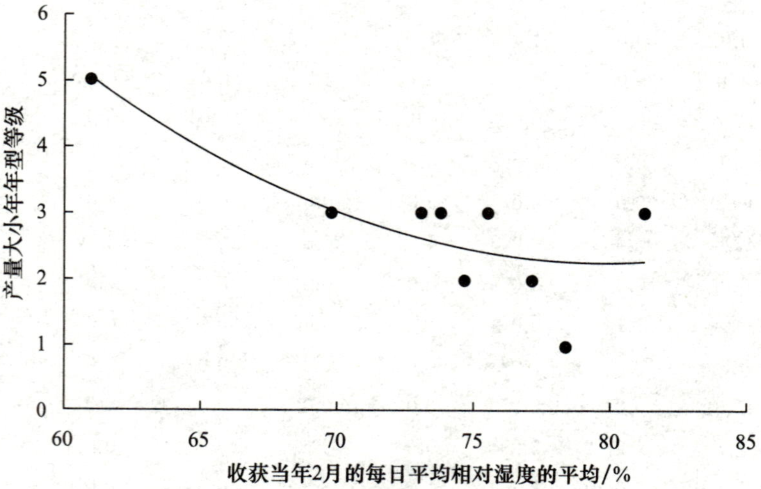

图 7-51　桂林市早温 X_2 与 Y 的关系

表 7-51 为桂林市 9 年中收获当年 2 月的每日平均相对湿度。

表 7-51 桂林市 9 年中收获当年 2 月的每日平均相对湿度 %

月	日	2016 大年	2010 平年	2011 平年	2012 平年	2013 平年	2014 平年	2009 偏小年	2015 偏小年	2019 小年
2	1	78	70	73	75	79	59	65	75	58
2	2	67	74	69	77	78	64	84	85	80
2	3	58	77	64	73	76	62	87	89	79
2	4	67	78	70	90	84	66	85	71	47
2	5	55	80	66	88	79	77	81	55	59
2	6	43	84	63	84	74	79	83	54	69
2	7	41	81	63	63	78	74	81	64	78
2	8	60	89	69	49	78	74	78	39	75
2	9	62	78	82	69	74	72	75	42	74
2	10	72	64	81	78	81	64	72	48	77
2	11	81	74	79	63	95	59	70	66	79
2	12	75	61	80	92	80	65	57	82	89
2	13	79	75	75	93	79	60	61	81	90
2	14	65	80	59	84	94	53	61	91	86
2	15	44	70	86	80	78	55	60	92	86
2	16	33	63	91	74	75	93	77	81	82
2	17	41	62	73	68	96	85	77	81	90
2	18	43	58	64	64	95	87	91	90	87
2	19	49	35	68	43	80	65	87	91	82
2	20	30	47	59	58	76	61	60	80	88
2	21	43	64	52	88	89	59	81	84	80
2	22	85	82	76	92	71	89	90	72	76
2	23	77	83	91	82	64	92	81	75	84
2	24	69	62	95	75	69	95	80	77	75
2	25	68	69	92	73	94	93	84	85	71
2	26	78	62	81	69	95	76	86	83	87
2	27	82	68	73	83	80	80	85	81	85
2	28	73	65	71	80	85	88	81	76	82
2	29	51			84					
平均值		61.0	69.8	73.8	75.6	81.3	73.1	77.1	74.6	78.4
≤65%天数/d		15	11	7	6	1	12	6	6	3

图 7-52 是对桂林市早温产量大小年年型等级与当年 2 月的每日平均相对湿度≤65%天数所做的散点图，说明 2 月的每日平均相对湿度≤65%天数至少大于 10 d，才能为高产年型形成创造好的气象条件。回归方程为 $Y=0.024X_{2(1)}^{2}-0.221X_{2(1)}+2.660$（$r=-0.810^{**}$，$n=9$）。

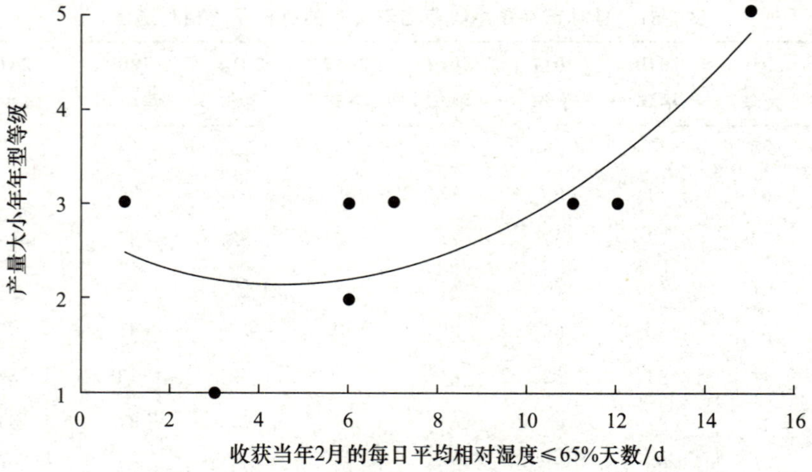

图 7-52　桂林市早温 $X_{2(1)}$ 与 Y 的关系

图 7-53 说明：桂林市早温产量大小年年型等级与当年 6 月的每日平均相对湿度的平均呈极显著负相关，回归方程为 $Y=0.022X_3^2-3.842X_3+166.43(r=-0.811^{**},n=9)$；当 $X_3<76\%$ 时，年型等级高。

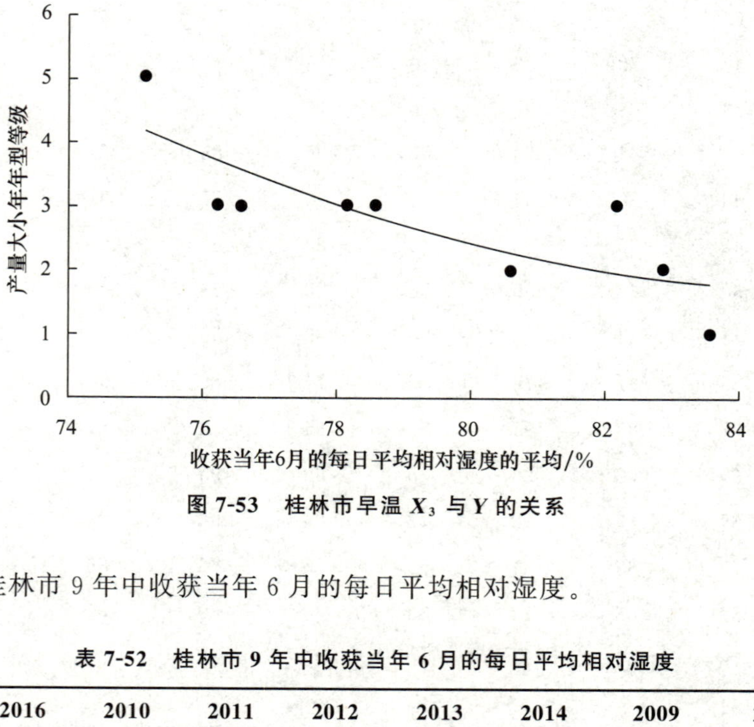

图 7-53　桂林市早温 X_3 与 Y 的关系

表 7-52 为桂林市 9 年中收获当年 6 月的每日平均相对湿度。

表 7-52　桂林市 9 年中收获当年 6 月的每日平均相对湿度　　%

月	日	2016 大年	2010 平年	2011 平年	2012 平年	2013 平年	2014 平年	2009 偏小年	2015 偏小年	2019 小年
6	1	63	85	60	86	82	75	73	89	90
6	2	65	75	64	76	83	80	88	86	78
6	3	88	70	67	74	69	88	77	81	71
6	4	84	65	68	86	82	89	62	86	74

续表7-52

月	日	2016 大年	2010 平年	2011 平年	2012 平年	2013 平年	2014 平年	2009 偏小年	2015 偏小年	2019 小年
6	5	78	61	67	89	77	94	62	79	83
6	6	70	70	84	86	74	86	60	78	93
6	7	72	85	93	84	81	73	83	90	90
6	8	77	88	84	88	91	70	87	95	85
6	9	71	79	79	88	93	70	95	94	98
6	10	77	76	81	84	87	75	97	96	96
6	11	85	81	78	84	63	71	86	92	86
6	12	91	86	82	80	53	62	83	84	95
6	13	88	91	87	73	50	53	78	96	77
6	14	94	90	77	67	48	60	68	99	67
6	15	95	85	87	68	60	64	74	85	64
6	16	84	93	92	61	86	65	78	76	89
6	17	80	90	85	65	78	82	74	72	87
6	18	79	87	80	66	73	89	73	82	89
6	19	70	84	75	59	71	88	68	92	81
6	20	74	91	70	60	71	92	71	89	79
6	21	65	85	70	68	74	91	71	86	76
6	22	64	90	68	82	70	79	94	83	81
6	23	63	84	65	88	82	78	95	83	94
6	24	66	85	64	92	79	82	93	81	75
6	25	69	76	75	93	85	88	94	76	78
6	26	66	79	62	90	92	84	84	71	88
6	27	64	88	78	90	87	81	80	69	91
6	28	68	88	76	85	94	81	89	65	87
6	29	67	79	87	75	85	71	90	65	87
6	30	78	79	82	70	78	84	91	66	78
平均值		75.2	82.2	76.2	78.6	76.6	78.2	80.6	82.9	83.6
≤76%天数/d		16	7	14	13	12	12	11	8	6

图 7-54 是对桂林市早温产量大小年年型等级与收获当年 6 月的每日平均相对湿度≤76%天数所做的散点图，说明 6 月的每日平均相对湿度≤76%天数至少大于 15 d，才能为高产年型形成创造好的气象条件。回归方程为 $Y=0.033X_{3(1)}^{2}-0.449X_{3(1)}+3.402(r=0.837^{**},n=9)$。

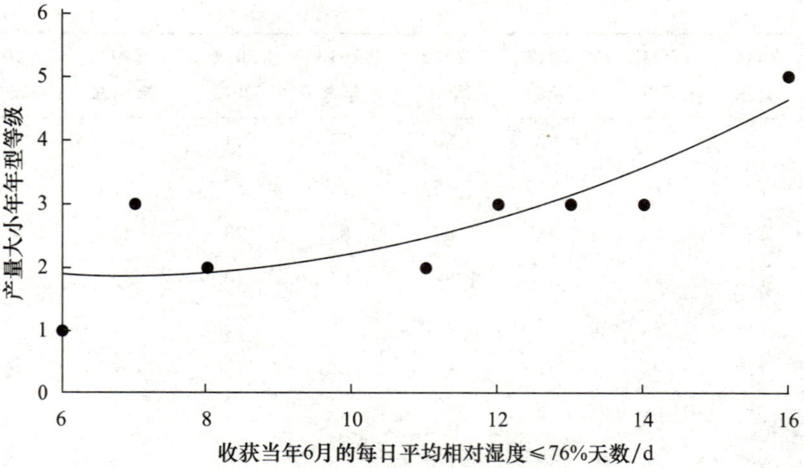

图 7-54 桂林市旱温 $X_{3(1)}$ 与 Y 的关系

7.2.4 桂林市原始单一气象指标转化为天数指标后与柑橘不同品种产量大小年年型等级的关系

对表 7-13 中的所有指标进行按天数的新指标试算，凡是能获得与 Y 显著以上相关关系的指标都定义为新变量，其特征为以天数为单位，可以作为田间微气象条件调控的直接指标，也便于理解和掌握。本书中将对所有可能转化为天数的原始气象指标进行试算，凡是能转化为天数的原始气象指标都将重新定义为 $X_{n(1)}$，如 X_1 转化为 $X_{1(1)}$、X_2 转化为 $X_{2(1)}$。转化为天数的指标和研究结果见 7.2.3 中的相应内容。由此可能产生 3 套气象指标，即原始气象指标组合、原始气象指标组合中某些指标被以天数指标替换后的指标组合（转化后的气象指标组合）和所有指标的组合。由此产生 3 类综合模型，即基于原始气象指标组合的综合预测模型、原始气象指标组合中某些指标被以天数指标替换后的综合预测模型和所有指标的组合的综合预测模型。

表 7-53 为影响桂林市柑橘 8 个品种产量大小年年型等级的原始气象指标和转化后的气象指标。

表 7-53 影响桂林市柑橘 8 个品种产量大小年年型等级的原始气象指标和转化后的气象指标

品种	原始气象指标定义	可以转化为天数的气象指标的定义/d
金柑	收获当年 6 月的日照时数 X_1/h	收获当年 6 月的每日日照时数>4 h 天数
	收获当年 9 月的每日最小相对湿度的平均 X_2/%	收获当年 9 月的每日最小相对湿度≤45%天数
南丰蜜橘	上年 10 月中旬的降雨量 X_1/mm	*
	上年 11 月下旬的每日最低气温的平均 X_2/℃	上年 11 月下旬的每日最低温度≤10 ℃天数
	上年 12 月中旬的日照时数 X_3/h	*
	收获当年 2 月中旬的每日最低气温的平均 X_4/℃	*
	收获当年 5 月中旬的每日平均温度的平均 X_5/℃	*
普通甜橙	收获当年 1 月的每日最高温度的平均 X_1/℃	收获当年 1 月的每日最高温度<10 ℃天数
	收获当年 1 月的日照时数 X_2/h	收获当年 1 月的每日日照时数为 0 的天数
脐橙	收获当年 1 月的每日最低温度的平均 X_1/℃	收获当年 1 月最低温度≤4 ℃的天数
	收获当年 3 月的每日最低温度的平均 X_2/℃	收获当年 3 月最低温度≤10 ℃天数
	收获当年 5 月的每日最低温度的平均 X_3/℃	收获当年 5 月的最低温度≤20 ℃天数
	收获当年 5 月的每日最小相对湿度的平均 X_4/%	收获当年 5 月最小相对湿度≤55%天数
	收获当年 5 月的日照时数 X_5/h	收获当年 5 月的每日日照时数≥5 h 天数

续表7-53

品种	原始气象指标定义	可以转化为天数的气象指标的定义/d
沙糖橘	上年9月的每日最小相对湿度的平均 X_1/%	上年9月的每日最小相对湿度≤50%天数
	上年9月的日照时数 X_2/h	*
	上年11月的每日最低气温的平均 X_3/℃	上年11月的每日最低温度≤12 ℃天数
	收获当年1月的每日平均相对湿度的平均 X_4/%	收获当年1月的每日平均湿度≤80%天数
	收获当年4月的每日平均相对湿度的平均 X_5/%	收获当年4月的每日平均相对湿度≤80%天数
	收获当年4月的降雨量 X_6/mm	*
沙田柚	上年10月的每日最小相对湿度的平均 X_1/%	*
	上年10月的降水量 X_2/mm	*
	收获当年1月的每日平均温度的平均 X_3/℃	收获当年1月的每日平均温度≥10 ℃天数
	收获当年3月的每日最小相对湿度的平均 X_4/%	*
	收获当年3月的日照时数 X_5/h	*
夏橙	上年8月的每日平均温度的平均 X_1/℃	*
	上年8月的降水量 X_2/mm	*
	收获当年2月的每日最小相对湿度的平均 X_3/%	*
早温	上年10月到12月的降水量 X_1/mm	*
	收获当年2月的每日平均相对湿度的平均 X_2/%	收获当年2月的每日平均相对湿度≤65%天数
	收获当年6月的每日平均相对湿度的平均 X_3/%	收获当年6月的每日平均相对湿度≤76%天数

注:此表中的“*”表示“无对应指标”。

7.2.5 桂林市柑橘8个品种产量大小年年型等级预测模型

(1)基于原始气象指标组合的综合预测模型　对桂林市柑橘8个品种产量大小年年型等级赋值,并与确定的各自气象指标进行多元回归,所得到的预测模型见表7-54,所有模型均达到显著和极显著相关水平。自回归合格率按年型预测误差±1个等级计算,8个品种的预测合格率为100.0%;自回归合格率按年型预测误差±0.5个等级计算,8个品种的预测合格率平均为82.7%。

表7-54 基于原始气象指标的桂林市柑橘8个品种产量大小年年型等级模型和自回归结果

品种	模型和相关系数	±1和±0.5的合格率/%
金柑	$Y=3.986+0.009X_1-0.042X_2(r=0.787^*)$	100.0;88.9
南丰蜜橘	$Y=-1.505+0.031X_1-0.067X_2+0.001X_3+0.069X_4+0.188X_5(r=0.998^{**})$	100.0;100.0
普通甜橙	$Y=3.817-0.043X_1+0.005X_2(r=0.709^*)$	100.0;75.0
脐橙	$Y=3.935-0.115X_1-0.083X_2-0.191X_3+0.072X_4+0.005X_5(r=0.951^*)$	100.0;100.0
沙糖橘	$Y=0.557-0.008X_1+0.010X_2-0.049X_3+0.014X_4+0.0025X_5+0.003X_6(r=0.884)$	100.0;77.8
沙田柚	$Y=8.646-0.108X_1-0.002X_2+0.075X_3-0.002X_4-0.019X_5(r=0.854)$	100.0;55.6
夏橙	$Y=5.410+0.025X_1-0.004X_2-0.042X_3(r=0.781^*)$	100.0;75.0
早温	$Y=28.946-0.0004X_1-0.112X_2-0.224X_3(r=0.959^{**})$	100.0;88.9

(2)基于原始气象指标组合中某些指标被以天数指标替换后的综合预测模型　所得到的预测模型见表 7-55,所有模型均达到极显著相关水平。自回归合格率按年型预测误差±1 个等级计算,7 个品种(夏橙没有对应的结果)的预测合格率为 100.0%;自回归合格率按年型预测误差±0.5 个等级计算,7 个品种的预测合格率平均为 88.9%。

表 7-55　基于原始气象指标和转化为天数气象指标组合的桂林市柑橘 8 个品种产量大小年年型等级模型和自回归结果

品种	模型和相关系数	±1 和±0.5 的合格率%
金柑	$Y=1.240+0.083X_{1(1)}+0.046X_{2(1)}$ ($r=0.747^{*}$)	100.0;77.8
南丰蜜橘	$Y=-1.952+0.039X_{1}+0.042X_{2(1)}-0.006X_{3}+0.057X_{4}+0.1761X_{5}$ ($r=0.979^{**}$)	100.0;100.0
普通甜橙	$Y=1.799-0.001X_{1(1)}+0.061X_{2(1)}$ ($r=0.755^{*}$)	100.0;88.9
脐橙	$Y=3.571+0.006X_{1(1)}-0.043X_{2(1)}+0.029X_{3(1)}-0.057X_{4(1)}+0.070X_{5(1)}$ ($r=0.994^{**}$)	100.0;100.0
沙糖橘	$Y=-0.251-0.008X_{1(1)}+0.011X_{2}+0.025X_{3(1)}-0.022X_{4(1)}+0.041X_{5(1)}+0.004X_{6}$ ($r=0.893$)	100.0;89.0
沙田柚	$Y=12.839-0.150X_{1}-0.005X_{2}+0.037X_{3(1)}-0.026X_{4}-0.028X_{5}$ ($r=0.990^{**}$)	100.0;100.0
夏橙	无	
早温	$Y=-0.210+0.001X_{1}+0.104X_{2(1)}+0.186X_{3(1)}$ ($r=0.901^{**}$)	100.0;66.7

(3)所有指标的组合的综合预测模型　所得到的预测模型见表 7-56。自回归合格率按年型预测误差±1 个等级计算,7 个品种(夏橙没有对应的结果)的预测合格率为 100.0%;自回归合格率按年型预测误差±0.5 个等级计算,8 个品种的预测合格率平均为 95.2%。

表 7-56　基于所有气象指标的桂林市柑橘 8 个品种产量大小年年型等级模型和自回归结果

品种	模型和相关系数	±1 和±0.5 的合格率/%
金柑	$Y=3.917+0.010X_{1}-0.104X_{2}-0.009X_{1(1)}+0.001X_{2(1)}$ ($r=0.787$)	100.0;88.9
南丰蜜橘	$Y=1.016-0.049X_{1}-0.808X_{2}+0.061X_{3}+0.259X_{4}+0.421X_{5}-0.582X_{2(1)}$ ($r=0.998^{**}$)	100.0;100.0
普通甜橙	$Y=-2.928-0.092X_{1}+0.031X_{2}-0.056X_{1(1)}+0.298X_{2(1)}$ ($r=0.857^{*}$)	100.0;100.0
脐橙	$Y=4.360+0.124X_{2}-0.068X_{3}+0.008X_{5}-0.019X_{1(1)}-0.092X_{2(1)}-0.003X_{5(1)}$ ($r=0.994^{**}$)	100.0;100.0
沙糖橘	$Y=23.739-0.303X_{1}+0.004X_{2}-0.210X_{3}+0.003X_{4}-0.206X_{1(1)}+0.014X_{3(1)}$ ($r=0.915$)	100.0;88.9
沙田柚	$Y=7.972-0.045X_{1}-0.002X_{2}+0.029X_{3}-0.034X_{4}-0.025X_{5}+0.047X_{1(1)}$ ($r=0.858$)	100.0;100.0

续表7-56

品种	模型和相关系数	±1 和±0.5 的合格率/%
夏橙	无	
早温	$Y=38.645-0.135X_2-0.311X_3-0.022X_{2(1)}-0.086X_{3(1)}(r=0.963^{**})$	100.0;88.9

注：由于样本数量少，脐橙剔除 $X_{1(1)}$、X_4、$X_{3(1)}$、$X_{4(1)}$，这 4 个变量未参加建模；由于样本数量少，沙糖橘剔除 X_5、X_6、$X_{2(1)}$、$X_{4(1)}$、$X_{5(1)}$、$X_{6(1)}$，这 6 个变量未参加建模。

7.2.6 桂林市柑橘 8 个品种产量大小年年型等级的气象指标范围

桂林市柑橘 8 个品种产量大小年年型等级的气象指标范围见表 7-57 至表 7-64。

表 7-57 桂林市金柑已知 9 年产量大小年年型等级的两项气象指标范围

变量、指标简称和相关系数	偏大年	平年	偏小年
X_1/h:6 月日照时数，0.688^{*}	136.5	81.8～149.5	41.4～91.2
X_2/%:9 月最小湿度，-0.823^{**}	45.6	36.7～52.4	54.6～58.3
$X_{1(1)}$/d	14	10～18	5～10
$X_{2(1)}$/d	18	8～23	4～13

表 7-58 桂林市南丰蜜橘已知 9 年产量大小年年型等级的 5 项气象指标范围

变量、指标简称和相关系数	偏大年	平年	偏小年
X_1/mm:上年 10 月中旬降雨量，0.768^{*}	17.4	0～10.4	0～5.2
X_2/℃:上年 11 月下旬最低气温，-0.880^{**}	8.6	9.6～11.7	13.2～15.0
X_3/h:上年 12 月中旬日照时数，-0.754^{*}	10.0	12.0～34.9	26.9～51.0
X_4/℃:2 月中旬最低气温，0.812^{**}	13.7	4.6～12.0	2.1～5.4
X_5/℃:5 月中旬平均温度，0.838^{**}	24.1	22.9～25.8	22.4～22.6
$X_{2(1)}$/d	6	2～7	0

表 7-59 桂林市普通甜橙已知 9 年产量大小年年型等级的 2 项气象指标范围

变量、指标简称和相关系数	偏大年	平年	偏小年
X_1/℃:1 月最高温度，-0.768^{*}	7.9	6.0～14.7	16.0
X_2/h:1 月日照时数，-0.690^{*}	15.8	21.0～117.4	137.2
$X_{1(1)}$/d	26	5～28	6
$X_{2(1)}$/d	28	12～25	9

表 7-60　桂林市脐橙已知 9 年产量大小年年型等级的 5 项气象指标范围

变量、指标简称和相关系数	偏大年	平年
X_1/℃：1 月最低温度，−0.971**	2.6	4.8～8.4
X_2/℃：3 月最低温度，−0.975**	8.7	10.8～14.0
X_3/℃：5 月最低温度，−0.976**	19.1	20.3～22.0
X_4/%：5 月最小湿度，−0.915**	53.9	56.9～65.9
X_5/h：5 月日照时数，0.987**	154.4	66.0～114.6
$X_{1(1)}$/d	26	2～13
$X_{2(1)}$/d	9	19～26
$X_{3(1)}$/d	18	5～15
$X_{4(1)}$/d	15	4～13
$X_{5(1)}$/d	14	5～10

表 7-61　桂林市沙糖橘已知 9 年产量大小年年型等级的 6 项气象指标范围

变量、指标简称和相关系数	大年	平年	偏小年
X_1/%：上年 9 月最小湿度，−0.872**	45.6	48.2～58.3	54.6
X_2/h：上年 9 月日照时数，0.804**	209.5	84.2～192.8	136.7
X_3/℃：上年 11 月最低气温，−0.880**	9.9	12.2～16.0	13.0
X_4/%：1 月平均湿度，0.828**	81.7	57.2～78.2	65.4
X_5/%：4 月平均湿度，0.798**	86.8	69.8～84.5	71.4
X_6/mm：4 月降雨量，0.740*	455.9	138.7～413.7	58.6
$X_{1(1)}$/d	22	5～18	16
$X_{3(1)}$/d	21	1～16	10
$X_{4(1)}$/d	13	14～29	25
$X_{5(1)}$/d	8	7～27	22

表 7-62　桂林市沙田柚已知 9 年产量大小年年型等级的 5 项气象指标范围

变量、指标简称和相关系数	大年	偏大年	平年	偏小年
X_1/%：上年 10 月最小湿度，−0.692*	42.9	40.7	40.1～49.7	47.5～49.6
X_2/mm：上年 10 月降水量，−0.762*	6.6	12.7	6.0～178.6	69.1～94.6
X_3/℃：1 月平均温度，0.866**	10.9	11.2	3.9～9.7	8.5
X_4/%：3 月最小湿度，0.685*	68.3	67.1	52.9～60.9	59.8～64.7
X_5/h：3 月日照时数，−0.819*	21.7	29.8	38.6～102.8	67.6～72.5
$X_{3(1)}$/d	19	19	0～14	8～10

表 7-63　桂林市夏橙 8 年产量大小年年型等级的 3 项气象指标范围

变量、指标简称和相关系数	偏大年	平年	偏小年
X_1/℃：上年 8 月平均温度，0.783*	29.3～29.4	27.6～29.2	28.8
X_2/mm：上年 8 月降水量，−0.738*	18.6～24.4	63.0～270.3	141.7
X_3/%：2 月最小湿度，−0.895**	53.3～55.6	40.0～63.4	68.5

表 7-64　桂林市早温 9 年产量大小年年型等级的 3 项气象指标范围

变量、指标简称和相关系数	大年	平年	偏小年	小年
X_1/mm:上年 10－12 月降水量,0.829**	774.9	92.9～263.8	142.7～290.2	284.9
X_2/%:2 月平均湿度,－0.871**	61.0	69.8～81.3	74.6～77.1	78.4
X_3/%:6 月平均湿度,－0.811**	75.2	76.2～82.2	80.6～82.9	83.6
$X_{2(1)}$/d	15	1～12	6	3
$X_{3(1)}$/d	16	7～14	8～11	6

7.2.7　其他研究结果

对桂林市柑橘 8 个品种产量影响气象指标按月分布统计结果见表 7-65。

合计 33 个指标(其中早温为 10—12 月 1 个降水量指标分解而成的 3 个月指标),其中温度 10 个、湿度 10 个、降水量 7 个、日照时数 6 个,说明温度和湿度最重要,其次是降水量和日照时数。

指标分别分布在 1—12 月的有 4、4、3、5、5、2、0、2、3、5、4、2 个指标,说明 6—8 月影响因素最少,特别是 7 月份没有指标;有 4—5 个影响因素的月份分布为 1、2、4、5、10、11 月,说明相比夏季而言,秋、冬、春 3 个季节最为重要。

影响因素按月计算最多的品种是:沙糖橘 6 个、南丰蜜橘 5 个、脐橙 5 个、沙田柚 5 个、早温 5 个,金柑和普通甜橙影响因素最少,只有 2 个,夏橙有 3 个影响因素。影响因素越多说明产量受气象条件影响越大,反之越小。

表 7-65　桂林市柑橘 8 个品种产量影响气象指标的月分布

项目	金柑	南丰蜜橘	普通甜橙	脐橙	沙糖橘	沙田柚	夏橙	早温
收获时间	12 月	11 月底	11 月底 12 月初	11 月底 12 月初	12 月 中下旬	10 月 下旬	翌年 4 月	9 月 中下旬
1 月			－温	－温	＋湿	＋温		
2 月		＋温	－日				－湿	－湿
3 月				－温		＋湿－日		
4 月					＋湿＋雨			
5 月		＋温		－温 －湿 ＋日				
6 月	＋日							－湿
7 月								
8 月							＋温－雨	
9 月	－湿				－湿＋日			
10 月		＋雨				－湿－雨		＋雨
11 月		－温			－温			＋雨
12 月		－日						＋雨

注:表中的"＋"或"－"表示正负相关性;"温"代表温度,"湿"代表湿度,"雨"代表降水量,"日"代表日照时数。

统计不同品种大年和小年结果，发现有些品种之间具有相反规律，结果见表 7-66，如金柑与沙田柚在 2009 和 2015 年型截然相反，南丰蜜橘与沙田柚在 2009 和 2014 年结果完全相反。

表 7-66　不同柑橘品种产量年型关系

年份	大年或偏大年	偏小或小年
2009	金柑、南丰蜜橘	沙田柚
2014	沙田柚	南丰蜜橘
2015	沙田柚	金柑

7.3　与以往研究结果的对比

柑橘是世界第一大类水果作物和第三大贸易农产品，属芸香科下属植物，用作经济栽培的有 3 个属：枳属、柑橘属和金柑属。中国和世界其他国家栽培的柑橘主要是柑橘属。柑橘属植物是柑橘类果树中最主要的一群植物，共有 17 个种，分成 6 个种群：大翼橙类、宜昌橙类、枸橼柠檬类、柚类、橙类和宽皮橘类。柑橘类水果包括柑橘、柑、柚子、枸橼、甜橙、酸橙、金橘、柠檬等[1]。中国柑橘广泛分布于北纬 16°～37°，但经济栽培区主要集中在北纬 20°～33°，海拔 700～1000 m[2]。广西壮族自治区地处低纬度（104°28′～112°04′E，20°54′～26°24′N），属亚热带季风气候区，年平均气温 17.5～23.5 ℃，年平均降水量 841.2～3387.5 mm，年日照时数 1213.0～2135.2 h，气温暖和，雨水丰沛，光照充足，是全国最适宜栽培柑橘的地区之一。柑橘在广西各地均有种植，是该地种植面积最大的水果[3]。柑橘是广西比较具有特色的经济作物，属于典型的亚热带和热带常绿果树，并且具有明显的喜温暖湿润的生态特性[4]。世界柑橘主要分布在北纬 35°以南的区域，性喜温暖湿润，大面积水域形成邻近增温区时可向北推进到北纬 45°，可见温度对柑橘的生长发育和果实质量影响最大。气候要素是产业数字化的基础数据资源，其历史数据和预测数据都在产业发展过程中发挥着重要的作用[1]。

柑橘气象产量是排除由不同历史时期社会生产力水平和政策等因素引起的柑橘产量变化，是仅由气象因素造成产量变化的部分；相对于气象因子，土壤因子、地形因子、人为因子以及环境因子年际变化较小，所以气象因子能代表某一地域某一时间的生产力水平[5]。

在气候变化对柑橘产量影响方面，倪超等[6]利用涪陵 2005—2015 年的气象资料和柑橘种植面积、产量资料，分析了气象条件变化对柑橘产量的影响。金国花等[7]通过对南丰县 1981—2017 年气象资料与蜜橘统计产量数据，采用线性气候倾向、SPSS 相关性等方法进行分析，探讨了蜜橘产量与气象因子的关系，结果表明南丰县近 37 年的柑橘面积、总产量呈增加趋势。余颖等[8]利用浙江省金衢盆地 12 个城市 2000—2010 年的柑橘种植面积及产量资料，通过 SPSS 软件分析 2000—2010 年每月的气温（最高气温、最低气温、平均气温）、降水量和日照时数与柑橘气象产量的相关关系，结果表明，在柑橘的不同生长时期，气象要素的差异对柑橘气象产量产生重要影响。邓鹏飞等[9]利用江西省抚州市临川区 2003—2012 年气象资料和柑橘种植面积、产量资料，分析了气象条件变化对柑橘产量的影响，结果表明，临川区近 10 年柑橘的平均面积、单产呈显著增加趋势。金志凤等[10]对 1961－2000 年冬季气候资料统计表明，40 年来浙江省柑橘主产地均出现不同等级的冻害，并发现柑橘明显减产时多出现冻害，在较强冻害出现时，甚至可以连续两年减产。叶飞等[15]利用浙江省龙游县 2010—2019 年的气象资料和柑橘产量资料，用龙游柑橘气象产量和实际产量分别与多项气象因子进行相关性对比分析，并建立各自预测模型，结果表明，实际产量的预测模型检验明显优于气象产量预测模型。

在气候适宜度对柑橘种植产区划分方面，李柳洪等[11]探讨过桂林市阳朔县的气候自然条件是柑橘发展的优势区域；俞诗汀等[12]以福建省闽江中下游区域的闽清县研究为对象，简要分析了该地气候对柑橘种植的利弊条件；刘武等[13]利用广西87个国家自动气象站1961—2018年逐日气象资料和柑橘生长气候习性，采用模糊数学方法建立模型，并利用典型年份、阶段异常天气进行模型验证，结果表明广西大部分地区均属于柑橘种植适宜区，并指出广西柑橘各气象要素适宜度空间分布特征受地域气候影响明显，热量条件充足甚至过多，而降水和日照在一些地区不足，柑橘种植选址应更多考虑降雨和日照因素；刘聪等[13]对南方柑橘种植区近60年(1960—2019年)361个气象站观测数据进行精细化插值(Anusplin插值)，并计算前、后30年气候适宜度及空间变化特征，结果表明，柑橘最适宜种植区主要集中于四川东部、云南南部、重庆西北部、广西、湖北大部分区域；孙伟等[14]利用浙江省63个气象站1971—2006年气象资料，从短时期气温突降、极端最低温度、冬季负积温、霜冻4个气象要素，统计分析了柑橘冻害规律；刘志雄等[15]应用风险矩阵法对湖北省柑橘(以宽皮柑橘为例)冻害风险进行区域等级划分，结果分为4个等级：无冻害风险区、低度风险区、中度风险区以及高度风险区；聂振朋等[16]对影响柑橘引种的主要生态因子进行综述，分别介绍了温度、降雨量和空气湿度、土壤、光照和海拔高度等生态因子的适宜范围。

本部分就桂林市平乐县柑橘和8个柑橘品种产量大小年年型等级与每年的气象条件关系进行了系统研究，研究结果与以往诸多研究结果基本吻合，本部分的主要结果是将影响柑橘产量大小年年型等级的气象影响因素进行了定量化，确定了影响指标、影响指标的时间段和具体数据范围，为生产调控提供了基于大数据分析的科学依据，特别是转化为天的气象指标更容易被生产者掌握和应用。

参考文献

[1]温晗秋子，郑永强，刘杨.柑橘大数据研究与应用[J].农业大数据学报，2021，3(01)：33-44.

[2]唐子立.柑橘果园监测与规划模型的初步研究[D].武汉：华中农业大学，2012.

[3]刘武，莫家尧，李政，等.广西柑橘气候适宜度模型[J].中国农学通报，2021，37(25)：109-114.

[4]金志凤，刘发挥.冻害对浙江柑桔产量的影响[J].中国农业气象，2002(03)：35-39.

[5]叶飞，劳晓璨.柑橘气象产量和实际产量与气象因子相关性及对比分析[J].浙江农业科学，2021，62(06)：1119-1122.

[6]倪超，顾海敏，何永坤，等.涪陵区关键气候因子变化对柑橘产量的影响[J].江西农业学报，2017，29(08)：29-33.

[7]金国花，何寿仁.南丰县关键气象因子变化对蜜橘产量的影响[J].湖北农业科学，2018，57(23)：76-80.

[8]余颖，王玛丽，叶玮，等.金衢盆地气象条件对柑橘生产的影响研究[J].湖南农业科学，2013(07)：96-99.

[9]邓鹏飞，石进婧，游纯城.临川区近10年气象条件变化对柑橘产量的影响[J].气象与减灾

研究，2014，37(03)：68-72.

[10]金志凤，刘发挥.冻害对浙江柑桔产量的影响[J].中国农业气象，2002(03)：35-39.

[11]李柳洪，廖奎富.阳朔县夏橙生产发展及存在的主要问题与应对措施[J].南方园艺，2010，21(01)：8-9，13.

[12]俞诗汀，李青松，邹小松.气象条件对柑橘种植的影响分析[J].农业技术与装备，2020(03)：130，132.

[13]刘聪，李凯伟，张继权，等.基于气候适宜度的南方柑橘种植精细化气候区划[J].应用气象学报，2021，32(04)：421-431.

[14]孙伟，王秀珍，黄敬峰，等.低温冻害对浙江省柑橘生产的研究[J].科技通报，2011，27(01)：32-37.

[15]刘志雄，刘敏.基于风险矩阵法的湖北省柑橘冻害风险区划[J].华中农业大学学报，2015，34(06)：73-77.

[16]聂振朋，柯甫志，王平，等.影响柑橘引种的主要生态因子[J].浙江柑橘，2012，29(04)：12-14.

8 基于立地条件的容县沙田柚柚果可溶性固形物含量预测模型

本部分通过对广西区玉林市容县沙田柚柚果可溶性固形物含量与立地条件关系的数据分析，确立影响容县沙田柚柚果可溶性固形物含量的立地条件及其指标标准。

8.1 数据和研究方法

数据：本案例的数据来源于容县农业技术推广站 2018 年 10 月下旬在沙田柚收获期采集的不同果园 50 个样地的土样、功能叶片和沙田柚柚果样本，并对样地进行调查，对土样、功能叶片和柚果样本进行测试。通过对土壤养分、功能叶片、柚果养分、立地条件、柚果可溶性固形物含量之间的多种统计分析，最终发现产量、功能叶片钙含量、土壤 pH 3 个指标与柚果可溶性固形物含量存在显著相关关系，结果见表 8-1。

研究方法：回归分析和 t 检验。

表 8-1 2018 年容县沙田柚调查和测试数据

编号	乡镇	村	柚果可溶性固形物含量 /%	亩产 /(kg/667 m²)	叶片钙含量 /(mg/kg)	土壤 pH
1	六王	塘垌	14.0	3000	61.9	4.82
2	石寨	大华	12.0	1800	55.1	5.25
3	容州	大明	12.5	2500	50.3	5.14
4	浪水	长寿村	12.5	1950	22.2	3.72
5	浪水	泗河	13.0	2500	56.9	5.04
6	浪水	泗河	14.0	2200	37.7	4.33
7	浪水	泗河	12.0	2500	45.4	5.25
8	自良	中平	14.0	1500	51.8	3.78
9	自良	中平	12.5	2500	62.0	6.04
10	自良	中平	14.0	2400	60.7	5.72
11	自良	古济	13.0	3000	44.1	5.08
12	自良	大里	13.0	1750	50.4	4.67
13	自良	大里	14.0	2100	48.9	4.31
14	自良	大里	14.0	1550	21.6	3.74
15	自良	中平	11.5	1750	45.5	5.42
16	自良	古济	11.0	1650	21.9	4.90
17	自良	古济	13.0	1650	24.7	3.58

续表8-1

编号	乡镇	村	柚果可溶性固形物含量 /%	亩产 /(kg/667 m^2)	叶片钙含量 /(mg/kg)	土壤 pH
18	容州	千秋	10.0	1000	33.7	6.20
19	容州	千秋	11.0	1500	25.5	4.00
20	容州	大明	11.0	2000	38.8	6.14
21	容州	千秋	10.6	1500	28.6	4.66
22	容州	千秋	11.3	1500	27.7	4.63
23	容州	千秋	12.2	1500	24.4	4.09
24	容州	千秋	11.6	1500	33.2	4.05
25	浪水	浪北	11.0	2100	32.0	4.41
26	浪水	泗河	11.0	1650	23.9	6.20
27	自良	古济	12.5	2500	41.5	3.70
28	自良	古济	12.0	2100	31.0	3.94
29	自良	古济	11.0	2000	36.7	4.72
30	自良	古济	10.0	1200	37.9	4.66
31	自良	大理	11.0	1350	38.2	5.20
32	自良	大理	11.0	1350	44.0	4.45
33	十里	大鹏	13.0	3000	31.2	3.63
34	十里	大鹏	12.0	2500	29.0	6.42
35	十里	大鹏	12.0	3500	20.4	4.45
36	十里	大鹏	11.0	1500	26.7	7.30
37	十里	大鹏	11.0	1400	42.8	6.44
38	十里	大鹏	10.5	1500	26.2	4.37
39	十里	大鹏	10.5	1500	33.7	5.90
40	十里	大鹏	11.0	1800	33.0	7.21
41	十里	大鹏	11.5	1500	33.4	5.85
42	松山	合同	11.0	1500	27.6	6.26
43	松山	合同	11.0	2100	36.4	6.59
44	容州	五一	11.5	2300	35.3	4.41
45	容州	大明	12.0	3000	42.1	4.60
46	六王	金库	10.5	750	34.4	4.20
47	六王	金库	10.5	1750	22.7	4.84
48	容州	千秋	13.0	4000	39.4	7.12
49	容州	千秋	11.0	3000	34.6	5.39
50	容州	千秋	11.5	1750	25.2	4.08

8.2 沙田柚柚果可溶性固形物含量与产量关系模型

沙田柚品质评价指标规定，柚果可溶性固形物含量≥12%的沙田柚为优质果。

对表 8-1 中的沙田柚柚果可溶性固形物含量与产量做散点图，见图 8-1，二者呈极显著正相关关系，回归方程为 $Y=3.5947X^{0.1574}$（$r=0.537^{**}$，$n=50$），故对二者关系进行深入分析。

按产量进行排序，发现当产量较低时柚果可溶性固形物含量也较低，反之较高。通过综合分析，发现柚果可溶性固形物含量与产量之间呈现如下关系：

①当亩产＜2200 kg 时，柚果可溶性固形物含量≥12%的比例占 34 个样本的 26.5%；

②当亩产≥2200 kg 时，柚果可溶性固形物含量≥12%的比例占 16 个样本的 87.5%；

③当亩产≥2500 kg 时，柚果可溶性固形物含量≥12%的比例 13 个样本的 92.3%。

对产量＜2500 kg/亩（$n=37$）和≥2500 kg/亩（$n=13$）两组产量均值进行 t 检验，结果显示两组产量差异极显著，如表 8-2。表 8-2 中的第一行，因为显著性 P 为 0.077＞0.05，说明方差齐，两组间显著性（双尾）0.013＜0.05，说明两组间的平均数差异显著，因此亩产 2500 kg 作为柚果可溶性固形物含量是否≥12%的判别指标具有统计学意义。

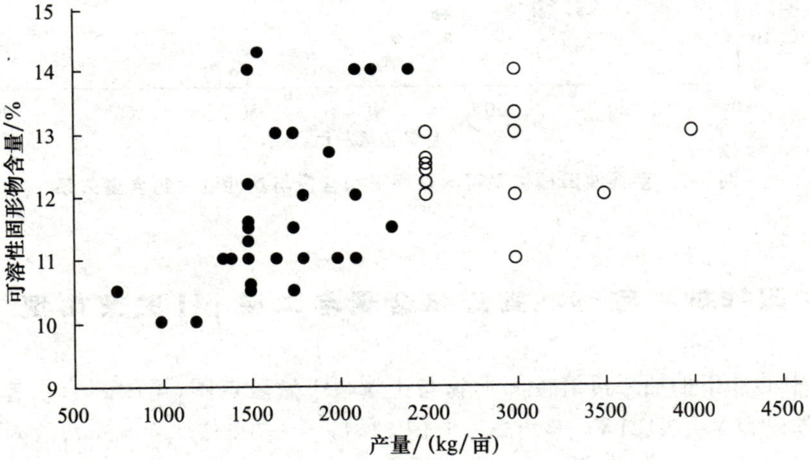

图 8-1 容县沙田柚柚果可溶性固形物含量与产量的关系

8.3 沙田柚柚果可溶性固形物含量与功能叶片钙含量关系模型

对表 8-1 中的沙田柚柚果可溶性固形物含量与功能叶片钙含量做散点图，见图 8-2，二者呈现极显著正相关关系，回归方程为 $Y=0.003X^2-0.169X+14.097$（$r=0.555^{**}$，$n=50$），故对二者关系进行深入分析。

50 个样本功能叶片钙含量均≥20 mg/kg；按功能叶片钙含量进行排序，发现当功能叶片钙含量较低时，沙田柚柚果可溶性固形物含量也较低，反之较高。通过综合分析，发现沙田柚柚果可溶性固形物含量与功能叶片钙含量之间呈现如下关系：

①当 20 mg/kg≤功能叶片钙含量＜30 mg/kg 时，沙田柚柚果可溶性固形物含量≥12%的比例占 16 个样本的 37.5%；

②当 30 mg/kg≤功能叶片钙含量<40 mg/kg 时，沙田柚柚果可溶性固形物含量≥12%的比例占 18 个样本的 22.2%；

③当 40 mg/kg≤功能叶片钙含量<50 mg/kg 时，沙田柚柚果可溶性固形物含量≥12%的比例占 8 个本的 62.5%；

④当功能叶片钙含量≥50 mg/kg 时，沙田柚柚果可溶性固形物含量≥12%的比例占 8 个本的 100.0%。

对功能叶片钙含量<50 mg/kg($n=42$)和≥50 mg/kg($n=8$)两组功能叶片钙含量均值进行 t 检验，结果显示两组叶片钙含量差异极显著，如表 8-2。表 8-2 中的第二行，因为显著性 P 为 0.446>0.05，说明方差齐，两组间显著性(双尾)0.000<0.05，说明两组间的平均数差异显著，因此功能叶片钙含量作为柚果可溶性固形物含量是否≥12%的判别指标具有统计学意义。

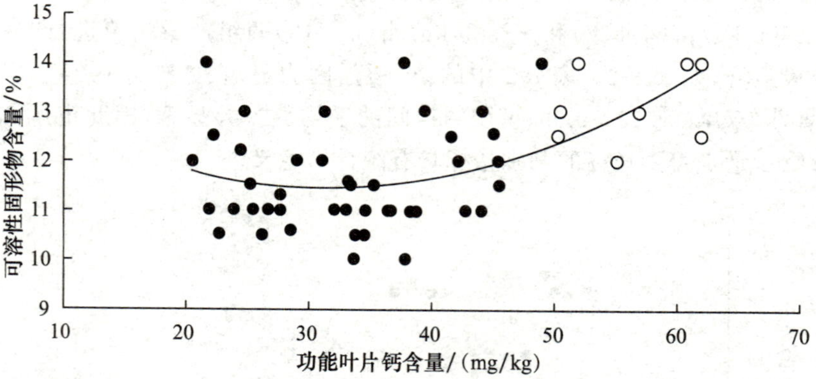

图 8-2　容县沙田柚柚果可溶性固形物含量与功能叶片钙含量关系

8.4　沙田柚柚果可溶性固形物含量与土壤 pH 关系模型

对表 8-1 中的沙田柚柚果可溶性固形物与土壤 pH 做散点图，见图 8-3，二者呈现显著负相关关系，回归方程为 $Y=0.191X^2-2.365X+18.710$($r=-0.345^*$，$n=50$)，故对二者关系进行深入分析。

当土壤 pH 较高时，沙田柚柚果可溶性固形物含量较低，随着土壤 pH 的降低，沙田柚柚果可溶性固形物含量逐渐增加。通过综合分析，发现沙田柚柚果可溶性固形物含量与土壤 pH 间呈现如下关系：

①当土壤 pH≥5.5 时，沙田柚柚果可溶性固形物含量≥12%的比例占 14 个样本的 28.6%；

②当土壤 4≤pH<5.5 时，沙田柚柚果可溶性固形物含量≥12%的比例占 29 个样本的 41.4%；

③当土壤 pH<4 时，沙田柚柚果可溶性固形物含量≥12%的比例占 7 个样本的 100.0%。

对土壤 pH<4($n=7$)和 pH≥4($n=43$)两组 pH 均值进行 t 检验，结果显示两组土壤 pH 差异极显著，如表 8-2。表 8-2 中的第三行，因为显著性 P 为 0.221>0.05，说明方差齐，两组间显著性(双尾)0.003<0.05，说明两组间的平均数差异显著，因此土壤 pH 作为柚果可溶性固形物含量是否≥12%的判别指标具有统计学意义。

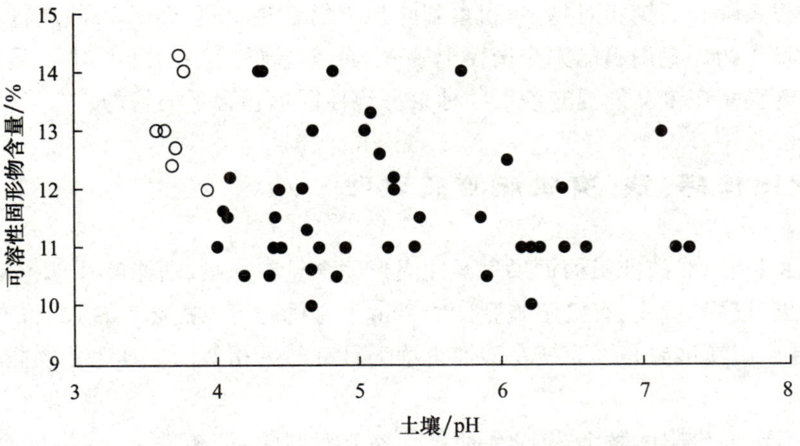

图 8-3 容县沙田柚柚果可溶性固形物含量与土壤 pH 关系

8.5 判别模型的 t 检验

由于样本总量较小，为了检验推论差异发生的概率，必须比较两个平均数的差异是否显著。若两组平均数之间差异显著则说明两组数据之间差异显著，由此说明选择的判别指标是合理的。

对每段模型进行 t 检验，检验结果列表 8-2 中，说明使用 3 个判别条件判别全部显著。

表 8-2 判别模型的 t 检验

柚果可溶性固形物含量＜12%样本的判别条件	显著性 P	显著性(双尾)	差异显著性
产量＜2500 kg/亩	0.077(＞0.05)	0.013(＜0.05)	显著
功能叶片钙含量＜50 mg/kg	0.446(＞0.05)	0.000(＜0.05)	显著
土壤 pH＞4	0.221(＞0.05)	0.003(＜0.05)	显著

8.6 沙田柚柚果可溶性固形物含量综合预测模型

结合 8.2 到 8.4 的研究结果，建立基于立地条件的容县沙田柚柚果可溶性固形物含量综合预测模型，包括 4 组平行的判别条件：

①第一组判别条件　亩产≥2500 kg 和功能叶片钙含量≥50mg kg 时，沙田柚柚果可溶性固形物含量≥12%；使用容县 2018 年 50 个样本验证结果为 4 个样本 100%正确。

②第二组判别条件　亩产≥2500 kg 和土壤 pH＜4 时，沙田柚柚果可溶性固形物含量≥12%；使用容县 2018 年 50 个样本验证结果为 2 个样本 100%正确。

③第三组判别条件　土壤 pH＜4 和功能叶片钙含量≥50 mg/kg 时，沙田柚柚果可溶性固形物含量≥12%；使用容县 2018 年 50 个样本验证结果为 1 个样本 100%正确。

④第四组判别条件　亩产≥2500 kg、土壤 pH＜4 和功能叶片钙含量≥50 mg/kg 时，在 50 个样本中没有柚果可溶性固形物含量≥12%的样本。

判别条件之间的关系：一般地，土壤 pH 越低，土壤中活性钙含量相对越多(被淋失的也越多)，被沙田柚根系吸收的钙相对越多，积累到叶片中的钙也会越多，沙田柚产量会越高，因为沙田柚是高钙含量作物。我们不能人为调控土壤 pH 更低，那样容易引起病害加重，但是可以通过施用钙肥达到既提高产量又能提升沙田柚柚果可溶性固形物含量的目的。

8.7 沙田柚钙、镁、有机肥施肥试验

为了验证 8.2 和 8.3 的沙田柚柚果可溶性固形物含量与产量、功能叶片钙含量之间呈正相关的数据挖掘结果，设置钙、镁、有机肥施肥试验。由于有机肥可以提高产量，故将产量调控转化为施用有机肥；增设施镁试验是因为镁在酸性土壤上具有与钙相似的生理生化功能，并且酸性土壤也容易缺镁。

沙田柚钙、镁、有机肥试验于 2019 年布设于容县容州镇，在树龄 7～8 年坡面均一的斜坡梯田上进行。钙肥设有 0、500、1000、2000、1500 g/株 5 个水平；镁肥设有 0、500、1000 g/株 3 个水平；有机肥设施用与不施用 2 个水平。试验设置 5 个重复，每个重复 1 棵树，试验设计见表 8-3。需要着重说明的是，试验是在果农正常施肥(不施用钙镁肥情况下)管理基础上实施的。在 2019 年和 2020 年两年施肥试验基础上，于 2020 年采收时采集各处理样品，并对每个处理柚果可溶性固形物含量进行测定，结果见表 8-3。

表 8-3 表明：

①施用钙、镁和有机肥可以有效提高沙田柚柚果可溶性固形物含量；

②与对照相比，适量(低量)单施钙肥、单施镁肥和单施有机肥能够提高沙田柚柚果可溶性固形物含量 1 个百分点左右，并使柚果可溶性固形物含量达到 12%以上，成为优质果；

③施用过量的钙肥不利于柚果可溶性固形物含量的提升，过量镁肥的施入与过量施钙结果一样；

④依据沙田柚树木本底差异，单施低量钙肥(500～1000 g/株)、单施镁肥(500 g/株)、单施有机肥、钙和镁肥配施，以及钙、镁、有机肥配施的处理，沙田柚柚果可溶性固形物含量均能提高，并以配施效果更好。

表 8-3　容县沙田柚钙、镁、有机肥施肥试验设计和试验结果

序号	处理	硝酸铵钙 /(g/株)	硫酸镁 /(g/株)	有机肥 2019 年和 2020 年 /(kg/株)	柚果可溶性固形物含量/%		
					最低	最高	平均
1	ck				10.7	11.9	11.2
2	Ca5	500			11.5	12.8	12.3
3	Ca10	1000			10.6	13.6	12.2
4	Ca20	2000			9.6	13.4	11.0
5	Mg5		500		11.8	13.6	12.9
6	Mg10		1000		11.3	12.2	11.9
7	Ca5＋Mg5	500	500		9.5	13.7	12.1
8	Ca10＋Mg5	1000	500		10.6	14.4	12.8
9	Ca20＋Mg5	2000	500		9.9	15.0	12.1
10	OM			25、10	11.8	13.0	12.5
11	OM＋Ca5	500		25、10	10.8	14.9	12.3

续表8-3

序号	处理	硝酸铵钙/(g/株)	硫酸镁/(g/株)	有机肥 2019 年和 2020 年/(kg/株)	柚果可溶性固形物含量/%		
					最低	最高	平均
12	OM+Ca10	1000		25、10	11.8	13.6	12.8
13	OM+Ca20	2000		25、10	9.4	10.7	10.1
14	OM+Mg5		500	25、10	9.7	15.6	12.1
15	OM+Mg10		1000	25、10	10.5	14.0	12.3
16	OM+Ca5+Mg5	500	500	25、10	10.2	13.6	11.8
17	OM+Ca10+Mg5	1000	500	25、10	10.5	14.2	12.3
18	OM+Ca20+Mg5	2000	500	25、10	10.1	12.8	11.6
19	OM+Ca15	1500		25、10	10.5	13.5	11.8
20	OM+Ca15+Mg5	1500	500	25、10	7.6	14.2	11.6

8.8 讨论

8.8.1 关于产量与沙田柚可溶性固形物含量的关系

沙田柚是为数不多的随着产量增加而品质提高的作物。根据农户和当地技术人员的多年经验,沙田柚产量越高,品质越好,本案例挖掘结果从数据分析的角度证实了这一经验结果。

8.8.2 关于功能叶片钙含量与沙田柚可溶性固形物含量的关系

虽然沙田柚是高钙水果,有研究表明叶片钙含量对沙田柚可溶性固形物含量影响很大,但是现有技术中没有给出叶片钙含量对沙田柚可溶性固形物含量的具体影响程度标准或预报模型,因此无法因土施钙并达到提高沙田柚可溶性固形物含量的目的。本研究通过测定收获期功能叶片的钙含量和对应柚果的可溶性固形物含量,建立沙田柚可溶性固形物含量与功能叶片钙含量关系的预报模型。模型和测定方式简单,参数获取容易、方法实用、预报精准度高,可为因土施钙提供科学依据,为市场价格预期进行提前预报,且便于获取果树最佳种植管理模式,适合推广应用。

8.8.3 关于土壤 pH 与沙田柚可溶性固形物含量的关系

现有技术中没有对土壤 pH 影响沙田柚可溶性固形物含量的预估模型,本案例是通过统计根系土壤 pH 和沙田柚可溶性固形物含量关系时发现的这一规律。这一规律可以为沙田柚地块可溶性固形物含量预报和田间管理措施调控提供依据,为成熟果实的销售定价提供依据,有利于沙田柚种植产业的发展。

8.8.4 与以往研究结果的对比

以往相关研究结论如下:①苏登峰等认为种植园地应选择光照充足的红壤土区域,以土层深厚、疏松、肥沃、坡度<30.0°的缓山坡地为宜,有利于柚树根深叶茂,可显著提高果实品质,切忌在水田等排水不良的区域种植[1],说明肥沃土壤产量高,容易形成好品质;②刘文成、覃孝维、吴利谦等

认为合理地疏花疏果，科学修剪，增强树体的通风透光性，使得柚果能够全方位地获得较为均匀的光照，能够提高果实的着色度和甜度，保障沙田柚得以优质稳产[2-4]，说明科学的栽培措施使产量提高也可以达到改善品质的目的；③区善汉、李全寨等发现在沙田柚栽培中，有机肥特别是优质有机肥的合理施用与果实品质的关系密切，有机肥营养全面，肥效长，施用后有助于土壤微生物的活动，能有效改良土壤，防止土壤板结，提高果实含糖量，降低含酸量，改善着色等[5-6]；胡勇的研究结果表明合理喷施钾肥，能够提高沙田柚的甜度[7]；张利、陈大超、雷靖、李涵、邹永翠、杨成和陈柳克等人研究认为，合理施肥可以提高产量和改善品质[8-14]；④陈腾土、李淑仪等对沙田柚和功能叶片营养元素研究结果表明，沙田柚是高含钙作物，钙可能是沙田柚的品质元素[15-16]。

本部分关于容县沙田柚柚果可溶性固形物含量等级与立地条件中的 3 个指标显著相关，即产量越高、功能叶片钙含量越高、土壤 pH 越低，沙田柚柚果可溶性固形物含量越高。这些研究结果除土壤 pH 外，与以往诸多研究结果基本吻合，这些研究结果为田间栽培管理提供了定量化调控标准，这些标准容易被生产者掌握和应用。

参考文献

[1]苏登峰，高深.沙田柚品质综合调控技术[J].现代农业科技，2019(08)：75-76.

[2]刘文成.提高长寿沙田柚产量和品质的技术途径[J].南方农业，2015，9(28)：37-39.

[3]覃孝维.改进栽培技术提高沙田柚产量及外观品质的措施[J].柑橘与亚热带果树信息，2001(10)：23-24.

[4]吴利谦.加强生长季节修剪，培育高产优质沙田柚[J].江西园艺，2005(02)：14-16.

[5]区善汉，梅正敏，林林，等.容县沙田柚成年结果树栽培技术[J].中国南方果树，2020，49(01)：133-136，139.

[6]李全寨，冯辉先.密植沙田柚果园丰产稳产栽培技术[J].南方园艺，2010，21(01)：18-19.

[7]胡勇.提高长寿沙田柚产量和品质的技术途径[J].乡村科技，2019(23)：89-90.

[8]张利，王振兴，黄正明，等.长寿沙田柚土壤营养分析及施肥建议[J].中国南方果树，2014，43(05)：59-61.

[9]陈大超，张兴伦，甘涛，等.测土配方施肥对长寿沙田柚产量和品质的影响[J].南方农业，2011，5(05)：11-14.

[10]雷靖.不同钙镁配比对柚果实产量、品质及钙镁吸收的影响[D].武汉：华中农业大学，2019：2-4.

[11]李涵.沙田柚土壤、叶片氮、磷、钾含量季节性变化与果实品质的关系[D].西南大学，2016：6-9.

[12]邹永翠，陈大超，黄正明，等.3 种有机肥对长寿沙田柚产量和品质的影响试验初报[J].南方农业，2013，7(08)：35-38.

[13]杨成. 长寿区沙田柚果园地力状况与改良措施研究[D].长春：吉林大学，2015：1-2.

[14]陈柳光，吴利谦，廖慈香，等.沙田柚结果树配方施肥探讨[J].中国南方果树，2004(05)：19-20.

[15]陈腾土，卢运胜，区善汉，等.沙田柚叶片营养元素适宜含量的研究[J].广西柑橘，1993(01)：3-5.

[16]李淑仪，廖新荣，彭少麟，等.梅州沙田柚品质与叶片营养元素相关性研究[J].生态科学，2000(02)：73-76.

9 农业地理信息数据挖掘案例共性问题对比研究

本书前八部分的研究内容如图 9-1 所示，本部分对同一问题不同空间案例的共性问题进行对比研究，以挖掘出更具有普遍意义的关键问题的农业地理信息图谱。

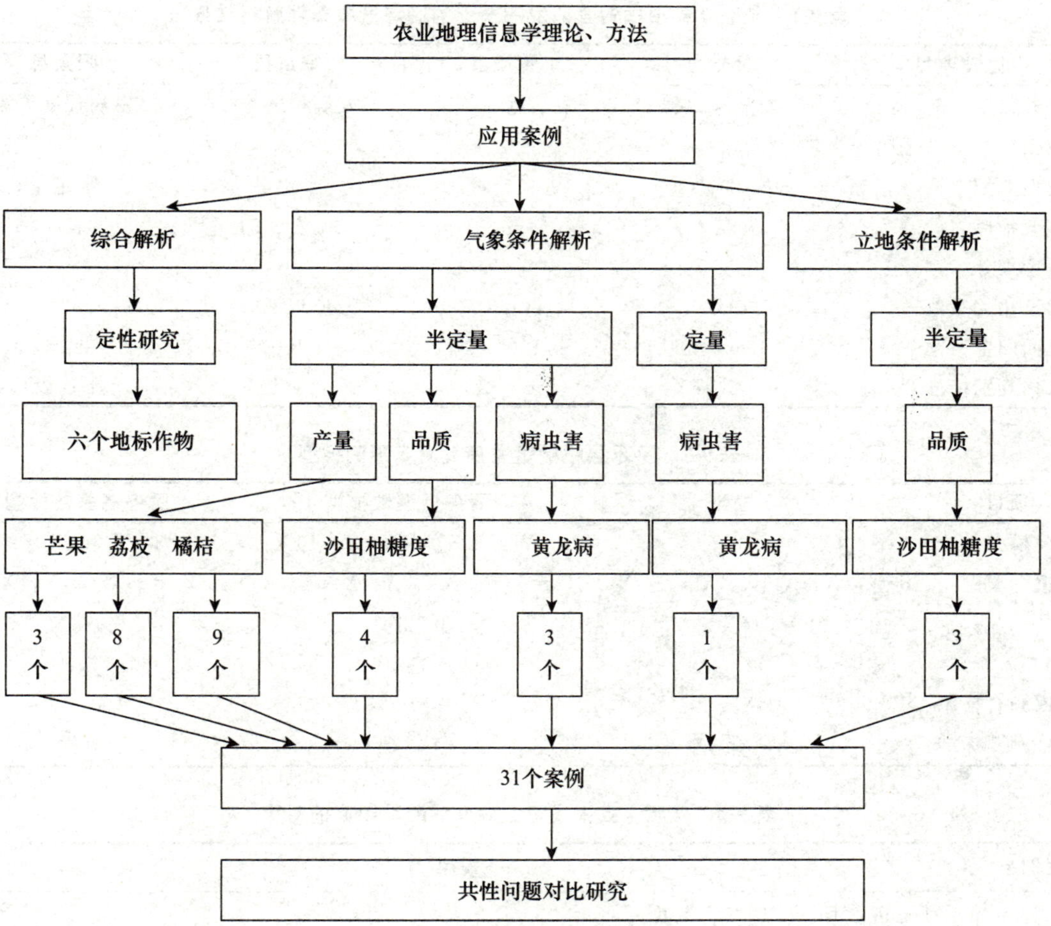

图 9-1 本书研究内容框图

9.1 桂北 4 县柑橘黄龙病发病规律的气象条件图谱

4 县柑橘黄龙病发病程度的区域气象条件解析结果汇总在表 9-1、表 9-2、表 9-3 中。

桂北 4 县案例共同规律是：

(1)冬季 1、2 月和春季 3、4 月规律　温度高、日照时数多、降水量少、湿度低(一般地，温度、日照时数与降水量、湿度是反向关系)，黄龙病发病率低。这一规律与以往研究结果完全相反，需要进一步研究。以往研究结果认为：降水少、湿度低是木虱喜欢的气候，有利于木虱繁殖，造成黄龙病发病率高；冬季温度高，利于木虱越冬，也会造成黄龙病发生率高[1-2]。

(2)春季5月和夏季6、7、8月规律　温度低、日照时数少、降水量多、湿度高，黄龙病发病率低。这一规律与以往研究结果完全一致。以往研究结果认为：温度低、日照少、降水多、湿度高，不利于木虱生长，会造成木虱虫口密度下降，造成黄龙病发病率低。

(3)阳朔县6月规律　低湿低发和高温低发不符合上述(2)的规律，因此阳朔县可将6月归到前段，即阳朔县以6月底为月的界限，其他3个县以4月底为月的界限。

(4)秋季和初冬季规律　9—12月桂北4县案例中没有入选的气象指标。

表 9-1　桂北 4 县柑橘黄龙病发病情况的区域气象条件解析结果

比较项目	平乐县	恭城县	富川县	阳朔县
发病数据	发病率数据	发病程度等级	发病程度等级	发病程度等级
数据年数	29	9	9	9
模型类型	定量	半定量	半定量	半定量
气象指标	见表 3-3	见表 3-21	见表 3-34	见表 3-46
模型细分	见表 9-2			
模型相关系数 r	0.947**	0.925**	0.988**	0.892**
自回归合格率	96.6%	100.0%	100.0%	88.9%
合格判别标准	±3(棵)	±1(级)	±1(级)	±1(级)

表 9-2　平乐县柑橘黄龙病发病率预测模型

项目	冷冬模型	暖冬低基数模型	暖冬高基数模型
建模条件	$X_1 \leqslant 8$ ℃	$X_1 > 8.0$ ℃和 $P_{i-1} < 10\%$	$X_1 > 8.0$ ℃和 $P_{i-1} \geqslant 10\%$
概念模型	$Y_i = f(X_1, X_2, X_3, X_4, X_5, X_6)$	$Y_i = f(P_{i-1}, X_2, X_3, X_4, X_5, X_6)$	$Y_i = f(P_{i-1}, X_3, X_4)$
r	0.915**	0.927**	0.998**
n	12	12	5
自回归合格率	91.7%	100.0%	100.0%
合格判断标准	±3(棵)	±3(棵)	±3(棵)

表 9-3　桂北 4 县柑橘黄龙病发病影响因素的对比

案例县	规律
平乐县	①1月或2月：高温，发病率低。 ②7—8月气象指标和发病规律：连续60 d最高温度的平均在28.5 ℃以下时，发病率低；对应连续60 d最高温度的平均湿度在77%以上时，发病率低；连续30 d最高湿度的平均越高，发病率越低。 ③3—8月：降水量大，发病率低。
恭城县	①1月：日照时数40 h以上，发病率低；平均温度10 ℃以上，发病率低。 ②8月：降水量150 mm以上，发病率低；最小湿度50%以上，发病率低；日照时数200 h以下，发病率低；最高气温33.5 ℃以下，发病率低。
阳朔县	①2月：降水量少，发病率低；湿度低，发病率低。 ②4月：高温，发病率低。 ③6月：低湿，发病率低；高温，发病率低(特殊性)。
富川县	①1月：降水量少，发病率低；湿度低，发病率低。 ②5月：降水量多，发病率低。

9.2　沙田柚柚果可溶性固形物含量年型等级与成熟期相对湿度关系的气象条件图谱

9.2.1　一般规律

以沙田柚品质指标可溶性固形物含量为例：

①影响可溶性固形物含量的因素集中在收获前且指标少的地标，其品质稳定，容易调控，如容县沙田柚。

②非收获期影响因素的存在说明可溶性固形物含量受气象条件影响不稳定性较大，如梅州市、长寿区、阳朔县沙田柚。

③除容县外，其他 3 个产地在非收获期，可溶性固形物含量与降水量呈正相关，说明 3 个产地在产量上受气象条件的影响不十分稳定，因为沙田柚的特点是产量越高、可溶性固形物含量相对越高[3]。

④在收获期或成熟期，降水少、低湿、高温、日照时数多是可溶性固形物含量高的有利因素[4]，这是决定沙田柚柚果可溶性固形物含量的气象条件图谱。

9.2.2　共性规律

选择容县和梅州市两地沙田柚成熟期的相对湿度作为影响因素，以柚果可溶性固形物含量高低年年型等级为横坐标，以相对湿度为纵坐标，画散点图并配回归方程，如图 9-2 所示，得到容县沙田柚成熟期柚果可溶性固形物含量高年的空气最小相对湿度为 45%左右，回归方程 $Y=59.266X^{-0.165}$（$r=-0.977^{**}$，$n=12$），而梅州市平均相对湿度为 70%左右，回归方程 $Y=0.112X^2-3.293X+82.185$（$r=-0.957^{**}$，$n=8$）。图 9-2 中容县气象指标为 9 月 21 到 10 月 31 日每日最小相对湿度的平均，而梅州气象指标为 8 月 1 日到 10 月 15 日每日平均相对湿度的平均。

按表 9-4 和图 9-3 的数据对应关系，容县沙田柚成熟期平均相对湿度约等于最小相对湿度加上 22%，因此成熟期最佳平均湿度为 67%，而梅州市最佳平均湿度为 70%左右，说明 67%～70%平均相对湿度是两地沙田柚柚果可溶性固形物含量高年的共同气象指标特征。

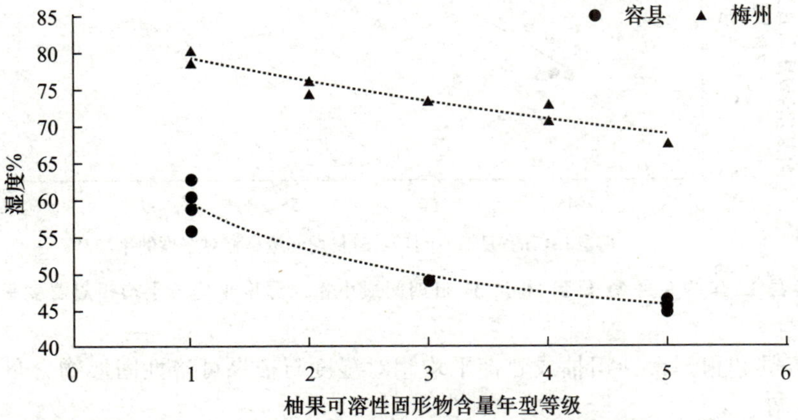

图 9-2　沙田柚柚果可溶性固形物含量年型等级与成熟期相对湿度的关系

综合表 9-4 和图 9-3 的结果：容县 12 年的 9 月 21 日到 10 月 31 日期间最小相对湿度与平均相对湿度的相关系数 $r=0.945^{**}$（$n=12$），回归方程 $Y=-0.012X^2+2.211X-7.748$，一般地，容县平均湿度高于最小湿度 22%左右。

表 9-4　容县 12 年的 9 月 21 到 10 月 31 日期间最小相对湿度与平均相对湿度关系

年份	最小湿度 X/%	平均湿度 Y/%	回归值 Y'/%	误差 $Y'-Y$/%
1991	45.6	69.0	67.8	−1.2
1992	44.6	69.5	66.9	−2.6
1995	58.4	80.0	79.6	−0.4
1997	62.7	82.5	83.5	1.0
2000	60.3	80.6	81.3	0.7
2002	59.9	80.4	80.9	0.5
2004	44.9	66.5	67.1	0.6
2005	45.9	66.5	68.1	1.6
2013	45.4	66.7	67.6	0.9
2014	46.4	69.6	68.5	−1.1
2015	55.5	81.6	76.9	−4.7
2017	48.9	66.3	70.8	4.5

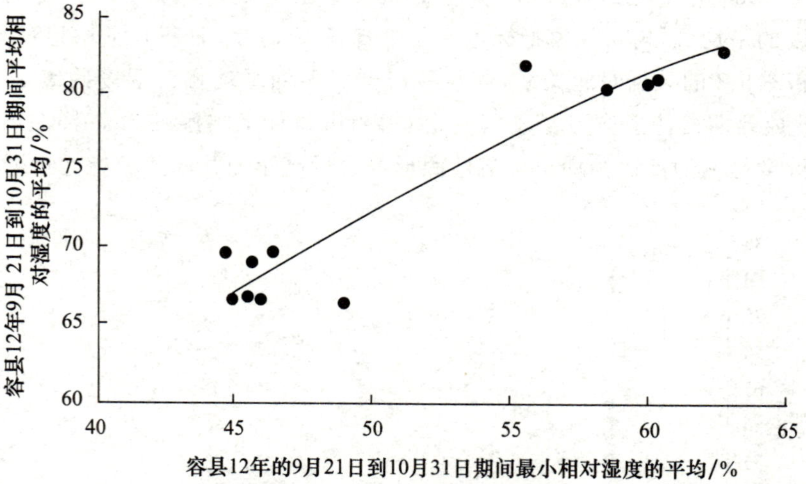

图 9-3　容县 12 年的 9 月 21 日到 10 月 31 日期间最小相对湿度平均与平均相对湿度平均的关系

表 9-5 为容县和梅州市沙田柚成熟期平均相对湿度与柚果可溶性固形物含量年型等级关系数据，据此制作图 9-4。

表 9-5　容县和梅州市沙田柚成熟期平均相对湿度与柚果可溶性固形物含量年型等级关系

年型	容县平均相对湿度/%	梅州市平均相对湿度/%
5	69.0	67.6
5	69.5	
5	66.5	
5	66.5	
5	66.7	
5	69.6	
4		70.6
4		72.8
3	66.3	73.3
2		76.0
2		74.2
1	80.0	80.3
1	82.5	78.6
1	80.6	
1	80.4	
1	81.6	

图 9-4 为容县和梅州市成熟期平均相对湿度与柚果可溶性固形物含量年型等级关系，将两地 20 个年型作为一个数据集进行统计，获得回归方程为 $Y=-7.749\ln(X)+80.458$（$r=0.948^{**}$，$n=20$）；柚果可溶性固形物含量年型等级为 5 时的两地 7 个年型平均相对湿度为 67.9%，范围为 66.5%～69.6%，取值范围可以确定为 65%～70%。在图 9-4 中，百色市回归方程 $Y=2.048X^2-15.553X+94.525$（$r=0.985^{**}$，$n=12$）；南宁市回归方程 $Y=0.116X^2-3.316X+82.190$（$r=0.957^{**}$，$n=8$）。

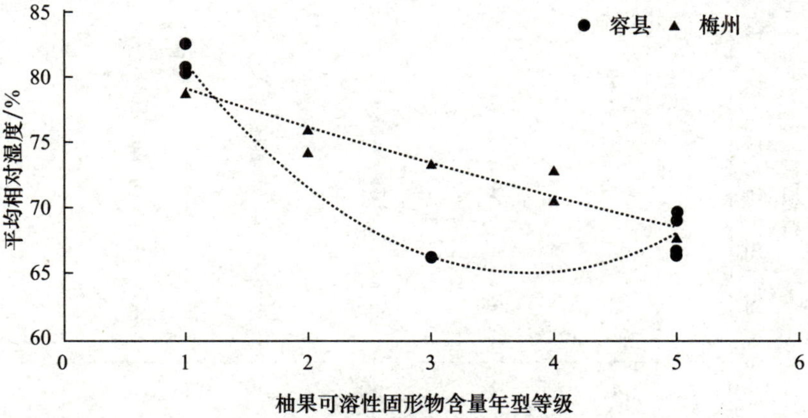

图 9-4　容县和梅州市成熟期平均相对湿度与柚果可溶性固形物含量年型等级关系

9.3 芒果产量大小年年型等级与花芽分化期温度关系的气象条件图谱

9.3.1 一般规律

以芒果产量大小年年型等级为例：

①影响产量大小年年型等级的因素集中在花芽分化期，且指标少的地标其产量不稳定，容易受气象条件的左右，如百色芒果。

②非花芽分化期影响因素的存在，说明产量大小年年型等级受气象条件影响不稳定性增大，如南宁芒果，4—6 月有 3 个气象指标对产量有影响。

③除百色外，其他两个产地在非花芽分化期，均存在影响产量大小年年型等级的气象因素，并且南宁和攀枝花呈现相反的规律。即非花芽分化期南宁产量大年年型等级的气象条件要求日照多、湿度低，这与南宁 4—6 月日照时数少、湿度大有关；而攀枝花要求日照少、湿度大，这与攀枝花 5 月日照时数多、湿度小有关。

④在花芽分化期，百色芒果产量大年年型等级需要低温，而南宁需要高温，这与两地冬季温度状况不同有关，即百色冬季温度相对平稳，而南宁冬季温度波动较大。

以上是决定芒果产量大小年年型等级的气象条件图谱。

9.3.2 共同规律

选择百色和南宁两地芒果花芽分化期的温度作为气象影响因素，以产量年型等级为横坐标，以温度为纵坐标，画散点图并配回归方程，如图 9-5。得到百色芒果花芽分化期大年的最佳温度为 13～14 ℃，而南宁的最佳温度范围也一样。百色从小年到大年是降温过程，而南宁从小年到大年则是升温过程，交汇在 13～14 ℃，说明在广西区的气候条件下，芒果花芽分化期的最佳温度是 13～14 ℃。图 9-5 中百色市气象指标为上年 12 月每日平均温度的平均，$Y=0.020X^2-0.788X+16.899$（$r=-0.884^{**}$，$n=15$）；而南宁市气象指标为上年 12 月 7 日到 12 月 21 日每日最低温度的平均，$Y=2.929\ln(x)+8.530$（$r=0.517^{*}$，$n=16$）。

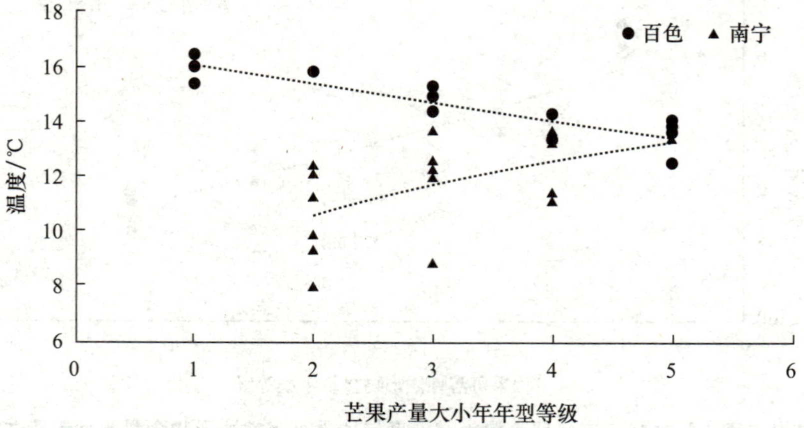

图 9-5 芒果产量大小年年型等级与花芽分化期温度的关系

综合表 9-6 和图 9-6 的结果：南宁市 16 年的上年 12 月 7 日到 12 月 21 日期间最低温度与平均温度的相关系数 $r=0.941^{**}$（$n=16$），回归方程为 $Y=7.588e^{0.059\times X}$，一般地，南宁市平均温度高于最低温度 4 ℃左右。

表 9-6　南宁市 16 年的上年 12 月 7 日到 12 月 21 日期间最低温度与平均温度的关系

年份	最低温度/℃	平均温度/℃	回归值 Y'	误差 $Y'-Y$
1978	12.0	16.1	15.6	−0.5
1979	12.2	16.2	15.7	−0.5
1980	12.7	17.0	16.1	−0.9
1981	12.6	15.1	16.0	0.9
1982	9.9	13.9	13.7	−0.2
1983	7.8	12.0	11.9	−0.1
1984	9.2	12.9	13.1	0.2
1985	11.0	13.3	14.7	1.4
1986	11.3	14.5	15.0	0.5
1987	13.7	16.8	17.1	0.3
1988	8.9	13.4	12.8	−0.6
1989	12.4	16.4	15.9	−0.5
1990	11.5	15.2	15.1	−0.1
1991	13.3	16.9	16.7	−0.2
1992	13.4	16.3	16.8	0.5
1993	13.8	17.6	17.1	−0.5

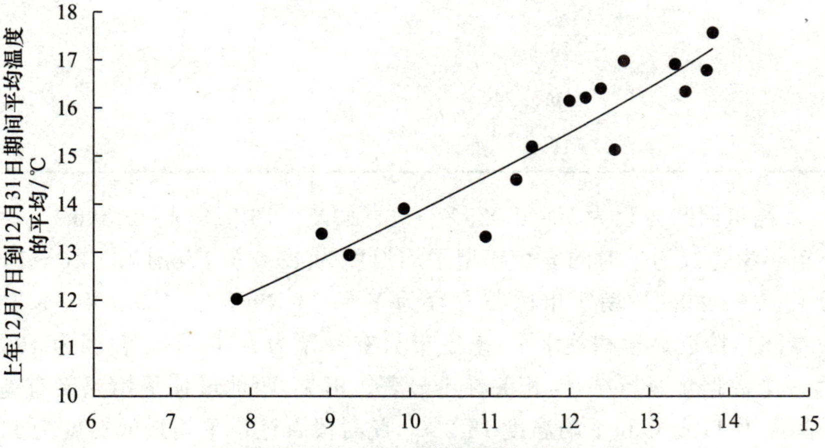

图 9-6　南宁市上年 12 月 7 日到 12 月 21 日期间最低温度的平均与平均温度的平均关系

表 9-7 为百色市和南宁市芒果花芽分化期平均温度与产量大小年年型等级关系数据，据此作图 9-7。

表 9-7　百色市和南宁市芒果花芽分化期平均温度与产量大小年年型等级关系

年型	百色市平均温度/℃	南宁市平均温度/℃
5	13.7	16.3
5	12.6	
5	13.6	
5	13.9	
5	14.1	
4	14.3	15.2
4	13.3	16.9
4	13.3	16.8
4		13.3
3	14.4	17.6
3	15.0	13.4
3	15.3	16.4
3		17.0
3		16.1
2	15.9	16.2
2		15.1
2		13.9
2		12.0
2		12.9
2		14.5
1	16.1	
1	16.5	
1	15.4	

图 9-7 中：百色市回归方程为 $Y=0.025X^2-0.813X+16.923$（$r=0.886^{**}$，$n=15$），百色市芒果产量大小年年型等级为 5 时的 5 个年型平均温度为 13.6 ℃，范围为 12.6～14.1 ℃，取值范围可以确定为 12.5～14.0 ℃；南宁市回归方程为 $Y=-0.496X^2+3.918X+8.365$（$r=0.485$，$r_{0.05}=0.497$，$n=16$），接近显著相关水平，南宁市只有一年为大年，平均温度为 16.3 ℃。将两地 31 个年型作为一个数据集进行统计，相关性不显著。可见，两地最佳平均温度有差异，南宁市此时段平均最低温度为 11.6 ℃和平均温度 15.2 ℃，此时段百色市平均最低温度为 11.5 ℃、平均温度 14.7 ℃。

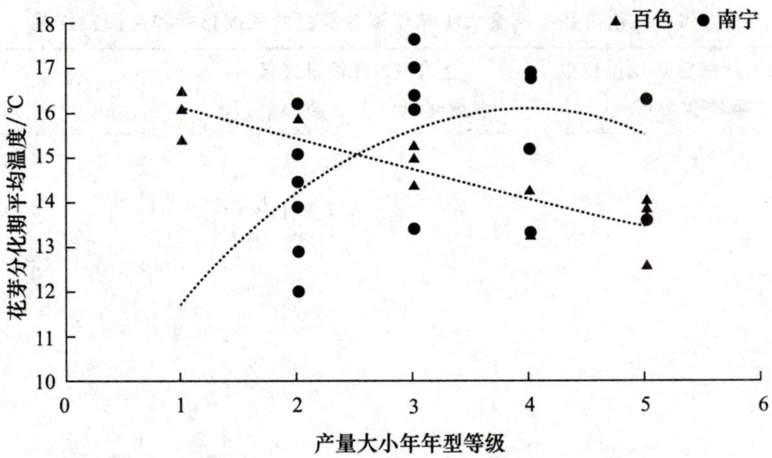

图 9-7 百色市和南宁市芒果花芽分化期平均温度与产量大小年年型等级关系

9.3.3 共同规律的进一步验证

9.3.3.1 百色市芒果

通过大数据分析，筛选出一个新的能够衡量百色市芒果产量大小年年型等级的指标，即上年12月每日最低温度≤14.3 ℃天数，将其作为 $X_{2(1)}$(d)列表 9-8 中(变量定义参见本书第 5 部分)，百色市单个指标与芒果产量大小年年型等级散点图分别见图 9-8 和图 9-9。

图 9-8 与图 5-2 内容相同，说明：百色市芒果产量大小年年型等级与上年 12 月每日平均温度的平均呈极显著负相关关系，回归方程为 $Y=-0.231X_2^2+5.575X_2-28.573$($r=-0.904^{**}$，$n=15$)；当 $X_2<14$ ℃时，产量大小年年型等级以大年和偏大年为主。

图 9-9 说明：百色市芒果产量大小年年型等级与花芽分化期即上年 12 月每日最低温度≤14.3 ℃天数呈极显著正相关，回归方程为 $Y=-0.004X_{2(1)}^2+0.478X_{2(1)}-6.131$($r=0.888^{**}$，$n=15$)；当 $X_{2(1)}>25$ d 时，产量大小年年型等级以大年、偏大年和平年为主，且大年比例高。

使用表 9-8 中的两个变量进行二元回归，得到 $Y=7.714-0.585X_2+0.170X_{2(1)}$($r=0.904^{**}$，$n=15$)。自回归合格率按年型等级预测误差±1 个等级计算，合格率为 83.3%。虽然合格率比使用表 5-3 两个变量的合格率 93.3%低，但是，它增加了每日最低温度≤14.3 ℃天数这个判别变量，成为生产者容易掌握的指标和调控的标准(25 d 是大年的必要条件之一)。

进一步对表 9-8 中的两个自变量进行相关分析，结果见图 9-10，得到 $Y=X_{2(1)}=-0.468X_2^2+10.183X_2-24.211$($r=-0.929^{**}$，$n=15$)。说明使用百色市芒果花芽分化期平均温度和每日最低温度≤14.3℃天数这两个变量可以划分百色市芒果产量大小年年型等级，判别公式如下：

①当 $X_2\leq14.3$ ℃和 $X_{2(1)}\geq25$ d 两个条件同时满足时，Y 为大年和偏大年；

②当 $X_2>14.3$ ℃和 $X_{2(1)}<25$ d 两个条件同时满足时，Y 为非大年；

③其他条件目前不存在。

表 9-8　百色市芒果产量大小年年型等级新的预测指标和自回归结果

年份	上年 12 月每日平均温度的平均 X_2/℃	上年 12 月每日最低温度≤14.3 ℃天数 $X_{2(1)}$/d	Y	Y'	$Y'-Y$
2005	14.3	26	4	3.77	−0.23
2006	13.3	28	4	4.70	0.70
2007	14.4	27	3	3.86	0.86
2008	15.9	20	2	1.82	−0.18
2009	13.7	30	5	4.79	−0.21
2010	16.1	17	1	1.17	0.17
2011	15.0	25	3	3.19	0.19
2012	13.3	28	4	4.67	0.67
2013	15.4	19	3	1.96	−1.04
2014	12.6	29	5	5.30	0.30
2015	13.6	28	5	4.52	−0.48
2016	13.9	27	5	4.17	−0.83
2017	16.5	19	1	1.29	0.29
2018	14.1	26	5	3.87	−1.13
2019	15.4	19	1	1.92	0.92

注：表中 Y 为年型等级赋值、Y' 为通过模型自回归预测的年型等级、$Y'-Y$ 为预测误差

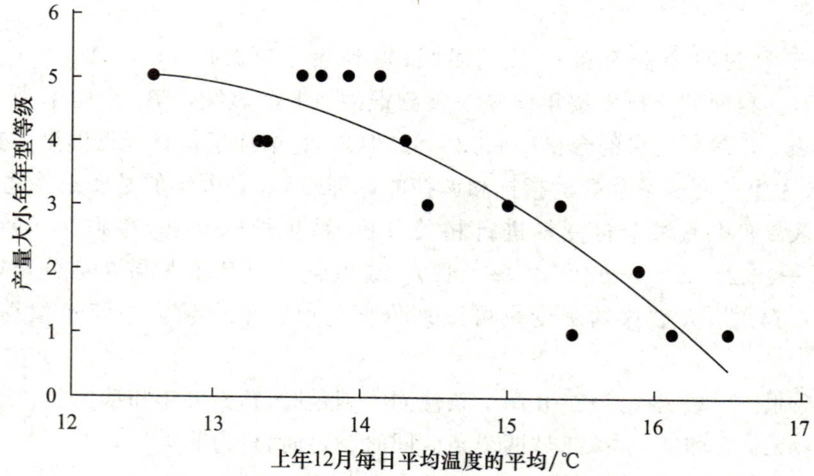

图 9-8　百色市芒果产量大小年年型等级与花芽分化期温度的关系

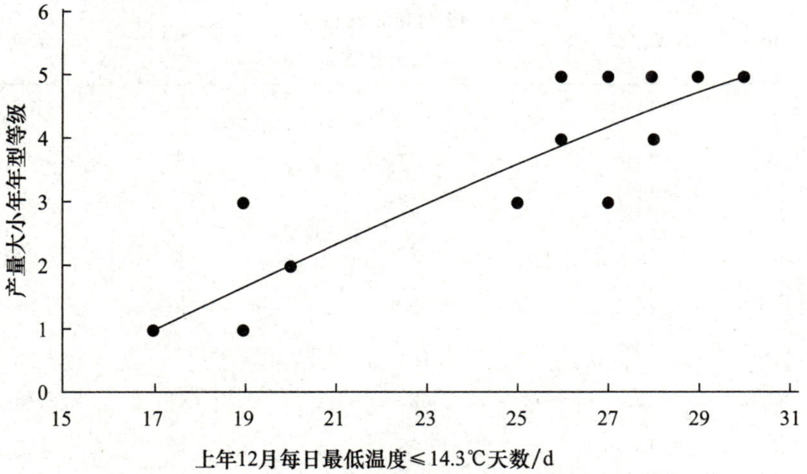

图 9-9 百色市芒果产量大小年年型等级与花芽分化期最低温度≤14.3 ℃天数的关系

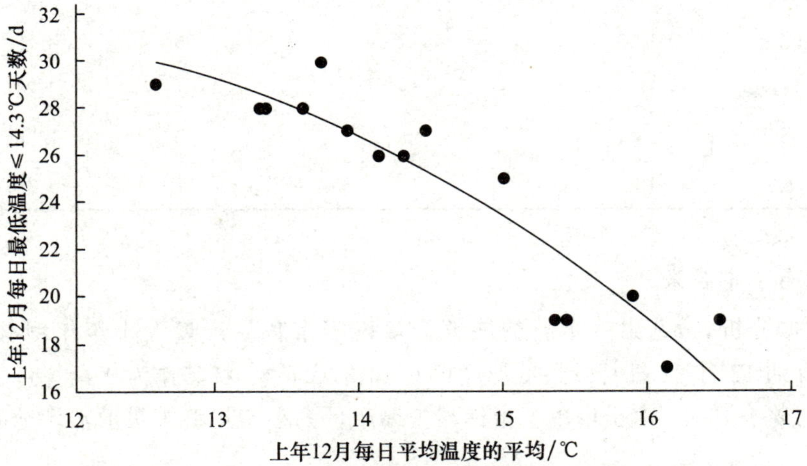

图 9-10 百色市芒果花芽分化期平均温度与花芽分化期低温天数的关系

百色市芒果产量大小年年型等级新预测模型：将表 9-8 与表 5-3 合并成表 9-9，进行三元回归，得到 $Y=9.026+0.016X_1-0.585X_2+0.088\times X_{2(1)}$（$r=0.943^{**}$，$n=15$）。自回归合格率按年型等级预测误差±1 个等级计算，合格率为 93.3%。在第 5 部分中没有使用 X_3 的结果是：$Y=15.116+0.018X_1-0.860X_2$（$r=0.938^{**}$，$n=15$），自回归合格率按年型等级预测误差±1 个等级计算，合格率为 93.3%。说明使用 X_3 的相关系数略增，预测合格率没有变化，但是增加了低温天数的指标，成为生产调控容易掌握的标准。

表 9-9 影响百色市芒果产量大小年年型等级的新气象指标组合数据和模型自回归结果

年份	X_1/mm	X_2/℃	上年 12 月每日最低温度≤14.3 ℃天数 $X_{2(1)}$/d	Y	Y'	$Y'-Y$
2005	52.3	14.3	26	4	3.79	−0.21
2006	16.5	13.3	28	4	3.99	−0.01
2007	23.6	14.4	27	3	3.34	0.34
2008	36.2	15.9	20	2	2.07	0.07
2009	120.2	13.7	30	5	5.54	0.54
2010	3.3	16.1	17	1	1.16	0.16
2011	15.5	15.0	25	3	2.72	−0.28
2012	41.4	13.3	28	4	4.35	0.35
2013	40.2	15.4	19	3	2.36	−0.64
2014	75.4	12.6	29	5	5.43	0.43
2015	83.2	13.6	28	5	4.86	−0.14
2016	91.6	13.9	27	5	4.72	−0.28
2017	11.7	16.5	19	1	1.24	0.24
2018	38.7	14.1	26	5	3.68	−1.32
2019	3.5	15.4	19	1	1.74	0.74

9.3.3.2 南宁市芒果

通过大数据分析，筛选出一个新的能够衡量南宁市芒果产量大小年年型等级的指标，即上年 12 月 7 日到 12 月 21 日每日最低温度低于 14.3 ℃天数，将其作为 $X_{1(1)}$(d)(变量定义参见本书第五章)列表 9-10 中，南宁市单个指标与芒果产量大小年年型等级散点图分别见图 9-11 和图 9-12。

图 9-11 与图 5-3 内容相同，说明：南宁市上年 12 月 7 日到 12 月 21 日每日最低温度的平均与芒果产量大小年年型等级呈极显著正相关关系，回归方程为 $Y=0.057X_1^2-0.996X_1+6.469$ ($r=0.715^{**}$，$n=16$)；当 X_1 大于 13 ℃时，年型以大年为主。

图 9-12 说明：南宁市芒果产量大小年年型等级与花芽分化期上年 12 月 7 日到 12 月 21 日每日最低温度低于 14.3 ℃天数呈极显著负相关，回归方程为 $Y=0.0059X_{1(1)}^2-0.330X_{1(1)}+5.748$ ($r=0.658^{**}$，$n=16$)；当 $X_2<10$ d 时，产量大小年年型等级以大年和偏大年为主。

使用表 9-10 中的两个变量进行二元回归，得到 $Y=5.003+0.0082X_1-0.2013X_{1(1)}$ ($r=0.655^{**}$，$n=16$)，自回归合格率按年型等级预测误差±1 个等级计算，合格率为 75.0%。虽然合格率比使用表 5-9 中 4 个变量(后 3 个变量不在 12 月)的合格率 100.0%低，但是它增加每日最低温度≤14.3 ℃天数这个变量，成为生产者容易掌握的指标和调控的标准。

进一步，对表 9-10 中的两个自变量进行相关分析，结果见图 9-13，得到回归方程 $Y=X_{1(1)}=-0.125X_1^2+1.548X_1+10.391$ ($r=-0.956^{**}$，$n=16$)。说明使用南宁市芒果花芽分化期最低温度和每日最低温度≤14.3 ℃天数两个变量可以划分南宁市芒果产量大小年年型等级，判别公式如下：

①12.85 ℃≤X_1≤14.85 ℃和 6 d≤$X_{1(1)}$≤9 d 的两个条件同时满足时，Y 为大年和偏大年；

②不符合上述条件时，为非大年(有一个偏大年被误判了)。

表 9-10 南宁市芒果产量大小年年型等级新的预测指标和自回归结果

年份	上年 12 月 7 日到 12 月 21 日每日最低温度的平均 X_1/℃	上年 12 月 7 日到 12 月 21 日每日最低温度低于 14.3 ℃天数 $X_{1(1)}$/d	Y	Y'	$Y'-Y$
1978	12.5	9	3	3.29	0.29
1979	11.3	12	2	2.68	0.68
1980	12.9	10	3	3.10	0.10
1981	12.6	11	2	2.89	0.89
1982	9.8	15	2	2.06	0.06
1983	6.6	15	2	2.04	0.04
1984	11.6	11	2	2.88	0.88
1985	13.2	8	4	3.50	−0.50
1986	10.7	12	2	2.68	0.68
1987	14.0	7	4	3.71	−0.29
1988	7.4	15	3	2.04	−0.96
1989	11.6	11	3	2.88	−0.12
1990	12.9	11	4	2.89	−1.11
1991	14.2	9	4	3.31	−0.69
1992	14.7	6	5	3.92	−1.08
1993	15.1	5	3	4.12	1.12

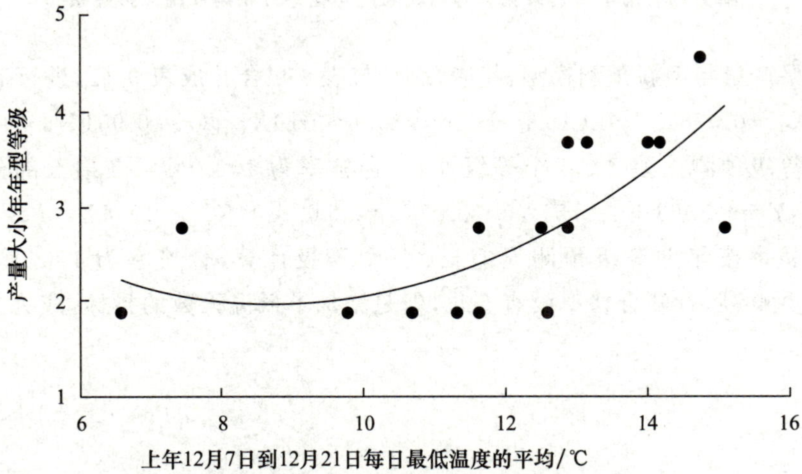

图 9-11 南宁市芒果产量大小年年型等级与花芽分化期温度的关系

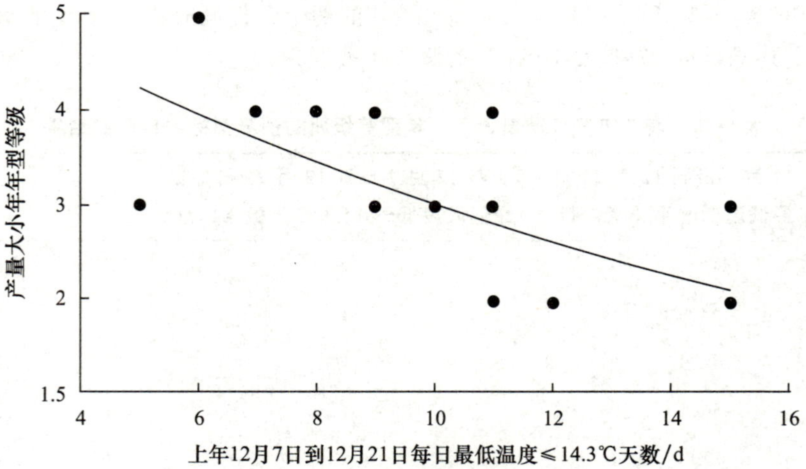

图 9-12　百色市芒果产量大小年年型等级与花芽分化期低温天数关系

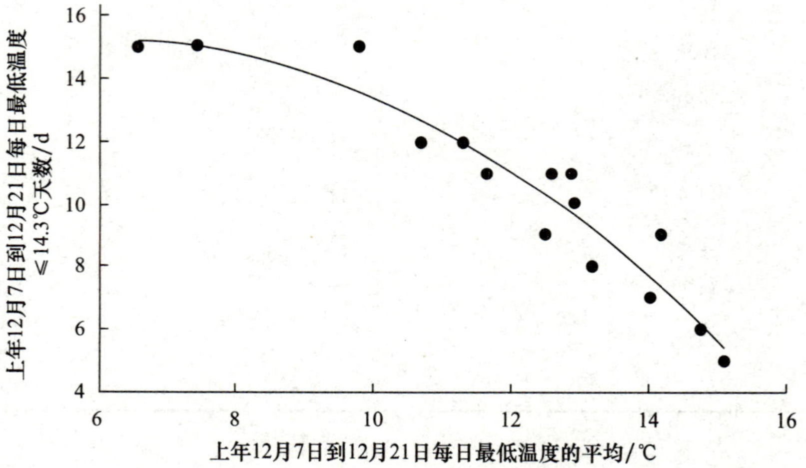

图 9-13　南宁市芒果花芽分化期温度与花芽分化期低温天数关系

南宁市芒果产量年型新预测模型：将表 9-10 与表 5-9 合并成表 9-11，进行五元回归，$Y=4.074+0.219X_1-0.078X_2+0.019X_3+0.004X_4+0.019X_{1(1)}$（$r=0.951^{**}$，$n=16$），自回归合格率按年型等级预测误差±0.5 个等级计算，合格率为 100.0%。在第五部分中没有使用 $X_{1(1)}$ 的结果是：$Y=4.5062+1.9751X_1-0.0778X_2+0.1804X_3+0.004X_4$（$r=0.950^{**}$，$n=16$），自回归合格率按年型等级预测误差±0.5 个等级计算，合格率为 100.0%。说明使用 $X_{1(1)}$ 的相关系数略高，预测合格率没有变化，但是增加了低温天数的指标，成为生产调控容易掌握的标准。

表 9-11 影响南宁市芒果产量大小年年型等级的气象指标数据和模型自回归结果

年份	X_1/℃	X_2/%	X_3/h	X_4/%	$X_{1(1)}$/d	Y	Y'	$Y'-Y$
1978	12.5	71.4	46.4	86.8	9	3	2.55	−0.45
1979	11.3	72.2	37.1	85.6	12	2	2.11	0.11
1980	12.9	66.0	28.7	84.9	10	3	2.75	−0.25
1981	12.6	69.4	26.4	81.9	11	2	2.38	0.38
1982	9.8	68.2	2.02	86.2	15	2	1.87	−0.13
1983	6.6	59.5	35.1	78.2	15	2	2.06	0.60
1984	11.6	68.6	1.2	82.0	11	2	1.77	−0.23
1985	13.2	56.3	50.5	78.7	8	4	3.91	−0.09
1986	10.7	66.7	37.4	85.9	12	2	2.41	0.41
1987	14.0	55.6	46.4	78.7	7	4	4.05	0.05
1988	7.4	53.0	48.4	66.8	15	3	2.96	−0.04
1989	11.6	58.1	35.7	78.9	11	3	3.21	0.21
1990	12.9	60.1	48.4	74.7	11	4	3.55	−0.45
1991	14.2	51.9	46.7	78.3	9	4	4.42	0.42
1992	14.7	49.9	47.0	79.7	6	5	4.66	−0.34
1993	15.1	65.9	41.7	79.5	5	3	3.36	0.36

注：X_5/d：上年 12 月 7 日到 12 月 21 日每日最低温度低于 14.3 ℃天数

9.3.3.3 攀枝花市芒果

假设，芒果花芽分化期对温度和低温天数需求是基本一致的，则攀枝花芒果也应该得到类似于百色市和南宁市芒果的大年最佳温度范围即 12.8～14.3 ℃的结果，或者得到攀枝花芒果花芽分化期的这两个气象条件是充分满足的，所以这两个指标没有被选中作为指标。

对攀枝花 10 年产量年型等级（大年 2 年、偏大年 2 年、平年 3 年、偏小年 1 年、小年 2 年）的研究结果表明：

①表 9-12 中，花芽分化期平均温度 X_1 与产量大小年年型等级显著相关，62 d 平均温度在 13～14 ℃之间时，年型好，这与对百色市和南宁市的研究结果非常一致，回归方程为 $Y=-1.8295X_1^2+48.579X_1-318.53$（$r=0.714^*$，$n=10$），结果见图 9-14。然而，平均温度 $X_2\leqslant 14.3$ ℃天数与年型等级之间不显著相关，说明 2 个月时间内基本能够满足花芽分化所需要的相对低温条件，结果见表 9-13。

表 9-12 攀枝花市芒果产量大小年年型等级与花芽分化期气象指标

年份	12 月—翌年 1 月 62 d 每日平均温度的平均 X_1/℃	12 月—翌年 1 月 62 d 每日平均温度≤14.3 ℃天数 X_2/d	Y
2009	12.63	53	4
2010	13.4	39	4
2011	12.7	48	3
2012	13.4	32	3
2013	12.8	41	2
2014	14.6	48	1
2015	14.3	40	1
2016	13.7	49	5
2017	12.5	36	3
2018	13.1	46	5

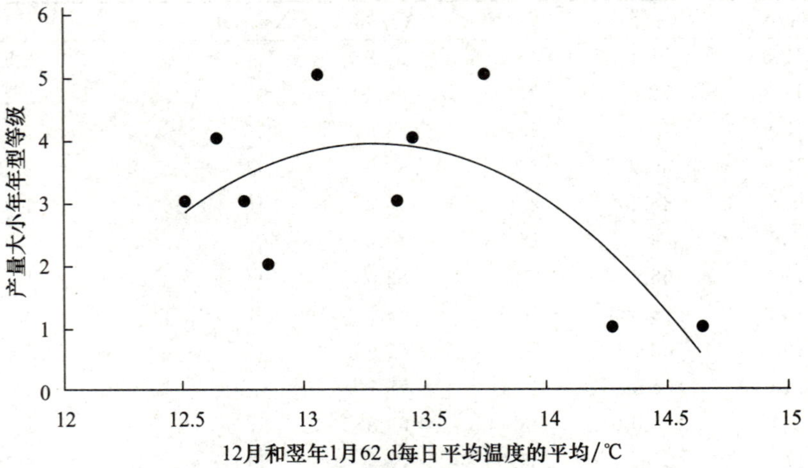

图 9-14　攀枝花市芒果产量大小年年型等级与花芽分化期平均温度的关系

②表 9-13 中，花芽分化期最低温度 X_1 与年型等级显著相关，最低温度在 7.3～8.3 ℃之间时，年型好；回归方程为 $Y=-2.098X_1^2+31.407X_1-113.350(r=0.618^*, n=10)$，结果见图 9-15。然而，最低温度 $X_2 \leqslant 14.3$ ℃度天数与年型等级之间不显著相关，说明 2 个月时间内基本能够满足花芽分化所需要的相对低温条件，结果见表 9-13。

表 9-13　攀枝花市芒果产量大小年年型等级与花芽分化期最低温度

年份	12 月—翌年 1 月 62 d 每日最低温度的平均 X_1/℃	12 月—翌年 1 月 62 d 每日最低温度≤14.3 ℃天数 X_2/d	Y
2009	7.4	62	4
2010	8.3	62	4
2011	7.9	62	3
2012	6.6	60	3
2013	7.1	62	2
2014	8.6	62	1
2015	8.5	61	1
2016	7.4	62	5
2017	6.7	62	3
2018	8.2	62	5

③结合图 9-16 和以上研究结果，使用图 9-16 中的两个温度指标无法划分出年型，因此无法确定攀枝花市芒果产量大年的花芽分化期的气象条件，说明冬季花芽分化期气象条件不是攀枝花芒果产量的限制因素。图 9-16 中的回归方程为 $Y=X_2=0.172X_1^2-4.048X_1+30.911(r=0.612^*, n=10)$。从图 9-16 中大致可以得出平均温度 13～14 ℃对应的最低温度为 7.4～8.1 ℃。

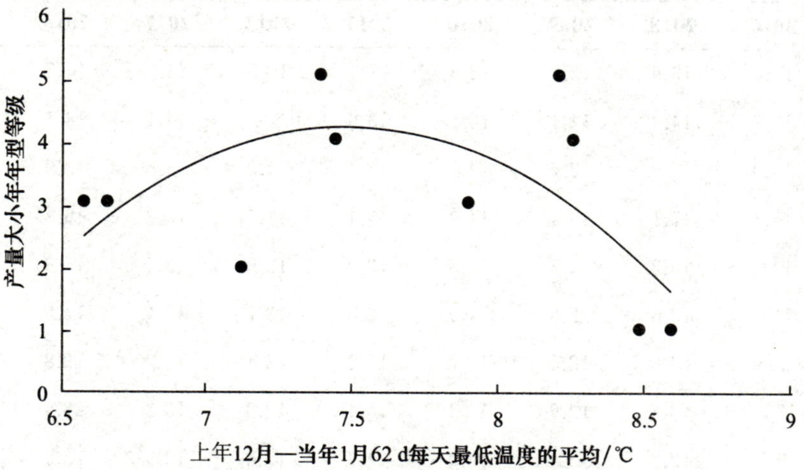

图 9-15 攀枝花市芒果产量大小年年型等级与花芽分化期最低温度的关系

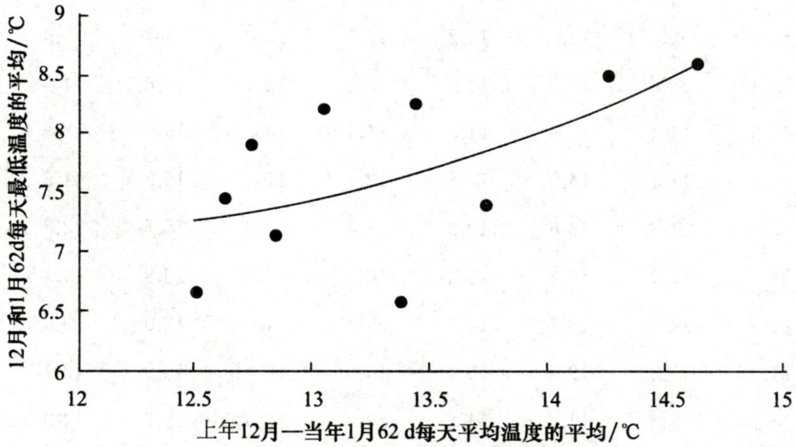

图 9-16 攀枝花市芒果花芽分化期平均温度与最低温度关系

表 9-14 攀枝花市 10 年的 12 月—翌年 1 月期间平均温度的逐日数据 ℃

月	日	2016	2018	2009	2010	2011	2012	2017	2013	2014	2015
12	1	15.9	14.4	14.0	14.3	12.4	16.6	14.7	17.1	14.0	16.3
12	2	15.9	13.8	13.3	14.6	13.1	14.2	15.6	15.4	14.2	14.6
12	3	16.3	13.2	12.4	16.1	13.0	14.4	15.1	13.7	14.2	13.3
12	4	14.9	13.0	13.4	14.0	13.8	15.8	14.1	13.8	14.1	15.9
12	5	13.9	13.8	14.4	16.7	13.7	16.3	13.6	13.3	14.1	14.6
12	6	13.2	13.2	13.7	15.3	12.9	16.4	13.6	13.7	15.9	15.2
12	7	12.7	13.7	12.7	15.6	13.1	16.7	13.1	13.4	14.1	13.1
12	8	12.5	14.4	13.5	15.0	11.8	17.2	13.7	12.8	14.8	14.6
12	9	14.2	13.8	11.0	14.7	14.2	15.0	13.9	14.2	13.6	14.4

续表9-14

月	日	2016	2018	2009	2010	2011	2012	2017	2013	2014	2015
12	10	12.8	13.9	12.1	13.3	17.4	10.5	14.3	14.8	13.8	15.5
12	11	13.2	14.8	14.1	13.4	13.6	8.6	14.1	14.1	13.1	16.2
12	12	15.0	15.9	12.7	14.1	16.3	11.5	13.6	13.9	13.1	13.1
12	13	15.1	17.1	13.1	14.2	15.4	11.7	13.3	16.8	13.0	12.5
12	14	14.0	16.2	14.2	14.8	13.9	12.9	13.5	16.8	13.1	13.4
12	15	13.5	15.5	12.6	14.9	14.8	13.7	15.1	14.6	10.0	16.5
12	16	7.5	13.8	12.5	13.7	11.8	12.4	15.2	12.8	7.6	12.7
12	17	7.5	13.8	12.9	14.3	10.4	12.3	13.2	13.6	5.9	7.8
12	18	9.5	12.9	13.1	13.9	11.7	12.8	13.9	13.5	7.2	8.0
12	19	11.6	12.4	14.2	14.0	13.0	13.3	14.0	13.6	8.4	10.7
12	20	11.6	10.3	13.9	15.5	12.5	13.3	13.8	18.1	9.5	9.7
12	21	12.6	9.3	13.5	12.2	11.1	13.0	14.1	16.9	10.0	9.7
12	22	12.7	9.9	15.9	11.8	10.0	13.1	15.6	14.5	10.3	11.1
12	23	13.3	11.4	14.9	11.8	11.4	13.3	15.0	12.9	10.8	11.3
12	24	14.2	12.1	14.5	12.2	12.3	11.5	16.5	11.8	10.6	12.1
12	25	13.1	11.3	13.6	10.8	11.4	12.8	16.7	12.3	13.2	13.2
12	26	14.3	12.4	12.8	10.2	10.6	12.7	15.8	14.1	11.5	12.8
12	27	11.9	14.4	13.3	10.7	9.8	14.5	12.0	13.0	10.6	13.0
12	28	11.7	13.3	12.7	10.4	10.5	15.4	10.9	12.1	10.1	12.7
12	29	14.1	13.4	11.6	11.2	10.9	15.6	12.7	14.3	11.6	11.7
12	30	13.4	12.8	14.4	10.2	10.9	13.8	12.2	7.4	13.3	11.9
12	31	13.1	13.5	11.6	11.4	11.4	13.3	12.5	7.6	12.0	14.2
1	1	12.6	13.6	12.4	13.4	15.4	13.0	14.1	10.1	11.1	15.1
1	2	13.2	14.4	11.2	11.9	18.2	15.8	14.0	10.6	14.2	14.8
1	3	12.2	13.8	10.6	10.8	13.4	21.3	12.5	12.1	13.3	15.7
1	4	12.5	13.9	11.6	10.7	11.8	13.5	13.4	14.7	10.9	16.8
1	5	11.5	12.7	12.3	13.3	12.1	13.4	12.6	16.0	11.3	19.7
1	6	12.0	15.3	12.8	14.0	12.7	13.0	12.8	16.0	15.6	15.5
1	7	12.8	15.4	12.1	12.2	12.7	13.3	12.4	15.7	15.4	14.1
1	8	12.6	14.0	11.4	11.9	14.4	14.1	12.3	15.8	12.8	14.1
1	9	13.4	12.6	9.5	12.5	14.6	13.8	14.0	12.5	12.5	11.6
1	10	13.3	10.3	10.6	12.2	16.2	18.9	15.8	12.2	14.4	6.9
1	11	11.6	10.4	11.4	11.9	12.7	16.6	14.9	10.5	16.4	9.1

续表9-14

月	日	2016	2018	2009	2010	2011	2012	2017	2013	2014	2015
1	12	11.8	10.4	10.5	11.5	13.1	16.9	14.4	11.5	12.9	8.4
1	13	11.8	11.3	11.2	10.1	11.5	16.7	13.6	10.7	10.0	8.8
1	14	13.4	13.0	10.7	11.6	13.8	15.1	14.2	12.6	9.4	10.1
1	15	13.4	12.4	13.0	14.5	9.9	14.5	13.2	13.4	12.0	11.2
1	16	13.0	13.3	11.7	13.1	11.6	12.0	13.4	13.1	14.1	12.9
1	17	12.2	12.7	12.3	13.4	10.4	13.7	14.7	13.0	14.0	13.5
1	18	11.3	13.2	13.1	13.7	8.2	15.2	16.6	12.4	12.4	9.9
1	19	12.5	13.1	13.9	14.5	9.5	15.9	15.4	14.4	12.8	7.2
1	20	16.9	13.7	14.4	16.4	10.7	17.0	14.7	18.7	8.8	10.6
1	21	17.5	13.7	11.8	14.5	9.5	17.3	14.7	17.1	7.0	10.3
1	22	16.8	13.5	12.1	13.9	11.0	14.6	13.3	16.3	8.9	11.5
1	23	14.3	14.0	10.0	14.5	12.5	13.7	14.2	14.7	11.7	11.9
1	24	5.3	14.5	12.9	16.0	13.4	15.8	15.6	14.1	14.4	14.5
1	25	4.9	18.0	13.7	14.3	14.0	14.2	14.7	13.5	16.0	14.1
1	26	8.0	17.5	11.4	13.0	16.0	14.2	14.7	12.6	16.2	13.6
1	27	9.3	16.8	11.2	14.1	16.9	18.3	15.6	11.9	16.0	14.4
1	28	11.3	15.5	12.6	13.6	15.3	18.5	18.1	13.5	17.4	17.1
1	29	11.2	13.2	14.9	14.7	14.1	17.9	17.6	13.6	15.8	18.4
1	30	12.3	13.2	14.4	16.1	15.6	17.3	15.0	15.6	14.4	18.6
1	31	12.8	10.1	15.5	16.1	16.0	16.8	16.3	16.3	15.4	16.7
平均		12.6	13.4	12.7	13.4	12.8	14.6	14.3	13.7	12.5	13.0

表 9-15 攀枝花市 10 年的 12 月—翌年 1 月期间最低温度的逐日数据 ℃

月	日	2016	2018	2009	2010	2011	2012	2017	2013	2014	2015
12	1	9.9	8.7	10.0	8.5	6.9	11.4	10.5	10.2	10.4	12.8
12	2	10.9	8.3	9.9	8.2	7.7	12.1	10.9	10.0	9.9	9.2
12	3	13.2	7.3	6.8	13.2	7.3	8.1	10.0	7.1	9.3	8.4
12	4	12.6	8.2	10.7	8.0	7.9	8.7	9.3	6.8	8.9	13.0
12	5	10.8	9.9	11.9	10.2	7.3	9.8	8.2	7.7	8.5	9.0
12	6	8.8	7.5	11.6	8.8	7.9	10.3	8.5	8.5	11.7	9.1
12	7	8.9	7.8	8.3	8.7	12.1	9.3	7.9	7.7	8.4	11.6
12	8	7.6	12.6	8.4	8.5	10.4	11.9	8.5	8.0	9.2	11.1
12	9	10.4	9.3	5.1	8.4	11.6	13.3	8.7	7.9	8.3	8.1

续表9-15

月	日	2016	2018	2009	2010	2011	2012	2017	2013	2014	2015
12	10	8.1	9.7	6.1	6.3	12.0	7.3	9.2	8.3	8.0	9.0
12	11	7.9	9.3	11.4	6.5	11.1	6.4	8.9	9.2	7.5	9.7
12	12	8.4	10.0	7.2	6.9	12.2	8.2	7.2	7.2	6.1	9.3
12	13	9.0	11.0	7.2	7.4	9.1	5.4	7.3	10.5	6.7	8.3
12	14	8.3	10.1	10.1	7.5	7.8	6.4	9.4	8.7	7.5	6.9
12	15	8.0	9.5	7.2	8.5	8.8	8.0	11.1	8.0	5.6	9.0
12	16	5.9	11.0	6.9	6.8	9.4	10.1	12.6	5.9	4.6	10.0
12	17	5.8	11.1	7.6	10.1	6.6	5.6	7.9	5.8	0.8	6.9
12	18	7.5	9.2	7.5	6.9	5.6	6.3	7.7	9.4	1.8	6.8
12	19	5.0	10.4	10.0	7.4	6.5	6.3	8.3	6.6	3.1	8.1
12	20	5.7	4.9	10.0	10.3	5.9	6.6	8.4	10.1	4.3	4.3
12	21	5.6	3.6	9.2	6.1	4.8	5.7	9.8	9.3	4.4	6.1
12	22	6.2	3.6	12.2	5.2	3.6	7.8	11.1	7.2	4.6	8.0
12	23	6.7	5.1	8.8	4.7	4.5	6.5	8.8	7.8	4.9	5.2
12	24	7.2	7.5	8.3	5.4	5.4	10.2	10.2	6.5	5.1	5.8
12	25	9.3	5.3	8.0	3.3	5.6	10.1	9.7	5.3	10	6.8
12	26	10.1	6.4	8.6	3.0	6.6	9.3	9.9	6.1	7.6	6.0
12	27	5.9	10.3	7.2	4.0	4.7	8.0	8.6	6.1	9.6	7.0
12	28	6.8	7.7	6.3	3.8	4.4	9.3	8.1	4.2	4.8	11.3
12	29	10.8	7.2	5.3	4.3	4.3	9.3	9.0	7.2	5.2	6.6
12	30	12.5	8.2	8.6	3.5	4.6	6.6	7.0	6.5	6.7	6.3
12	31	11.0	9.5	8.3	4.2	5.0	6.8	6.9	5.4	5.6	8.7
1	1	8.3	7.4	7.1	5.5	6.5	5.7	8.1	7.3	4.3	10.3
1	2	7.5	11.4	7.1	4.5	11.7	8.8	7.7	3.8	5.8	9.3
1	3	6.4	11.9	6.4	3.6	7.2	16.5	9.3	6.2	7.7	9.4
1	4	6.5	9.2	5.1	3.6	5.5	9.7	11.6	8.6	5.1	9.8
1	5	5.1	6.5	6.2	5.6	5.2	6.1	7.5	8.5	4.2	16.7
1	6	5.1	7.2	5.9	8.2	5.9	6.2	7.6	7.6	7.4	9.7
1	7	6.0	8.1	5.3	5.1	5.8	5.6	6.1	7.5	8.8	8.0
1	8	6.2	6.9	4.6	4.8	6.6	6.7	5.7	9.3	6.8	7.8
1	9	7.1	6.5	8.6	4.8	6.6	6.7	6.0	8.8	6.2	9.8
1	10	7.0	7.5	8.2	4.6	11.8	14.7	8.9	8.8	6.0	6.3
1	11	5.6	8.0	6.6	5.1	8.9	11.6	8.0	6.0	8.8	6.2

续表9-15

月	日	2016	2018	2009	2010	2011	2012	2017	2013	2014	2015
1	12	5.0	8.9	6.0	9.0	9.4	10.7	7.9	7.6	9.8	4.3
1	13	5.6	9.4	7.1	5.2	5.3	11.5	7.0	4.6	5.8	3.6
1	14	6.2	10.7	7.2	4.6	6.3	9.4	6.8	5.1	3.2	4.6
1	15	6.9	5.9	9.8	7.3	8.9	8.0	6.0	6.9	5.5	4.9
1	16	6.4	7.7	6.0	5.6	7.9	4.8	5.5	5.9	7.5	7.4
1	17	6.5	6.2	6.0	6.8	8.9	5.9	7.2	9.7	9.5	8.4
1	18	4.4	6.8	7.0	6.8	2.3	7.7	9.4	6.0	6.2	6.3
1	19	6.0	7.3	7.5	6.9	6.2	7.7	8.0	6.7	6.9	5.5
1	20	8.4	7.0	7.5	11.0	4.9	10.7	7.6	10.1	5.2	7.0
1	21	12.9	7.3	9.7	6.9	3.1	13.4	7.7	9.3	1.4	5.3
1	22	10.9	6.7	8.6	6.0	3.6	8.0	6.8	9.3	2.6	5.8
1	23	9.1	7.3	6.0	6.3	4.9	6.1	6.8	6.5	4.8	5.6
1	24	1.5	7.3	11.3	7.4	6.9	8.0	8.4	7.0	6.4	8.2
1	25	3.7	10.0	6.9	6.6	6.4	6.9	7.8	5.4	8.1	7.7
1	26	5.0	10.2	9.5	6.6	7.4	6.4	7.6	6.2	8.9	7.1
1	27	4.4	11.4	8.7	6.7	8.7	10.1	8.8	4.6	8.2	7.4
1	28	5.7	8.7	5.1	5.9	8.2	10.3	10.8	6.1	9.7	10.2
1	29	4.5	6.5	8.5	6.4	6.9	9.6	11.3	6.2	8.8	12.1
1	30	5.3	6.8	6.7	6.9	7.7	9.0	8.4	8.2	6.8	11.8
1	31	7.3	8.9	8.2	9.1	8.1	8.8	9.8	9.4	7.7	13.5
平均		7.4	8.3	7.9	6.6	7.1	8.6	8.5	7.4	6.7	8.2

9.4　荔枝产量大小年年型等级与花芽分化期气象条件关系的气象图谱

9.4.1　一般规律

选择海南儋州市和广西灵山县荔枝花芽分化期的湿度作为气象影响因素，以产量年型等级为横坐标，以湿度为纵坐标，画散点图并配回归方程，如图 9-17 所示。得到儋州市和灵山县荔枝花芽分化期大年的最佳湿度为 60%～75%，儋州市从小年到大年是湿度增加过程，而灵山县是降低过程，这与两地花芽分化期湿度状态不同有关，前者处于大概率湿度小阶段，后者处于大概率湿度大阶段，交汇在 60%～75%，说明在海南儋州市和广西灵山县气候条件下，荔枝花芽期的最佳湿度是 60%～75%，这是荔枝花芽分化期的关键气象条件图谱。图 9-17 中，儋州市气象指标为上年 9 月 6 日到 12 月 31 日的每日最小相对湿度的平均，而灵山县气象指标为上年 12 月每日平均湿度的平均，虽然相对低温是大年的重要条件，但是儋州市此时温度在 27～30 ℃之间，灵山县在 7～14 ℃之间，显然温度不是大小年成因的第一要素，而湿度才是。图 9-17 中，湿度与年型等级关系中，灵山县回归方程 $Y=-9.086\ln(X)+83.867$（$r=-0.860^{**}$，$n=14$），儋州市回归方程 $Y=60.364X^{0.035}$（$r=0.386$，$n=10$），相关系数未达到显著水平。

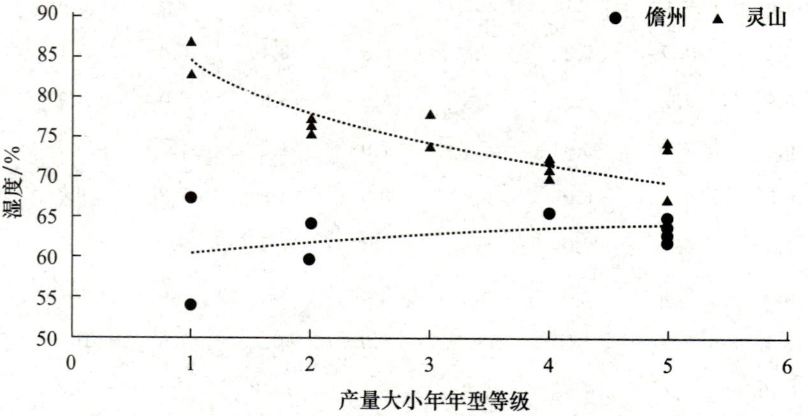

图 9-17　荔枝产量大小年年型等级与花芽分化期湿度的关系

表 9-16 和图 9-18 的结果表明：儋州市 30 年的上年 9 月 6 日到 12 月 31 日最小相对湿度与平均相对湿度的相关系数 $r=0.905^{**}$（$n=30$），回归方程 $Y=12.593X^{0.457}$，一般地，儋州市平均相对湿度高于最小相对湿度 20%左右。

表 9-16　儋州市 30 年的上年 9 月 6 日到 12 月 31 日最小相对湿度平均与平均相对湿度平均的关系

年份	最小湿度/%	平均湿度/%	相对湿度回归值 Y'	回归误差 $Y'-Y$
1990	62.6	83.6	83.2	−0.4
1991	58.5	82.0	80.7	−1.3
1992	56.8	80.6	79.6	−1.0
1993	62.4	83.5	83.1	−0.4
1994	60.6	83.5	82.0	−1.5
1995	65.6	84.7	85.0	0.3
1996	66.7	85.0	85.7	0.7
1997	62.6	83.7	83.3	−0.4
1998	63.4	83.4	83.7	0.3
1999	66.1	84.2	85.4	1.2
2000	64.8	84.4	84.6	0.2
2001	61.5	84.0	82.5	−1.5
2002	69.2	87.1	87.3	0.2
2003	58.3	80.1	80.6	0.5
2004	53.5	77.6	77.6	0.0
2005	59.7	78.7	81.4	2.7

续表9-16

年份	最小湿度/%	平均湿度/%	相对湿度回归值 Y'	回归误差 $Y'-Y$
2006	57.5	78.0	80.1	2.1
2007	58.1	80.1	80.5	0.4
2008	61.7	82.5	82.7	0.2
2009	62.2	83.7	83.0	−0.7
2010	63.1	84.4	83.5	−0.9
2011	65.1	83.5	84.8	1.3
2012	63.8	86.1	84.0	−2.1
2013	66.0	86.4	85.3	−1.1
2014	64.7	83.4	84.5	1.1
2015	63.9	84.3	84.1	−0.2
2016	67.2	87.5	86.1	−1.4
2017	65.5	83.8	85.0	1.2
2018	61.8	81.9	82.7	0.8
2019	54.0	78.1	78.0	−0.1

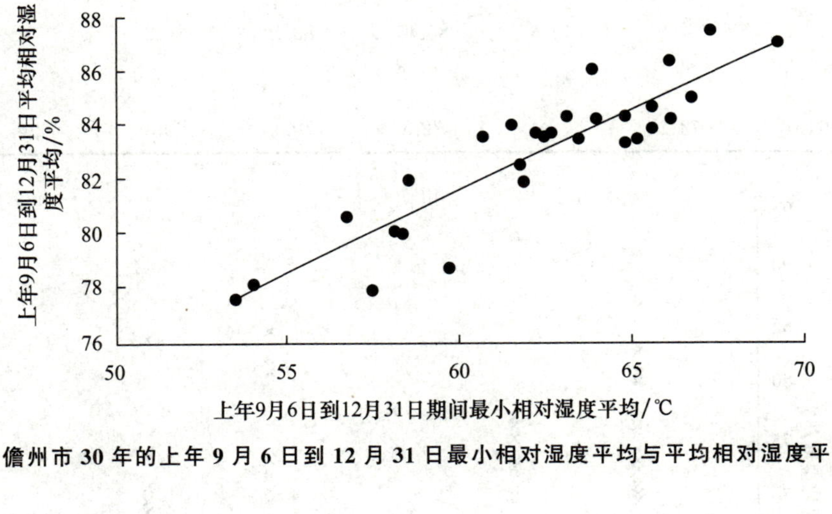

图 9-18 儋州市 30 年的上年 9 月 6 日到 12 月 31 日最小相对湿度平均与平均相对湿度平均的关系

9.4.2 共同规律

9.4.2.1 年型等级与湿度关系

表 9-17 为所研究的 8 个地标荔枝花芽分化期的平均湿度，其中 23 个大年年型等级中有 22 年平均湿度集中在 59.9%～74.1%，比例为 95.7%，只有桂平市有一年大年平均湿度为 83.8%，见图 9-19。由此可以得出结论：荔枝花芽分化期最佳平均湿度为 60%～75%。

表 9-17　8 个地标荔枝花芽分化期的平均湿度　%

年型	儋州市	灵山县	钦北区	浦北县	北海市	北流市	桂平市	藤县
5	66.7	67.3	64.1	69.81	66.4	63.4	59.9	66.7
5	66.1	62.6	58.6	74.06	68.8	62.8	71.0	67.5
5	65.1	73.5	74.1				83.8	
5	66.0	74.1						
5	65.5							
4	67.2	70.8	69.4	73.45	81.5	66.1	67.5	84.5
4		69.8	68.4	81.0		89.4		
4		72.0						
3		77.6		62.58	61.5	52.6		56.4
3		73.7			63.3			72.0
2	53.5	77.0		72.74	71.9	73.2	75.1	70.8
2	64.7	76.4						
2		75.2						
1	63.9	82.6	76.3	63.84	63.7	63.6	80.0	70.3
1	61.5	86.5	76.9	71.0	73.1	72.3	69.7	61.8
1			77.6	86.45	83.1	80.2		80.9
1			86.5					
平均	64.0	74.2	72.4	72.8	70.4	69.3	72.4	70.1

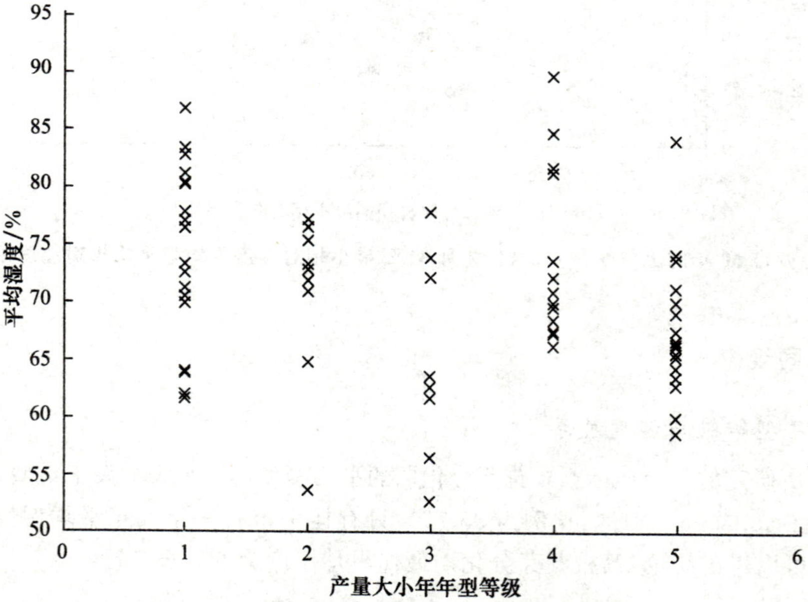

图 9-19　荔枝产量大小年年型等级与花芽分化期湿度的关系

9.4.2.2　年型等级与温度关系

表 9-18 为所研究的广西 7 个地标荔枝花芽分化期的平均温度，其中 18 个大年年型等级平均温度集中在 7.65～12.94 ℃，见表 9-18 和图 9-20。由此可以得出结论：荔枝花芽分化期最佳平均温度为 8～13 ℃。

表 9-18　广西 7 个地标荔枝花芽分化期的平均温度　℃

年型	灵山县	北海市	桂平市	浦北县	钦北区	北流市	藤县
5	8.8	10.7	12.4	11.1	11.9	12.7	10.5
5	9.6	12.9	12.6	11.2	11.0	12.8	10.5
5	7.7		12.8		11.2		
5	11.1						
4	10.1	12.6	14.0	9.0	11.8	9.9	9.8
4	10.4			10.8	12.8	11.2	
4	9.7						
3	10.3	9.9		9.2		10.5	8.6
3	11.3	12.1					8.4
2	12.6	13.2	15.0	12.5		12.4	10.6
2	12.3						
2	12.8						
1	13.3	13.52	15.81	10.2	13.7	10.9	10.8
1	12.5	13.64	16.13	11.8	11.6	12.1	9.2
1		12.99		12.1	12.6	14.6	11.0
1					12.1		
平均	10.9	12.4	14.1	10.9	12.1	11.9	9.9

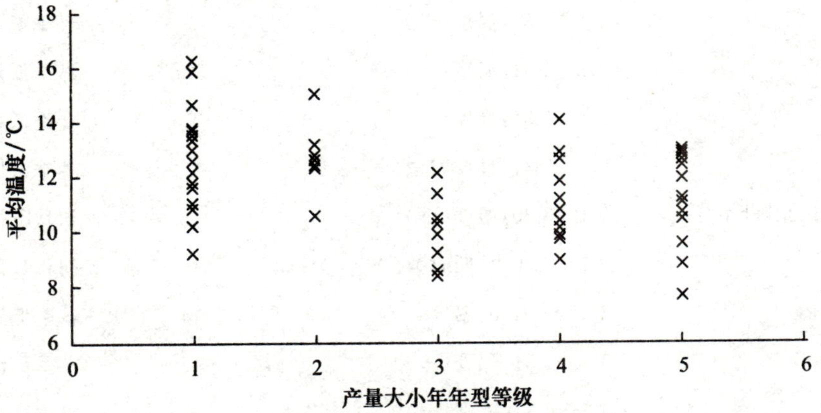

图 9-20　荔枝产量大小年年型等级与花芽分化期温度的关系

9.5 柑橘产量大小年年型等级预报指标和大年年型气象条件图谱

以柑橘产量大小年年型等级为例，统计气象指标距离收获时的间隔时间月的距离，包括指标所在月的当月时间，统计结果见表9-19和表9-20。可见：温度提前7～14个月前影响，湿度提前3～13个月前影响，日照时数提前7～16个月前影响，降水量提前7～16个月前影响，说明产量形成的关键气象因素都在生长周期的前半部分，一般都在7个月前，这为产量预报提供了预测方法和指标体系。

依据柑橘产量大小年年型等级的气象条件，归纳出柑橘9个品种或案例的气候特征，为生产预报和调控提供具体科学依据，见表9-19。

表9-19　气象指标距离收获的距离月统计

品种	收获月	起止月和日、指标、相关性	距离收获期/月	大年年型气候特征
柑橘	8—10月	12.1—2.28/29：湿度(－)	12	冬季干爽
		4.1—6.30：湿度(－)	9	春季干爽
		5.1—5.31：日照时数(＋)	8	春季日照时数多
金柑	12月	6.1—6.30：日照时数(＋)	7	初夏日照时数多
		9.1—9.30：湿度(－)	4	初秋干燥
南丰蜜橘	11月底	10.11—10.20：降雨量(＋)	14	秋季降水多
		11.21—11.30：温度(－)	13	秋季低温
		12.11—12.20：日照时数(－)	12	冬季寡照
		2.11—2.20：温度(＋)	10	深冬高温
		5.11—5,20：温度(＋)	7	春季高温
普通甜橙	11月底—12月初	1.1—1.31：温度(－)	11	冬季低温
		1.1—1.31：日照时数(＋)	11	冬季日照时数多
脐橙	11月底—12月初	1.1—1.31：温度(－)	11	冬季低温
		3.1—3.31：温度(－)	9	春季低温
		5.1—5.31：温度(－)	7	春季低温
		5.1—5.31：湿度(－)	7	春季低湿
		5.1—5.31：日照时数(＋)	7	春季日照时数多
沙糖橘	12月中下旬	9.1—9.30：湿度(－)	16	初秋干燥
		9.1—9.30：日照时数(＋)	16	初秋日照时数多
		11.1—11.30：温度(－)	14	秋季低温
		1.1—1.31：湿度(＋)	12	冬季高湿
		4.1—4.31：湿度(＋)	9	春季高温
		4.1—4.31：降雨量(＋)	9	春季多雨

续表9-19

品种	收获月	起止月和日、指标、相关性	距离收获期/月	大年年型气候特征
沙田柚	10月下旬	10.1—10.31:湿度(一)	13	秋季干燥
		10.1—10.31:降雨量(一)	13	秋季少雨
		1.1—1.31:温度(+)	10	冬季高温
		3.1—3.31:湿度(+)	8	早春高湿
		3.1—3.31:日照时数(一)	8	早春寡照
夏橙	翌年4月	8.1—8.31:温度(+)	9	夏季高湿
		8.1—8.31:降雨量(一)	9	夏季少雨
		2.1—2.28/29:湿度(一)	3	冬季干燥
早温	9月中下旬	10.1—12.31:降水量(+)	12	秋冬季多雨
		2.1—2.28/29:湿度(一)	8	深冬干爽
		6.1—6.30:湿度(一)	4	初夏干爽

表 9-20　按指标统计的距离情况　　月

距离	温度	湿度	日照时数	降水量
3		3		
4		4		
4		4		
7	7	7	7	7
7	7		7	
7	7			
7	7			
8		8	8	
8		8	8	
9	9	9		9
9	9	9		9
9	9			
10	10			
10	10			
11	11		11	
11	11			
12	12	12	12	12
12		12		
13	13	13	13	13
14	14			14
16			16	16

参考文献

[1]黄远盼，欧徽宁，黎大美.贺州富川县气候变化与黄龙病发展态势相关性研究[J].中国农学通报，2019，35(16)：106-111.

[2]陈贵峰，邓明学，张社南，等.桂东北柑桔黄龙病发生蔓延的气象条件分析[J].中国南方果树，2016，45(06)：44-46.

[3]夏桂红.浅析沙田柚品质的影响因素[J].南方农业，2019，13(08)：24-25.

[4]彭玉娇，崔婷婷，崔学宇，等.立地条件及空间冠层对沙田柚品质的影响[J].种子，2019，38(11)：129-132，135.